全国高等中医药院校规划教材

全国医药院校卓越营销师培养联盟系列规划教材

医药市场营销学

（供公共事业管理、工商管理、市场营销等专业用）

主　编

官翠玲（湖北中医药大学）

副主编（以姓氏笔画为序）

刘永忠（江西中医药大学）　　李家伟（成都中医药大学）

杨明秀（湖南中医药大学）　　赵绿明（河南中医药大学）

昝　旺（成都医学院）　　高　山（南京中医药大学翰林学院）

覃　葆（广西中医药大学）

编　委（以姓氏笔画为序）

丰志培（安徽中医药大学）　　王　力（江西中医药大学）

王希泉（南京中医药大学）　　孙艳玲（云南中医学院）

李　昂（黑龙江中医药大学）　　李　靖（甘肃中医药大学）

李瑞风（山西中医药大学）　　吴　群（湖南中医药大学）

汪筱兰（浙江中医药大学）　　张　雪（辽宁中医药大学）

张天懿（天津中医药大学）　　段金利（福建中医药大学）

贺慧惠（武汉华夏理工学院）　　曾　靓（上海中医药大学）

蒲晓芳（山东中医药大学）　　潘小毅（湖北中医药大学）

中国中医药出版社

·北　京·

图书在版编目（CIP）数据

医药市场营销学/官翠玲主编．—北京：中国中医药出版社，2018.5（2022.9重印）

全国高等中医药院校规划教材

ISBN 978－7－5132－4635－4

Ⅰ.①医…　Ⅱ.①官…　Ⅲ.①药品－市场营销学－中医学院－教材　Ⅳ.①F724.73

中国版本图书馆CIP数据核字（2017）第299853号

中国中医药出版社出版

北京经济技术开发区科创十三街31号院二区8号楼

邮政编码　100176

传真　010－64405721

保定市西城胶印有限公司印刷

各地新华书店经销

开本850×1168　1/16　印张16　字数399千字

2018年5月第1版　2022年9月第5次印刷

书号　ISBN 978－7－5132－4635－4

定价　55.00元

网址　www.cptcm.com

服务热线　010－64405510

购书热线　010－89535836

维权打假　010－64405753

微信服务号　zgzyycbs

微商城网址　https://kdt.im/LIdUGr

官方微博　http://e.weibo.com/cptcm

天猫旗舰店网址　https://zgzyycbs.tmall.com

如有印装质量问题请与本社出版部联系（010－64405510）

全国高等中医药院校规划教材

全国医药院校卓越营销师培养联盟系列规划教材

编写委员会

总主编
何清湖（湖南中医药大学）

编　委（以姓氏笔画为序）
曲智勇（山东中医药大学）
汤少梁（南京中医药大学）
李　胜（成都中医药大学）
何　强（天津中医药大学）
张丽青（河南中医药大学）
周良荣（湖南中医药大学）
官翠玲（湖北中医药大学）
姚东明（江西中医药大学）
夏新斌（湖南中医药大学）
徐爱军（南京中医药大学）
彭清华（湖南中医药大学）

编写说明

医药市场营销学是一门以经济学、行为学、管理学和医药学为基础的，研究以满足顾客需求为中心的医药市场营销活动及其规律的综合性应用科学。本教材在系统阐述市场营销理论的基础上，探索医药市场营销的规律、方法和技巧，并从管理的角度探讨医药市场营销的理论与实践问题，具有系统性、前瞻性和特色性。

1. **系统性** 本教材结合菲利普·科特勒从社会、管理两个角度所下的定义认为：医药市场营销是个人和医药组织通过创造并同他人交换医药产品和价值以满足需求的一种社会管理过程。在内容设计方面，以医药市场营销管理过程为主线展开论述，全面介绍医药市场营销的基本理论、战略、策略和市场分析方法。本教材分为 5 篇、14 章。

第一篇为认识医药营销管理，包括第一、二章。通过介绍医药市场营销、医药市场营销学和医药市场营销管理哲学等基础理论，帮助读者认识医药营销管理。

第二篇为分析医药市场，包括第三、四、五章。通过分析医药市场营销环境、医药市场购买行为，介绍医药市场营销调研及需求预测的内容和方法，达到分析医药市场、评估顾客价值的目的。

第三篇为规划医药营销战略，包括第六、七、八章。通过规划医药企业总体战略、医药企业竞争战略和医药企业目标市场营销战略，选择为顾客提供的价值。

第四篇为制定医药营销策略，包括第九、十、十一、十二章。通过制定并实施医药产品策略、医药产品定价策略、医药产品分销策略和医药产品促销策略，为顾客提供、传递和传播价值。

第五篇为医药营销拓展，包括第十三、十四章。通过开展医药国际市场营销，将顾客价值从国内延伸到全球范围；开展服务营销、网络营销、文化营销、体验营销和大数据营销，将顾客价值范畴进一步延伸。

2. **前瞻性** 一方面，引进市场营销学科发展中的前沿理论，将全方位营销、关系营销、整合营销、内部营销、绩效营销、价值营销、网络营销、文化营销、体验营销、大数据营销等新理论融入教材中。另一方面，引入医药行业的最新改革实践，将基本药物制度、两票制、零差价、医药推销人员的职责等最新医改方案融入教材中。

3. **特色性** 医药行业专业性强，医药产品作为特殊的商品，其营销方式与普通产品相比，既有共性，又存在着明显的行业特色。因此，本教材注重一般营销理论与中国医药行业实际的结合，在全面阐述完整理论体系的基础上，总结医药市场营销的特点和规律，将营销理论与医药案例有机结合，以引导案例、营销视野、营销实践和案例分析等形式介绍中外主要是中国医药行业的营销实践，为在校学生和医药营销人员提供理论和实践指导，具有较强的医药行业特色性。

本教材编写分工如下：第一章由官翠玲、潘小毅编写；第二章由覃葆编写；第三章由王力、刘永忠编写；第四章由李靖、丰志培编写；第五章由李瑞风编写；第六章由赵绿明编写；第七章由汪筱兰编写；第八章由段金利、贺慧惠编写；第九章由李家伟、张雪编写；第十章由杨明秀、吴群编写；第十一章由昝旺编写；第十二章由蒲晓芳、张天懿编写；第十三章由孙艳玲、曾靓编写；第十四章由李昂、高山、王希泉编写。另外，高山、潘小毅负责联络工作，刘永忠、王力负责定稿会议筹办，编委交叉校对书稿，副主编分工再校对，为成书做出了贡献。最后，由官翠玲负责统稿。

本教材的编写得到了湖北中医药大学管理学院、湖南中医药大学管理与信息工程学院、江西中医药大学经济与管理学院及中国中医药出版社的关心和支持，中国中医药出版社的邬宁茜为本教材的编辑出版花费了许多心血。本教材参考和借鉴了国内外营销学者的大量最新研究成果，除注明出处的部分外，限于体例未能一一说明，在此一并致以诚挚的谢意。

由于编者水平有限，本教材中若有不足之处，恳请有关专家学者及广大读者提出宝贵意见，以便再版时修订提高。

《医药市场营销学》编委会

2018 年 2 月

目 录

第一篇　认识医药营销管理

第一章　医药市场营销和医药市场营销学

【学习要点】

通过本章学习，掌握医药产品和医药市场的含义、特点；理解市场营销和医药市场营销的关系；掌握医药市场营销的含义、特点及其相关概念；理解医药市场营销管理的实质、任务和过程；了解医药市场营销学产生和发展的过程；掌握医药市场营销学的性质、研究内容和研究方法。

【引导案例】

联盛堂破壁饮片荣获“2015 年度中国医药十大营销案例”

贵州联盛药业有限公司是一家致力于自主知识产权产品研发、以追求精益生产为主的现代化医药生产企业，通过“中药破壁饮片”进行品类区隔，以极致产品为基础，采用“四位一体”的营销策略，其联盛堂破壁饮片荣获“2015 年度中国医药十大营销案例”。

极致产品：破壁饮片真专家。联盛药业一直承诺用科技创新的手段改造中药饮片，改变行业乱相，做更高标准的“破壁饮片真专家”。经过反复论证，提炼出四个要点：研发科技、精益生产、质量控制、慢病管理，严格要求，推出的中药破壁饮片为行业创建了新标准。

营销创新：“四位一体”营销策略。联盛药业将互联网思维作为起点，采用互联网营销和传统营销结合的方式，打破工商边界，在营销模式和操作方式上寻求创新，采用“四位一体”营销策略，即线上全面推广 + 线下终端控销 + 医学专家指导 + 中医馆慢病管理。联盛堂破壁饮片迅速占领国内市场，成功收获中国药店“店员推荐率最高品牌”“最具成长价值产品奖”等殊荣，联盛药业因此荣获“最具科技创新奖”，并成为中国医药物资协会 VIP 战略合作伙伴。

资料来源：盘点 2015 中国医药营销十大案例之联盛堂玩转品类创新案例［EB/OL］. http：//www. lnetky. com/. 2016 - 01 - 25

伴随着综合国力的提升，民众对健康需求的水平不断提高，中国医药市场得到了快速发展。当下中国医药行业面临三件大事：产业整合、创新药升级和营销革命，这三件事实质上是医药企业在比拼产品力和创新力。在竞争日益激烈的医药市场上，众多契合市场需求的医药产品层出不穷，中国医药企业需要引入现代营销理念，运用创新营销策略开拓市场，在满足民众需求的同时，为自己赢得理想的经济效益和社会效益。

第一节 医药产品和医药市场

一、医药产品

（一）医药产品的界定

1. 产品的含义 从狭义的角度看，产品仅指有形产品。从广义的角度看，产品是能够提供给市场以满足人类某种需要或欲望的任何东西，包括有形产品、无形服务、事件、体验、人物、地点、财产权、组织、信息和理念等方面。

2. 医药产品的含义 在本教材中医药产品主要指药品。《中华人民共和国药品管理法》对药品的定义为：用于预防、治疗、诊断人的疾病，有目的地调节人的生理机能并规定有适应证或者功能主治、用法和用量的物质，包括中药材、中药饮片、中成药、化学原料药及其制剂、抗生素、生化药品、放射性药品、血清、疫苗、血液制品和诊断药品等。

（二）医药产品的分类

医药产品种类繁多，性质复杂。结合医药市场营销活动，下面介绍几种较为典型的分类。

1. 按医药产品产生的历史背景分类 可以分为现代药与传统药。现代药（西药）指19世纪以来发展起来的，用现代科学方法得到的物质，并且是用现代医学理论和方法筛选确定其药效的。传统药指各国历史上流传下来的药物，主要有动物药、植物药和矿物药。在我国主要是中药，还包括各民族药，如藏药、蒙药、苗药等。中药在经营形式上分为中药材、中药饮片和中成药三大类，通常把从自然界中采集、未经加工的原药称为中药材；中药材经过加工处理成的片、段、丝、块等称为中药饮片；中药经过加工制成一定的剂型后便称为中成药。

2. 按医药产品的生产方式分类 可以分为天然药物、化学合成药物和生物技术药物。天然药物是指动物、植物和矿物等自然界中存在的有药理活性的天然产物。化学合成药物是以化学理论为指导，依据化学规律研究和生产的药品，其特点是起效快，效果明显，有不同程度的毒副作用。生物技术药物是利用生物体、生物组织或其成分，综合应用生物学、生物化学、微生物学、免疫学、物理化学和药学的原理与方法进行加工、制造的预防、诊断、治疗制品。

3. 按医药产品的管理制度分类 目前，按照医药产品的管理制度进行分类主要有三种。

（1）根据药品的安全性和有效性原则分类 可分为处方药和非处方药，并做出相应的管理规定。

处方药（prescription drugs，简称Rx药）是指必须凭执业医师或执业助理医师处方才可以调配和购买，并在医务人员的指导下使用的药品。被列为处方药的有特殊管理的药品；按使用方法规定用药时有附加规定的药品；患者自行使用不安全，需在医务人员指导下使用的药品；新化合物或新药。

非处方药（nonprescription drugs，简称OTC药）是指为方便公众用药，在保证用药安全的前提下，经国家卫生行政部门规定或审定后，不需要执业医师或执业助理医师开写处方即可自行判断、购买和使用的药品。这些药品大多用于多发病、常见病的自行诊治，如感冒、咳嗽、消化不良、头痛、发热等。根据安全性，非处方药分为甲、乙两类。甲类非处方药一般在有

《药品经营许可证》的零售药店出售，乙类非处方药还可以在经审批的其他商店零售。

（2）按是否为国家基本药物分类　可分为国家基本药物和非国家基本药物。国家基本药物是指列入国家政府制定的《国家基本药物目录》中的药品，即适应基本医疗卫生需求，剂型适宜，价格合理，能够保障供应，公众可公平获得的药品，主要特征是安全、必需、有效、价廉。《国家基本药物目录》是医疗机构配备使用药品的依据，列入国家基本药物的品种国家要保证生产和供应。在保持数量相对稳定的基础上，《国家基本药物目录》实行动态管理，原则上每三年调整一次。非国家基本药物是指不包括在《国家基本药物目录》中的药品，其报销比例小于国家基本药物或完全由患者自费购买。

【营销视野】

国家基本药物制度的实施

“基本药物”的概念由世界卫生组织于1977年提出。2009年8月18日，中国正式公布《关于建立国家基本药物制度的实施意见》《国家基本药物目录管理办法（暂行）》《国家基本药物目录（基层医疗卫生机构配备使用部分）》（2009版），标志着中国建立国家基本药物制度工作正式实施。中国国家基本药物制度是对基本药物目录制定、生产供应、采购配送、合理使用、价格管理、支付报销、质量监管、监测评价等多个环节实施有效管理的制度。国家基本药物制度可以改善目前的药品供应保障体系，保障人民群众的安全用药。

2015年2月13日，国家卫生和计划生育委员会（现国家卫生健康委员会）等九部委对《国家基本药物目录管理办法（暂行）》进行修订，形成《国家基本药物目录管理办法》。根据规定，政府举办的基层医疗卫生机构全部配备和使用基本药物，其他各类医疗机构也都必须按规定使用基本药物。2017年2月9日，国务院办公厅印发《关于进一步改革完善药品生产流通使用政策的若干意见》，规定公立医院要优先使用国家基本药物，强化药物使用监管，促进合理用药。《国家基本药物目录》中的药品包括化学药品、生物制品、中成药和中药饮片，其遴选应当按照防治必需、安全有效、价格合理、使用方便、中西药并重、基本保障、临床首选和基层能够配备的原则，结合我国用药特点，参照国际经验，合理确定品种（剂型）和数量。

资料来源：国家卫生和计划生育委员会等九部委. 关于印发国家基本药物目录管理办法的通知［Z］. 2015-04-14；国务院办公厅. 关于进一步改革完善药品生产流通使用政策的若干意见［Z］. 2017-02-09

（3）按是否为基本医疗保险药品分类　可分为基本医疗保险药品和非基本医疗保险药品。基本医疗保险药品是被录入《国家基本医疗保险、工伤保险和生育保险药品目录》的药品。确定目录的原则为：临床必需、安全有效、价格合理、使用方便、市场能够保证供应、医疗保险能支付得起。既要考虑临床治疗的基本需要，也要考虑地区间的经济差异和用药习惯，中西药并重。目录分甲类目录和乙类目录。甲类目录是在《国家基本药物目录》的基础上遴选，由国家统一颁发，在全国通用的临床治疗必需的，使用广泛、疗效好，且同类药品中价格低的药品。乙类目录是在《国家基本药物目录》的基础上遴选，可供临床治疗选择使用，疗效好，同类药品中比甲类目录药品价格略高的药品，由国家制定颁布，各省、自治区、直辖市可根据当地经济水平、医疗需要和用药习惯增加和减少的品种，但总数不超过国家制定的乙类目录药品总数15%的范围。非基本医疗保险药品是未纳入《国家基本医疗保险、工伤保险和生育保险药品目录》的药品，需要患者自付药费。

NOTE

（三）医药产品的特点

医药产品与一般产品相比较，是特殊产品，其特点主要表现为四个方面。

1. 种类复杂性 医药产品的种类复杂、品种繁多。具体品种，全世界有20000余种，我国中药制剂有5000多种，西药制剂有4000多种。

2. 医用专属性 医药产品不是一种独立的商品，它与医学紧密结合，相辅相成。患病要对症治疗，患什么病用什么药，不像一般商品那样彼此之间可以互相替代，而且大部分医药产品只有在医生的指导下才能合理使用，达到防病治病的目的。

3. 效用两重性 医药产品既有防病治疗的一面，也有不良反应的一面。用之得当可以治病；用之不当、失之管理则危害健康，甚至致命。例如，盐酸吗啡，使用合理是镇痛良药；管理不善、滥用却是成瘾毒品。

4. 质量严格性 医药产品是治病救人的物质，只有符合法定质量标准的合格产品才能保证疗效。医药产品只有符合规定与不符合规定之分，不能像其他产品一样可分为一级品、二级品、等外品和次品。符合规定的医药产品才能允许销售，否则不得销售。国家制定了《中华人民共和国药品管理法》等法规，严格监督管理，以保证药品的安全、有效、均一、稳定。

二、市场与医药市场

（一）市场的含义

市场属于商品经济的范畴，哪里有社会分工和商品生产，哪里就有市场。同时，市场又是一个历史范畴，市场的概念随着市场活动的发展和市场范围的扩大而变化，下面从三个角度界定市场概念。

1. 市场是买者和卖者进行商品交换的场所 这是市场的场所概念，也是市场的原始概念，典型的为“集市”，如中药材批发市场、农贸大市场就是这种意义的市场。

2. 市场是商品交换关系的总和 这是市场的经济学概念。市场不仅是指具体的交易场所，而且是指所有卖者和买者实现商品交换的各种关系总和。

3. 市场是对某种产品现实和潜在需求的总和 这是从市场营销学角度理解和界定的市场概念。在市场营销学的范畴，“市场”往往等同于需求。如“随着老龄化问题日益严重，我国的老年人药品市场很大”，指的就是老年人对相关医药产品的需求很大。

（二）医药市场的含义

从市场营销学角度讲，医药市场是指个人和组织对某种医药产品现实和潜在需求的总和。医药市场由人口、购买力和购买欲望三种要素构成，这三种要素相互影响、缺一不可，只有三者结合起来才能构成市场，才能决定医药市场的规模和容量。

（三）医药市场的分类

对市场进行分类，有利于营销者更充分认识和了解某一特定市场。关于医药市场的分类主要有以下四种。

1. 按医药产品的形态分类 医药市场按医药产品的形态分，有药品市场、医疗器械市场和医疗服务市场。本书所研究的主要是药品市场。

2. 按购买者及其购买目的分类 医药市场按购买者及其购买目的可分为消费者市场和组织市场。按照这种分类方法进行研究可以更好地体现以顾客为中心的指导思想，本书的市场分

析主要采取这种分类方法。

3. 按营销区域分类　医药市场按营销区域首先可分为国内市场和国际市场。国内市场又可分为城市市场和农村市场，沿海市场、中部市场和西部市场等。国际市场按地域又可分为北美市场、南美市场、欧洲市场、澳洲市场、非洲市场、亚洲市场等。

4. 按营销环节分类　医药市场按营销环节可分为批发市场和零售市场。医药批发市场是为零售企业、生产企业或其他商品转卖者提供大宗医药产品交易的市场。医药零售市场是为个人、家庭和公共团体非生产性消费需求提供零星医药产品交易的市场。

（四）医药市场的特点

企业营销活动的开展离不开市场，不同类别的市场因为运作对象的性质和活动规律不同而具有不同的特点。正是因为医药产品的特殊性，使得医药市场与其他产品市场相比具有不同的特点。

1. 相关群体主导性强　这是与其他商品市场有着本质区别的特点，主要由医药产品的医用专属性和效用两重性决定。医药产品的使用关系到患者的生命、健康和安全，需要对症使用，但是患者往往对于医药产品的适应证、性能、毒副作用、疗效等缺乏专业了解，不敢自行决策，需要医生或药师给予指导和决策，即使是 OTC 药品，大部分消费者仍会在咨询医生或药师后才会放心购买所需医药产品。在销售或使用时，消费者处于被动状态，缺乏自己选择医药产品的能力，其选择权掌握在处方医生或驻店药师这些相关群体手中，他们对医药产品的购买和使用有很大影响。

2. 需求缺乏弹性　医药市场的需求缺乏弹性是指消费者对医药产品的价格变动不是很敏感，整个市场的需求受市场价格变动的影响较少。对患者来说，生命是最重要的，只要能挽救生命，可以不惜一切代价。因此，医药产品的价格升高一般不会引起整个消费需求的明显减少，尤其是用于治疗危重疾病的医药产品，其需求的价格弹性更小。

3. 需求波动大　医药市场需求波动大这一特点主要是由于突发性、流行性疾病等造成的。突发性、流行性疾病会使相关的医药产品在一定时期、一定区域的需求量迅速增加，呈现大幅波动。

4. 公共福利性强　由于医药产品关系着人类健康，为了保证民众能买得起药，用得到药，国家逐步建立健全基本医疗保险制度和国家基本药物制度，医药费用一般由政府、社会、保险和个人共同承担。医药产品防治疾病的功能要求医药企业以社会责任为己任，不能单纯追求经济利益，即使是微利产品或无利产品，一旦民众需要，也应该组织生产销售。

【营销视野】

药品销售或许告别“八二”格局

2015 年，中国药品市场（不含零售药材）总规模达 13775 亿元，城市等级医院市场用药规模达 7515 亿元，同比增长 5.8%，增速明显下降；而药品零售市场规模为 3093 亿元，同比增长 9.8%。根据《2016 年药品六大终端市场蓝皮书》显示，随着医保控费、药占比控制、药品零差价、价格谈判等政策环境影响，医院终端的增长将趋向平缓，增速差异变小，“80% 药品在医院销售，20% 在药店销售”的“八二格局”或将面临终结。这一格局结束后的医药市场可能表现为：

（1）医院、药店或将均分市场　伴随公立医院药品零差率销售的逐步实现，以及处方外

NOTE

流试点、医药分离给医药产业带来的改变，零售药店及网上药店将会因此获益。

（2）医药电商规模继续增长 国家食品药品监督管理总局（现国家药品监督管理局）的统计显示，2015 年网上药店注册仍处于高速增长，截至 2016 年 6 月底，注册网上药店数量已达 456 家。《2016 年药品六大终端市场蓝皮书》中的数据进一步显示出网上药店的惊人扩容：2015 年，中国网上药店总体规模达 110 亿元，较 2014 年增长 52.8%，均远高于全国市场的平均水平。

资料来源：李劼．药品销售告别“八二格局”［N］．南方日报，2016－08－30（B02）

第二节 市场营销和医药市场营销

一、市场营销

市场营销有宏观和微观之别。当把它理解为是一种社会经济活动过程时是宏观市场营销，其目的在于满足社会和人类需要，实现社会目标；当把它理解为一种个人或组织活动时则是微观市场营销，其目的在于满足目标顾客的需求，实现个人或组织目标。本书所研究的主要是微观市场营销，即个人和医药组织从事的市场营销活动。

人类对市场营销的认识是不断发展的，营销学者从不同角度对“市场营销”下过多种定义。下面介绍美国市场营销学会（American Marketing Association，AMA）、美国管理营销学派的代表人物菲利普·科特勒（Philip Kotler）和欧洲关系营销学派的代表人物克里斯廷·格罗鲁斯（Christian Grönroos）给出的几种经典定义。

AMA（1960）：市场营销是将货物和劳务从生产者流转到消费者过程中的一切企业活动。

AMA（1985）：市场营销是通过对货物、劳务和计谋的构想、定价、分销、促销等方面的计划和实施，以实现个人和组织的预期目标的交换过程。

克里斯廷·格罗鲁斯（1990）：从关系角度看，市场营销是在一种利益之下，通过相互交换和承诺，建立、维持、巩固与消费者及其他参与者的关系，实现各方的目的。

AMA（2008）：市场营销是一项有组织的活动，包括创造、传播和交付顾客价值和管理顾客关系的一系列过程，从而使利益相关者和企业都从中受益。

菲利普·科特勒（2009）：菲利普·科特勒分别从社会和管理的角度对市场营销进行了界定。从社会角度看，市场营销是个人和组织通过创造、提供出售并同别人自由交换产品和价值，来获得其所需所欲之物的过程。从管理角度看，市场营销是计划和执行有关商品、服务和创意的观念、定价、促销和分销，以创造符合个人和组织目标的交换，它需要选择目标市场，通过创造、传递和沟通卓越的顾客价值来获得、保持与增加顾客。

这些定义在一定程度上反映了市场营销概念的演进：

营销主体的变化：企业→一切面向市场的个人和组织。

营销客体的变化：货物和劳务→货物、劳务和计谋→产品和价值。

营销对象的变化：消费者→利益相关者。

营销内容的变化：销售活动→计划和实施货物、劳务和计谋的构想、定价、分销、促销→建立、维持、巩固与消费者及其他参与者的关系→创造、传播、交付顾客价值，管理顾客关

NOTE

系→创造、提供出售并交换产品和价值，管理顾客关系。

本教材结合菲利普·科特勒从社会、管理两个角度下的定义认为：市场营销是个人和组织通过创造并同他人交换产品和价值以满足需求的一种社会管理过程。

二、医药市场营销

（一）医药市场营销的含义

结合产品研究法可以将市场营销分为：医药市场营销、农产品营销、汽车营销、保险营销、旅游营销、房地产营销和金融营销等，其中医药市场营销是市场营销的重要组成部分，因此我们认为：医药市场营销是个人和医药组织通过创造并同他人交换医药产品和价值以满足需求的一种社会管理过程。可以从以下五个方面理解医药市场营销的含义。

1. 医药市场营销的主体是个人和医药组织　现代市场营销的主体包括一切面向市场的个人和组织，既包括工商企业等营利性组织，又包括医院、学校等非营利性组织，还包括一些拟通过交换获取产品和价值的个人。医药市场营销的主体为个人和医药组织。医药组织包括医药生产企业、医药经营企业和医疗服务机构，在本教材中医药组织更多是指医药生产企业和医药经营企业。

2. 医药市场营销的客体是医药产品和价值　医药市场营销不仅仅是医药产品的交换，而且更加强调价值的交换。这里价值主要指顾客价值。市场营销学主要研究顾客认知价值，即顾客从购买和消费某种产品中所获得的利益与所付出的成本之差，反映了顾客对利益和成本的比较认知。顾客一般会选择他们认为可以带来最大价值的医药产品，因此，医药营销者应该适度提高医药产品的价值，让顾客满意。

3. 医药市场营销的核心是交换　交换是医药市场营销的核心，交换是通过提供他人所需所欲之物来换取自己所需所欲之物的过程。只有通过交换，才能产生营销活动。交换过程是一个主动、积极寻找机会，满足双方需求的过程，也是一个创造价值的过程。交换过程能否顺利进行取决于营销者提供的产品、价值满足顾客需求的程度和交换过程的管理水平。

4. 医药市场营销既是一种社会过程，又是一种顾客价值管理过程　医药市场营销是由一系列社会活动构成的，包括分析市场、规划营销战略、制定并实施营销策略等活动，通过这些活动实现产品和价值的交换。整个过程也是一种顾客价值管理过程，个人和医药组织通过分析市场评估顾客价值，通过规划营销战略选择顾客价值，通过制定并实施营销策略创造、传递和传播顾客价值。结合 AMA（2008）给市场营销所下的定义，我们可以把市场营销看作是一个评估、选择、创造、传递和传播顾客价值的过程。

5. 医药市场营销的最终目的是有利益地满足需求　个人和医药组织开展市场营销是通过满足顾客及其他相关利益者的需求来实现自身利益，达到多赢，即“满足别人并获得利益”。其中满足顾客需求是医药市场营销的中心。

（二）医药市场营销的特点

1. 营销人员专业化　医药产品的特殊性对医药营销人员提出了特殊要求。与一般产品营销相比，医药市场营销要求医药营销人员除了掌握营销管理知识以外，还必须具备一定的医药专业化知识，掌握所营销医药产品的适应证、用法用量、配伍禁忌、不良反应，了解医药行业的实际情况和相关政策法规等。

2. 营销对象双重化 一般企业在从事营销时，其主要的营销对象就是顾客。在医药产品的购买决策过程中，由于顾客尤其是消费者对于相关群体（医生、执业药师）有较强的依从性，需要医生或执业药师提供指导和帮助决策，医生或执业药师在医药消费决策中具有很强的主导性。因此，医药企业在开展营销时，必须面对双重对象：顾客和相关群体（医生、执业药师等）。

3. 营销终端多元化 一般产品的营销终端只有一类，即各种形式的商店。但是，医药营销的终端表现为两种形式：一是同时提供医疗服务和医药产品的医疗服务机构；二是提供医药产品的各类药店。由于药店与医疗服务机构履行的功能不一样，它们对医药产品的需求会不同，这为医药市场营销带来了更多的复杂性。

4. 营销活动法规管制多 由于医药产品关系到人的生命、健康和安全，医药市场营销与政策法规有着密切的关系。为加强监督管理，保证药品质量，保障人体用药安全，维护人民身体健康和用药的合法权益，我国制定了《中华人民共和国药品管理法》《中华人民共和国药品管理法实施条例》《中华人民共和国中医药法》等法规，对于药品的生产经营管理、医疗机构的制剂管理、新药管理、特殊药品管理、药品的包装管理、药品的价格和广告管理、药品的监督管理、中医药管理等方面，都做出了明确规定。因此，政策法规是医药营销活动的重要环境，医药组织必须严格遵守。

（三）医药市场营销的相关概念

1. 医药市场营销者（medicine marketer） 在医药产品的交换过程中，积极寻求交换的一方为医药市场营销者，简称医药营销者，另一方则称为潜在顾客。医药市场营销者可以是卖方，也可以是买方。在交换过程中如果双方都表现积极，则双方都是医药营销者。在现代医药营销活动中，一般是卖方为医药营销者，包括医药产品的生产者、经营者及其营销人员。

2. 价值（value） 价值是一个重要的营销概念。从经济学的角度讲，价值是凝结在商品中无差别的人类劳动。市场营销学主要研究顾客认知价值，反映了顾客对利益和成本的比较认知。

3. 需要、欲望和需求（needs、wants、demands） 这三个概念是医药市场营销学需要研究的最基础的概念，是医药市场营销活动的基本依据，它们既密切相关又有明显的区别。

（1）*需要* 需要是人们没有得到满足而产生的客观感受。这种感受是客观存在的，不以人的意志为转移的。因此，人们不可能创造需要，只能调查、发现、了解它的存在，并设法满足它。

（2）*欲望* 欲望是人们为了得到满足而对具体物品的需要。欲望是多种多样的，无限制的。人们由于文化及所处社会环境等的不同，为满足相同的需要会产生不同的欲望。

（3）*需求* 需求是指人们对有能力购买的某种具体产品的欲望。欲望是无穷的，只有有支付能力的欲望才是需求。因此，营销者不仅要了解有多少顾客愿意购买其产品，还要了解他们是否有支付能力。

综上所述，需求是一定条件下的欲望，欲望是需要的具体化。需要是客观存在的，医药营销者不能创造需要，可以发现需要。但是医药营销者可以影响人们的欲望和需求，医药企业既可以开发适当的医药产品满足人们的欲望和需求，又可以通过营销活动去创造和引导适当需求，变潜在需求为现实需求。

【营销实践】

康美药业培育新鲜人参市场

康美药业创造新鲜人参市场，培育国人的新鲜人参消费习惯，将新开河新鲜人参打造成“舌尖上的美味新鲜中药”，获得“2015年中国医药十大营销案例”。

康美药业从2015年8月中旬正式启动新鲜人参销售。此前，中国大众对人参认知度高、消费量小、消费人群少、消费频率低且多是医生处方红参（人参的蒸熟炮制品），新鲜人参在中国国内基本没有形成消费习惯。康美药业在16个县市有人参GAP规范种植基地，货源充足，新开河新鲜人参更是具有保鲜、无化肥、无添加特征。

针对此背景，康美药业携手连锁药店开展了新开河新鲜人参的多方位完美营销，改变了消费者关于中药难吃、难喝的印象，与连锁药店一起培育新鲜中药市场。

（1）微信传播　在康美和连锁客户的微信公众号中发表新鲜人参软文和视频，系统介绍新鲜人参的功效与作用、食用方法、适合人群、储藏注意事项、生产储运过程等。

（2）体验营销　组织1000多名一线销售人员，在各地连锁门店进行新鲜人参的体验推广，现场介绍煲新鲜人参鸡汤、泡人参酒、泡蜂蜜的方法，现场品人参鸡汤，让消费者认识并接受新鲜人参。

（3）活动营销　发动“我为康美新开河新鲜人参代言”活动，寻找最帅最美的康美新开河新鲜人参代言人。连锁老总、经理、店长、店员、消费者、康美员工及其亲属等积极参加，代言活动累计获得100多万人关注和转发。

（4）事件营销　组织全国50多家连锁药店老总参与寻参之旅活动，参与选参、挖参、装参、运参整个环节，意识到人参生长的艰难和养护的艰辛，培育对新鲜人参的强烈兴趣和销售激情。

康美药业在没有媒体广告投入、没有消费习惯的情况下，在中国大陆除西藏外的所有省份都进行了新鲜人参的销售活动，使新鲜人参成为2015年OTC市场短期启动并快速上量的爆款产品，是改变国人人参消费习惯的营销创新活动。

资料来源：康美药业荣获2015年中国医药十大营销案例［EB/OL］. http://news. xinhuanet. com/video/2015－12/27/c_ 128570638. htm. 2015－12－27

（四）医药市场营销与推销

在市场经济不发达时期，由于竞争不激烈，在医药领域里，买方市场尚未形成，医药企业生产出来的产品只要设法卖出去就可以生存并发展，企业的市场营销活动主要是加强推销。因此，市场营销（marketing）与推销（selling）之间没有根本区别。

随着市场经济的发展，买方市场的形成，竞争日趋激烈，推销与市场营销的区别日益明显。在发达市场经济条件下，推销仅仅是市场营销的一部分，而且是不太重要的一部分。正如菲利普·科特勒所说：推销只不过是营销冰山上的顶点。美国著名管理学家彼得·德鲁克（Peter Drucker）曾经指出：营销的目的就是要使推销成为多余。可见，在经济不发达时期，医药市场营销从某种意义上说就是推销；在经济发达时期，推销只是医药市场营销的职能之一。

（五）医药市场营销是医药企业的基本职能

在市场经济体系中，医药企业存在的价值在于它能否有效地提供满足顾客需求的医药产

NOTE

品。彼得·德鲁克认为，顾客是企业赖以生存的基础，企业的目的是创造顾客，任何组织若没有营销或营销只是其业务的一部分，则不能称之为企业。企业的基本职能只有两个，这就是市场营销和创新，其中市场营销是企业的首要核心职能。

【营销视野】

十大致命营销谬误

（1）企业没有完全以市场为焦点，没有做到完全的顾客驱动。

（2）企业不十分了解它的目标市场。

（3）企业没有很好地界定并关注他的竞争对手。

（4）企业没有管理好与利益相关者的关系。

（5）企业不善于发现新的机会。

（6）企业的营销计划和计划过程存在缺陷。

（7）企业缺乏对自己产品和服务组合的控制力。

（8）企业的品牌和传播力很弱。

（9）企业不能有效并高效地组织营销活动。

（10）企业不能充分利用科技。

资料来源：菲利普·科特勒，凯文·莱恩·凯勒．营销管理［M］．14版．北京：中国人民大学出版社，2012：23

三、医药市场营销管理

（一）医药市场营销管理的实质

医药市场营销管理是指医药企业为了实现其目标，创造、建立并保持与目标市场之间的互利交换关系而进行的分析、计划、执行与控制过程。其基本任务就是管理目标市场的需求水平、时机和构成，以管理顾客价值，从而实现企业目标。可见，营销管理的实质就是需求管理。

（二）基于需求的医药市场营销管理任务

一般认为医药营销者的工作就是刺激和扩大需求。事实上，市场上存在着各种形态的需求，医药营销管理者的任务除了刺激和扩大需求，同时还包括调整、减缩和抵制需求等。医药营销者应根据不同的市场需求形态，采取不同的营销措施。

1. 扭转性营销 扭转性营销是针对负需求实行的。负需求，亦称否定需求，指目标市场对医药企业提供的产品感到厌恶，甚至付出一定代价回避它们。对于负需求，医药营销任务是分析目标市场不喜欢此产品的原因，然后通过重新设计产品、降低价格、积极促销改变目标市场的信念和态度，以转换需求，使其成为现实顾客。

2. 刺激性营销 刺激性营销是在无需求的情况下实行的。无需求是指目标市场对医药企业的产品不感兴趣或者漠不关心的需求状况。产生无需求的主要原因在于消费者不能正确地认识医药产品的功效与需求之间的关系。例如，人们普遍认为中药主要用于治疗慢性病，因此，许多感冒患者对中药汤剂存在无需求。对于无需求，医药企业的营销任务在于刺激需求，通过有效的促销手段，设法把医药产品利益同人们的自然需求联系起来，使无需求的消费者产生需求。

NOTE

3. 开发性营销 开发性营销是与潜在需求相联系的。潜在需求是指多数消费者对现实市场上还不存在的某种产品或服务有需求。例如，人们对于能彻底治愈癌症的医药产品有着强烈的潜在需求。潜在需求随处可见，这是医药企业挖掘不尽的大市场，为医药企业的发展提供了广阔空间。面对潜在需求，医药企业的营销任务是实现需求，开发新产品，发掘老产品的新功效来满足这些需求。

4. 恢复性营销　对于下降需求，营销者的任务是恢复性营销。下降需求是指市场对某种医药产品的需求呈下降趋势的情况。很多下降需求不是产品落后造成的，大多数是由于时尚的变化、新产品的替代而发生的。近年，由于西药品种不断增加而降低了对中药的需求，由于中成药品种的不断增加而降低了对中药饮片的需求，但是中药和中药饮片却存在着西药、中成药无法替代的优越性。针对下降需求，医药企业营销的任务是恢复需求，通过了解顾客需求下降的原因，改变产品的特色，采用更有效的沟通方式，或寻求新的目标市场，以扭转需求下降的格局。

5. 协调性营销　当出现不规则需求时，需要实施协调性营销。不规则需求是指市场对某些产品的需求在不同时间呈现出很大波动。对于不规则需求，医药企业的营销任务是协调需求，通过灵活地定价、促销及其他激励因素设法调节需求与供给的矛盾，使两者达到协调同步。

6. 维持性营销　在饱和需求的情况下，应实行维持性营销。饱和需求是指某种医药产品的需求水平和时间与预期相一致的需求状况。这是企业最满意、最理想的一种需求形态。在饱和需求的情况下应努力维持现有的需求水平，主要策略是改进产品质量、保持合理售价、稳定推销人员、严格控制质量和成本等。

7. 限制性营销　当某种医药产品需求过度时，应实施限制性营销。过度需求是指顾客对某种医药产品的需求超过了企业的供应能力，产品供不应求。这可能是由于原材料不足导致缺货，也可能是由于产品或服务长期过分受欢迎所致。例如，国际市场对于我国片仔癀的过度需求，就是因为麝香这种原料供应受限制而造成的。对于过度需求，应该实行限制性营销，即通过提高价格、减少促销或服务等方式使需求减少。限制性营销的目的不是破坏需求，只是暂时降低需求水平。

8. 抵制性营销　抵制性营销是针对有害需求实施的。有害需求是指消费者对于有害于个人或社会的医药产品的需求。就医药产品而言，人们对于治疗目的之外的麻醉药、兴奋剂等需求都属于有害需求。对于有害需求，医药企业的营销任务是通过抵制性营销措施限制这类需求，以保障人民健康为己任，把社会效益放在首位。

针对上述各种需求状况，医药营销管理者必须掌握一定的营销理论和方法，通过系统地营销调研、计划、实施与控制等活动来完成营销任务。

（三）基于医药市场营销管理过程的营销管理任务

1. 医药市场营销管理过程　医药市场营销管理过程是指医药企业通过对市场营销机会的研究和分析，选择目标市场，制定适当的市场营销组合和营销预算，执行和控制营销计划以适应外部环境变化的要求，实现企业目标的过程。这个过程包括四个步骤：

（1）*分析市场机会，评估顾客价值*　市场机会就是未满足的需要。寻找、分析市场机会，评估顾客价值是市场营销管理人员的主要任务，也是市场营销管理过程的首要步骤。企业营销管理人员对于已发现的市场机会，要结合企业的目标和资源进行分析评估，找出企业可以利用的营销机会，分析无法避免的有关威胁，制定战略。

（2）选择目标市场，选择顾客价值　在分析市场机会的基础上，选择目标市场。主要做好市场细分、选择目标市场和市场定位三项工作，并在此基础上选择为顾客提供适当的价值。

（3）实施市场营销组合，创造、传递和传播顾客价值　市场营销组合是企业为了进占目标市场、满足顾客需求，加以整合、协调、使用的可控制因素。主要由产品、定价、分销、促销四种策略组成，它是进行市场营销活动的主要手段。实施市场营销组合的过程也是创造、传递和传播顾客价值的过程。

（4）控制市场营销活动，管理顾客价值　在开展市场营销的过程中，需要全程监控，管理顾客价值。

2. 营销管理任务　基于医药市场营销管理过程，营销管理也有八大任务：制定营销战略和规划；获取营销洞见；与顾客联系；创建强势品牌；创造价值；传递价值；传播价值；负责任地营销以实现长期成功。

第三节　医药市场营销学的产生和发展

一、市场营销学的产生和发展

市场营销学是20世纪初产生于美国的一门新兴学科。后来传播到欧洲、日本和其他国家，在实践中不断完善和发展。伴随着市场营销学的产生发展，医药市场营销学亦产生发展起来。市场营销学的发展经历了以下四个阶段。

（一）市场营销学的萌芽阶段(20世纪初至20年代)

20世纪初，由于美国西部开发运动和铁路向全国各地的延伸，美国经济迅速发展，国内市场迅速扩大，市场竞争日益激烈，促使企业开始重视广告宣传和分销活动。理论界一批学者开始研究有关营销、分配等方面的问题，编撰一些书籍，开设市场营销学课程。

这一时期的市场营销学，内容局限于流通领域，以传统经济学理论为依据，以生产观念为导向，以供给为中心，其研究内容主要是推销和广告技术等，真正的市场营销观念尚未形成。然而，将市场营销从企业生产活动中分离出来进行专门研究，无疑是一大进步。

（二）传统市场营销学的形成阶段(20世纪30至40年代)

第一次世界大战以后，随着经济的发展和国际地位的提高，美国成为世界上消费水平最高的国家，消费结构发生变化，引起了营销界、实业界和理论界的重视，开始注重对市场营销功能的探讨。这一阶段以营销功能研究为其特点。1932年，克拉克（F. E. Clerk）和韦尔达（L. D. Weld）出版《美国农产品营销》，指出市场营销过程包括七种功能：集中、储藏、财务、承担风险、标准化、推销和运输。1942年，克拉克出版《市场营销学原理》，对功能研究又有所创新，把功能总结为交换功能、实体分配功能、辅助功能等，并提出了推销创造需求的观点，传统市场营销学形成。

在这一阶段，市场营销的理论研究与企业市场营销的实践结合起来，进入了应用研究阶段，并于1937年成立了市场营销权威组织——美国市场营销学会。该组织从事市场营销研究

和营销人才的培训工作，出版市场营销学书刊，促进了市场营销学的发展。第二次世界大战结束后，市场营销学得到长足发展并广泛应用于企业经营实践中。但在这一阶段，其研究主要集中在销售推广方面，应用范围基本上仍局限于流通领域，并没有体现以消费者为中心的思想，仍然处于传统市场营销学阶段。

（三）现代市场营销学的形成阶段（20 世纪 50 至 70 年代）

20 世纪 50 年代初，美国率先结束了战后恢复时期，大量的军事工业转为民用，加上新技术革命的深入发展，社会生产力空前提高，经济迅速增长，市场形势发生了重大变化：一方面，商品供应大大增加，新产品不断涌现，供过于求的买方市场基本形成；另一方面，政府推行高工资、高福利、高消费及缩短工作时间的刺激需求政策，使市场需求在量和质两方面大为提高。在这种情况下，卖方竞争空前激烈，对社会供给提出了更高要求，传统的市场营销学已经不能适应新形势的需要。于是在此阶段产生了以买方市场为条件，以顾客需求为中心的新市场营销学，即现代市场营销学。市场营销学逐步从经济学中独立出来，吸收了行为学、心理学、管理学等学科的若干理论，形成了自身的理论体系。

在这一时期，以北美的管理学派思想为主导，市场营销学者提出了许多重要的概念和观点（表 1-1），建立了现代市场营销学以满足需求、让顾客满意为核心内容的基本框架：以企业营销活动中目标市场的确定，市场营销组合的设计为基本内容，不仅注重战术营销，而且注重战略营销；不仅注重有形产品的营销也要研究无形服务的营销；不仅注重营销的微观效益，还注重营销的社会宏观效益。

表 1-1 20 世纪 50 年代至 70 年代营销新概念列举

时间	概念名称
20 世纪 50 年代	营销组合、产品生命周期、品牌形象、市场细分、营销观念、营销审核
20 世纪 60 年代	4P 理念、营销近视症、生活方式、营销概念的拓宽
20 世纪 70 年代	社会营销、定位、战略营销、宏观营销、服务营销

（四）市场营销学的创新发展阶段（20 世纪 80 年代至今）

20 世纪 80 年代以后，市场营销学进入创新发展阶段。由于市场营销实践出现了许多新情况、新问题，营销学者们提出了许多新观点和新看法（表 1-2），市场营销学得到进一步发展，主要体现在扩展和创新两个方面。市场营销的范围扩大了，从消费品营销扩展到服务、观念、资本、价值等多个方面的营销；市场营销的主体扩大了，从工商企业扩展到一切面向市场的营利性组织、非营利性组织和个人。特别是 20 世纪 80 年代以后，随着欧洲关系营销学派的兴起，打破了美国管理营销学派一统天下的局面，对传统的营销管理理论提出了质疑。

表 1-2 20 世纪 80 年代至今的营销新概念列举

时间	概念名称
20 世纪 80 年代	营销战、内部营销、全球营销、本土营销、直接营销、关系营销、大市场营销
20 世纪 90 年代	顾客关系营销、体验营销、网络营销、赞助营销、营销道德
21 世纪初	ROI 营销、品牌营销、顾客资产营销、社会责任营销、全方位营销（内部营销、关系营销、整合营销、绩效营销）、数字营销、社交媒体营销、顾客浸入营销、内容营销等

伴随着市场营销学的产生和发展，医药市场营销学亦逐步发展起来。一些学者开始对医药市场营销进行专门研究，医药企业亦在实践中运用市场营销理论作为指导，不断总结积累医药市场营销规律和经验，医药市场营销学的研究取得了较多成果。国外有菲利普·科特勒著的《医疗保健营销学》，国内有刘红宁主编的《中药市场学》，杨玉福、万俊栋编著的《药品营销策略》，彭智海、汤少梁、顾海、罗臻、冯国忠、侯胜田等主编的各种版本的《医药市场营销学》，分析了医药市场营销活动的特殊规律。

二、医药市场营销学在中国的传播和运用

市场营销学最早传入中国是在 20 世纪 30 年代。1933 年，丁馨伯编译的《市场学》是中国现存最早的市场营销学教材。但在当时，由于长期战乱及经济发展水平的制约，市场营销学在中国未能受到重视。新中国成立后，由于西方封锁和我国实行计划经济，商品经济遭到否定，市场营销学研究基本中断。

市场营销学在中国得以广泛的传播和运用始于 20 世纪 70 年代末期。十一届三中全会以后，中国确定了以经济建设为中心，对内改革、对外开放的方针，逐步建立起社会主义市场经济体制，为我国重新引进和研究市场营销学创造了良好环境。市场营销学在我国的发展分为三个阶段。

（一）引进阶段(20 世纪 70 年代末至 80 年代初)

这一时期，一方面邀请海外学者、专家来华讲学，传授市场营销学基本原理；另一方面派出学者、专家出国考察访问，了解市场营销学的研究、教学与应用情况。通过这两方面的努力，系统引介了现代市场营销学的理论和方法，为市场营销学在中国的传播培育了“种子”。

（二）传播阶段(20 世纪 80 年代初到 80 年代末)

在此期间，我国学者编译出版了许多市场营销学的专著教材。1984 年，成立全国高等财经院校综合大学市场学教学研究会（1987 年更名为中国高等院校市场学研究会），开始大规模地开展传播活动。经过多方努力，我国高校已经普遍开设市场营销学课程，一些高校还设置了市场营销专业，市场营销学在我国得到广泛传播和认同。

（三）应用与发展阶段(20 世纪 80 年代末至今)

在计划经济体制下，我国医药企业根据上级主管部门计划安排进行生产活动，由政府部门统购包销，致使生产流通与市场分开，医药产品短缺，医药企业只愁产不愁销，医药企业不具备确立市场营销观念的条件。随着经济政策的调整，社会主义市场经济体制的建立，20 世纪 80 年代末一些医药产品出现了供过于求的局面，竞争比较激烈，一些医药企业开始注重销售。但是没有把市场营销学与推销区分开来，在推销观念的指导下，使用大量的医药推销人员把产品硬推给顾客。

产生和应用市场营销的客观条件为：高度发达的市场经济、全面形成的买方市场、充分竞争的市场环境，以及统一的国内市场和日益扩大的国际市场。20 世纪 90 年代末期，我国医药市场基本上结束了供不应求的局面，买方市场全面形成；同时由于国际竞争者的加入，使竞争更加激烈，致使我国医药企业必须在把握市场需求变化的基础上，发挥营销功能来满足市场需求。因此，我国医药企业开始关注市场营销，纷纷树立市场营销观念，将市场营销原理与方法用于实践，产生了很好的绩效。

但是，由于医药产品和医药市场的特殊性，使医药市场营销活动呈现出不同于一般营销活动的特殊性。医药企业迫切需要医药市场营销学理论指导医药市场营销活动。一些营销学者和医药营销管理者开始涉足医药市场营销学的研究，并取得了许多成果，医药市场营销学作为市场营销学的分支学科开始独立出来。现在，我国医药院校已经普遍开设医药市场营销学课程，部分医药院校还设置了医药市场营销专业，医药企业积极引入营销理念和营销人才开展营销活动，医药市场营销学在我国得到广泛研究和运用。

第四节　医药市场营销学及其研究

一、医药市场营销学的性质

市场营销学是一门以经济学、行为学和管理学为基础的，研究以满足顾客需求为中心的市场营销活动及其规律的综合性应用科学。随着市场营销理论在医药企业经营活动中的应用，医药市场营销活动的特殊性日益凸现出来，并引起了营销学者和医药营销管理者的关注和深入研究，使医药市场营销学形成了自身的理论体系，成为市场营销学的一个新型分支学科。

医药市场营销学是一门以经济学、行为学、管理学和医药学为基础的，研究以满足顾客需求为中心的医药市场营销活动及其规律的综合性应用科学。其研究对象是医药市场营销活动及其规律。

医药市场营销学是一门综合性的应用科学。医药市场营销学是一门科学，它是对医药企业营销活动规律的总结和概括，有自己的概念、核心理论和研究方法。医药市场营销学具有综合性特点，在其发展过程中充分吸收经济学、行为学、管理学和医药学等相关学科的概念、理论和方法，经历了一个博采众长的跨学科演变过程。医药市场营销学具有应用性特点，它在实践中指导医药企业的营销活动，同时在实践运用中不断得到发展。

二、医药市场营销学的研究框架

与市场营销一样，市场营销学亦有宏观与微观之分。宏观市场营销学从社会总体层面研究营销问题，以社会整体利益为目标，研究营销系统的社会功能与效用，并通过这些系统引导产品和服务从生产进入消费，以满足社会需要。微观市场营销学从个体（个人和组织）交换层面研究营销问题，以个人和组织的市场营销活动及其规律为研究对象。

本教材主要是从微观角度进行研究，以市场营销管理过程为主线，将市场营销理论和医药行业实际结合起来对医药企业的营销实践进行研究和探讨，在研究市场营销一般原理的基础上，突出医药市场营销的特点，总结医药市场营销的规律，为医药企业的市场营销活动提供理论指导。医药市场营销学的研究框架如下：

1. 基础理论　通过介绍医药市场营销、医药市场营销学和医药市场营销管理哲学，帮助初学者认识医药营销管理。

2. 分析医药市场　通过分析医药市场营销环境、医药消费者市场购买行为和医药组织市场购买行为，介绍医药市场营销调研和需求预测的内容和方法，达到评估顾客价值的目的。

3. 规划医药营销战略 通过规划医药企业总体战略、医药企业竞争战略和医药企业目标市场营销战略，选择为顾客提供的价值。

4. 制定医药营销策略 通过制定医药产品策略、医药产品的定价策略、医药产品的分销策略和医药产品的促销策略，为顾客提供、传递和传播价值。

5. 拓展医药营销 通过医药国际市场营销，将顾客价值从国内延伸到全球范围；开展服务营销、网络营销、文化营销、体验营销和大数据营销，将顾客价值范畴进一步延伸。

三、医药市场营销学的研究方法

（一）产品研究法

产品研究法是针对不同类型产品的特征，对各类产品的营销活动分别进行研究。这种分析方法具体实用，可以依据产品特点详细分析研究不同产品在市场中遇到的特殊问题，针对性强，对行业的市场营销活动具有较强的指导意义。本教材主要是研究医药产品市场营销活动及其规律，产品研究法是医药市场营销学最主要的研究方法之一。

（二）管理研究法

亦称决策研究法，即从管理决策角度研究市场营销问题。其研究框架是将医药企业决策分为目标市场和营销组合两大部分，研究医药企业根据其市场环境因素，结合自身资源条件，进行合理的目标市场决策和市场营销组合决策。

（三）历史研究法

即从发展变化过程来分析阐述市场营销问题的研究方法。本教材对医药市场营销的含义及其变化的分析，对营销管理哲学演变过程的分析，都是采用历史研究方法。

（四）系统研究法

这是一种将系统论运用于市场营销学研究的方法，即企业在做营销决策时，把与企业有关的环境和市场营销活动过程看成是一个系统，对整个系统进行协调和整合，达到系统优化，提高经济效益。

总之，本教材以产品研究法为主，兼及管理研究法、历史研究法和系统研究法。除了上述研究方法可用于医药市场营销学研究外，还有机构研究法、功能研究法和比较研究法等多种方法。同时，我国营销学者还可结合医药领域的特殊性，不断探讨新的研究方法。

【本章小结】

从广义的角度看，产品是能够提供给市场以满足人类某种需要或欲望的任何东西。本教材中医药产品主要指药品。医药产品的分类方式很多，可以按其产生的历史背景、生产方式、管理制度等进行分类。医药产品的特殊性表现为种类复杂性、医用专属性、效用两重性和质量严格性。

医药市场是指个人和组织对某种医药产品现实和潜在需求的总和，由人口、购买力和购买欲望三种要素构成。医药市场的分类主要有：按医药产品的形态分，有药品市场、医疗器械市场和医疗服务市场；按购买者及其购买目的可分为消费者市场和组织市场；按营销区域可分为国内市场和国际市场；按营销环节可分为批发市场和零售市场。医药产品的特殊性决定了医药市场具有不同于其他产品市场的特点：相关群体主导性强；需求弹性缺乏；需求波动大；公共福利性强。

医药市场营销是个人和医药组织通过创造并同他人交换医药产品和价值以满足需求的一种社会管理过程，其核心是交换。医药市场营销具有四个特点：营销人员专业化；营销对象双重化；营销终端多元化；营销活动法规管制多。医药市场营销的主要概念有医药市场营销者、价值、需要、欲望、需求等。医药市场营销是医药企业的基本职能，不同于推销。

医药市场营销管理的实质是需求管理。营销管理的任务可以基于需求形态和营销管理过程两个视角开展分析。医药市场营销管理包括四个步骤：分析市场机会，评估顾客价值；选择目标市场，选择顾客价值；实施市场营销组合，创造、传递和传播顾客价值；控制市场营销活动，管理顾客价值。

市场营销学20世纪初产生于美国，现代市场营销学形成于20世纪50年代。医药市场营销学是伴随着市场营销学的发展而发展起来的，并且在中国得到了广泛传播和应用。医药市场营销学是一门以经济学、行为学、管理学和医药学为基础的，研究以满足顾客需求为中心的医药市场营销活动及其规律的综合性应用科学。本教材以产品研究法为主，兼及管理研究法、历史研究法和系统研究法。

【重要概念】

产品；医药产品；医药市场；医药市场营销；医药营销者；价值；需要；欲望；需求；医药市场营销管理；医药市场营销学。

【复习思考】

1. 简述医药产品的含义、分类和特点。
2. 试从营销角度理解医药市场的含义及特点。
3. 简述医药市场营销的含义及其特点。
4. 医药市场营销管理的实质和任务是什么？包括哪些管理过程？
5. 医药市场营销学是怎样产生和发展的？

【营销应用】

探讨学习医药市场营销学的意义。

【案例分析】

双鹤药业“糖适平”的分层营销

一、市场分析

全球共有9240万糖尿病患者，中国的糖尿病患者就有900万，5年3倍的市场增长速率，44亿的市场规模（IMS统计数据），这是一个令很多药企觊觎的大市场。尽管“糖适平”是国内目前肾排率（在药代动力学上仅有5%的肾脏排泄率）最低的促泌剂，但随着跨国药企相关产品的市场份额不断增长，“糖适平”的竞争地位面临严峻挑战。“变者恒通”，双鹤由此开始了一场营销大变革。

二、营销策略

双鹤根据产品“糖适平”的特点把推广概念确定为“安全降糖、肝肾无忧”这8个字；在市场拓展方面采用了分层战略，将市场分为核心市场、维持增长市场、边缘市场及空白市场。在此基础上，双鹤将“糖适平”的增长明确界定为3个方面：达到亚类增长速度的追赶型增长、超过领域内口服药增长速度的高速增长及超越对标品种的挑战增长。这是便于用全局市场观解决问题的方法，也有利于合理有效地分配资源，真正实现精准营销。

三、策略执行与效果

对于市场潜力大、产出贡献高的核心市场，先重新进行营销版图的筛选，然后对标竞争对手的人员分布，对营销团队进行适当的布局调整。双鹤在核心市场的每个办事处都设立了学术专区，以使员工能用专业化的语言向客户传递产品的核心价值；同时参与全国及核心地区医学会组织的大型学术活动，支持核心市场的客户参会，为更多医生搭建学术交流平台。

维持增长市场，注重稳固现有基础。维持增长市场是指具有一定的增长能力，但受潜力制约，即使倾注更多资源，增长空间依然有限的市场。在筛选出的这部分市场上，产品的增长以核心市场的带动为主，在专业推广上以搭建糖尿病基础治疗的学术交流平台或协助相关机构开展安全合理用药的教育为主。

在边缘市场上，开展渠道延伸工作。这一市场受核心市场的带动及品牌影响力的渗透，虽然有"糖适平"的产品销售，但由于公司的人力资源有限，对其的开拓能力也受到一定限制。目前，这部分市场主要进行渠道延伸的推广活动，以保证中小医疗终端的公司产品能够及时配送。

针对空白市场，双鹤推出了寻找战略合作伙伴计划。在部分区域，虽然临床治疗上对产品有需求，但公司的人力辐射和物流配送都尚未涉及，产品处在零销售的状态。为此，公司筛选出专业化的战略合作伙伴，由他们按照公司的策略要求，客观公正地宣传产品，扩大了"糖适平"的覆盖率，满足了临床治疗的需求，也提高了公司的销售收入。

最终，营销策略执行后"糖适平"实现销售收入超过2亿元。同类产品中，"糖适平"拥有了超过95%的市场份额；在医院市场上实现了超过11%的增长。在四类市场上均有斩获：核心市场上深挖了高端的增长潜力，在增加学术影响力的同时提升了品牌影响；维持增长市场上稳固了既有基础；边缘市场上充分利用了渠道创新所形成的推力；在空白市场上取得了零的突破。

资料来源：双鹤药业产品糖适平的分层营销［EB/OL］. http：//health. sohu. com/20110420/n30614500 3_ 3. shtml. 2011 - 04 - 20

思考与讨论：请结合案例讨论并分析医药市场及医药市场营销活动的特点。

NOTE

第二章　医药市场营销管理哲学

【学习要点】

通过本章学习，熟悉医药市场营销管理哲学的基本概念及其演变各阶段的内容；掌握市场营销观念和大市场营销观念的具体内容；理解顾客让渡价值、顾客满意、顾客忠诚及其关系；了解全方位营销的含义与构成。

【引导案例】

中国医药集团积极履行央企的政治责任、社会责任和经济责任

中国医药集团是由国务院国资委直接管理的规模大、产业链全、综合实力强的医药健康产业集团，以预防治疗和诊断护理等健康相关产品的分销、零售、研发及生产为主业。2015 年，集团营业收入近3000 亿元，为中国第一，也是目前唯一一家进入世界500 强的中国医药企业。

自成立之日起，中国医药集团及其所属企业便承担着突发公共卫生事件和灾情疫情的医药储备与紧急供应任务。在2008 年汶川抗震救灾、2009 年防控甲型 H1N1 流感疫情、2010 年玉树和舟曲抗震救灾的现场，在2008 年奥运会、2009 年国庆阅兵和2010 年上海世博会等重大事件医药物资储备与应急供应，在2010 年国家麻疹疫苗强化免疫活动，以及2013 年芦山地震中，都能看到国药人紧张工作的身影，为保障人民的生命健康和社会稳定发挥了重要作用。“关爱生命，呵护健康”是中国医药集团始终秉承的企业理念，长久以来，这种强烈的社会责任感已经深入到每个国药人的心中，薪火相传。公司以“变革、创新、务实、奉献、进取”的企业精神为指导，全力打造“医药流通领域的专业化”品牌，履行企业社会责任，努力保障公众医药健康，实现经济、社会、环境的可持续发展。

资料来源：中央企业社会责任调研座谈会在集团召开［EB/OL］. http：//www. sinopharm. com/1073. html. 2016 –12 –28

市场营销管理哲学是指企业对其营销活动进行管理的基本指导思想，它是一种观念或思维方式。其核心是如何正确处理企业、顾客、社会、其他相关利益者的关系。因此，市场营销管理哲学直接影响营销活动的方式、效果和效率。只有正确的市场营销管理哲学才能指导正确的营销活动，才能达到市场营销目的。

医药市场营销管理哲学是医药企业管理人员在组织和策划企业营销活动时所依据的基本指导思想和行为准则，又称为医药市场营销管理观念。医药市场营销管理哲学不是固定不变的，它随着医药企业市场营销活动和实践的发展而发展，不同的市场经济环境形成了不同的市场营销管理哲学。随着经济的发展和社会的进步，那些曾经发挥过积极作用的市场营销管理哲学逐渐显得过时与陈旧，难以正确指导现代市场经济中的企业营销实践，因此就必然产生新的市场营销管理哲学。随着环境背景的演进，历史上曾先后出现了以企业为中心的观念、以顾客为中心的观念和以社会长远利益为中心的观念，21 世纪出现了全方位营销观念。

NOTE

第一节　以企业为中心的观念

以企业为中心的观念是以企业利益为根本取向和最高目标来处理营销问题的观念。它包括生产观念、产品观念和推销观念，这三种观念统称为传统市场营销观念。

一、生产观念

这是一种最古老的营销观念，它产生于19世纪末20世纪初西方产业革命完成之时。当时整个社会的经济和技术比较落后，生产满足不了消费需求，产品处于供不应求的状态。这种“以生产为导向”的营销观念认为，生产厂家只要能向顾客提供买得起、买得到的产品，就会实现销售。坚持“我生产什么，商家就卖什么，消费者就买什么”的经营思想，因此，生产观念只适应于“卖方市场”。企业管理的关键在于能否降低成本，扩大产量，增加销售网点，提供价廉的产品。这种观念的重点在于生产而不在于市场。

【营销实践】

我国医药行业经历的“生产观念”阶段

在我国计划经济时代，医药行业一直奉行着以生产为导向的营销管理哲学。当时医药生产和流通完全分开，药厂根据指令计划生产药品，医药公司负责流通调拨。中国医药总公司和中国药材总公司在全国按省、地、县分设一级、二级、三级站，将药品层层调拨到医院，然后由医生通过处方将药品用于患者。在当时医药短缺的情况下，医院院长和药剂科主任围着医药公司经理转，希望能得到充足的供应。药厂在这种体制下根本不用考虑销售问题，厂长考虑的主要问题就是如何降低成本和增加产量。这种观念一直持续到20世纪90年代，随着经济体制改革的深入、医药行业的发展和国际医药巨头纷纷进入中国，中国医药企业的这种营销观念才得到转变。

资料来源：彭智海，汤少梁．医药市场营销学［M］．北京：科学出版社，2004：20

二、产品观念

先有了产品再寻找顾客，它也是一种较古老的企业市场经营哲学。这种观念产生于20世纪30年代以前，它比生产观念出现的时间稍晚，但两者并存的时间较长。产品观念与生产观念的相同之处在于它们都是以生产为中心，都忽视了消费者和市场的存在，都产生于市场产品供不应求的“卖方市场”形势下。所不同的是，产品观念认为，既然消费者购买力有限，那么消费者希望购买到的有限产品中每一件都是高质量的产品，质量好坏是影响消费者购买的决定性因素，企业应该努力生产和追求质量好、性能强的产品，“提高产品质量，以质取胜”。“酒香不怕巷子深”“皇帝女不愁嫁”，结果由于过分迷恋于追求产品的高质量，忽视了消费者的实际需求，从而在市场中失败。

三、推销观念

推销观念盛行于20世纪30～40年代。当时西方一些发达国家先后完成了工业革命，生产

力得到空前发展，商品生产规模日益扩大，整个社会已经由卖方市场逐渐过渡到买方市场，其观念是“只要有足够的销售力度，就没有卖不出去的东西”。其具体表现是“我卖什么，就设法让人们买什么”。因此企业管理的中心任务是积极推销和大力促销，以诱导消费者购买产品。他们致力于产品的推广和广告活动，以求说服，甚至强制消费者购买。这时期创造了许多推销神话和推销大王。与过去相比，这一阶段的企业开始把注意力转向市场，但仅停留在产品生产出来以后再推销出去的阶段。推销观念也是建立在以企业为中心，以产定销，而不是满足消费者真正需要的基础上的。

第二节　以顾客为中心的观念

以顾客为中心的观念强调满足顾客需求，通过让顾客满意获得长期利益，主要包括市场营销观念和大市场营销观念。其中市场营销观念关注了解并满足顾客需求，大市场营销观念是对市场营销观念的发展，是在引导、创造需求的前提下，满足顾客需求。市场营销观念和大市场营销观念都强调满足顾客需求，通过让顾客满意达到顾客忠诚进而获得长期利益，因此，贯彻以顾客为中心的观念就是让顾客满意。

一、市场营销观念

市场营销观念是以顾客需求为中心，以研究如何满足市场需求为重点的营销观念，产生于20世纪50年代。市场营销观念是以消费者需要和欲望为导向的经营哲学，这种营销观念的出发点是顾客的需求。其观念是“产品只要能满足顾客的需求，就能销售出去”，其指导思想是“顾客需要什么，企业就销售什么，市场能销售什么，企业就生产什么”。遵循这种营销观念，企业的主要任务是需求管理，即“发现顾客需求，设法满足顾客需求，通过满足顾客需求，实现企业赢利的目的”。企业的经营指导思想从过去“一切从企业出发”转变为“一切从顾客出发”，企业的一切活动都围绕着满足顾客需求来进行，这是市场营销学的“第一次革命”。它不仅改变了传统的旧观念的逻辑思维方式，而且在经营策略和方法上也有很大突破。

北京同仁堂是我国中药业的第一品牌，创建于清康熙八年（1669年）。300多年来秉承的古训在同仁堂代代传承，“同修仁德，济世养生”，“炮制虽繁必不敢省人工，品味虽贵必不敢减物力”，始终坚持传统的制药特色，同仁堂成药所用药材严格依照药方进行蒸、炒、煅、烫、炙、浸、淬等多种炮制工序，其操作之严谨，工艺之非凡，令人赞叹。其产品以质量优良、疗效显著而闻名海内外。客为导向一直是同仁堂的信条，不断开发新品种，以牛黄清心丸、大活络丹、乌鸡白凤丸、安宫牛黄丸等为代表的十大王牌和十大名药，一直在市场上供不应求。同仁堂在主营中药的同时，还涉及营养保健品、药膳餐饮、化妆品等并提供有关的技术咨询、技术服务。这些都是为了满足患者的需求才得以快速发展。

市场营销观念认为，实现企业营销目标的关键在于准确地了解目标市场的需求，比竞争者更有效地满足目标市场的需求，通过满足市场需求获取企业的长期利润。市场营销观念的基本内容主要包括以下四个方面：以目标市场为出发点，以顾客需求为中心，以整体营销为手段，以谋求长远利益为目标。

NOTE

二、大市场营销观念

大市场营销观念是以市场需求为中心，以引导、创造并满足需求为宗旨的营销管理哲学。20世纪80年代，随着国际市场的激烈竞争，在许多国家政府干预加强和贸易保护主义再度兴起的新形势下，市场营销理论有了新的发展。菲利普·科特勒于1984年提出了一个新的理论，他认为企业应当能够影响自己所处的市场营销环境，而不只是单纯地顺从和适应环境。菲利普·科特勒认为，一个公司即使有精湛的优质产品，完美的营销方案，但要进入某个特定的地理区域时，可能面临各种政治壁垒和公众舆论方面的障碍，当代的营销者要想有效地开展营销工作，必须运用政治力量和公共关系，打破国际或国内市场上的贸易壁垒，为企业的市场营销开辟道路。他把这种新的战略思想称为“大市场营销”。

大市场营销（mega marketing）是指为了成功地进入特定市场，并在那里从事业务经营，在战略上协调使用经济的、心理的、政治的和公共关系的手段，以获得各有关方面如经销商、供应商、消费者、市场营销研究机构、有关政府人员、各利益集团及宣传媒介的合作与支持。

大市场营销是一般营销的深化和发展，市场营销的目的是满足消费者的需求，而大市场营销是为了满足消费者的需求，开发新的需求，改变消费习惯，争取进入市场。所涉及的有关方面除了一般介入者外，还包括立法机构、政府部门、政党、公共利益团体等。营销手段除一般市场营销组合（4P）外，还应当包括政治权力和公共关系两个方面。参加的人员不再仅仅是营销人员，还包括公司的高级职员、律师、公共关系和公共事务部人员等。

三、以顾客为中心观念的贯彻

（一）适度提高顾客让渡价值

“顾客让渡价值”（customer delivered value）理论是1996年菲利普·科特勒首次提出的。这一理论认为，在市场营销观念指导下，企业应致力于顾客服务和顾客满意。要实现顾客满意，需要从多方面开展工作，并非人们所想象的“只要价格低，则万事大吉”。事实上，消费者在选择卖主时，价格只是考虑因素之一，消费者真正看重的是“顾客让渡价值”。顾客让渡价值是指顾客总价值与顾客总成本之间的差额，其公式如下：

顾客让渡价值 = 顾客总价值 - 顾客总成本

1. 顾客总价值 顾客总价值是指顾客购买某一产品或服务所期望获得的一组利益，包括产品价值、服务价值、人员价值和形象价值等。

（1）产品价值 产品价值是由产品的功能、特性、品质、品种与式样等所产生的价值。产品价值是顾客需要的中心内容和选购产品的首要因素。

（2）服务价值 服务价值是指伴随产品实体的出售，企业向顾客提供的各种附加服务，包括产品介绍、送货、安装、调试、维修、技术培训等所产生的价值。服务价值是构成顾客购买总价值的重要因素。

（3）人员价值 人员价值是指企业员工的经营思想、知识水平、业务能力、工作效益与质量、经营作风、应变能力等所产生的价值。企业员工直接决定着企业为顾客提供的产品与服务质量，也决定顾客购买总价值的大小。

NOTE

（4）形象价值 形象价值是指企业及其产品在社会公众中形成的总体形象所产生的价值。

包括企业的产品、技术、质量、包装、商标、工作场所等所构成的有形形象所产生的价值，也包括公司及其员工的职业道德行为、经营行为、服务态度等行为形象和企业的价值观、经营管理哲学等理念所产生的无形形象价值。

2. 顾客总成本 顾客总成本是指顾客购买某一产品所耗费的时间、精神、体力及所支付的货币资金等，因此顾客总成本包括货币成本、时间成本、精神成本及体力成本等。

（1）货币成本 货币成本是指顾客购买某一产品或服务时所支付的货币量，包括购买时的价格和使用时需支付的货币量。

（2）时间成本 时间成本是指做出购买决策和购买过程花费的时间所形成的成本。

（3）精神成本 精神成本是指顾客购买产品和使用产品时精神方面的付出所形成的成本。

（4）体力成本 体力成本是指顾客购买产品和使用产品时消耗的体力所形成的成本。

一般情况下，消费者在购买产品时总想把有关成本降到最低限度，而同时又想从中获得更多的实际利益，以使自己的需要获得最大限度的满足。因此顾客在选购产品时，往往从价值和成本两方面进行比较分析，从中选择出价值最高、成本最低，即顾客让渡价值最大的产品作为优先选购的对象。

营销工作者了解顾客让渡价值的重要意义在于，它能够提醒企业想方设法地向顾客提供比竞争对手具有更多顾客让渡价值的产品，吸引更多的潜在顾客购买其产品。企业要做的工作至少有两方面：一是通过改进产品、服务、人员与形象，提高产品的总价值；二是通过降低生产与销售成本，减少顾客购买产品的时间、精神与体力的耗费，从而降低货币成本与非货币成本。

（二）提高顾客满意和顾客忠诚

1. 顾客满意 顾客满意是指顾客将产品或服务满足其需要的认知价值与其期望进行比较所形成的愉悦或失望的感觉状态。顾客是否满意，取决于顾客认知价值和期望比较的结果，若顾客认知价值小于期望，顾客会不满意；若顾客认知价值与期望相当，顾客会满意；若顾客认知价值大于期望，顾客会十分满意，进而实现顾客忠诚（图2－1）。

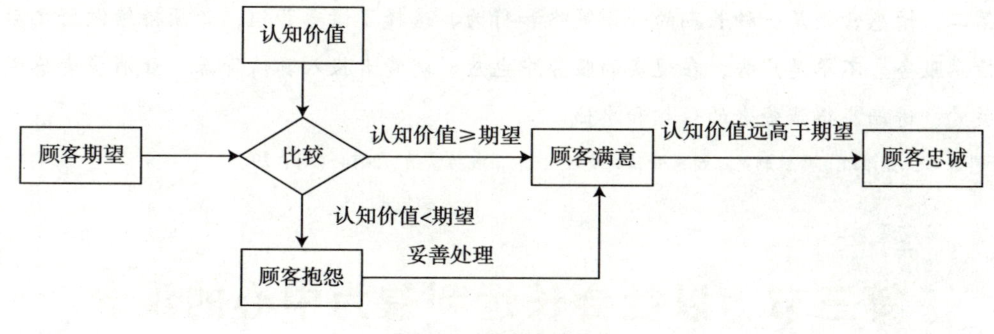

图2－1 顾客感受状态

顾客认知价值大体由顾客让渡价值决定。所谓顾客认知价值是指企业让渡给顾客，并能让顾客感受到的实际价值。为顾客提供更大的顾客认知价值是企业建立顾客关系的基石。期望是指顾客认为应当达到的效用，一般受企业和竞争者的信息与承诺、以往的购买和使用经验、朋友或同事的影响等因素的影响。

医药产品消费者期望值形成的基础包括药店药师或医院医师的建议、过去的购买经验、亲友同事的相关评论、销售者和竞争者的信息及经营者的承诺等。如果医药企业最初就使顾客的

NOTE

期望值过高，但实际获得的认知价值却一般，则容易引起购买者的失望，降低顾客满意度。但是，如果医药企业把期望值定得过低，虽然能使买方感到满意，却难以吸引大量的购买者。因此，医药企业在广告中应当客观、真实地向消费者传播医药产品的功效作用，不应夸大功效，否则只能短期内提高销量，但会丧失顾客对企业的信任，难以建立长期的顾客忠诚。

尽管顾客满意是顾客的一种主观感受状态，但这种感受状态的形成是建立在“满足需求”的基础上的，是从顾客角度对企业产品和服务价值的综合评估。顾客满意既是顾客本人再次购买的基础，也是影响其他顾客购买的要素。对企业来说，前者关系到能否保持老顾客，后者关系到能否吸引新顾客。因此，使顾客满意是企业赢得顾客、占有和扩大市场、提高效益的关键。

2. 顾客忠诚 顾客忠诚是指顾客购买行为的连续性。顾客忠诚度越高，顾客购买的次数越多。高度满意能培养顾客对品牌的感情吸引力，是创造顾客忠诚的重要条件。一般而言，随着顾客满意度的提高，其忠诚度也在提高。研究表明，吸引新顾客要比维系老顾客花费更高的成本。因此，在激烈竞争的市场上，保持老顾客、培养顾客忠诚具有十分重要的意义。要有效地保持老顾客，不仅要使其满意，而且要使其高度满意。

【营销实践】

羚锐制药：情感营销新突破

2013 年春节期间，羚锐制药通络祛痛膏放弃《牛犇版》《俏夕阳版》《陈建斌版》等侧重于介绍产品性能的硬广告，转而以情感为主线拍摄新广告《父亲版》《女儿版》，从“情”入手，以“情”动人。羚锐制药希望通过这类情感诉求性的软性广告，以情感营销培养消费者对羚锐品牌的忠诚度。情感营销的关键点是：

第一，企业能够站在客户或者消费者的立场上来思考问题，这需要摒弃以往的“我生产，你来买”的陈旧的营销思路，必须充分地考虑到顾客需求。企业与消费者的这种互动，让双方不仅仅局限于一种买卖关系，而逐步过渡为一种立足于长远的伙伴关系，从而能够让企业和消费者共同成长。

第二，情感营销是一种长期的营销策略和行为，选择了情感营销，必须持续做好之后一系列的情感服务。不单是广告，在现实的服务中也应对消费者投入真情资源，让消费者感受到亲情和关爱，进而赢得消费者的信赖和忠诚。

资料来源：熊维政．羚锐制药：情感营销新突破［J］．成功营销，2014（3）：29

第三节 以社会长远利益为中心的观念

以社会长远利益为中心的观念也称为社会市场营销观念。在社会市场营销观念的指导下，在满足消费者需求、符合社会长远利益的同时，求得企业的长期利润。企业需要实施绿色营销，注重营销道德和承担社会责任。

一、社会市场营销观念的含义

从 20 世纪 70 年代起，随着全球环境破坏、资源短缺、人口爆炸、通货膨胀和忽视社会服务等问题日益严重，社会上要求企业顾及消费者整体与长远利益（即社会利益）的呼声越来

越高。继而在西方市场营销学界提出了一系列新观念，如人类观念、理智消费观念和生态准则观念等。其共同特点是认为企业生产经营者不仅要考虑消费者需要，而且还要考虑消费者和整个社会的长远利益，这类观念统称为社会市场营销观念。

社会市场营销观念是对市场营销观念的发展和补充。市场营销观念的中心是满足消费者的需求与愿望，进而实现企业的利润目标。但往往会出现这样的现象，即企业的营销努力在满足个人需求时，却与社会公众的利益发生矛盾，可能不自觉地造成社会的损失。社会市场营销观念则强调，要以实现消费者满意及消费者和社会公众的长期福利作为企业的根本目的与责任，走可持续发展的道路。理想的市场营销决策应同时考虑到消费者的需求、社会长远利益及企业的效益。

二、社会市场营销观念的贯彻

（一）实施绿色营销

绿色营销观念是在当今社会环境破坏、污染加剧、生态失衡、自然灾害威胁人类生存和发展的背景下提出来的新观念。在绿色工程、绿色工厂、绿色商店、绿色商品、绿色消费等新概念冲击下，绿色营销观念也就自然而然地相应产生。

绿色营销观念主要强调把消费者需求、企业利益和环保利益三者有机地统一起来，它最突出的特点就是充分顾及到资源利用与环境保护问题，要求企业从产品设计、生产、销售到使用整个营销过程都要考虑到资源的节约利用和环保利益，做到安全、卫生、无公害等，其目标是实现人类的共同愿望和需要——资源的永续利用与保护和改善生态环境。

化学制药工业“三废”处理一直是老、大、难问题，对环境污染严重。实施清洁化生产的措施如下：保持生产车间环境的清洁，减少“跑、冒、滴、漏”，在现有条件下最大限度地减少污染；应用清洁技术，即从产品的源头削减或消除对环境有害的污染物。

（二）注重营销道德

营销道德是用来判定市场营销活动正确与否的道德标准，即判断企业营销活动是否符合消费者及社会的利益，能否给广大消费者及社会带来最大幸福。

营销道德贯穿于营销活动的全过程。营销调研、产品的生产、价格的制定、分销管理、促销执行及市场竞争等各个环节都涉及营销道德问题。比如，营销调研环节，对于调研人员来讲，应当为客户保守业务秘密，尊重受访者的尊严和隐私权；产品的生产环节，不得存心欺骗消费者，不能给员工带来身心伤害，给社会造成环境污染和危及居民的正常生活等；价格的制定环节，不能欺诈定价，不能制定掠夺性价格，实行垄断价格等；分销管理环节，生产商与经销商应切实履行双方签订的合同，生产商按时、按量供货，经销商按期付款等；促销环节，广告宣传方面不得播放欺骗性广告推销产品，不得随意扩大产品功效，诱导消费者做出错误的购买决策，产品的包装及标签必须提供真实的商品信息，人员促销时不得推销伪劣产品，不得在交易中贿赂送礼等；市场竞争环节，不得以不道德的方式获得竞争对手的商业秘密，侵犯知识产权，开展恶性竞争，相互攻击、诽谤，制造谣言，诋毁竞争对手企业形象和产品形象，破坏正常的市场竞争秩序等。如果违背以上原则，就属于营销道德问题，必然会引起社会的谴责。

国家食品药品监督管理总局（现国家药品监督管理局）2007 年 12 月颁布《药品召回管理办法》，GMP 也明确规定：企业应建立产品召回系统，必要时可迅速、有效地从市场召回任何一批有质量缺陷或怀疑有质量缺陷的所有产品。制药企业对问题药品实行召回显示企业对其产品承担

责任的法律意识、企业维护公众健康安全的价值取向及企业诚信经营的文化传统和社会道德。

（三）承担社会责任

企业社会责任（corporate social responsibility，CSR）是指企业在创造利润，对股东负责的同时，还应承担起对劳动者、消费者、环境、社区等利益相关者的责任。企业是社会整体的重要构成单元，由于其利益与整个社会浑然一体，同时，企业行为客观上会影响他人，具有涉他性，因此必然要求接受社会的整体约束，这也就决定了企业必须承担一定的社会责任。

企业社会责任的相关研究起源于20世纪20年代。当时，在以美国为代表的西方国家，现代大公司的出现及企业实力的迅速增强使得企业在社会经济发展中的作用愈发重要，但同时也带来了诸如工伤、产品质量下降、环境污染等突出的社会问题，人们开始反思传统的指导企业发展的“股东利益最大化”理论，越来越多的学者开始认识到企业在获取经济利益的同时还应对其产生的社会问题承担应有的责任。

医药企业是医药产品的供给主体，承担着保障消费者生命健康的特殊使命，在经济社会发展中扮演着重要角色，因此与生俱来地承担着重大社会责任。然而，近年来我国医药行业发生的一系列不良事件对人民群众的生命健康造成了严重损害，也使一些企业遭受了沉重打击，甚至引发了社会公众对于行业主管部门及整个医药行业的质疑。社会对医药企业的期望与现实之间的巨大差距使得医药企业社会责任问题变得日趋紧迫。

第四节　新的营销范式——全方位营销观念

一、全方位营销的含义

21世纪市场发展的潮流和趋势使得医药企业在市场营销过程中有了新的观念和实践，企业逐渐认识到有必要采用超出传统营销观念的，更加整体化、更具一致性的策略。

全方位营销（holistic marketing）是以对营销项目、过程、活动的开发设计及实施的范围和相互关系的了解为基础，力图认识并调和营销活动的边界与复杂性。全方位营销认为“所有事务都与营销相关”，因此需要有一种广泛的、整合的观念。全方位营销的四个组成部分：关系营销、整合营销、内部营销和绩效营销（图2－2）。

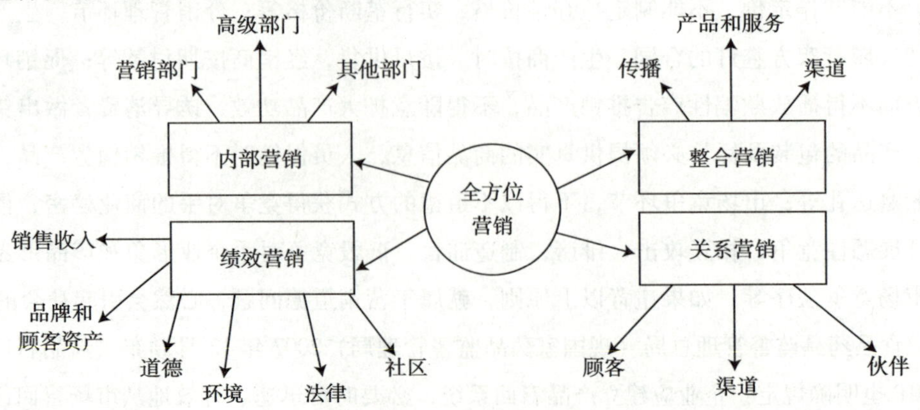

图2－2　全方位营销的维度

二、全方位营销的构成

（一）关系营销

关系营销（relationship marketing）是以系统论为基本指导思想，将企业置于社会经济大环境中来考察其市场营销活动，认为营销是一个企业与消费者、竞争者、供应商、分销商、政府机构及社会组织发生互动作用的过程。关系营销将建立与发展同所有利益相关者之间的关系作为企业营销的关键变量，把正确处理这些关系作为企业营销的核心。

关系营销的目标是与相关重要团体建立长期、互惠的满意关系，以便获得并保持长期的业务和回报。关系营销在各方之间建立起强大的经济、技术和社会纽带关系，这就要求与合适的关系团体建立合适的关系。

关系营销最终的结果是建立公司的独特资产——营销网络。营销网络由公司和与其建立了互惠商业关系的利益方组成。今后，竞争不再仅仅是在公司之间，而是在不同的营销网络之间进行，具有更好的营销网络的公司将赢得市场优势。

（二）整合营销

整合营销方式下，营销者的任务是设计营销活动并整合营销项目获得最大化为顾客创造、传播和传递价值的能力。菲利普·科特勒认为，企业所有的部门为服务于顾客利益而共同工作时，其结果就是整合营销。

整合营销（integrated marketing）是一种对各种营销工具和手段的系统化结合，根据环境进行即时性的动态修正，以使交换双方在交互中实现价值增值的营销理念与方法。整合就是把各个独立的营销工作综合成一个整体，以产生协同效应。这些独立的营销工作包括广告、直接营销、销售促进、人员推销、包装、事件、赞助和客户服务等。整合营销需要战略性地审视整合营销体系、行业、产品及客户，从而制定出符合企业实际情况的整合营销策略。

整合营销发生在两个层次：一是不同的营销职能——销售力量、广告传播、产品管理、市场研究等必须朝着一个目标共同努力；二是营销部门必须和企业其他部门紧密协调。

整合营销强调各种要素之间的关联性，要求它们成为一个统一的有机体。在此基础上，整合营销更要求各种营销要素的作用力统一方向，以形成合力，共同为企业的营销目标服务。

（三）内部营销

内部营销（internal marketing）是指成功地雇用、培训和激励有能力的员工，使之更好地为顾客服务。内部营销要求组织中的每一名员工都秉承营销的概念和目标，并致力于选择、提供和传递顾客价值。只有当所有的员工都意识到他们的工作是创造、服务和满足顾客时，公司才能成为一个有效的营销者。通过内部营销，使得营销工作更像是一种企业导向，而不仅仅是一个企业部门。

营销者拥有的最有价值的能力是选择、培训及团结组织内部的人，如果让所有的员工都富有热情，则将有助于同顾客建立满意的长期关系。内部营销开始于选择对公司、产品和顾客有着正面态度的经理与员工。接下来是对人员的培训、激励和授权，使得他们在向顾客传递价值时有知识、工具和权利。为员工的表现设立标准之后，最后一步是监督员工的表现及奖励好的绩效，通过持续地沟通、激励和反馈来继续内部营销的流程。

（四）绩效营销

绩效营销（performance marketing）是指营销者不仅关注营销活动及其投入带来的商业回报，并更广泛地关注营销对法律、伦理、社会和环境的影响和效应。

管理者除了检查销售收入外，还应考察营销计分卡以了解市场份额、顾客流失率、消费者满意度、产品质量和其他指标的情况。营销者不仅要从品牌建立和客户群增长方面，还要从财务和可赢利能力等方面，向高层管理者证明其营销投资的正确性。因此，营销者有必要使用更多的财务指标评估其营销努力创造的直接价值和间接价值。同时，也应当意识到，公司的市场价值大部分来自无形资产，尤其是品牌、客户群、员工、与分销商和供应商的关系及知识资本等。

很显然，营销的影响已经超出了公司和顾客，发展到了整个社会。营销者还必须仔细考虑更广泛的角色，以及其活动的道德、环境和社会背景。营销绩效要求企业比竞争者更有效地满足目标市场的需求和利益，但是这一切也应该以保持和强化消费者和社会福利的方式进行。

【本章小结】

市场营销管理哲学是指企业对其营销活动进行管理的基本指导思想，它是一种观念或思维方式。其核心是如何正确处理企业、顾客、社会、其他相关利益者的关系。医药市场营销管理哲学不是固定不变的，随着环境背景的演进，市场上依次出现了以企业为中心的观念、以顾客为中心的观念、以社会长远利益为中心的观念。

随着市场经济的不断深入发展，产生了新的营销范式——全方位营销观念。全方位营销是以对营销项目、过程、活动的开发设计及实施的范围和相互关系的了解为基础，力图认识并调和营销活动的边界与复杂性。全方位营销的四个重要组成部分包括：关系营销、整合营销、内部营销和绩效营销。

【重要概念】

市场营销管理哲学；生产观念；产品观念；推销观念；市场营销观念；大市场营销观念；顾客让渡价值；顾客满意；社会市场营销观念；绿色营销；营销道德；企业社会责任；全方位营销；关系营销；整合营销；内部营销；绩效营销。

【复习思考】

1. 简述医药市场营销管理哲学的含义及其主要观念的内容。
2. 分析市场营销观念与大市场营销观念的联系与区别。
3. 简述医药企业营销道德的主要表现。
4. 简述全方位营销的主要组成部分。

【案例分析】

药友制药召回不良反应药品

复星医药旗下的重庆药友制药有限责任公司（以下称药友制药）生产的注射用炎琥宁第12102961批次及第12102863批次在江苏、安徽、广西临床使用过程中，发生了涉及共32名患者的寒战等不良反应。对此复星医药公告称，虽然出现不良反应的原因仍在调查中，但药友制药已对炎琥宁生产线实施停产，并主动召回上述两个批次及生产日期接近的其他批次炎琥宁。

据了解，事件起源于2012年9月初，安徽合肥10余名婴幼儿因为感冒发热在医院治疗后，普遍出现休克状况等不良反应，且在发生不良反应的婴幼儿中，90%都使用了由药友制药

生产的“炎琥宁注射剂”。无独有偶，江苏省常州市钟楼区有11名患者在使用标示为药友制药公司生产的批号为12102961的注射用炎琥宁时也出现不良反应。江苏省药监局已要求全省药品经营企业和医疗机构立即停止销售、使用该批号产品，并依法处理不合格药品。

事实上，炎琥宁产品不良反应事件一直较为突出。早在2009年9月，国家药品不良反应监测中心就曾发布《药品不良反应信息通报》，提醒医疗机构医护人员和药品生产经营企业警惕炎琥宁注射剂的严重不良反应。据监测中心统计，该药物不良反应患者53%为14岁以下儿童。

虽然主动召回涉事注射剂，但是复星医药坚决否认“药品不合格”，并表示“经检测，该产品各批次的生产工艺、生产环境、工艺设备、公用系统等均记录齐全，关键参数符合要求；各批次抽检产品的关键指标均符合标准要求”，同时强调，公司在今后的工作中将继续严格执行GMP，以更高的标准对供应商审计、物流、生产、质检等环节加强控制。

专家指出，对于问题产品生产企业来说，若想重新挽回社会形象，除了对内部环节自查之外，还应弄清楚是某批次的药品出现问题还是大量药品都有问题，并给出针对性的解决方案，而不是仅仅召回涉事药品，否则还是治标不治本。

资料来源：潘洁．药友制药召回不良反应药品［N］．国际金融报，2012－09－18（02）

思考与讨论：请根据案例，结合社会市场营销观念分析我国制药企业承担社会责任的重要意义。

第二篇 分析医药市场

第三章 医药市场营销环境

【学习要点】

通过本章学习，理解医药市场营销环境的含义、分类和特点；掌握微观营销环境和宏观营销环境的含义、构成及对医药市场营销活动的影响；掌握市场机会和环境威胁分析方法，以及面对机会和威胁的应对策略；了解医药市场营销环境的发展趋势。

【引导案例】

关于进一步改革完善药品生产流通使用政策的若干意见

2017 年 2 月 9 日，国务院办公厅印发《关于进一步改革完善药品生产流通使用政策的若干意见》（以下简称《意见》）。出台《意见》的目的是要围绕解决医药领域突出问题，坚持标本兼治、协同联动，从药品生产、流通、使用全链条提出系统改革措施，更好地满足人民群众看病就医需求，推进健康中国建设。

《意见》强调，在生产环节关键是提高药品质量疗效。一是严格药品上市审评审批，加快临床急需的新药和短缺药品审评审批。二是加快推进已上市仿制药质量和疗效一致性评价，对通过一致性评价的药品给予政策支持。三是有序推进上市许可持有人制度试点，鼓励新药研发。四是加强药品生产质量安全监管，严厉打击制售假劣药品的违法犯罪行为。五是加大医药产业结构调整力度，支持药品生产企业兼并重组。六是健全短缺药品、低价药品监测预警和分级应对机制，保障药品供应。

《意见》明确，在流通环节重点整顿流通秩序，改革完善流通体制。一是推动药品流通企业转型升级，加快形成以大型骨干企业为主体、中小型企业为补充的城乡药品流通网络。二是推行药品购销“两票制”，使中间环节加价透明化。三是落实药品分类采购政策，逐步扩大国家药品价格谈判品种范围，降低药品虚高价格。四是加强药品购销合同管理，违反合同约定要承担相应的处罚。五是整治药品流通领域突出问题，依法严惩违法违规企业、医疗机构及相关责任人员。六是建立药品出厂价格信息可追溯机制，促进价格信息透明。七是积极发挥“互联网 + 药品流通”的优势和作用，方便群众用药。

《意见》提出，在使用环节重点规范医疗和用药行为，改革调整利益驱动机制。一是公立医院要优先使用国家基本药物，强化药物使用监管，促进合理用药。二是进一步破除以药补医机制，加快建立公立医院补偿新机制，严格控制医药费用不合理增长。三是强化医保规范行为和控制费用的作用，大力推进医保支付方式改革。四是积极发挥药师在合理用药方面的作用。

资料来源：国务院办公厅．关于进一步改革完善药品生产流通使用政策的若干意见［Z］．2017 - 02 - 09

第一节 医药市场营销环境概述

任何企业总是生存在一定的环境之中，医药企业的营销活动不可能脱离环境而单独进行。营销环境分析是制定市场营销战略的依据，是医药企业市场营销活动的基础。

一、医药市场营销环境的含义

按照菲利普·科特勒的解释，市场营销环境（marketing environment）是影响企业市场和营销活动的不可控制的参与者和影响力。具体地说，“市场营销环境是影响企业市场营销的管理能力，使其能卓有成效地发展和维持与目标顾客交易及关系的参与者和影响力”。因此，医药市场营销环境是指影响医药企业市场营销活动的不可控制的各种参与者和影响力，是影响、制约医药企业生存和发展的一切内、外部因素和条件的总和。

二、医药市场营销环境的分类

根据医药企业的营销活动受制于营销环境的紧密程度，医药市场营销环境可分为微观营销环境和宏观营销环境（图3-1）。

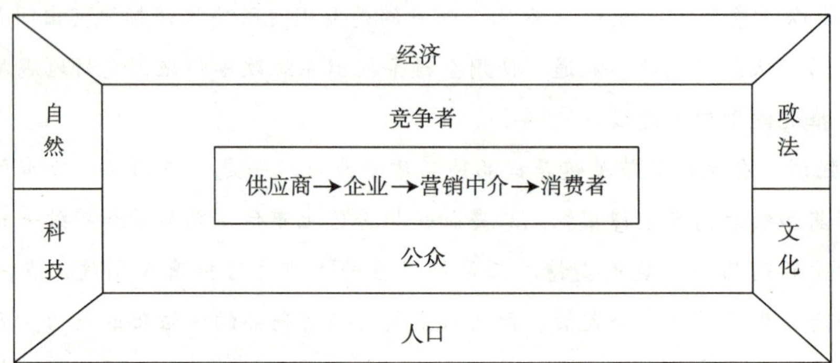

图3-1 企业市场营销环境

内层表示微观营销环境（micro-environment），是指与企业紧密相连，直接影响其营销能力的各种参与者。如企业内部各部门、供应商、营销中介组织、消费者、竞争者及社会公众，它们与企业形成了协作、服务、竞争与监督的关系。

外层表示宏观营销环境（macro-environment），是指间接影响企业营销活动的巨大社会力量，包括政治法律、人口、经济、科技、自然及社会文化等环境因素。宏观营销环境通过微观营销环境因素对企业营销活动或提供机会或造成威胁，是企业的不可控因素。

三、医药市场营销环境的特征

医药市场营销环境是一个多因素、多层次而且不断变化的复合体。它具有如下特征：

（一）客观性

医药企业总是在特定的社会、经济和其他外界环境条件下生存发展的。医药企业只要从事

市场营销活动，就必须面对着这样或那样的环境条件，也必须受到各种各样环境要素的影响和制约。因此，医药企业必须主动适应，科学分析，及时准确地制订市场营销计划并依据环境变化不断调整，才能立于不败之地。

（二）相关性

医药市场营销环境是一个系统，其中各个影响因素相互依存、相互作用和相互制约。总体上看，每个企业所拥有的小系统都应该与社会的大系统相互平衡。一旦环境发生变化，平衡就会被打破。例如，医药产品价格不但受到市场供求关系的影响，还受到国家价格政策及科学技术和社会文化的影响，同时也受到国家医疗保险制度改革和卫生政策的影响。

（三）差异性

不同国家和地区的医药政策、社会经济发展水平、风俗文化等都不尽相同，所以，医药市场营销环境存在差异性。医药企业在制定营销策略时，要根据具体环境分析。例如，美国广告法规定，代言广告必须是“证言广告”和“明示担保”，即明星必须使用产品并有所裨益后才能为该产品代言，否则其代言的广告就成为没有根据的虚假之物，明星将被处以重罚；而我国在新广告法出台之前，名人代言药品广告比比皆是，央视市场研究公司的一份研究报告显示，药品代言中娱乐明星占了88%，甚至同一个明星代言了多种药品，有近1/5的名人所代言的品牌超过了两个。甚至一些公众人物帮助企业夸大药品功能、宣传虚假疗效。

2015年9月实施的新广告法规定，医疗、药品、医疗器械及保健食品等不得利用广告代言人做推荐、证明；同时规定：广告代言人在广告中对商品、服务做推荐、证明，应当依据事实，符合本法和有关法律、行政法规规定，并不得为其未使用过的商品或者未接受过的服务做推荐、证明；不得利用不满十周岁的未成年人作为广告代言人。明确规定：关系消费者生命健康的商品或者服务的虚假广告，造成消费者损害的，广告代言人应当与广告主承担连带责任。广告代言人的立法规定受到社会各界关注，新法对规范广告代言人的行为、强化代言人的责任意识、惩治虚假代言行为、维护广告市场秩序都有着积极作用。

（四）动态性

任何环境因素都不是静止的、一成不变的。相反，它们始终处于不断变化的过程中，是一个动态的概念。市场营销环境的变化也是社会发展的一种标志。国家医药政策、医药科技水平、人民生活水平和消费者的健康观念等都在变化，医药企业需要根据动态的环境变化，建立动态的营销方案。例如，我国医药消费者的消费意愿正从以治疗为目的，向以治疗、预防、养生、保健等综合追求转变，消费者的消费心理日趋成熟，这无疑对医药企业的营销活动产生根本的影响。因此，医药企业要依据市场营销环境的动态性，不断地修正和调整自己的营销策略，使企业的市场营销活动主动适应环境的变化。

（五）可利用性

“适者生存”既是自然界演化法则，也是营销活动的法则。强调企业对所处营销环境的反应和适应，并不意味着企业对于环境是无能为力或束手无策的，只能消极地、被动地改变自己以适应环境。企业可以运用自身的资源去影响、改变和利用营销环境，为企业创造更有利的发展空间。

四、分析医药市场营销环境的意义

医药企业的营销活动离不开对市场需求的科学研究和对市场信息变化的及时掌握，而随着

市场竞争的加剧，市场的不稳定性、复杂性、多变性和不规则性将更为剧烈。因此，医药企业要在动荡的市场中取得营销效果，就必须对市场营销环境做出正确的分析与判断。

（一）医药市场营销环境是医药企业市场营销活动的基点

医药企业的生产经营活动离不开社会的、经济的、技术的环境，任何一个医药企业都应该认真地调查与分析经营环境，抓住一切有利机会，动态地适应社会经济变化的要求，及时调整市场营销战略与策略，使企业的生产经营活动与国家医药事业的要求相互协调，相互适应，相互促进。

（二）医药市场营销环境是医药企业寻找市场机会的前提

医药企业市场营销环境的变化最终都会反映在医药市场的需求与供给的关系上，只有认真分析并掌握营销环境和医药市场供求、竞争状态的变化，才能发现和把握医药市场机会，选择正确的目标市场，生产经营适销对路的医药产品。

（三）医药市场营销环境是医药企业制定各种战略、策略的客观依据

医药企业营销战略与策略的制定离不开对营销环境的详细而科学的调研。医药企业的营销活动从本质上讲只能适应和服务于内外部环境的变化，唯有充分利用医药企业内外部条件优势，寻找和发现经营的机会，并通过正确的战略，使内外环境和条件协调平衡，才能实现其目标。

第二节　医药市场微观营销环境

一、医药企业内部因素

在内部各环境因素中，人员是企业营销策略的确定者与执行者，是企业最重要的资源之一；企业管理水平高低、规章制度的优劣决定着企业营销机制的工作效率的高低；资金状况与厂房设备等条件是企业进行一切营销活动的物质基础。此外，企业文化和企业组织结构是两个需要特别注意的内部环境因素。

企业文化是近年来日益受到重视的企业内部因素。所谓企业文化，是指企业的管理人员与员工共同拥有的一系列思想观念和企业的管理风貌，包括价值标准、经营哲学、管理制度、思想教育、行为准则及企业形象等。企业文化在调动企业员工的积极性，发挥员工的主动创造力，提高企业的凝聚力等方面有极其重要的作用。

【营销实践】

知名医药企业的企业文化

扬子江：高质、创新、惠民、奋进。

正大天晴：诚实做人，健康发展。

西安杨森：强调“信条为本、止于至善”；倡导“因爱而生”，传播关爱；弘扬奥运精神，激励自己和社会大众“更快、更高、更强”。

辉瑞：客户至上、社区精神、尊重他人、力争上游、团队精神、领导才能、道德观念、追求品质、革新创造。

资料来源：根据各公司企业文化宣传资料整理

NOTE

医药企业内部环境的另一个重要因素是企业的组织结构、各部门之间的相互关系和协调机制。营销部门在整个企业组织中的地位影响到营销活动能否顺利进行。营销管理层在制订营销计划时，必须考虑到与公司其他部门的协调，如与最高管理层、财务部门、研发部门、采购部门、制造部门、会计部门等部门的协调（图3-2）。

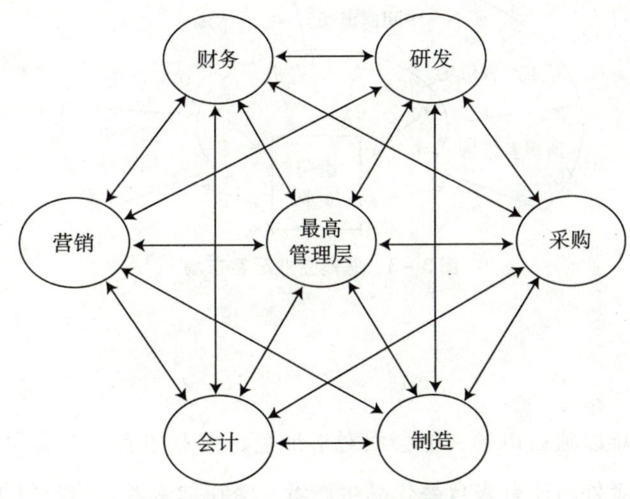

图3-2　企业内部组织结构

二、供应商

供应商是指向医药企业提供生产产品和服务所需资源的企业或个人。如果没有供应商提供的资源作为保障，组织就无法正常运转。因此，医药企业的所有供货单位构成了对企业营销活动最直接的影响和制约力量，主要表现在供货的稳定性与及时性、供货的价格变动、供货的质量水平等方面。

三、营销中介

营销中介是指协助医药企业将其产品促销、销售和配送给最终购买者的企业或个人，包括中间商、营销中介机构和财务中间机构等。通过它们的协助，医药企业的营销活动才能顺利进行，产品才能够顺利到达目标顾客手中。

1. 中间商　中间商是指协助厂商销售其产品给最终购买者的机构，包括批发商和零售商。

2. 营销中介机构　营销中介机构包括营销服务机构和物流公司。营销服务机构包括市场调研机构、营销咨询机构、广告公司、公关机构等；物流公司又称实体分配，具有协助生产商储存货物并将其运送至目的地的职能。

3. 财务中间机构　财务中间机构包括银行、信托、保险等金融机构，它们是协助厂商融资或保障货物购销储运风险的机构。它们不直接从事商业活动，但对医药企业的日常生产经营起着至关重要的作用。

四、顾客

医药企业的一切营销活动都是以满足顾客需求为中心的，因此，顾客是医药企业最重要的环境因素。顾客是医药企业服务的对象，也就是医药企业的目标市场。顾客市场一般可以分为六种（图3-3）。不同的顾客市场对医药产品的需求特点、购买动机、购买行为不同，需要企业认真研究，采用不同的营销组合策略，才能使顾客满意。

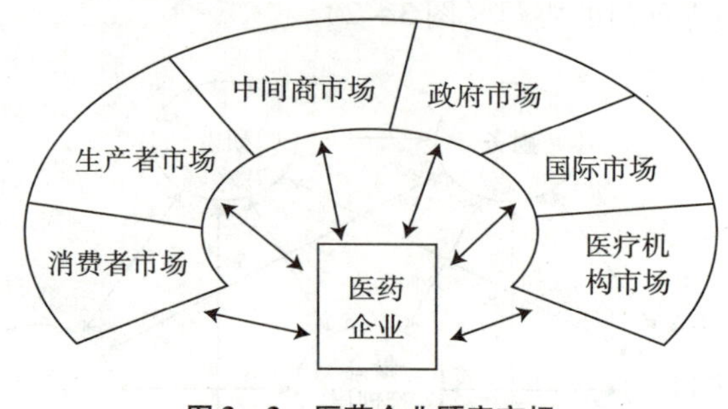

图3-3 医药企业顾客市场

五、竞争者

任何医药企业都难以独占市场，都会面对形形色色的竞争者。在竞争激烈的医药市场上，除来自本行业的竞争者外，还有来自替代品生产者、潜在加入者、原材料供应者和购买者等多种力量的竞争。企业要成功，必须在满足消费者需求和欲望方面比竞争对手做得更好；必须加强对竞争者的研究，深入了解对本企业形成威胁的主要竞争者及其策略，知己知彼，扬长避短，方能在竞争中取胜。

六、公众

公众是指对企业市场营销活动产生影响的组织、群体或个人，包括政府、媒体、群众团体、企业内部公众等。

1. 政府 政府包括药品监督管理部门、环保部门、工商行政管理部门、税务部门等。各级政府部门所制定的政策对医药企业的营销活动都具有直接或潜在影响。医药企业需要及时了解政府相关的政策状况并预见未来的发展趋势，从而制订具有可持续性的营销方案。

2. 媒体 媒体包括报纸、杂志、广播、电视、网络等。媒体具有广泛的社会联系，能直接影响社会舆论对医药企业的认识和评价。医药企业要与这些媒体建立良好的关系，发挥其积极作用。

3. 群众团体 群众团体主要指与医药企业营销活动有关的非政府机构，包括消费者权益组织、环境保护组织、少数民族组织、医药行业协会等。医药企业营销活动涉及社会各方面的利益，群众团体的意见、建议对企业的营销活动有重要的影响。例如，目前药品价格、药品安全、药品广告等都是消费者权益保护组织重点关注领域。

4. 企业内部公众 企业内部公众包括股东、管理人员、职工等。内部公众是塑造企业组织形象的重要途径之一，内部公众的态度会影响企业外部的公众。企业的营销活动也离不开内部公众的参与，医药企业要处理好劳资关系，并协调好员工内部的关系，调动他们的积极性和创造性，让他们主动参与和支持企业的市场营销工作。

公众对医药企业的市场营销活动举足轻重，他们对医药企业的市场营销活动有着实际或潜

在的兴趣或影响。公众可以成就一个医药企业，也可以毁掉一个医药企业。所以，医药企业应认真分析公众环境，考虑医药企业的每一个行动在公众中可能引起的反应及这些反应可能给医药企业带来的后果。一般来说，医药企业通过自身的市场营销活动尤其是产品形象和企业形象来取得公众的理解和支持，保持并发展与他们之间的良好关系。

第三节　医药市场宏观营销环境

一、人口环境

人口是构成市场的第一因素。市场是由有购买欲望同时又有支付能力的人构成的，人口的数量、结构和分布直接影响市场的潜在容量和构成。

（一）人口数量

在人均消费水平一定的情况下，人口数量越多，市场需求规模就越大。随着科学技术的进步、生产力的发展和民众生活条件的改善，世界人口平均寿命延长，死亡率下降，全球人口尤其是发展中国家的人口持续增长。世界人口网2016年7月公布的数据显示，世界人口已达72亿，现有人口一半以上集中在中国、印度、美国、印度尼西亚、巴西、巴基斯坦这六个国家。中国是世界上人口最多的国家，2014年末全国大陆总人口为136782万人。目前，中国已被视为世界最大的潜在市场。人口增长一方面意味着对医药产品的需求扩大，另一方面可能导致人均收入下降，限制经济发展，从而使市场吸引力降低。

【营销视野】

“全面二胎”政策

2013年11月15日，十八届三中全会通过《中共中央关于全面深化改革若干重大问题的决定》，提出单独二胎政策，启动实施一方是独生子女的夫妇可生育两个孩子的政策。2015年10月26日，十八届五中全会通过《中共中央关于制定国民经济和社会发展第十三个五年规划的建议》，提出完善人口发展战略，“全面实施一对夫妇可生育两个孩子政策”。2015年12月21日，十二届全国人大常委会第十八次会议审议了《人口与计划生育法修正案（草案）》，修正案自2016年1月1日起施行，这意味着中国从1979年开始，作为基本国策推行了30多年的人口独生子女政策真正宣告终结。

资料来源：二胎政策下加强儿科医疗服务发展的建议［EB/OL］. http：//www.jksb.com.cn/index.php? m = content&c = index&a = show&catid = 284&id = 95827. 2016 - 03 - 07

（二）人口结构

人口结构主要包括自然构成和社会构成，前者如人口的年龄结构、性别结构；后者如家庭结构、职业结构及民族结构等，不同结构的消费者有着不同的消费需求和模式。我国老年人口规模呈现总量扩张、增量提速的发展态势，人口抚养负担正逐步加强。2014年国家统计局的数据显示，我国60周岁及以上人口21242万人，占总人口的15.5%；65周岁及以上人口13755万人，占总人口的10.1%。这使得有关老年保健品及抗高血压、治疗糖尿病和肿瘤的医

药产品将有机会得到充分发展。

1. 年龄结构 年龄层次不同的人对医药市场的需求有着很大的不同。如少年儿童市场，对医药产品的需求主要集中在上呼吸道感染（伤风感冒）、退热（清热解毒）及消化不良（化积）、腹泻等；对保健食品的需求则集中在增进食欲、增强体质、促进身体的生长发育（特别是促进身高）及改善智力等方面，如化积消食、补钙、补铁、补各种微量元素等。而中老年市场对医药产品的需求主要集中在心脑血管系统的疾病；对保健食品的需求集中在抗衰老、益寿延年等方面。据联合国预测，到2030年，全世界60岁以上的老年人比1990年增加两倍，占世界人口的比例也由1990年的9%上升到16%，同时由于女性的平均寿命普遍高于男性，因此，未来的老年人中女性要占多数。当前，中国人口老龄化愈加严重，对于卫生事业的发展提出了新的挑战，也给新型的医疗服务产业带来了机会。

【营销视野】

人口老龄化促中国医药市场保持两位数增长

2014年1月23日，全球著名咨询公司波士顿咨询（BCG）在北京发布《中国医药市场制胜的新规则》，预测随着中国人口老龄化加剧，中国医药市场正经历一场重要变革，未来近10年内，中国医药市场年均增速有望达到两位数。

这份报告指出，当下中国人口老龄化进程正在加快，到2020年全国50岁以上人口的比例，将从2010年的24%，攀升至33%。此外，慢性疾病发病率日渐升高，预计到2020年，将有1/3的成年人患高血压，1/10的成年人患2型糖尿病。这将促使中国政府加快医疗市场改革，届时中国医保保障范围将不断扩大，政府相应的支出比例也在不断提高。受这些因素的共同作用，从2011年到2020年，中国医药市场年均增速有望达到13%至15%。

受中国医药市场强势增长的影响，未来几年内，中国医疗改革也将带来医药市场格局的巨大变化。BCG的这份报告认为，医疗改革带来的影响主要体现在五个方面：药品价格持续降低、逐步降低医院对药品收入的依赖、提升医保覆盖范围、日益强调合规的重要性、本土药企实力不断增强。

BCG亚洲区医疗保健专项负责人指出，为了应对这一新挑战，跨国药企有必要提升在上市推广和市场准入方面的能力，以便成功投放新产品，并争取将更多新产品纳入医保报销体系。对于本土企业，则认为市场格局变化为其带来的机遇大于挑战，本土药企应强化研发，提升品牌塑造能力和营销能力。

资料来源：陈小茹．人口老龄化促中国医药市场保持两位数增长［N］．中国青年报，2014-01-28（04）

2. 人口性别 不同的性别对医药市场的需求也有着明显的差别。不同的性别有着不同的生理特点，也就产生了某种性别所特有的疾病及需求，如在保健食品市场，男性需要壮阳类的保健食品，而女性则更需要健美（减肥、美容）类的保健食品。

（三）人口分布

居住在不同地区的人们，由于地理位置、气候条件、生活习惯不同而表现出消费习惯和购买行为的差异。例如，我国南方春夏季节藿香正气水销路好，北方秋冬季节止咳药销量大。近几十年来，世界上人口“城市化”是普遍存在的现象，我国乡镇城市化的速度也在日益加快，所带来的人口流动现象及市场需求的相应变化必须加以重视。

（四）家庭规模

家庭是医药产品购买、消费的基本单位。家庭规模包括家庭数量和家庭结构，无论是家庭数量还是家庭结构都将对医药营销活动产生重大的影响。家庭数量直接影响到医药市场需求量，家庭结构直接影响医药消费形态。

我国家庭结构变化的主要特征是向小型化发展。在过去很长一段时间内，尤其是在广大农村地区，由于受传统文化习惯的影响和经济发展水平的制约，人们倾向于组成大家庭共同生活，但随着我国经济社会的发展和人民生活水平的提高，现在农村也向小型化发展。在家庭结构小型化的同时，家庭的特征也有一定的变化，即城市中独生子女家庭、丁克家庭、单亲家庭、单身户增加，而这些变化都将对医药营销活动产生影响。

（五）人口健康状况

过去，我国传染病和寄生虫病在人群死因中排在首位，到目前已下降到第九位。从20世纪80年代开始，全国实施了儿童计划免疫，到2000年，全国基本消灭脊髓灰质炎。通过采取以食盐加碘为主的综合性防治措施，碘缺乏症得到了有效控制。大骨节病、克山病的发病人数也在逐年减少。

但是，目前仍然存在一些令人担忧的中国人口健康问题：传染性疾病控制难度加大，包括获得性免疫缺陷综合征、结核病、肝炎等各类传染病仍然是危害中国国民健康的几大“杀手”；随着人民生活水平的继续提高，患高脂血症、糖尿病、高血压、冠心病等非传染性疾病的人口数量将急剧上升；精神疾病负担日益加重，据世界卫生组织推算，中国精神疾病负担到2020年将升至疾病总负担的1/4。这些人口健康状况的变化将直接影响医药产品的结构和医药企业的营销策略。

二、经济环境

经济环境主要指影响消费者购买力及支出模式的诸因素。在人口因素既定的情况下，市场需求规模与社会购买力水平成正比关系，它直接或间接地受到消费者收入、消费者支出模式、储蓄和信贷等经济因素的影响。

（一）收入

1. 国民收入 国民收入是经济统计中一个衡量经济发展的十分重要的综合性指标。评估国民收入的一个有效方法是比较各国的国民生产总值（gross national product，GNP）。国民生产总值是衡量一个国家经济实力和购买力的重要指标。一般来说，国民生产总值增长越快，对医药产品的需求和购买力就越大。

【营销视野】

近年国内生产总值及其增长情况

2015年国内生产总值676708亿元，比上年增长6.9%。其中，第一产业增加值60863亿元，增长3.9%；第二产业增加值274278亿元，增长6.0%；第三产业增加值341567亿元，增长8.3%。第一产业增加值占国内生产总值的比重为9.0%，第二产业增加值比重为40.5%，第三产业增加值比重为50.5%，首次突破50%。全年人均国内生产总值49351元，比上年增长6.3%。全年国民总收入673021亿元。2011～2015年国内生产总值及其增长速度见图3－4：

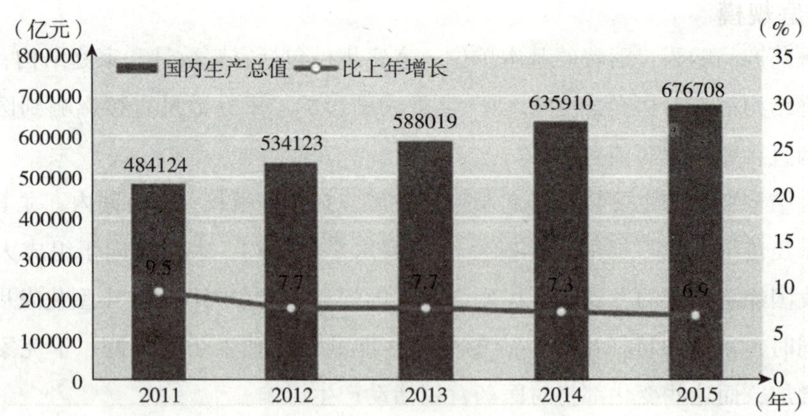

图 3-4 2011～2015 年国内生产总值及其增长速度

资料来源：国家统计局．中华人民共和国 2015 年国民经济和社会发展统计公报［Z］．http：//www.stats.gov.cn/tjsj/zxfb/201602/t20160229_ 1323991.Html. 2016-02-29

2. 个人收入 个人收入是指从国民收入中减去公司所得税等间接税和公司盈余，以及各种社会保险等的余额。一般而言，个人收入是以工资、红利和租金形式及从其他来源所获得的总收入。个人收入决定了消费者个人和家庭购买力总量。

个人收入又可区分为“可支配的个人收入”和“可任意支配的个人收入”。可支配的个人收入是指扣除由消费者个人直接缴纳的各种税款和其他非商业性开支后，用于个人消费和储蓄的那部分个人收入。这部分收入主要用于购买生活必需品和其他方面的固定开支。可任意支配的个人收入是指个人可支配收入扣除维持个人和家庭生活所必须支出部分余下的数额，是影响消费需求变化最活跃的因素。

（二）支出

消费者支出模式指消费者各种消费支出的比例关系。恩格尔系数（Engel's Coefficient）是食品支出总额占个人消费支出总额的比重。19 世纪德国统计学家恩格尔根据统计资料，对消费结构的变化得出一个规律：一个家庭收入越少，家庭收入中（或总支出中）用来购买食物的支出所占的比例就越大，随着家庭收入的增加，家庭收入中（或总支出中）用来购买食物的支出比例则会下降。恩格尔系数表明，在一定的条件下，当家庭个人收入增加时，收入中用于食物开支部分的增长速度要小于用于教育、医疗、享受等方面的开支增长速度。食物开支占总消费量的比重越大，恩格尔系数越高，生活水平越低；反之，食物开支所占比重越小，恩格尔系数越小，生活水平越高。恩格尔系数达 60% 以上为贫困，50%～59% 为温饱，40%～50% 为小康，30%～40% 为富裕，低于 30% 为最富裕。

（三）储蓄和信贷

消费者的支出及购买力不仅受其收入水平的影响，还受消费者储蓄及信贷的影响。一般说来，储蓄意味着推迟了的购买力，储蓄额越大，当期购买力越低，而对以后的市场供给造成压力。与储蓄相反，消费信贷是一种预支的消费能力，它使消费者能够凭信用取得商品使用权在先，按期归还贷款在后。消费信贷有短期赊销、分期付款和信用卡信贷等多种形式。发达的商业信贷使消费者将以后的消费提前了，对当前社会购买是一种刺激和扩大。影响消费者储蓄和信贷的主要因素有利率、通货膨胀率、消费观念、收入水平等。关注和研究居民储蓄和信贷的变化，有利于医药企业科学地预测市场需求规模和结构的变化，捕捉市场机会。

三、自然环境

自然环境是人类最基本的活动空间和物质来源，包括物质自然环境和地理自然环境，这些因素都会不同程度地影响企业的营销活动，有时这种影响甚至对企业的生存和发展起决定的作用。企业要避免由自然环境带来的威胁，最大限度地利用环境变化可能带来的市场营销机会，就应不断地分析和认识自然环境变化的趋势，根据不同的环境情况来设计、生产和销售产品。可以说，人类发展的历史就是人与自然关系发展的历史。自然环境的变化与人类活动休戚相关。目前，自然环境却面临危机，主要表现在以下几个方面：

（一）自然资源逐渐枯竭

目前，自然资源的短缺已经成为各国经济进一步发展的制约力甚至反作用力。据 20 世纪 90 年代我国中药资源普查资料显示，我国共有 12807 种中药材，其中动物药有 1581 种，植物药有 11146 种，矿物药 80 种。我国常用的中药有 500～600 种，其中 75% 来自野生药材资源。由于中药需求日益增长，平均每年都会有 20% 的天然药材短缺。过度无序的开采导致中药资源紧缺，中药资源产地大面积植被被毁，物种和生态系统正面临退化、消失等威胁。从 2013 年开始，国家中医药管理局开始牵头组织开展第四次全国中药资源普查工作。

（二）自然环境受到严重污染

过去，世界经济是物质经济，是肆意挥霍原料、资源、能源特别是矿物燃料作为发展动力的经济，极大地消耗着地球资源。这种粗放型的经济增长方式使人类付出了惨重代价，环境污染程度日益严重，人类面临海洋污染、土壤沙化、温室效应、臭氧层破坏和雾霾等一系列资源生态环境危机。人类只有一个地球，自然环境的破坏往往是不可弥补的，企业营销战略中实行生态营销、绿色营销等，都是维护全社会的长期利益和为了子孙后代所必然要求的。

（三）政府对自然管理的干预日益加强

随着经济发展和科学进步，许多国家的政府都对自然管理加强干预，提出走可持续发展的道路。特别是近些年气候变暖问题日益显著，极端气候及大型自然灾害频频发生，使得各国政府及联合国对于自然环境更加关注。在 2009 年底召开的哥本哈根会议上，有 192 个国家批准了《联合国气候变化框架公约》，55 个国家递交了 2020 年温室气体减排和控制承诺，这些国家温室气体总排放量占目前人类总排放量的 78%。面对原材料数量的日益短缺，能源成本急剧上升，环境污染不断加剧，政府对自然资源管理的干涉日渐增多，医药企业组织应该有所准备。2016 年 11 月 4 日，联合国秘书长潘基文就庆祝应对气候变化的《巴黎协定》当天正式生效向媒体发表讲话，评价中国为《巴黎协定》的达成、巴黎气候大会的成功做出了历史性的贡献、基础的贡献、重要的贡献、关键的贡献。履行《巴黎协定》在维护中国作为发展中国家的发展权益、提高绿色低碳转型的竞争力、抵御气候变化给人民和国土带来损失的能力、提高全球治理的影响力和话语权、提高国家的形象等方面，都会起到积极的作用。

四、科学技术环境

科学技术是社会生产力中最活跃和决定性的因素，它作为重要的营销环境因素，不仅直接影响医药企业内部的生产和经营，而且还同时与其他环境因素相互依赖、相互作用，影响医药

企业的营销活动。

（一）科学技术对医药行业发展的影响

科技对医药行业的影响主要体现在新技术、新材料、新工艺等在医药产品上的应用，促使医药产品升级换代，如青霉素、链霉素、胰岛素等药品的诞生。每一种新技术也是一种“创造性破坏”力量，会给某些企业造成环境威胁，甚至会淘汰一批企业，如传统中药丸、散、膏、丹等剂型相当大的部分已经被滴丸、胶囊、控释剂、缓释剂等新技术、新剂型取代。因此，医药企业的管理层应对企业的技术环境保持高度的敏感性，及时采用新技术，实现产品的升级换代。

（二）科学技术对医药企业营销活动的影响

数字化、网络化、智能化的信息技术改变了传统实体店购物方式，伴随医药电子商务的兴起，给医药生产企业提供了一个新的销售渠道，帮助企业扩大市场影响力和销售规模。截至2016年6月底，国家食品药品监督管理总局（现国家药品监督管理局）已经批准了456家具备网上药品交易资格证件的商家。同时，医药电子商务又对传统营销模式提出了严峻的挑战，医药企业要认真面对。科学技术的发明和应用对行业、市场分布、消费者行为的影响最终会对组织的营销活动产生重要影响。

五、政治法律环境

政治与法律是影响企业营销的重要宏观环境因素。政治因素像一只无形的手，调节着企业营销活动的方向；法律为企业规定商贸活动的行为准则。政治与法律相互联系，共同对企业的市场营销活动发挥影响和作用。

（一）政治环境

政治是建立在一定经济基础上的统治阶级意志的集中体现，主要表现为国家的政体、政党制度、政府的方针政策和政治局势等所构成的环境。政治环境对医药企业营销活动的影响主要表现为国家所制定的方针政策，不管是人口政策、税收政策、货币政策等一般政策，还是新医改方案、国家基本药物制度、药品集中招标采购制度、新农合政策、取消绝大部分药品政府定价、两票制等医药产业政策，都会对医药企业营销活动产生影响。

（二）法律环境

市场经济是法制经济。我国政府非常重视法制建设，法令、法规、条例特别是有关经济、医药卫生的法律法规不断出台，例如《中华人民共和国公司法》《中华人民共和国反不正当竞争法》《中华人民共和国税收征收管理法》《中华人民共和国广告法》《中华人民共和国商标法》《中华人民共和国价格法》《中华人民共和国药品管理法》《中华人民共和国药品管理法实施条例》《药品注册管理办法》《进口药品管理办法》《中华人民共和国中医药法》等，都为市场经济保持健康稳定的发展提供了可靠的保障。医药企业研究并熟悉法律环境，既保证自身严格依法管理和经营，也可运用法律手段保障自身的权益。

六、社会文化环境

社会文化是人类从生活实践中建立起来的价值观念、道德、信仰、思维和行为方式的综合体。社会文化深远地影响着人们的生活方式、行为模式和企业的经营行为，是企业所面临的一种复杂的外界环境。

（一）价值观念

价值观念是指人们在长期社会生活中形成的对事物的普遍态度和看法，如生活准则、处世态度等。价值观念是社会文化的核心，价值观念不同的消费者的生活态度、购买动机和购买行为等都有很大差异。

（二）教育水平

教育水平不仅影响消费者收入水平，而且影响着消费者对医药产品的鉴别力，影响消费者心理、购买的理性程度和消费结构，从而影响着医药企业营销策略的制定和实施。一般来说，教育水平高的地区，消费者对产品的鉴别力强，容易接受广告宣传和新产品，购买的理性程度高。

（三）风俗习惯

不同国家、民族有不同的风俗习惯，它是人们在长期的生活中形成的习惯性的行为模式和行为规范，具有高度的沿袭性、持续性、区域性。风俗习惯渗透到社会生活的诸多领域，也影响着医药产品的生产和消费。例如，作为中国国粹之一的中医药，许多中国人喜欢将其作为防治疾病的首选，而在西方国家却受到冷遇；中华民族对龙凤呈祥、松鹤延年的美好祈盼，在消费者对产品设计、包装、商标、色彩和推销方式的特殊心理偏好上都有反映。

（四）宗教信仰

不同的宗教信仰有不同的文化倾向和戒律，从而影响着人们认识事物的方式、价值观念和行为准则，影响着人们的消费行为，并带来特殊的市场需求。特别是在一些信奉宗教的国家和地区，宗教信仰对市场营销的影响力很大。医药企业应充分了解不同地区、不同民族、不同消费者的宗教信仰，提供适合其要求的产品，制定适合其特点的营销策略；不可触犯宗教禁忌，否则，必失去市场机会。

第四节　医药市场营销环境分析及趋势

医药企业是在客观存在的环境中求生存和发展的，这些不断变化的环境因素，有可能给企业带来意想不到甚至是致命性的打击，但是又有可能给企业带来无限的机遇。企业必须经常对自身系统进行调整，才能适应外部环境的变化，这正像生态学中生物体与外界环境关系一样，也遵循“适者生存，优胜劣汰”的法则。

一、医药环境威胁与市场机会分析

（一）环境威胁与市场机会

环境威胁是指对企业营销活动不利或限制企业营销活动发展的因素。这种环境威胁，一般表现为两方面：一方面是环境因素直接威胁着营销活动，如政府颁布有关药品生产、流通等方面法规，诸如GMP，它对一些中小医药生产企业来说，就构成了巨大的压力和威胁；另一方面是企业的目标、任务及资源同环境机会相矛盾，比如因为化学药品的成本增加、毒副作用越来越明显，人们对化学药品的需求转为对中医药的需求，使化学药品企业的目标、资源与环境机会不一致。

市场机会的实质是指市场上存在着“未满足的需求”，它既可能来源于宏观营销环境，也可能来源于微观营销环境。随着消费者需求不断变化和产品生命周期的缩短，引起旧产品的不断被淘汰，要求开发新产品来满足消费者的需求，从而市场上出现了许多新的机会。但是环境机会对不同企业是不相同的，同一个环境机会对一些企业可能非常有利，而对另一些企业却可能造成威胁。环境机会能否成为企业的机会，要看此环境机会是否与企业目标、资源及任务相一致，企业利用此环境机会能否比其竞争者带来更大的利益。

（二）医药环境威胁与市场机会分析法

医药企业在面对威胁程度不同和市场机会吸引力不同的营销环境时，需要通过环境分析来评估环境威胁与环境机会。可以利用威胁与机会分析矩阵分析环境威胁和市场机会。对于环境威胁，可按其威胁的严重程度和它出现的概率高低列成环境威胁矩阵图加以分析和评价（图3－5）；研究营销环境机会应从潜在的吸引力和成功的概率两方面进行分析（图3－6）。

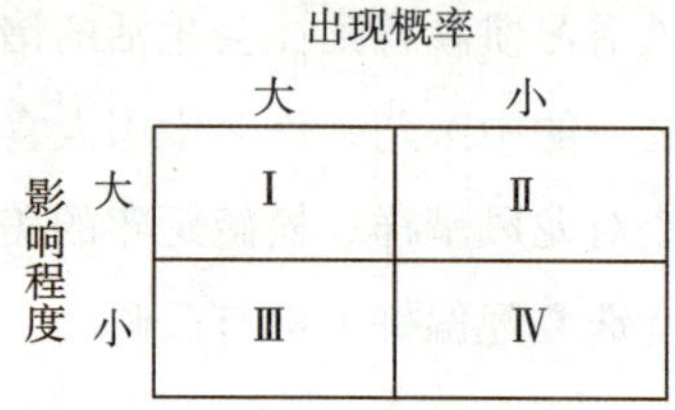

图3－5　环境威胁分析矩阵

成功概率

吸引力	大	小
大	Ⅰ	Ⅱ
小	Ⅲ	Ⅳ

图3－6　市场机会分析矩阵

威胁和机会往往是并存的，且在一定条件下可相互转化，从而增加了环境分析的复杂性。企业可以运用威胁－机会分析图加以综合分析和评价，以便能更清晰地认识企业在环境中的营销状况（图3－7）。

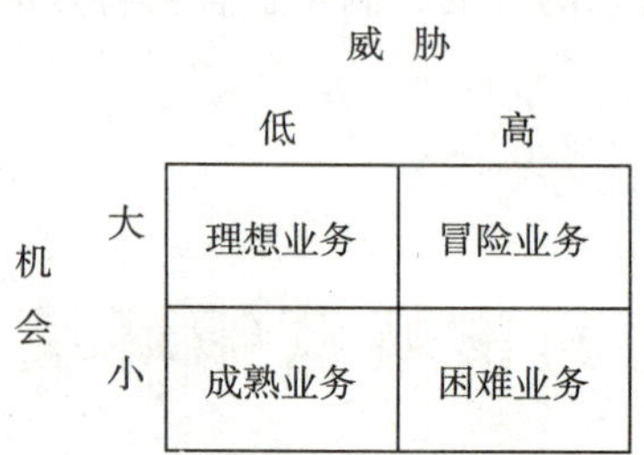

图3－7　威胁－机会分析图

1. 理想业务　威胁程度低，机会水平高，是最佳的状态。处于这种环境的企业是最理想的企业。

2. 冒险业务　威胁程度和机会水平同样高。处于这种环境的企业具有一定的风险性。

3. 成熟业务　威胁程度低，机会水平也低。处于这种环境的企业是成熟企业。

4. 困难业务　威胁程度高，机会水平低，是最坏的状态。处于这种环境的企业是很困难的企业。

二、面对环境威胁和市场机会的营销对策

（一）面对环境威胁的市场营销对策

面对环境威胁，医药企业常用的方法有三种：

1. 对抗策略　对抗策略也称抗争策略，即试图通过努力限制或扭转环境中产生威胁的不

NOTE

利因素。如通过各种方式促使（或阻止）政府通过某种法令或有关权威组织达成某种协议，努力促使某项政策或协议的形成以用来抵消不利因素的影响。

2. 减轻策略　减轻策略也称削弱策略，即企业在对抗不能实行或无效时，调整营销组合，加强对环境的适应以减轻环境威胁的严重性和危害性。如针对进口国严格的药品质量检验标准，医药企业对产品进行适应性改进，以便顺利地进入目标市场。

3. 转移策略　转移策略也称转变或回避、放弃策略，指企业在无法反抗或减轻的情况下，通过放弃或转移、调整某项业务，避免环境变化对企业的威胁。通常包含以下不同的“转移”：第一，企业原有销售市场的转移；第二，企业依据营销环境的变化，放弃自己原有的主营产品或服务，将主要力量转移到另一新的行业。

（二）面对市场机会的市场营销对策

面对环境可能带来的机会，医药企业常用的方法有两种：

1. 利用　即充分调动和运用企业的资源，利用市场机会开展营销活动，扩大销售，提高市场占有率，增加企业的经济效益。

2. 放弃　市场机会的潜在吸引力很小、成功的可能性也小的情况下，企业可以放弃这一机会，将有限的资源用到能够给企业带来更大效益的方面。

面对潜在吸引力很大的市场机会，做出营销决策时一定要特别慎重，要结合市场竞争的现状和发展趋势及企业的能力等各方面考虑成功的可能性。在很多情况下，许多企业只是看到了市场的吸引力，而忽视了企业要取得成功的其他决定因素，贸然做出进入决策，导致企业陷入经营困境。

三、医药市场营销环境的变化趋势

当今世界经济正以势不可挡的趋势朝着市场全球化、企业生存数字化、商业竞争国际化的方向发展，以互联网、知识经济、高新技术为代表，以满足消费者需求为核心的新经济迅速发展。从总体来讲，目前与医药企业联系最密切、对医药企业有直接影响的医药环境主要呈现以下变化趋势：

（一）竞争全球化趋势明显加快

医药是高技术、高风险、高投入、高回报的产业，长期以来一直是发达国家竞争的焦点。随着经济全球化的发展，国际竞争日趋激烈。跨国公司为了增强国际竞争力，通过大规模的联合与兼并和国际资本市场运作，建立全球性的生产与销售网络，扩大市场份额。尤其是近几年，跨国公司对世界经济的影响越来越大，使得我国医药行业的竞争对手变得空前强大，国内市场国际化和知识产权保护更加严格，使市场竞争变得更为直接和生死攸关。

（二）仿制药市场蓬勃发展

全球大型制药企业正面临专利药到期的压力。据 Evaluate Pharma 预测，到 2018 年，约有 2900 亿美元专利药的销售额蒸发，70% 以上份额将让位于仿制药，这将有效刺激仿制药市场的发展。基于减轻财政负担、严控医药费用的考虑，发达国家纷纷出台政策鼓励仿制药的开发和使用。IMS Health 数据显示，全球仿制药销售将继续以每年 10% ~15% 的速度增长。

（三）居民健康意识不断加强

自改革开放以来，我国宏观经济持续稳定增长，居民收入不断提高。这不但保障了居民的

消费能力，同时也使其卫生健康意识不断加强，促使医疗保健支出占比不断上升，直接带动了医药产品消费市场的持续增长。

（四）人口老龄化日趋严重

我国人口增长迅速，同时老龄化问题日趋严重。据老龄委预测，从2011年至2020年，我国60岁以上人口将由1.78亿增加到2.48亿。随着老年人数的增长及占总人口比例的提高，适合老龄人口疾病特点的预防、治疗、康复药品需求量增大，保健品具有较大生存和发展空间。

（五）现代生物技术飞速发展

现代生物技术的飞速发展，将对医药工业产生革命性影响。对疑难疾病认识的深化，众多新型生物技术药物的问世，用生物技术改造传统产业等都将极大地改变医药工业面貌。同时，世界发达国家利用资金、技术、市场上的优势，垄断国际生物制药市场，表明我国医药界在生物技术领域同发达国家的新一轮的竞争已经展开。

【本章小结】

医药市场营销环境是指影响医药企业市场营销活动的不可控制的各种参与者和影响力，是影响、制约企业生存和发展的一切内、外部因素和条件的总和。医药市场营销环境具有客观性、相关性、差异性、动态性和可利用性等特点。市场营销环境是企业经营活动的约束条件，分析营销环境是市场营销活动的前期工作。

根据医药企业的营销活动受制于营销环境的紧密程度来划分，市场营销环境可分为微观营销环境和宏观营销环境。微观营销环境包括组织内部因素、供应者、竞争者、营销中介、顾客与公众等方面。宏观营销环境主要包括人口环境、经济环境、自然环境、科学技术环境、政治法律环境和社会文化环境。

环境威胁是环境中不利于企业营销的因素及其发展趋势，市场机会的实质是市场上存在着“未满足的需求”。常用的环境威胁和市场机会分析法是威胁与机会分析矩阵。面对营销环境对企业造成的威胁，企业常用的方法有对抗、减轻、转移三种策略；面对营销环境给企业带来的机会，医药企业通常采用利用、放弃策略。

医药企业应该充分重视当前面临的环境趋势：竞争全球化趋势明显加快，仿制药市场蓬勃发展，居民健康意识不断加强，人口老龄化日趋严重，现代生物技术飞速发展。

【重要概念】

市场营销环境；微观营销环境；宏观营销环境；威胁与机会分析矩阵。

【复习思考】

1. 微观营销环境和宏观营销环境各包含了哪些内容？
2. 试述医药企业进行市场营销环境分析的意义。
3. 市场营销环境分析的方法有哪些？如何运用？
4. 医药企业对环境威胁和市场机会的营销对策有哪些？举例说明。
5. 国家发改委等七部门2015年5月共同发布了《关于药品价格改革的意见》，这意味着存在20年的药品行政定价将被市场定价所取代，请思考该政策的实施对医药企业营销活动的影响。

【案例分析】

中医药国际交流与合作

国务院新闻办公室于2016年12月6日发表《中国的中医药》白皮书，指出中国在推动中

医药国际交流与合作方面做出了重要贡献。

推动中医药全球发展。中医药已传播到183个国家和地区。据世界卫生组织统计，目前103个会员国认可使用针灸，其中29个设立了传统医学的法律法规，18个将针灸纳入医疗保险体系。中药逐步进入国际医药体系，已在俄罗斯、古巴等国以药品形式注册。有30多个国家和地区开办了数百所中医药院校，培养本土化中医药人才。总部设在中国的世界针灸学会联合会有53个国家和地区的194个会员团体，世界中医药学会联合会有67个国家和地区的251个会员团体。中医药已成为中国与东盟、欧盟、非洲、中东欧等地区和组织卫生经贸合作的重要内容。

支持国际传统医药发展。中国总结和贡献发展中医药的实践经验，为世界卫生组织于2008年在中国北京成功举办首届传统医学大会并形成《北京宣言》发挥了重要作用。在中国政府的倡议下，第62届、67届世界卫生大会两次通过《传统医学决议》，并敦促成员国实施《世卫组织传统医学战略（2014—2023年）》。目前，中国政府与相关国家和国际组织签订中医药合作协议86个，中国政府已经支持在海外建立了10个中医药中心。

促进国际中医药规范管理。中国推动在国际标准化组织（ISO）成立中医药技术委员会（ISO/TC249），秘书处设在中国上海，目前已发布一批中医药国际标准。在中国推动下，世界卫生组织将以中医药为主体的传统医学纳入新版国际疾病分类（ICD-11）。积极推动传统药监督管理国际交流与合作，保障传统药安全有效。

开展中医药对外援助。目前，中国已向亚洲、非洲、拉丁美洲的70多个国家派遣了医疗队，在科威特、阿尔及利亚、突尼斯、摩洛哥、马耳他、纳米比亚等国家还设有专门的中医医疗队（点）。截至目前，中国政府在海外支持建立了10个中医药中心。近年来，中国加强在发展中国家特别是非洲国家开展获得性免疫缺陷综合征、疟疾等疾病防治，先后派出中医技术人员400余名，分赴坦桑尼亚、科摩罗、印度尼西亚等40多个国家。援外医疗队采用中药、针灸、推拿及中西医结合方法治疗了不少疑难重症，挽救了许多垂危患者的生命，得到受援国政府和人民的充分肯定。

资料来源：国务院新闻办公室.《中国的中医药》白皮书［Z］.2016-12-06

思考与讨论：结合对营销环境的理解，请思考中药如何走向世界。

第四章 医药市场购买行为分析

【学习要点】

通过本章学习，熟悉医药消费者市场及医药组织市场的含义及特征；掌握消费者和组织购买行为的影响因素、购买行为的类型、参与购买决策的角色类型及购买决策过程。

【引导案例】

让年轻人爱上药店

药店与医院有一个显著的不同点，进医院者即便有家属陪同，但本人必须到场，而药店则并不需要如此，代为购药是非常多见的。因此，尽管药品的需求来自使用者，但是对消费习惯及消费行为的研究需要兼顾购买者。最近几年，药店行业开始逐渐意识到自己的目标顾客不仅仅是中老年人，年轻人也是购买健康相关产品的主力军。

年轻人，通常指的是 18～45 岁这一年龄段的人群。调查显示，购买药品的年轻人群具有以下特点：第一，更愿意接受医生处方和医嘱的专业推荐，高于其他年龄段 10% 以上；第二，受亲友推荐而购买的比例最高，比其他年龄段高 15% 左右；第三，相对其他人群受促销的优惠影响较小，比其他年龄段低 20% 左右。

如何吸引年轻人进店，专家给出了一些思路：找出年轻人青睐的品种；让年轻人进店玩，营业员示范讲解并让顾客自己动手尝试如何使用一些器械，如水银血压计、护腰带、体脂测量仪等；把门店做成健康中心，POP 的内容不仅仅是打折优惠，可以用漫画手绘的方式表现一些简单的健康知识，以吸引年轻人驻足；巧妙利用心理学，播放一些流行音乐、热门连续剧主题音乐，增加年轻顾客对门店的认同感，这就是心理学上说的“共情”。

资料来源：赵安琪．让年轻人爱上药店［J］．中国药店，2016（7）上半月刊

随着医药市场供应的日趋饱和，买方市场已经形成。医药企业间的激烈竞争大大增强了顾客的选择性。消费需求由单一化向多样化、个性化的转变，使得市场营销也随之进入以消费者为中心的现代时期。因此，企业要在激烈的竞争中生存与发展，就必须深入研究医药产品购买者的行为规律，加强市场调研和预测，掌握市场需求及其变化的信息，发现市场机会，有针对性地研制符合市场需求的产品，并制定相应的市场营销组合策略。只有这样，企业才能在激烈的市场竞争中立于不败之地。

NOTE

第一节　医药消费者市场购买行为分析

一、医药消费者市场与消费行为概述

（一）医药消费者市场概念与特征

1. 医药消费者市场概念　医药市场指对医药产品有购买欲望，并且有购买能力的顾客（包括组织、家庭或个人）。按照顾客购买医药产品目的的不同，医药市场可以划分为医药消费者市场和医药组织市场两个大类。医药消费者市场指为了满足个人或家庭的防病、治病等需要而购买医药产品和接受服务所形成的市场。医药消费者市场是医药产品的最终市场，是一切医药产品经营活动的基础。了解医药消费者市场的特征、医药消费者的购买行为，对于医药企业开展有效的营销活动至关重要。

2. 医药消费者市场特征　医药消费者市场与一般商品消费者市场具有一些相似的特征，如人数众多，地域分布广泛；需求具有多样性，可诱导性；单次购买数量小，次数多；大多属于非专家型购买等。但医药产品作为一种关乎消费者生命健康的特殊商品，使得医药消费者市场具有一些有别于一般商品消费者市场的特征。

（1）*消费信息不对称*　信息的不对称是指医疗服务提供者与患者在医疗专业的信息与知识方面，存在着极为悬殊的不对称情形。由于医药产品在使用过程中需要相对更多的专业知识，而大部分患者缺乏医药知识，一旦遇到身体不适，更多的是向医生求助，由医生来决定用药的品种、数量和方式。

（2）*需求持续增长*　由于社会经济发展和人们生活水平的不断提高，人们对健康的关注越来越多，导致消费者对医药产品的品种、数量，特别是医药服务的需求呈现出持续增长的态势。

（3）*需求的季节性波动明显*　由于多数疾病的发生与季节有关，例如，因感冒而咳嗽的高发季节是在春季和冬季，因而抗感冒类医药产品的销售在这两个季节就会比夏季高出许多。因此，医药产品的消费需求量会随季节发生明显的波动。

（4）*受疾病谱变化的影响显著*　自20世纪初期以来，由于人口结构与流行病学的变迁结果，疾病的形态发生了相当大的改变。例如，过去的疾病形态是以急性传染病（如肺炎、痢疾）为主，如今已转变成以慢性病（如心血管疾病、癌症等）与意外伤害为主。面对这样的医药市场需求变化，医药产品也必将随市场而动，相应发生重大改变。

（二）医药消费者行为的概念及研究内容

医药消费者行为是指消费者为获取、使用、处置医药物品或服务所采取的各种行为。医药消费者行为分析主要围绕“5W1H”六项内容展开。

1. 购买者是谁（who）　即了解医药产品的消费者情况，包括需求量、社会阶层、职业、年龄等情况。此外，医药产品的最终消费者并不一定是在购买决策中起决定作用的人。因此，还需要掌握其在购买决策中的角色、作用及对其施加影响的其他人员。一般来讲，个人在购买中所承担的角色有以下几种：

（1）发起者　最先建议或想到购买某种产品或服务的人。

（2）影响者　所提出的观点或劝告对最终购买决定有相当影响的人。

（3）决策者　在购买决策中，对是否购买、购买什么、如何购买、何时购买、何处购买有权做出决定的人。

（4）购买者　实际采购的人。

（5）使用者　消费该产品或服务的人。

这五种角色相辅相成，共同促成了消费者的购买行为，也是医药企业营销活动的主要对象。需要强调的是，这五种角色的存在并不意味着每一种购买决策都必须要五个人以上才能做出。在实际的购买行为中，有些角色可以在一个人身上兼而有之。例如，使用者可能也是发起者，决策者可能也是购买者。另外，在非重要的购买决策活动中，参与决策的角色类型也会相对少一些。

认识购买决策的群体参与性对于企业营销活动有十分重要的意义。一方面，企业可以根据各种角色在购买决策过程中发挥的不同作用，有针对性地进行营销宣传活动；另一方面，也必须注意到在有些医药产品的购买决策中，存在着角色错位。例如，儿童服用的常用药通常由父母决定并购买。

2. 买什么（what）　即确定购买对象。购买者需要确定的对象包括医药产品的包装、说明书、使用方便性、疗效、毒副反应、品牌等，这是购买决策的核心和首要问题。在研究消费者需要购买什么时，首先，要回答企业的目标消费者最想得到的产品和服务的属性，以确定企业的市场营销定位；其次，要求营销人员细致地掌握目标消费者所关心的购买内容。由于消费者存在个体差异，因此，购买同一类医药产品的不同消费者关心的内容也有所不同。例如，除了消费者共同关注的医药产品的疗效之外，在价格、品牌、广告宣传及医生的指导与建议几个方面，不同的消费者会有不同的侧重。因此，医药企业要根据顾客的偏好，灵活设计市场营销组合，以保证消费者的需要得到充分的满足。

3. 为什么购买（why）　即分析产生购买行为的原因。消费者购买医药产品的原因主要包括：治疗轻微的疾病、缓解小伤痛、寻求方便、节约时间及费用等。

4. 何处购买（where）　即确定购买地点。如何确定购买地点，由路途远近、价格、可挑选的品种、数量及服务态度等多种因素决定。对于处方药，由于缺乏专业的医药知识，消费者自主消费的情况很少发生，大多服从医生的用药建议在医院购买。另外，部分处方药的报销还受当地《基本医疗保险目录》的限制。对于OTC类药品而言，一般由消费者自主在零售药店购买。因而，对药店所处地理位置、药品柜台的布置等卖场环境、服务态度和服务质量等要素的选择与设计，均会对医药产品的销售产生重要影响。

5. 何时买（when）　即确定购买时间。这与消费者对产品需要的迫切情况、零售网点的存货情况和营业时间、交通情况及消费者的作息空闲时间有关。通常，因为消费者什么时候生病、生什么病难以预测，所以，想要准确地判定某一个消费者何时购买何种药品难以实现。但总体而言，医药市场与有些商品市场一样也具有季节变化规律。有时，在药品营销过程中，会因为某些疾病的发生具有时间上或季节上的规律性而产生旺淡季之分。例如，每年的冬春季节是感冒咳嗽等病症的高发期，治疗感冒类药品的销售量会比夏季多。了解分析消费者在购买药品时可能存在的季节性规律，就可以在生产和经营上安排一定的提前量，以把握最佳的销售时

NOTE

机，扩大销量。对于消费者习惯于方便时购买、顺便购买的一些预防药品和常用药品，需要拓宽渠道，加强零售店管理，使其更贴近消费者、方便消费者购买。

6. 如何买（how） 即确定购买方式。包括消费者购买医药产品时的货币支付方式及获得产品所有权的方式和途径，决定是函购、邮购、代购还是预购，支付现金还是开支票等。由于受到购买者的经济收入、受教育程度、专业知识、个性、地点、时间等因素的影响，医药消费者在购买医药产品时的行为并不完全一致。

二、消费者购买行为的模式

在研究消费者购买行为的理论中，比较有影响的是行为心理学的创始人约翰·沃森（John B. Watson）建立的“刺激－反应”（stimulus－response theory）原理，也称为S－R原理。该原理指出，人类的复杂行为可以被分解为两部分，即刺激和反应。人的行为是受到刺激的反应。刺激来自身体内部和体外环境两个方面，而反应总是随着刺激而呈现的（图4－1）。

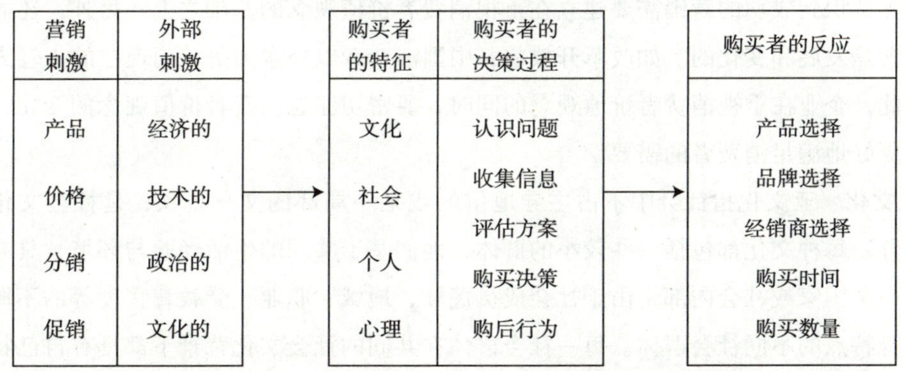

图4－1 消费者行为模式（stimulus－response model）原理图

按照这一原理，从营销者角度出发，各个企业的许多市场营销活动，诸如产品、价格、销售地点和场所、各种促销方式等，都可以被视作对购买者行为的刺激，称为“市场营销刺激”。营销刺激是企业有意安排的，对购买者而言属于外部环境刺激。除此之外，购买者还时时受到其他方面的外部刺激，如经济的、技术的、政治的和文化的刺激等。所有这些刺激进入了购买者的“暗箱”（暗箱：照相机上装感光片的设备，其结构严密绝不透光。这里比喻消费者购买心理活动具有隐秘性）后，经过一系列的心理活动，产生购买者的具体反应：购买、拒绝或需要更多信息等。购买者一旦决定购买，其反应便通过购买选择表现出来，包括产品选择、品牌选择、经销商选择、购买时间选择和购买数量选择等。

三、影响消费者购买行为的主要因素

消费者的购买行为在很大程度上受到文化、社会、个体和心理等因素的影响。

（一）文化因素

1. 文化 文化是一个人的欲望和行为的基本的决定因素。文化中所包含的民族传统、宗教信仰、风俗习惯和价值观念等构成要素，规定了人们行为的准则，从多方面对消费行为产生重大而深远的影响。

（1）民族传统 各民族在本民族的发展中都形成了独特的语言文字、民族习性、文化传统。例如，中华民族勤劳节俭、法国人激情浪漫等。民族文化背景的不同决定了消费习惯和行为模式的不同。研究民族文化，可以使企业针对民族文化特性制定不同的营销策略，对企业开拓国际市场具有重要的指导意义。

（2）宗教信仰　世界上有种类繁多的宗教信仰，不同的宗教信仰对教徒的婚丧嫁娶、饮食衣着等许多方面有不同的规定，对教徒具有很强的约束力。因此，宗教信仰不仅影响信教人群对于商品的式样、外观等方面选择，而且，对购买行为模式也有深刻的影响。

（3）风俗习惯　不同的国家、民族因为自然环境、经济条件及宗教的差异都有独特的风俗习惯。了解目标市场的风俗习惯，如传统节日和消费习俗等，显然会对企业商品的销售、市场的开拓产生非常积极的意义。

（4）价值观念　消费者行为分析中所指的价值观念是消费者对商品价值优劣的评判标准。不同的价值观念也在很大程度上影响着人们的消费行为。如中国传统的价值观念以朴素为美德，而西方一些国家却崇尚张扬个性。因此，东西方消费者在需求上表现出明显的差异性。企业必须首先认识到成功的营销需要建立在重视消费者价值观念的基础之上；另外，还需要认识到价值观念是发展和变化的。如改革开放前，中国消费者以朴素为美，而现在的年轻人更追求时尚。因此，企业在重视消费者价值观念的同时，要密切注意消费者价值观念的变化，只有这样，才能更好地满足消费者的需要。

2. 亚文化　亚文化指社会中不占主导地位的或某一局部的文化现象，是社会文化的细分和组成部分。每种文化都包括一些较小的群体，他们基于共同的生活经验与环境，具有共同的价值观。一个国家或社会内部，由于社会成员民族、地域、职业、受教育程度等的不同，形成了具有自身特点的不同社会群体。每一社会群体在共同的社会文化背景下都具有自己特殊的价值观念、生活习俗等，形成各群体独有的亚文化现象。亚文化主要有国籍群体、宗教群体、种族群体和地理区域等。亚文化的分类可以为市场细分提供有效的依据，营销规划人员经常要根据这种市场细分来设计产品和营销计划。

3. 社会阶层　社会阶层是在一个社会中具有相对的同质性和持久性的群体。不同社会阶层的人具有不同的产品与品牌偏好，而同一阶层内成员则具有类似的价值观、兴趣爱好和行为方式，表现出类似的购买行为。社会阶层可按职业、收入、教育、财富等变量因素具体划分，一般来讲社会阶层有下面几个特点：同一社会阶层内的人，其行为要比来自两个不同社会阶层的人行为更加相似；人们以自己所处的社会阶层来判断各自在社会中地位的高低；某人所处的社会阶层并非由一个变量决定，而是受到职业、权力、财富、教育和价值观等多种变量的制约；个人能够在一生中改变自己所处的阶层，既可以向高阶层迈进，也可以跌至低阶层，但是，这种变化的变动程度因某一社会层次的森严程度而有所不同。

（二）社会因素

消费者购买行为也受到诸如社会角色与地位、相关群体、家庭等一系列社会性因素的影响。

1. 社会角色与地位　人们在其生命过程中都属于许多的群体，一个人在每一群体中的位置可用角色与地位来说明。一种角色包含周围的人期望他进行的所有活动。每一种角色都附着一种地位，地位能够反映出该角色在社会中一般受尊重的程度。角色与地位都强烈地影响着消费者的购买行为。

2. 相关群体　相关群体是指通过一定的社会关系结合起来进行共同活动进而产生相互作用的集体。相关群体的种类众多，从不同角度划分，可以划分为不同的类型。

（1）按群体的组织程度可分为正式群体和非正式群体　所谓正式群体是指有明确的组织目标、固定的组织形式、从事经常的活动、成员有着具体角色规定的群体。如党的各级组织、工厂的产品开发小组等。非正式群体是指人们在交往过程中，由于共同的兴趣、爱好和看法而自发形成的结构比较松散的群体。自由参加的群体都是非正式群体。由于非正式群体没有严格的组织与制度约束，成员间的联系和交往比较松散，信息交流也比较自由。因此，相对于正式群体，非正式群体对消费者行为的影响更大。

（2）按个人介入的程度可分为首要群体和次要群体　首要群体是指成员间彼此经常直接接触，关系比较密切的群体。如家庭、邻里、亲朋及班组等。次要群体指成员间不经常直接接触，关系不十分密切的群体。如宗教组织、工厂、学校、工会等。首要群体和次要群体对成员的重要性是不同的。由于首要群体成员之间有频繁的接触和强烈的情感联系，因此，它对个体是不可或缺的。

（3）按照个人是否为一个群体的成员可分为隶属群体与参照群体　隶属群体也称成员群体，是消费者隶属并具有直接影响的群体，如家庭、工厂等。参照群体是能直接或间接影响个人态度或行为的群体，其群体的价值观往往被个体作为行为的参照。参照群体将新的行为和生活方式呈现在个人眼前，会影响个人的态度和自我概念，进而影响个人对产品与品牌的选择。因此，寻找目标市场的参考群体对营销具有重要的意义。

3. 家庭　家庭是以婚姻、血缘为基础组成的一种基本的消费群体。消费者的消费行为主要表现为家庭消费而非个体消费。有调查显示，80% 的消费者行为都受到家庭的控制及影响。市场营销对家庭的研究主要集中在家庭结构、家庭生命周期和家庭成员关系等几个方面。

（1）家庭结构　家庭结构包括人口结构、年龄结构和教育结构等，对家庭成员在心理上和行为上都有重要影响。

①家庭人口结构的影响　家庭人口结构是指家庭人口的多少，它对商品的消费数量、消费决策过程、消费水平和消费质量等几个方面产生影响。一般来讲，家庭人口数量多，商品的绝对消费量就大、消费决策相对复杂，人均消费水平、消费质量就相对较低。

②家庭年龄结构的影响　家庭年龄结构指家庭成员年龄分布情况。对一个家庭来说，参与购买决策权力的大小随年龄的增大、知识的增加、独立能力的提升而增大。家庭消费决策一般由父母做出，子女随着年龄的增长，左右父母购买决策的能力也不断提高。

③家庭教育结构的影响　家庭教育结构是指家庭成员受教育的程度。一般来讲，家庭成员教育程度越高，知识越丰富，其掌握的商品信息也越准确和全面，受周围环境的影响程度越小，购买决策越迅速。

（2）家庭生命周期　一个家庭的建立发展一般可概括为五个阶段，即新婚期、生育期、满巢期、空巢期和鳏寡期。家庭生命周期的不同阶段，商品需求的特点有所不同。

①新婚期　新婚期是指从结婚登记建立家庭到生育后代之前的阶段。新婚期夫妻双方都处于青年阶段，家庭刚刚建立，因而是人一生中的消费高峰期之一。这一阶段，消费支出额大，消费水平很高，但此阶段需求主要集中在住宅和生活用品方面，对医药企业意义不大。

②生育期　生育期是从孩子出生到被抚养成人的阶段。在这个阶段，家庭消费支出以后代

的培养教育为主，所消费的商品主要集中在儿童用品。这一阶段，对儿童药品有比较大的需求。效果好、副作用小、见效快的医药产品具有良好的市场前景。由于孩子还小，父母主导消费决策，此阶段的营销应加强对父母的宣传。

③满巢期　满巢期是从子女长大成人到陆续结婚自立门户的阶段。在此阶段，子女开始有一定的收入，在经济上对父母的依赖逐渐减少，父母的经济压力减轻，家庭的总收入处于最高峰，消费水平很高，但消费支出主要用于购买家庭共用的大件商品，对医药产品的需求影响不明显。

④空巢期　空巢期指子女与父母分居组织新的家庭，原来的家庭只剩下两位老人的时期。在此阶段，夫妇没有什么经济负担，具备追求充分享受生活的条件，开始注重更高层次的需求。同时，随着年龄的增加，各种疾病开始出现，对保健、养老用品等的需求开始显现。

⑤鳏寡期　鳏寡期夫妻双方一方去世，另一方的生活方式和心理会发生较大的变化。加之年龄较大，各种疾病处于高发期，对医药、保健用品有强烈的需求。进入鳏寡期，老人一般需要子女照料，子女对老人的消费决策有较大影响，此阶段医药企业的营销工作应加强对子女的影响。

(3) 家庭成员关系　家庭内部，由于家庭成员之间的关系、地位、分工及掌握的信息不同，因此在购买过程中发挥作用也不相同。不同的成员关系有不同的家庭购买决策特点。一般家庭成员关系有丈夫权威型、妻子权威型、合作依赖型、独立支配型及子女权威型五种类型。显然，在不同类型的家庭中，对医药产品购买决策的关键影响者往往并不是同一类人群。这也是医药企业在营销中应当注意的问题。

(三) 个体因素

影响消费者购买行为的个体因素主要包括购买者的性别、年龄、职业、经济条件、个性、自我概念、生活方式等。其中，性别、年龄和经济条件对于医药产品的购买行为影响最大，许多医药企业都按照这三个因素进行市场细分。

(四) 心理因素

消费者的购买行为过程即是消费者心理改变的过程。在影响消费者购买行为的诸多因素中，心理因素占有主要的支配性地位。消费者在购买过程中产生消费欲望，形成购买动机，收集商品信息，比较选择商品，采取购买行动，以及对某种商标、品牌的喜爱或厌恶，对广告宣传的拒绝或接受，在消费态度上是从众还是保持个性等，无一不是心理因素的体现和作用的结果。消费者的心理过程主要包括动机、知觉、学习、信念和态度。

1. 动机　动机是引起和维持人的活动并使之朝着一定目标进行的内在心理动力，是引起行为的原因和动力。购买动机则是引起消费者从事某种购买活动，并使这一活动指向特定目的以满足其某一需要的愿望或意愿。人们一旦意识到正常生活的某种或某些欠缺，便会产生某种心理的冲动，并有选择地指向可满足需要的外界对象。动机和行为不是一一对应的关系，同样的动机可以产生不同行为，同样的行为也可由不同的动机所引起。一般的购买动机是建立在消费者为生存和发展而进行的各种消费活动基础上的普遍的购买动机。从消费者需要角度划分，一般的购买动机可以分为生理性购买动机和心理性购买动机。

(1) 生理性购买动机　生理性购买动机是由消费者生理需要和安全需要引起的，为了维持、保护、延续和发展其自身生命需要而产生的各种购买动机。生理性购买动机主要指向基本生活资料或必需品，是消费者本能的、最能促使购买行为发生的内在驱动力，包括维持生命的购买动机、保护生命的购买动机、延续生命的购买动机、发展生命的购买动机四种类型。

（2）心理性购买动机　心理性购买动机主要是由消费者心理性需要或社会需要、尊重需要、自我实现需要所产生的购买动机。心理性购买动机按心理因素的不同划分为以下四种类型：

①情绪购买动机　即由消费者的喜、怒、哀、乐等情绪而引起的购买动机。这类动机易受外界影响，购买行为一般具有冲动性和不稳定性。

②情感购买动机　即由消费者的道德感、理智感、审美感等人类高级情感而引起的购买动机。动机具有理性，购买行为具有相对稳定性。

③理智购买动机　即建立在消费者对商品客观、全面认识的基础上，对所获得的商品信息经过分析比较和深思熟虑以后而产生的购买动机。这类动机的消费者对商品有足够的知识，购买行为具有客观性、周密性和控制性。

④惠顾购买动机　即消费者根据以往的消费经验，对特定的商品、商标、品牌或零售店等产生特殊信任和偏爱而形成的习惯性、重复光顾的购买动机。这类动机推动下的购买行为具有经验性和重复性。

2. 知觉　指个人选择、组织和解释外来信息以构成其内心世界景象的一种过程。人们受动机激发以后就会准备行动，但是被激发的人将如何行动则取决于其对情况的知觉。处于相同激发状态和客观情况的两个人，可能因为对情况的知觉不同，而产生不同的行为。人们对于相同的刺激或情况产生不同的知觉，存在下列三种知觉过程：

（1）选择性注意　由于兴趣、精力有限等原因，人们对于来自于外界的形形色色的刺激，往往更关注预期的刺激物和变化较大的刺激物。例如，一个想买保健品的消费者，尽管他接触过各种产品的宣传，但是，他可能只会对相关保健品的广告和商店、生产厂家留下印象。

（2）选择性曲解　消费者会按照个人的意图理解刺激物，这种理解往往是主观的而不是客观的。例如，一个消费者曾经购买过某一品牌的胃药，且疗效很好。这时候他可能会自然地认为该品牌的质量高于其他品牌，尽管其他品牌的同类药品该消费者从未用过，这就是“选择性曲解”。受选择性曲解的影响，消费者会倾向忽视所喜爱品牌的缺点和其他品牌的优点。

（3）选择性记忆　人们每日接触到的信息可谓不计其数，但真正在大脑中留下印象、产生记忆的东西不会太多，能记住的往往是与个人的兴趣、爱好、态度、信念相一致的事物。

3. 学习　所谓学习，是指人在生活过程中，因经验而产生的行为或行为潜能的比较持久的变化。消费者购买行为同样发生于不断的学习过程中，通过学习获得经验，使购买行为比以前更为科学。从消费者角度看，学习主要有以下作用：通过学习获得有关购买的信息；促发联想；影响消费者的态度和对购买的评价。人类的学习是通过冲动、刺激、提示、反应和增强等的相互作用而产生的。

（1）冲动　迫使一个人采取行动的强大内在刺激。

（2）刺激　某种对象给予一个人的提示诱因和驱动力。

（3）提示　较微弱的刺激，它决定个人在何时、何地及如何反应。

（4）反应　个人对刺激所做出的回应行为。

（5）增强　个人在获得行为结果的正效应后，自身的刺激反应会进一步加深。

4. 信念和态度 通过实践和学习，人们形成了信念和态度，信念和态度又反过来影响人们的购买行为。信念是指一个人对某事物所持有的确定性看法。企业应关注人们头脑中对其产品所持有的信念，即本企业产品或品牌的形象。态度是人们对某事物或观念所持有的相对稳定的认识评价、情感反应和行动倾向。态度的形成是逐渐的，态度一旦形成不会轻易改变。消费者的态度会影响其信息的接受及购买决策。

【营销视野】

消费者购买 OTC 药品行为的影响因素

研究人员调查发现，在我国影响消费者购买 OTC 药品的因素主要有性别、医保、年龄、受教育水平、收入、药品及药店七类。其中，男性顾客更注重“就近方便”，女性顾客更注重“医保定点”；有无医保的状况与去药店的频率有明显关系。有医保的消费者去药店的频率大大高于没有医保的消费者；20~35 岁及 60 岁以上人群选择药店时对“就近方便”的重视程度较高。药品广告对于 25 岁以下的年轻人有明显影响，而对大于 30 岁的消费者，这一影响则会迅速减弱；低学历的消费者在选择药店时更看重店员的服务态度；高收入人群更看重药品及药店的品牌而不是药品价格；安全性、疗效及品牌是消费者最关注的药品属性。药品广告营销有一定效果，但其对消费者认知的影响有待提高；药店店员的专业知识对消费者的影响最大，店员服务态度次之，药店是否干净整洁影响最小。

资料来源：郑美娟. OTC 药品消费者购买行为影响因素分析［J］. 中国民族民间医药，2012（17）：45-46

四、医药消费者购买决策行为的类型

消费者购买决策随其购买行为类型的不同而变化。较为复杂和花钱多的决策往往意味着购买者的反复权衡和众多人的参与决策。根据参与介入程度和品牌间的差异程度，可将消费者购买行为分成四种类型（表 4-1）。

表 4-1 购买行为的四种类型

品牌差异	介入程度	
	高	低
大	复杂型购买行为	变换型购买行为
小	协调型购买行为	习惯型购买行为

（一）复杂型购买行为

复杂型购买行为是消费者面对价格昂贵、技术复杂、购买频率低、不熟悉或品牌差异大的产品时的购买行为类型。在复杂型购买行为中，消费者要花费大量的时间和精力广泛收集信息，慎重选择，仔细比较，以降低购买风险。当新患某种复杂的疾病时，一般都会产生复杂型购买行为。对于这种复杂型购买行为，企业应该整合各种沟通工具帮助消费者了解产品的性能及其相对重要性，宣传产品优势及能够给购买者带来的利益，从而影响消费者的最终选择。

（二）协调型购买行为

协调型购买行为是消费者面对品牌差异小而购买风险大的产品时，认为品牌差异小而购买迅速，购后又出现不满意、不平衡的心理，为寻求心理平衡在后续的使用过程中继续搜集产品信息的购买行为类型。有些产品品牌差别（消费者的心理认知差别）不大，消费者不经常购

买，而购买时又有一定风险（例如错误购买了效果不佳的药品会耽误最佳治疗时间、加重病情等），所以消费者一般要看货比较，只要价格公道、购买方便、机会合适就会购买。购买以后，消费者也许会心里不平衡或不够满意，在使用过程中，会了解更多情况，并寻求种种理由来减轻、化解这种失衡，以证明自己的购买决定是正确的。对于这类购买行为，企业一方面要通过价格、渠道、促销等手段引导消费者的品牌选择；另一方面，要提供完善的售后服务，通过各种途径经常提供有利于本企业和产品的信息，使顾客相信自己的购买决定是正确的。

（三）变换型购买行为

变换型购买行为是消费者面对品牌差异大、购买风险小，不愿意花费较长时间来选择和评估，而是不断变换所购产品品牌的购买行为类型。消费者不断转换品牌的原因是想试试新产品，寻求多样性，并不一定是对原购买产品不满意。医药消费者在购买感冒药等常用药时往往呈现此类特征。对于这类购买行为，企业一方面可以采用促销和占据有利货架位置等办法保障供应，鼓励消费者购买；另一方面，可以有意识地设置多个品牌供消费者挑选。

（四）习惯型购买行为

习惯型购买行为是当消费者面对价格低廉、经常购买、品牌差异小的产品时的购买行为类型。这种类型的消费者不深入收集信息和评估品牌，只是习惯于购买自己熟悉的品牌，在购买后对产品的评价也非常简单，慢性病患者长期服用药品的购买行为常常属于习惯型购买。对于习惯型购买行为，企业可以利用价格优惠、广告宣传、独特包装、销售促进等方式鼓励消费者试用、购买和续购其产品。

五、医药消费者购买决策过程

在复杂的购买决策过程中，消费者购买决策过程一般要经过认识需要、收集信息、评价方案、决定购买和购后行为五个阶段（图4－2）。

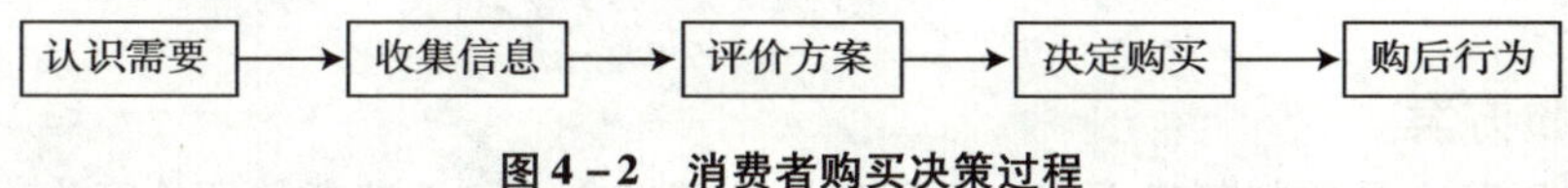

图4－2 消费者购买决策过程

（一）认识需要

所谓认识需要，即消费者发现现实状况与所想达到的状况之间存在一定的差距，从而意识到自己有消费需求。消费者首先要认识到有待满足的需求，如身体有了疾病才能产生购买药物动机。引起消费者自行购买医药产品的因素有：可能是疾病发作，身体产生不适的症状；或者疾病多发季节即将到来，提前预备药品；或者受购药环境影响，如超市、药店的产品展示等。医药企业促销活动也会引起非计划购买行为发生。认识需要一般因受到某种内部刺激（人体内在功能的感受）或外部刺激（特定的外部环境刺激）而产生。消费者购药需要的产生多缘于以下情况：

1. 突发性需要 发生疾病后产生的购药需要，这是引发购药行为的常见的需要类型。对于一个具体的消费者而言，由于疾病的发生一般情况下都是没有规律的，所以对医药产品的需要通常不具备预见性和预期性。

2. 经常性需要 由于某些慢性病引起的经常性购药需要。消费者对这类医药产品的品牌、效能、价格都非常熟悉，一般不需花时间考虑。对于这种购买行为，医药企业的主要营销对策

是保持产品质量、价格和一定的存货水平，对现有顾客进行“强化工作”；利用适当的有形展示，例如，通过广告宣传、营业推广等，吸引潜在顾客对本产品的注意，改变他们原来的购买习惯。

3. 无意识需要　无意识需要指以下两种情况：一是指患者本身已经存在某种病症，但由于一些原因没有引起注意，所以没有用药需要；二是某种新药的宣传力度不够，消费者不知道这种药品的存在，所以也就没有购买药品的需要。针对这类情况，医药企业需要做的工作首先是提高消费者的健康卫生意识，珍惜生命；其次是进行合理的促销宣传，提高产品知名度，使无意识需要变成现实需要。

（二）收集信息

当医药消费者进行经常性购买时，其需求能很快得到满足。但如果是因突发性需要而购买医药产品时，由于消费者不具备相应的专业知识，不能完全自我地做出用药判断。这时，消费者常见的做法要么去医院、诊所，要么去零售药店，由医生或专业药师对疾病做出诊断并决定用药品种和数量。还有就是向一些有经验的人咨询，着手收集有关产品、品牌、价格、性能、规格等信息资料，这种情况在 OTC 药品市场较为常见。医药消费获取信息的来源有下列四类：

1. 个体来源　如家庭成员、朋友、推销员、邻居、同事等。

2. 商业来源　如广告、店内信息、产品说明、宣传手册、推销员等。

3. 公共来源　如大众媒体的广告宣传、科普教育、药品展览、义诊服务等。

4. 经验来源　即通过现场试用和实际使用得到信息。如以前的用药经验、已有的健康卫生知识等。

每一种信息来源因病情不同和药品种类的不同，对消费者购买决定的影响作用也不相同。一般而言，商业和公共来源的信息起宣传和告知的作用；个体和经验来源的信息发挥权衡和抉择的作用。医生在消费者用药方面有绝对的权威和指挥权，而零售药店和广告宣传则对 OTC 市场影响较大。

（三）评价方案

消费者对医药产品的判断建立在自觉和理性的基础之上。消费者的评价行为一般涉及以下几个方面的问题：

1. 药品方面　消费者对药品方面的评价指标主要包括药品质量、品牌形象、适应证、药品的疗效、价格、毒副作用、广告宣传等，这些都是消费者感兴趣的药品属性。但是，消费者不一定将所有属性都视为同等重要。营销人员要分析本企业产品必须具备哪些属性，以及不同类型的消费者分别对哪些属性感兴趣，以便进行市场细分，并对不同需要的消费者提供具有不同属性的产品，以便既满足消费者的需求，又最大限度地减少因提供不必要的属性所造成的资金、劳动力和时间的消耗。

2. 服务方面　在产品的整体结构中，服务属于延伸产品的范畴。因此，消费者对医药产品的采购，既包含对药品实体本身的采购，又包含相应服务的采购。因此，医药产品零售网点的数量、所处位置、零售药店的形象、知名度、销售人员的服务态度和质量等服务属性，也会影响消费者对医药产品的具体选择。

3. 政策制度方面　主要指消费者除了受医生指导的影响外，国家及地方关于医药产品的政策规定，也直接影响消费者用药的具体品种和数量。

NOTE

（四）决定购买

评价行为会使消费者对可供选择的品牌形成某种偏好，从而形成购买意图，进而购买所偏好的品牌。但是，在形成购买意图和决定购买之间，有两种因素会起作用。

1. 他人态度　他人态度会影响医药产品消费者是否真正购买。这些人包括家庭成员、医生、药店店员等。他们的态度越强烈，且与该消费者的关系越密切，那么消费者的购买意向受影响就越大。

2. 风险因素　风险因素也称未知因素，是指消费者的预期与实际之间可能存在的差异。影响医药消费者购买决定的风险因素包括财务风险、功能风险、生理风险、社会风险、服务风险等。消费者修正、推迟或取消某一购买决定，往往是受到了这些可察觉风险的影响。营销人员必须了解引起消费者有风险感的那些因素，进而采取措施减少消费者的可察觉风险。

（五）购后行为

消费者在购买行为发生后会产生某种程度的满意感和不满意感，进而采取一些使营销人员感兴趣的购后行为。消费者如果对产品比较满意，则会采取积极的、正面的行动，如重复购买、正面宣传等；不满意，则会采取消极的、负面的行动，如退货、索赔、不再购买，还可能反面宣传、劝阻他人购买。因此，消费者的满意程度是判断消费者将做出何种购后行为的基础。关于消费者满意程度的判定，主要有以下三种理论：

1. 预期满意理论　预期满意理论认为，消费者对产品的满意程度取决于预期希望得到实现的程度。如产品符合消费者的期望，购买后就会比较满意；反之，期望距现实距离越远，消费者的不满就越大。因此，企业对医药产品的广告宣传要实事求是，不能夸大其辞。否则，消费者因期望不能兑现，会产生强烈的不满，进而影响产品和企业的信誉。

2. 认识差距理论　认识差距理论认为，消费者购买商品后都会引起程度不同的不满意感，原因是任何产品总有其优点和缺点，消费者购买后往往较多地看到产品的缺点。而别的同类产品越是有吸引力，对所购产品的不满意感就越大。因此，企业除了要向消费者提供货真价实的一流产品外，还要采取积极措施，消除顾客认识上的差距和不满意感。

3. 实际差距理论　实际差距理论认为，消费者使用产品的实际效果受很多具体因素的影响。例如，药效既受医药产品本身又受患者个体的制约，它不可能与理论上或统计上的有效率完全一致。因此，营销人员应十分重视消费者对产品的消费评价，及时收集消费者的评价意见，解决消费者在使用产品的过程中所遇到的问题，了解消费者的真实需要，改进产品和服务，争取获得消费者良好的购后评价，树立企业良好的形象，促进商品销售量的进一步提升。

第二节　医药组织市场购买行为分析

一、医药组织市场的概念与构成

（一）医药组织市场的概念

韦伯斯特和温德将组织购买定义为：组织购买是各类正规组织为了确定购买产品和劳务的需要，在可供选择的品牌与供应者之间进行识别。组织市场是以组织为购买单位的购买者所构

成的市场，目的是为了生产、销售、维持组织运作或履行组织职能。根据购买目的划分，组织市场可以分为生产者市场、中间商市场、非营利组织市场和政府市场。

医药组织市场是指医药企业或其他组织为了生产、销售、维持组织运作或履行组织职能而购买医药产品所形成的市场。医药组织市场的购买主体主要包括医药生产企业、医药批发企业、零售药店、医疗机构和政府等。

（二）医药组织市场的构成

按购买主体不同，医药组织市场分为医药生产者市场、医药中间商市场、医疗机构市场和政府市场。

1. 医药生产者市场 医药生产者市场是医药生产企业购买医药原材料、半制成品或制成品，生产医药产品以供销售获取利润而形成的市场，购买目的是为了再生产。医药生产企业既可以是市场供给方也可以是需求方。如中药饮片企业将饮片出售给中成药企业和医疗服务组织，也从市场购进中药材、中药饮片加工设备等。

2. 医药中间商市场 医药中间商市场是处于医药产品生产者和消费者之间，专门从事医药产品流通经营活动，转售以获取利润的各类个体或商业组织形成的市场，购买目的是为了再销售。医药中间商市场的购买主体包括医药批发商和零售药店。

3. 医疗机构市场 医疗机构市场是医疗机构为消费者提供医疗服务进而购买医药产品而形成的市场。购买主体包括各级各类医疗机构，由于医疗机构购买医药产品主要是为消费者提供诊疗服务，因此，这也是该类市场与其他组织市场的最大区别。

4. 政府市场 政府市场是政府为了履行其职能和满足公共医疗需要，或为了满足自身从业人员的医疗需要购买医药产品形成的市场。政府既可以向医药中间商购买，也可以向医疗机构购买，必要时也可从医药生产企业进行直接调货，以应对紧急情况。例如，对战略储备药品、救灾药品的购买等。政府购买应遵循《中华人民共和国政府采购法》等相关法规，并受政府财政约束，接受社会公众监督。政府采购具有公开性，一般实行招标采购。随着国家对基本公共卫生服务投入的增加，政府市场应受到医药企业的重视。

二、医药组织市场的特点

与医药消费者市场相比，医药组织市场表现出不同的特点。

（一）购买目的是再生产或再销售

消费者购买医药产品是用于个人或家庭的消费；而医药组织购买医药产品的目的是为了再生产、再销售或实现组织职能。

（二）购买规模大

无论是从总体还是从个体看，医药组织市场的购买规模都比消费者市场要大，同时，医药组织市场的业务也更稳定。

（三）购买者数量少

医药组织市场的购买主体不是自然人，通常是法人组织，购买者的数量相对较少且具体明确，购买规模较大。

（四）购买者相对集中

一方面，由于组织市场的购买主体是单位组织，因此，比消费者更加集中；另一方面，从

医药组织市场自身而言，其分布和规模，因各地区的自然资源、经济发展水平和投资环境不同而具有较大的差异。

（五）购买需求具有派生性、价格弹性小

医药组织市场的购买最终取决于消费者市场的需求水平和结构。因此，其需求具有派生性。另外，医药组织市场需求的价格弹性相对较小。这是由于组织市场通常对医药产品的规格、质量、性能、交货期和售后服务等更为看重，而价格往往不是决定购买的主要因素。

（六）购买程序复杂

由于医药组织市场购买的规模大、专业性强、质量要求高、参与购买决策的人较多，影响因素比较复杂。因此，往往会成立一个“采购中心”，制定严格的采购程序。

三、医药组织市场购买行为模式与影响因素

（一）医药组织市场购买行为模式

医药组织市场购买行为模式与约翰·沃森（John B. Watson）建立的“刺激－反应”模型类似，要经历三个阶段：①信息刺激阶段。医药组织市场的购买主体受到宏观或微观环境信息刺激，产生购买需求。②组织决策阶段。购买主体在分析外部信息基础上，遵循组织购买程序，在购买者主体内部参与者的共同影响下，进行购买决策。③组织反应阶段。组织决定购买后，确定采购商品选择、品牌选择、数量选择、价格选择、时机选择等（图4－3）。

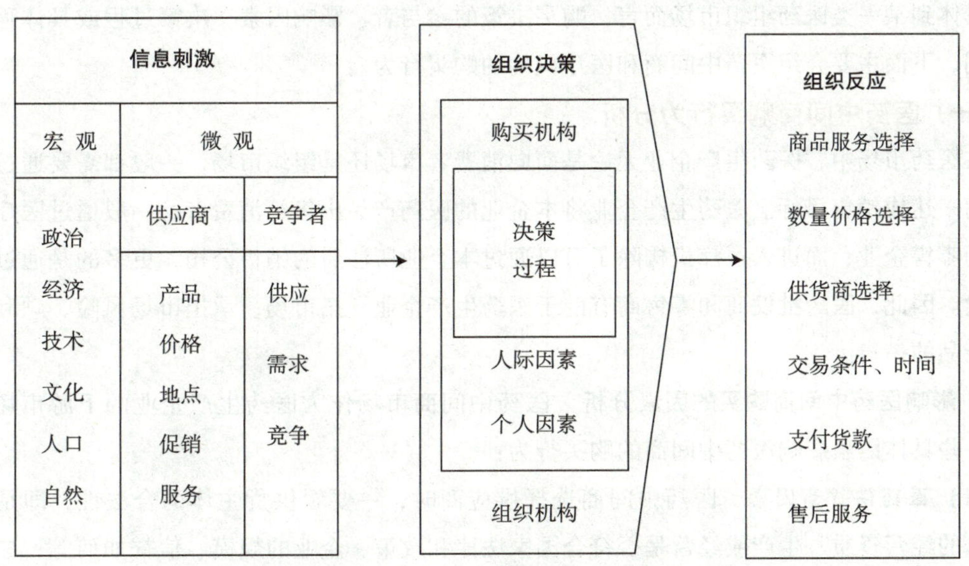

图4－3　医药组织市场购买行为模式

（二）医药组织市场购买行为的影响因素

从医药组织市场购买行为模式可以看出，影响组织购买者的因素主要有：环境因素、组织因素、人际因素和个人因素。

1. 环境因素　医药组织购买者除了受当前经济环境或预期经济环境等诸因素的影响，还受到科学技术、政治法律、药事法规、社会文化、自然环境等宏观环境及供应商和竞争者等微观因素的影响。营销人员需要收集环境信息，密切注视上述环境将如何影响采购者，并设法将问题转化为机会。

2. 组织因素 每一个医药组织购买者都有其具体目标、政策、程序、制度和机构系统等，其购买决策必然受到这些因素的影响和制约。营销人员应当对购买者的组织内部的招标采购、长期合同、流程变更等有充分的了解，及时掌握采购领域的新变化，并使营销活动符合组织机构的相关要求。

3. 人际因素 医药组织市场购买者内部相关参与者之间的人事关系，构成人际因素。这些成员人数众多，在职权地位、业务能力、利益追求、购买偏好等方面都可能存在很大差异，相互之间的关系错综复杂且难以把握。营销者的行为在这些参与者中会产生怎样的反应、他们的意见是否会取得一致、他们之间的关系是否融洽、其中最后的决定权在谁手中，这些都会影响最终的营销结果。营销者必须设法洞悉这些情况，尽量根据决策者的需要制定相应的战略。人际因素常常是非常微妙的，难以深入辨析，这部分内容通常是营销者难以掌握的。

4. 个人因素 医药组织市场购买中的参与者在决策过程中，一方面会根据组织机构的相关制度和程序进行专业性的、理性的购买；另一方面，往往根据个人动机、直觉与偏好来选择医药产品。这与决策参与者的年龄、收入、教育、专业、个性、兴趣、爱好及风险意识和文化等因素密切相关。营销人员不仅要介绍产品知识，还要与购买参与者进行充分沟通，以建立良好稳定的私人关系。

四、医药组织购买行为分析

具体到某一类医药组织市场而言，购买决策的参与者、影响因素、决策过程或具体程序不尽相同，下面主要介绍医药中间商和医疗机构的购买行为。

（一）医药中间商购买行为分析

在医药市场中，医药生产企业无论是面向消费者市场还是组织市场，一般都需要通过医药中间商来达成销售目标。医药生产企业将本企业的医药产品出售给消费者，一般通过医疗机构和医药零售企业；而进入医疗机构除了可以通过本企业所注册的销售公司，更多的是通过医药批发商。因此，医药批发商和零售商有助于医药生产企业开拓市场、承担市场风险、顺利实现医药产品的销售。

1. 影响医药中间商购买的因素分析 医药中间商市场作为医药生产企业的下游市场，有如下一些具体因素影响医药中间商的购买行为：

（1）医药供货商因素 医药中间商选择供应商时，一要看供货主体的合法性，即是否具有合法的经营资质、生产或经营是否符合国家法律和政策、企业的规模、信誉如何等；二要看供货商提供的出售产品的详细资料，即技术资料、商品质量、价格等的详细描述；三要看供货商能提供多大程度的营销支持力度，其营销组合策略如何等。

（2）下游购买者因素 医药中间商还要根据下游顾客，如医疗机构和消费者的需求情况和消费趋向，进而对采购提出新要求。

（3）竞争者情况 包括所采购的医药产品在市场上面临的同类产品竞争是否激烈；同行采购同种医药产品的情况如何；供货方之间的竞争是否激烈等。

（4）中间商自身因素 包括医药中间商自身的采购程序、组织机构、采购目标，中间商企业的人际关系因素及采购相关人员的个人因素。

NOTE

2. 医药中间商的购买决策 医药中间商的主要购买决策包括三个方面：一是供货产品组

合决策，根据经营的产品组合的宽度、深度和关联度，可以分为以下四种情况：独家配货、专深配货、广泛配货、多元配货；二是供货商组合决策，即中间商选择一家还是几家供货商；三是供货条件组合决策，即医药中间商对所供医药产品的品类、价格、渠道、促销的具体条件进行组合。

（二）医疗机构购买行为分析

由于医药产品的特殊性，消费者通常会将医药产品的选择权转移到医生手中。由此可见，医疗机构市场是医药组织市场中重要的市场。由于医疗机构类型多样，不同类别的医疗机构，其经营的目标、购买的程序及采购医药产品的类别、批量、频次都有所不同。因此，必须了解目标医疗机构的购买行为类型、购买的参与者、影响医疗机构购买行为的因素及购买决策程序，以有效地开展营销活动。

1. 医疗机构购买的类型

（1）依据医疗机构购买活动的稳定性分类

①直接重购　例如对《医院基本药品目录》范围内药品的采购。

②修正重购　修正医院基本药品目录或调整供应商。

③全新购买　指采购不属于《医院基本药品目录》范围内的药品。虽然该类药品在国内已经上市，但在该医院尚无使用先例，或临床使用很少，或使用范围很小，需要启动全新购买程序。

（2）按医疗机构参与购买活动的权限分类

①自主购买　指完全由医疗机构单独完成医药产品的采购活动。

②集中招标购买　我国从2000年开始进行了药品集中招标采购试点工作，药品集中招标的范围不断扩大。2009年我国实施基本药物制度后，要求基本药物采购必须通过省集中招标平台统一采购。同时，根据2009年卫生部（现国家卫生健康委员会）等六部门《进一步规范医疗机构药品集中采购工作的意见》文件，要求“县及县以上人民政府、国有企业（含国有控股企业）等所属的非营利性医疗机构，必须全部参加药品集中采购，以省为单位，全面推行网上集中采购”。国家特殊管理的药品仍按有关规定采购供应。2015年国家发布《国务院办公厅关于完善公立医院药品集中采购工作的指导意见》，鼓励地方结合实际探索创新，进一步提高医院在药品采购中的参与度。

【营销视野】

公立医院实行药品分类采购

2015年2月28日，国务院办公厅发布《关于完善公立医院药品集中采购工作的指导意见》，要求按照市场在资源配置中起决定性作用和更好发挥政府作用的总要求，借鉴国际药品采购通行做法，充分吸收基本药物采购经验，坚持以省（区、市）为单位的网上药品集中采购方向，实行一个平台、上下联动、公开透明、分类采购，采取招生产企业、招采合一、量价挂钩、双信封制、全程监控等措施，加强药品采购全过程综合监管，切实保障药品质量和供应。鼓励地方结合实际探索创新，进一步提高医院在药品采购中的参与度。医院使用的所有药品（不含中药饮片）均应通过省级药品集中采购平台采购，实行药品分类采购：

（1）对临床用量大、采购金额高、多家企业生产的基本药物和非专利药品，发挥省级集中批量采购优势，由省级药品采购机构采取双信封制公开招标采购，医院作为采购主体，按中

标价格采购药品。

（2）对部分专利药品、独家生产药品，建立公开透明、多方参与的价格谈判机制。谈判结果在国家药品供应保障综合管理信息平台上公布，医院按谈判结果采购药品。

（3）对妇儿专科非专利药品、急（抢）救药品、基础输液、临床用量小的药品（上述药品的具体范围由各省区市确定）和常用低价药品，实行集中挂网，由医院直接采购。

（4）对临床必需、用量小、市场供应短缺的药品，由国家招标定点生产、议价采购。

（5）对麻醉药品、精神药品、防治传染病和寄生虫病的免费用药、国家免疫规划疫苗、计划生育药品及中药饮片，按国家现行规定采购，确保公开透明。

资料来源：国务院办公厅．关于完善公立医院药品集中采购工作的指导意见［Z］．2015－02－28

2. 医疗机构购买的参与者 按照医疗机构购买的参与者在购买活动中所承担的任务不同，医疗机构购买的参与者共分为以下四种角色：

（1）医药产品的使用者 在医疗机构中，尽管医药产品由患者消费，但实际使用某种医药产品从而提供医疗服务的，通常是临床医生和护士。由于他们有使用医药产品的临床经验，有自己的用药习惯，并由此形成对某类医药产品的评价。因此，通过一定程序进入医院后，能否最终实现顺利销售，还需要临床医生和护士去使用。

（2）医药产品采购的影响者 指在医疗机构中，对医药产品采购决策起影响作用的人员，如临床科室主任、药剂科主任等。他们会对医院拟购医药产品的目录、有效性、安全性、经济性等方面进行评价从而施加影响。

（3）医药产品采购的决策者 指在医药产品采购活动中，做出最终决策的人员。例如药剂科主任、院长或主管副院长、药事委员会等。其中药事委员会通常由院长或主管副院长、药剂科主任、临床科主任、知名专家和教授等组成。当然，对于不同的购买类型，决策者会有所不同。如，对于直接重购，药剂科主任可能是决策者；对于修正重购，则可能需要医院领导决定；而对于全新采购和涉及医院医药产品采购的重大决策时，如医院基本用药目录的确定，则需要由医院药事委员会集体做出决定。

（4）医药产品采购的执行者 指医疗机构采购决策完成后，负责具体的采购工作，完成采购任务的人员。在医院通常由药剂科完成具体的采购任务。

3. 影响医疗机构购买的因素

（1）宏观环境因素 宏观环境因素对医疗机构的医药产品采购产生硬约束。例如，国家基本药物制度实施后，就要求县级以下基层医疗机构必须配备基本药物。因此，医药生产和经营企业需要关注国家宏观环境的变化，研究环境变化对医疗机构采购的影响，从而及时调整营销策略。

（2）微观环境因素

①供应商因素 医疗机构采购和中间商一样，对医药供应商的生产经营状况和产品情况等都比较重视。但是，医院对医药产品更加关注质量和疗效，当然也会考虑价格因素。如果医院通过集中招标采购的方式采购药品时，价格在产品中标时就确定了，医药供应商的相关资质在中标前也进行了审核，那么，供应商的具体报价对最终能否中标有直接的影响。

②竞争因素 影响医疗机构采购的竞争性因素可以分为三类。其一，供应商之间的竞争。医疗机构采购的医药产品替代性越高，供应企业之间的竞争越激烈，医疗机构在谈判中越处于

有利地位；如果产品的替代性低，医疗机构的选择性就小。其二，医疗机构之间的竞争。医疗机构为提高医疗服务水平也会产生竞争，由此也会积极使用疗效更好、质量更高的医药新产品。其三，消费者之间的竞争。由于医药产品需求具有一定的季节性、波动性，加上流行性疾病的产生，消费者在一定时期内对某类医药产品的需求量会增大。这也影响到医疗机构的采购数量。

③医疗机构内部因素　包括医疗机构的组织因素、人际因素和人员因素。不同的医疗机构其采购目标、组织结构、采购程序、采购制度等会有所不同。医疗机构中参与采购人员涉及各临床科室、药剂科和医院领导，他们之间的人际关系也会影响到采购决策结果。参与购买的相关人员的职务地位、业务水平、个性特征、心理因素、文化水平也影响到他们对医药产品的态度。因此，医药供应商必须弄清楚相关信息，从而采取相应的营销对策。

4. 医疗机构的购买决策程序　由于医疗机构的类型及采购的医药产品种类不同，医疗机构在医药产品采购中的权限会有所不同，可以分为自主采购和集中招标采购两大类（图4-4）。

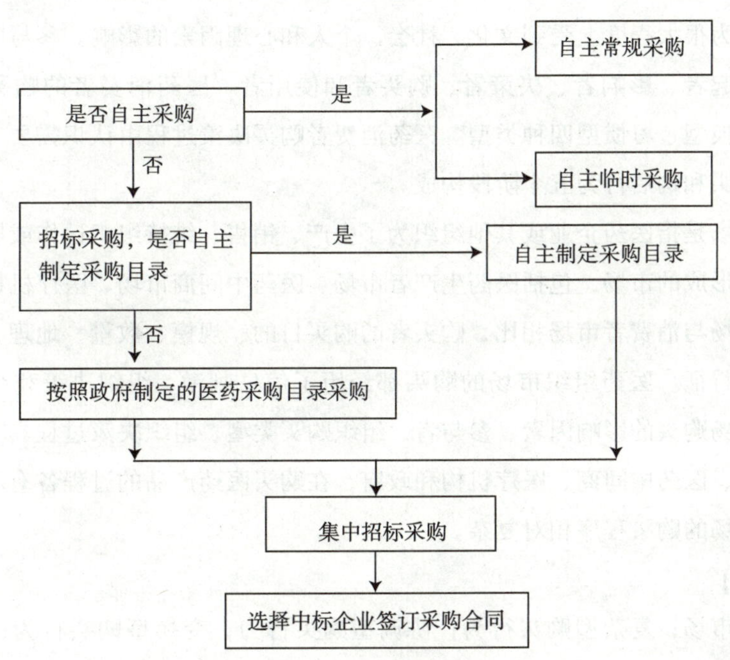

图4-4　医疗机构采购程序图

由于集中招标采购实行政府主导，所以下面将主要介绍医疗机构自主采购的程序，一般流程如下：

（1）提出用药采购申请　医院各临床科室，根据医疗服务、教学和科研需要，以及临床用药经验，提出用药采购申请，提交医院药剂科。

（2）填写药品购买申请单　医院药剂科一般下设采购机构、药库、门（急）诊药房和住院部药房等。由药剂科的采购部门根据临床科室的申请，结合药品的库存情况，填写药品购买申请单，由药剂科主任对拟采购的药品进行分类决策。

（3）采购审核　主管进药的院长或副院长根据临床科室和药剂科的采购申请，进行审核；

NOTE

医院如果设立了药事委员会，则必须上报给医院药事委员会共同决议。经院长或副院长（药事委员会）审核后，药剂科的采购部门便可进行采购。

（4）采购实施　采购计划经审核通过后，药剂科的采购部门便可进行采购、入库。

（5）入库管理　由药库对入库药品进行管理，并将根据用药需要将药品分发到门（急）诊药房和住院部药房。

（6）药品调配　门（急）诊药房和住院部药房根据医生处方要求，将药品调配给患者。

（7）临床使用　医生根据临床用药效果情况，从而做出继续使用、减少使用或拒绝使用的决策。

【本章小结】

医药消费者市场指为了满足个人或家庭的防病、治病等需要而购买药品和接受服务所形成的市场。医药消费者市场与一般商品消费者市场具有一些相似的特征。但医药产品作为一种关乎消费者生命健康的特殊商品，使得医药消费者市场具有一些有别于一般商品消费者市场的特征：消费信息不对称；需求持续增长；需求的季节性波动明显；受疾病谱变化的影响显著。医药消费者购买行为很大程度上受到文化、社会、个人和心理因素的影响。参与医药产品购买决策的成员包括发起者、影响者、决策者、购买者和使用者。医药消费者的购买行为包括复杂型、协调型、变换型、习惯型四种类型。医药消费者购买决策过程由认识需要、收集信息、评价方案、决定购买和购后行为五个阶段构成。

医药组织市场是指医药企业或其他组织为了生产、销售、维持组织运作或履行组织职能而购买医药产品所形成的市场，包括医药生产者市场、医药中间商市场、医疗机构市场和政府市场。医药组织市场与消费者市场相比，购买者的购买目的、规模、数量、地理分布、需求特征均有明显不同的特征。医药组织市场的购买都经历了信息刺激、组织决策和组织反应三个阶段。医药组织市场购买的影响因素、参与者、组织购买类型、组织决策过程具有相似性，但具体到医药生产者、医药中间商、医疗机构和政府，在购买医药产品的过程各有不同的内容，其中，医疗机构市场的购买程序相对复杂。

【重要概念】

医药消费者市场；复杂型购买行为；协调型购买行为；变换型购买行为；习惯型购买行为；医药组织市场。

【复习思考】

1. 医药消费者市场的特点有哪些？
2. 影响医药消费者购买行为的主要因素有哪些？
3. 参与医药消费购买决策的角色可划分为哪几种？
4. 消费者购买决策过程包括哪些阶段？
5. 医药组织市场购买与消费者购买有哪些不同？
6. 影响医药组织市场购买的因素有哪些？
7. 试述医药组织购买的参与者、决策过程。
8. 影响医疗机构购买的因素有哪些？
9. 查阅资料阐述医疗机构药品招标采购的程序。

【案例分析】

如何破解100%推荐难点

秋桐是K药店的店员，店长老说要对一些重点单品进行100%推荐，可是秋桐却有一些困惑。那天，秋桐在收银台习惯性地推荐起广慈枇杷糖来："您咳嗽可以带点这种清喉止咳的含糖，现在正好有活动……"结果顾客看了一眼说："哦，上次你们推荐的还在家里没有吃完呢！"后来，秋桐在销售时就常常"不敢"说，因为她怕顾客又说家里有，或者是以前买过，要么就是直接拒绝她，这都会让秋桐心里有一种挫折感。

100%推荐是对每一个顾客都进行推荐，目的是不放过任何一个可能的机会，但是我们却又不得不面对这样现实的"结"：一是一个商品很难能符合每一个顾客的需求。现实中，一个商品即使是大众化的，也不可能完全被任何一个顾客所接受。二是员工很难做到"百折不挠"。销售人员在销售中其实并没有都形成强烈的推荐意识，单就那些有着销售劲头的员工来说，当他们被顾客拒绝时，他们也很难快速地调适好自己的内心，并且越战越勇，还能越战越"聪明"。三是销售惰性。每个月可以推荐的产品有很多，但是销售人员因为卖惯了某种药品，或者是某些药品好卖，觉得产出明显，就一直卖某个药品，这样很容易使顾客与员工形成销售惰性。

销售中，如秋桐这般经历可以说是常事，一些营销人员往往会被"这堵墙"给挡在成功销售的门外面。要怎么翻越这一障碍，做一个快乐的药店营销人呢？

资料来源：范月明．破解100%推荐难点［EB/OL］．http：//blog. zgyd. org/？uid－2566644－action－viewspace－itemid－4543. 2016－10－29

思考与讨论：

1. 请谈谈你对100%推荐的理解与认识。
2. 在医药产品营销实践中，成功实施100%推荐的有效措施有哪些？

NOTE

第五章 医药市场营销调研和需求预测

【学习要点】

通过本章学习，了解医药市场信息的含义、特征及功能，熟悉医药市场营销信息系统构成；掌握医药市场营销调研的内容、类型和程序，重点学会灵活运用医药市场营销调研的方法与技术；了解医药市场需求预测的基本程序和方法。

【引导案例】

儿童用药市场潜力巨大

有数据显示，中国儿童药物不良反应率是成人的2倍，新生儿更是达到4倍，而我国儿童专属药品占比却不足2%。

调查显示，全国4000多家药厂中，专门生产儿童用药的仅10余家，其中包括北京首儿药厂、天津市儿童药厂、哈尔滨儿童制药厂有限公司等。此外，有儿童药品生产部门的企业也仅30多家，如葵花药业集团、广州白云山制药股份有限公司、华北制药股份有限公司等，其中葵花药业集团拥有儿童药批文69个，2015年已上市儿童药品零售额超过50亿元。但儿童用药市场90%以上的份额被为数不多的外资企业如惠氏、罗氏、施贵宝等占领。

面对具有巨大潜力的儿童用药市场，2016年9月13日，由国家卫生和计划生育委员会（现国家卫生健康委员会）宣教中心主办、葵花药业“小葵花”儿童药协办的首届儿童安全用药传播与发展大会发出倡议：“孩子不是你的缩小版，儿童要用儿童药！”无疑再次扩大了葵花药业在儿童用药市场的影响力。

资料来源：李予阳．我国儿童专属药占比不足2%，儿童药市场缺口待补齐［N］．经济日报，2016-09-14

复杂的市场状况增加了医药企业市场营销的难度，企业营销决策要以市场需求为中心，就必须保持对市场变化的高度敏感。有效的医药市场营销调研不仅能帮助企业发现自身优势，洞察市场机会，而且还能够据此对医药市场需求进行测量和预测。

第一节 医药市场营销信息系统

一、医药市场信息

（一）医药市场信息的概念

市场信息是在一定时间和条件下，同商品交换及与之相联系的各种社会经济活动有关的消息、情报、数据资料等的总称。从本质上讲，市场信息是对市场运行过程与状态的客观描述，是各种经济事物运动变化趋势及其相互联系的现实表现形式。

医药市场信息是在一定时间和条件下，与医药市场营销活动相关的各种消息、情报和数据资料等的总称。医药市场信息反映医药市场营销动态，包括消费者心理、竞争态势、市场供求状况等，是医药企业了解医药市场发展变化的趋势、提供能够满足市场需求的医药产品和服务的重要依据。

（二）医药市场信息的特征

医药市场信息的特征主要有四点：第一为时效性，是指在搜集市场信息时要注意速度和效率，迟到的信息几乎没有价值；第二为广泛性，医药市场信息量大、涉及面广，企业就需要广泛开辟信息搜集渠道，细致筛选，科学分析；第三为系统性，对医药企业而言，零散无规律的信息价值不大，系统地搜集信息才能为决策提供有效支持，医药企业必须连续多方面地收集与加工信息，并找出信息之间的内在联系，才能使信息更有价值；第四为竞争性和保密性，有效的市场信息无疑是企业制定竞争策略的必要资源，特别是那些竞争情报，一经公开就会损害信息拥有者的利益，如行动方案、生产计划、库存等。

（三）医药市场信息的功能

医药市场信息的功能主要有四个方面：第一，医药市场信息是医药企业经营决策的前提和基础；第二，医药市场信息是医药企业制订营销计划的依据；第三，医药市场信息为产品营销策略的制定提供充分依据；第四，医药市场信息是医药企业进行营销控制的必要条件。

二、医药市场营销信息系统的含义及构成

（一）医药市场营销信息系统的含义

医药市场营销信息系统是基于人员、计算机设备及程序构成的相互作用的人机结合的信息处理系统，它通过对信息的收集、整理、分析、评价和分配，最终为医药企业整体的管理和决策提供服务。医药市场营销信息系统既可以提供制订市场计划所需的信息，又可以通过计划实施的市场反馈信息，反过来评估市场计划的执行情况和整体效果。

（二）医药市场营销信息系统的构成

医药市场营销信息系统一般由医药企业的内部报告系统、营销情报系统、营销调研系统和营销分析系统四个子系统构成。

1. 内部报告系统　内部报告系统以会计报告系统为基础，主要作用是报告医药企业的订货、库存、销售、费用、现金流及应收应付款等数据资料，主要工作内容是“订单－发货－收款”的循环。会计报告系统的完善将改进销售报告的时效性，并使销售报告符合主管部门的需要，这就避免了营销主管部门因接到过多或无用的报告而降低工作效率。

2. 营销情报系统　营销情报系统的主要作用是向市场营销决策部门提供外部环境发展变化的情报信息。系统由循环的五阶段构成，即“情报的定向－情报的收集－情报的整理和分析－情报的传播和接收－情报的使用”。情报的收集途径有多种，包括训练和鼓励本企业的销售人员去发现和报告新情报、利用中间商和其他伙伴来收集情报、向外界的情报供应商购买信息等。

3. 营销调研系统　营销调研系统的主要任务是根据企业营销工作面临的主要问题，对与某项具体的营销决策有关的信息进行系统地收集、分析和报告。由于内部报告系统和营销情报系统在其职能范围内难以提供足够的信息，所以需要企业专门设置营销调研部门或者委托专门的市场营销调研公司系统地做这项专门调查。

4. 营销分析系统 营销分析系统中，使用统计工具库和模型库对营销信息的数据资料进行分析，以便进行营销评价，更好地做出决策。统计工具库中常用的有计算平均数、测量离散度、交叉表、回归分析、相关分析、聚类分析等。模型库中有很多分析决策模型，包括消费者需求偏好分析、最佳产品特征模型、价格决策模型、广告媒体组合模型等。

第二节 医药市场营销调研概述

一、医药市场营销调研的含义

市场营销调研是指系统地设计、收集、分析并报告与企业有关的数据和研究结果。在市场经济条件下，为确保企业营销的成功，必须注重营销调研和市场预测，以获得尽可能详细准确的数据作为营销决策的依据。

医药市场营销调研是指在市场营销观念的指导下，以满足医药产品消费者需求为中心，运用科学的方法，收集、记录、整理、分析和研究有关医药市场各种基本状况及其影响因素的信息资料，并提出解决特定的医药市场营销问题建议的过程。

医药市场营销调研是做好供求平衡的重要依据，是医药市场预测和合理决策的基础，是市场经济形势下企业发展的客观需要，更是医药企业现代化管理和提高经营效果的必要条件。

二、医药市场营销调研的内容

（一）医药市场需求容量调研

医药市场需求容量（market needs）调研主要包括：市场最大和最小需求容量；现有和潜在的需求容量；不同医药产品的需求特点和需求规模；不同市场空间的营销机会及企业与竞争对手现有市场占有率等情况的调查分析。

（二）可控因素调研

可控因素（controllable factor）调研主要包括对医药产品及其价格、销售渠道、促销方式等因素的调研。

1. 医药产品调研 医药产品调研包括有关产品性能、特征和顾客对产品的意见和要求的调研，关于产品所处生命周期阶段的调研，产品的包装、品牌、外观等给顾客的印象的调研。

2. 医药产品价格调研 医药产品价格调研包括产品价格的需求弹性调研，新产品价格制定或老产品价格调整所产生的效果调研，竞争对手价格变化情况调研，选样实施价格优惠策略的效果调研等。

3. 医药产品分销渠道调研 医药产品分销渠道调研包括企业现有产品分销渠道状况，中间商在分销渠道中的作用及各自实力，用户对中间商尤其是代理商、零售商的印象等项内容的调研。

4. 医药产品促销方式调研 医药产品促销方式调研主要是对人员推销、广告宣传、公共关系、营业推广等促销方式的实施效果进行分析、对比。

（三）不可控因素调研

不可控因素（uncontrollable factor）的调研主要涉及以下方面：

1. 政治环境调研　政治环境调研包括对企业产品的主要用户所在国家或地区的政府现行政策、法令及政治形势的稳定程度等方面的调研。

2. 经济环境调研　经济环境调研主要是调查企业所面对的市场在宏观经济发展中将产生何种变化。调研的内容有各种综合经济指标所达水平和变动程度。

3. 社会文化环境调研　社会文化环境调研主要是调查一些对市场需求变动产生影响的社会文化因素，诸如教育水平、民族构成、宗教信仰及风俗习惯、社会道德与审美意识等。

4. 科技发展状况与趋势调研　科技发展状况与趋势调研主要是了解与本企业生产有关的技术水平状况及趋势，同时还应把握社会相同产品生产企业的技术水平的提高情况。

5. 医药消费者调研　医药消费者调研在于了解消费者的特征和消费需求，为企业向市场提供满足消费者的产品提供依据，调研对象包括医生、患者等。

6. 竞争对手调研　在竞争中要保持企业的优势，就必须随时掌握竞争对手的各种动向，在这方面主要是关于竞争对手数量、竞争对手的市场占有率及变动趋势、竞争对手已经并将要采用的营销策略、潜在竞争对手情况等的调研。

三、医药市场营销调研的类型

从不同的角度，对于医药市场营销调研有不同的分类。比如：按时间不同可分为定期调研和不定期调研；按内容不同可分为定性调研和定量调研；按方法不同可分为文案调研和实地调研等。我们主要是根据医药市场营销调研的目的和设计不同，将其分为探测性、描述性、因果性和预测性四种调研类型。

（一）探测性调研

探测性调研是为了界定调查问题的性质或者更好地理解问题的环境而进行的调查活动。在调研初期，通常对问题缺乏足够的了解，甚至尚未形成一个具体的假设，对某个问题的切入点难以确定，这就需要进行探测性调研的设计。探测性调研的目的是为了发现新的想法和新的关系，以对问题的认识和理解更为深刻。

（二）描述性调研

描述性调研中调查内容着重于医药市场状况的特征，它将所需调查的现象具体化，主要解决“谁”“什么”“什么时间”“什么地点”“怎样”的问题。常见的有医药市场供求状况、医药产品质量与功效、医药产品的销售量及变化、医药产品分销商的数量与分布等。

（三）因果性调研

因果性调研是调查一个变量是否引起或决定另一个变量的研究过程，目的在于识别变量之间的因果关系。比如用因果性调研探索某种医药产品销售量是否受其质量、价格、规格等多种因素的影响，并确定各因素的影响程度及主要因素，以此来为正确决策提供科学依据。

（四）预测性调研

预测性调研是在描述性调研和因果性调研的基础上，对医药市场未来的变化趋势（如市场潜在需求量）进行估算、预测和推断。这将对医药企业制定营销决策、把握市场先机具有重要意义。

四、医药市场营销调研的程序

(一) 明确问题和研究目标

要调研的问题大多来自医药企业生产、经营或营销决策等环节，研究的目标必须明确而具体。高质量的调研不完全由调研者决定，而是由调研者和调研使用者共同决定。使用者往往是医药企业的管理者，由于不了解调研本身存在的局限性，有时对目标的提出抽象而不切实际，调研人员必须与其充分沟通，了解解决问题需要什么样的信息，把抽象的目标具体化，使调研项目具体可行。

(二) 制订调研方案

目标确定后就要制订一个详尽严密的调研方案。调研方案的主要内容包括调研工具的选择、样本设计、抽样方法、资料的收集与整理、数据分析方法、调研进度、经费预算等。

(三) 收集与整理资料

在正式调查实施阶段，调研人员需要深入调查单位收集数据和有关资料，包括原始资料和二手资料。原始资料是通过实地调查收集的一手资料，在整个调研过程中，资料往往是从定性到定量过渡的；二手资料的来源则包括医药企业内部和外部。收集而来的各种资料大多是分散的、不系统的，不能直接被利用，因此要在数据分析之前对资料进行审核、分类、汇总等，使之层次化、系统化。

(四) 分析数据

调研中的数据分析环节应根据所收集资料的性质采取不同的分析方法。对于定性资料，一般将归纳与演绎相结合、分析与综合相结合对其进行分析；对于定量数据，则多运用统计学的相关方法来分析，包括相关分析、回归分析、方差分析等。

(五) 撰写调研报告

调研报告是根据调查资料与分析研究结果而编写的书面报告，其目的是为生产经营决策和市场预测提供依据。基本内容包括调研背景和目的、调研方法、调研过程、调研结果和建议等。报告一般由标题、序言、正文、附录等要素组成。

【营销视野】

市场调研费用知多少?

市场调研费用项目具体如下：①资料搜集、复印费；②问卷设计、印刷费；③实地调查劳务费；④数据录入、统计费；⑤计算机数据处理费；⑥报告撰稿费；⑦打印装订费；⑧组织管理费；⑨代理公司的收费。

通过若干市场调研的案例统计结果，可以总结出一般的经费比例，经验数字为策划费20%、访问费40%、统计费30%、报告费10%。若接受委托代理的市场调研的费用，则需加上全部经费的20%～30%的服务费作为税款、营业开支及代理公司应得的利润。

资料来源：李平，邓谋优．市场调查与预测［M］．长春：东北师范大学出版社，2014：98

第三节　医药市场营销调研方法与技术

一、医药市场营销调研的方法

（一）文案调研法

文案调研是调研人员从现有各种文献、档案中收集信息资料的一种调查方法，也称二手资料调查。由于文案调研自身的局限性，所以收集的资料要求广泛全面、有针对性、有时间价值。在文案调研中，常采用文献资料筛选法、报刊剪辑分析法、情报联络网法、电子网络搜索法。

文案调研所需资料包括医药企业内部资料、外部资料和互联网资料。内部资料主要来源于企业内部的各种业务、统计、财务及其他有关资料；外部资料主要指企业外部单位所持有的资料，主要来源有国家统计资料、行业协会资料、信息咨询机构所供资料、图书馆资料、调查报告资料、各种会议资料等；互联网资料主要包括各类医药网站、政府网站等公布的信息，各数据库下载的专家或学者的论文，专业调查机构发布的调查报告等。

（二）实地调研法

1. 访问法　访问法又称询问法，就是调研人员采用访谈询问的方式向被调查者了解市场情况的一种方法，是医药市场营销调研中最常用、最基本的方法之一。这类方法按访问方式可分为直接访问和间接访问；按访问内容可分为标准化访问和非标准化访问；按访问内容的传递方式可分为面谈访问、电话访问、邮寄访问、留置问卷访问等，这四种常见的访问法的优缺点比较见表5－1。

表5－1　四种访问法优缺点比较

项　目	访问方法			
	面谈法	电话法	邮寄法	留置问卷法
处理复杂问题的能力	最好	较差	最差	好
搜集信息的能力	最好	较差	最差	好
对敏感问题的回答	最差	较差	最好	好
调研人员的控制	最好	好	最差	较差
时间	好	最好	最差	较差
灵活程度	最好	较差	最差	好
成本	最高	低	最低	较高

2. 观察法　观察法是指调研人员凭借自己的感官和各种记录工具，深入调查现场，在被调查对象未察觉的情况下，直接观察和记录被调查者行为，以收集医药市场信息的一种方法。观察法分直接观察和间接观察两种基本类型，直接观察是指调研人员直接到现场观察被调查者的行为，间接观察是指调研人员通过观察与被调查者密切相关的医药市场情况来推断其行为。观察法的主要内容体现在四个方面。

（1）观察顾客的行为　了解顾客行为，可促使医药企业有针对性地采取恰当的营销方式。

NOTE

（2）观察顾客流量　这对改善医药企业经营、提高服务质量有很大好处。

（3）观察医药产品使用现场　了解医药产品质量、性能及顾客反映等情况，实地了解使用医药产品的条件和技术要求，进而发现医药产品更新换代的前景和趋势。

（4）观察医院药房及药店的产品橱窗布置　了解布局是否合理，顾客选购、付款是否方便，相关人员的服务态度如何等。

为了保证观察效果，观察人员必须遵循客观性、全面性、持久性原则，某些时候还要对被调查者进行事先通知，还要注意保护被调查者的个人隐私。

3. 实验法　实验法是最具科学效度的研究方法，指医药市场调研人员有目的、有意识地改变一个或几个影响因素，来观察医药市场现象在这些因素影响下的变动情况，从而认识医药市场现象的本质特征和发展规律。实验调查是实践与认识的有机结合，医药企业的经营活动中经常运用这种方法，如开展一些小规模的包装实验、价格实验、广告实验、新产品销售实验等，来测验这些措施在医药市场上的反映，以实现对市场总体的推断。

应用实验法的一般步骤是：根据医药市场调研的目标提出假设；进行实验设计，确定实验方法；选择实验对象；进行实验；分析整理实验数据资料并做实验检测；得出实验结论。实验法只有按这种科学的步骤来开展，才能迅速取得满意的实验效果。

有效的合格的实验法调研方案应有三个特征：①在实验中的变量能够被准确地应用，并规定它的性质；②对那些明显影响实验结果的外在变量是能够识别出来的；③在一定时期，变量的输入所产生的效果或收益是能够鉴别和衡量的。

（三）网络调研法

网络调研是医药企业整体营销战略的一个组成部分，是建立在互联网基础上，借助于互联网的特性来实现一定营销目标和调查目的的一种手段。它通过互联网有计划、有组织地调查、记录、收集、整理、分析有关的医药市场信息，客观地测定及评价现有市场及潜在市场，用以解决医药市场营销的有关问题，其调研结果可作为各项营销决策的依据。随着移动互联网的飞速发展，网络调研法在医药市场营销中的作用越发突出。

1. 常用的网络调研方法

（1）E－mail 问卷调研法。分为主动问卷法和被动问卷法。开展主动问卷法的步骤：①建立被访者 E－mail 的地址信息库；②选定调研目标；③设计调查问卷；④收集、分析调查结果。被动问卷调研法是一种将问卷放置在站点上，等待访问者访问时主动填写问卷的调研方法。由于每个网民几乎都可以成为被调查者，所以被动问卷法通常应用于对被访群体无要求的调研。

（2）网上焦点座谈法。在同一时间随机选择 2～6 位被访问者，弹出邀请信，告知其可以进入一个特定的网络聊天室，相互讨论对某个事件、医药产品或服务等的看法和评价。

（3）网络固定样本组调研。根据自愿注册与有偿参与的原则，只要符合要求的网民均可注册为样本组成员，将收到的网民背景资料存入信息库，通过该信息库来确定精确独立的目标网民细分，以满足客户的特殊需求。

（4）使用 BBS 电子公告板进行网络调研。网络用户通过 TELNET 或 WEB 方式在电子公告栏发布消息，BBS 上的信息量少，但针对性较强，比较适合医药行业。

（5）委托市场调研机构通过网络完成调研。

2. 网络调研相关的软件及网站介绍　网络调研中合理使用问卷调查平台可以达到事半功倍的效果。问卷星是一款在计算机或者手机终端使用的问卷调查软件及问卷调查制作软件，支持讨论投票、公益调查、博客调查、趣味测试及学术调研、社会调查等，还能制作问卷调查表等。此外，一些专业的在线调查互动门户网站也非常活跃，诸如91问问、第一调查网、调查通、51调查网等，使用起来相对快捷、高效、低成本，有利于在调研中更好地了解相关信息，把握市场先机。

3. 实施网络调研的注意事项　网络调研时需要特别注意：认真设计在线调查问卷；关于保护个人信息的声明；尽可能地吸引网民参与调查，特别是被动问卷调查；尽可能结合多种调研方式进行市场调查。

网络调研具有一定的局限性，被调查者只能是网民，所调研的问题必须要适合网络的形式，有时网民的身份难以辨认，由此造成的误差也难以控制。

二、医药市场营销调研的技术

（一）抽样技术

抽样调查是一种专门组织的非全面调查，它按照一定方式从调查总体中抽取部分样本进行调查，用所得的结果说明总体情况。抽样调查是目前国际上公认和普遍采用的科学调查手段，理论依据是概率论。

对一些不可能或不必要进行全面调查的医药市场现象，最宜用抽样方式解决；在经费、人力、物力和时间有限的情况下，采用抽样调查可节省费用，争取时效，用较少的人力、物力和时间达到满意的调查效果；对某种总体的假设进行检验，判断这种假设的真伪以决定行为的取舍时，也经常用抽样调查来测定。

1. 抽样调查分为随机抽样和非随机抽样

（1）随机抽样　按照随机原则抽取样本，即在总体中抽取单位时，完全排除人的主观因素影响，使每一个单位都有同等的机会被抽到。比较常用的随机抽样方法有简单随机抽样、分层抽样、等距抽样、分群抽样、多阶段抽样。

（2）非随机抽样　不遵循随机原则，它是从方便出发或根据主观的选择来抽取样本。非随机抽样无法估计和控制样本误差，无法用样本的定量资料和统计方法来推断总体，但非随机抽样简单易行，尤其适用于做探测性研究。常用的有方便抽样、判断抽样、配额抽样、滚雪球抽样。一般而言，非随机抽样是因为随机抽样的成本较高，比如随机抽样的调研对象难以找到，退而求其次，其相应的推断能力比随机抽样要差一些。

2. 抽样调查中常用的概念

（1）全及总体和抽样总体　全及总体简称总体，是指所要调查对象的全体。抽样总体简称样本，是从全及总体中抽选出来所要直接观察的全部单位。

（2）全及指标和抽样指标　全及指标是根据全及总体各单位指标值计算的综合指标。常用的全及指标有全及总体平均数、全及总体成数、全及总体方差和均方差。抽样指标是根据抽样总体各单位标志值计算的综合指标。常用的抽样指标有抽样平均数、抽样成数、抽样方差和均方差等。

（3）重复抽样和不重复抽样　重复抽样又称回置抽样，是一种在全及总体中允许多次重

复抽取样本单位的抽选方法；不重复抽样又称不回置抽样，即先被抽选的单位不再放回全及总体中，一经抽出，就不会再有第二次的被抽中机会了，在抽样过程中，样本总数逐渐减少。

（4）总体分布和样本分布　总体分布是指全及总体中的各个指标值经过分组所形成的变量数列，而样本分布是指所有可能的样本指标经过分组而形成的变量数列。抽样调查的基本要求就是使样本分布尽可能接近于总体分布。

（5）抽样框　抽样框是指供抽样所用的所有调查单位的详细名单。抽样框一般可以采用现成的名单，如医药企业名录、医药企业药品的名单等，在没有现成名单的情况下，可由调研人员自行编制。

（6）抽样误差和非抽样误差　抽样误差是指用样本估计总体产生的误差，一般用估计量的均方差或方差表示；非抽样误差是指在抽样调查中由人为差错造成，可采取措施控制的误差。

（二）问卷设计技术

1. 问卷设计的程序　调查问卷是医药市场营销调研中收集第一手市场资料最常用、最基本的调查工具之一。问卷的质量将直接影响医药市场信息的收集质量和调研工作的效率，因此，问卷的设计是医药市场营销调研的一项基础性工作。问卷在设计时要做到与调研主题一致，易于调研人员操作，便于被调查对象回答问题，且便于调研结果的处理与分析。问卷设计的具体程序为：

（1）确定调研目标　这个步骤需要医药企业的市场经理、品牌经理、生产经理甚至还有研发专家一起研讨究竟需要些什么数据，目标应当尽可能精确，以便为后续步骤顺利、有效地实施打下基础。

（2）确定数据收集方法　数据的获取方法主要有人员访问、电话访问、邮寄调查和在线访问等。方法的选取对问卷设计有直接影响，比如街上拦截访问有时间的限制。

（3）确定问题的回答形式　问题的回答形式有开放式、封闭式。对于开放式问题，应答者可以自由地用自己的语言来回答和阐释有关的想法；对于封闭式问题，应答者需要从一系列给定的选项中做出选择。

（4）决定问题的措辞　在问题的措辞中，用词必须清楚，避免诱导性的用语，应考虑到应答者回答问题的能力和意愿。

（5）确定问卷的流程和编排　问卷制作是调查中双方建立联系的关键，问卷每一部分的位置及内容编排都要具备一定的逻辑性。

（6）评价问卷　这个步骤应当考虑问题是否必要，问卷是否太长，问卷是否涵盖了调研目标所需的信息，邮寄及自填问卷的外观设计是否适宜，开放式问题是否留足空间，问卷说明是否用了明显字体等。

（7）获得认可　问卷的草稿发至相关各部门征求意见，这一过程中可能会多次收到新的信息和要求，因此，多次修改是必要的。问卷的认可，将再次确认决策所需要的信息及获得它所需的途径。

（8）预测试和修订　第七步结束后，还必须进行预测试。在预测试前，不应当进行正式的询问调查。预测试应当以最终访问的相同形式进行，目的是为封闭式问题寻找额外的选项，体验应答者的一般反应。

（9）准备最后的问卷　精确表达、空间预留、数字编码必须安排好，监督并校对，问卷还可能进行特殊的折叠和装订。

2. 问卷的结构　问卷设计是一项十分细致的工作，一份完整的问卷通常由三部分组成：前言、主体内容和结束语。问卷前言主要是对调查目的、意义及填表要求进行说明，前言部分文字需简明易懂，能激发被调查者的兴趣；问卷主体是市场调查所要收集的主要信息，它由一个个问题及相应的选项组成，通过主体部分问题的设计和被调查者的答复，调查者可以对被调查者的个人基本情况及对某一特定事物的态度、意见倾向、行为等有充分的了解；问卷结束语主要表示对被调查者合作的感谢，必要时可记录调查人员姓名、调查时间、调查地点等，结束语要简短，有时也可以省略。

问卷调查实施以后，要及时整理并分析数据资料，撰写调查报告并跟踪调查结果。

【营销视野】

数据资料的处理

问卷调查后的资料整理一般包括四个阶段：资料审核、资料的编码及录入、资料的分组及汇总、数据的陈示。

调查资料的审核内容包括准确性、完整性、及时性和有效性，这对保证调研结论的高质量起着重要作用；资料的编码是将原始资料转化为符号或数字的标准化过程，通过编码使资料简单方便地输入计算机；分组就是根据研究的目的和客观现象的内在特点，按某一个或几个标志把总体划分为若干不同性质的组，在分组的基础上，对现象的内部结构或现象之间的依存关系从定性或定量的角度进一步分析汇总研究，寻找规律；在分析过程中得到的数据和结果可以通过编表和制图的形式陈示出来。

资料来源：李平，邓谋优．市场调查与预测［M］．长春：东北师范大学出版社，2014：105－118

第四节　医药市场需求预测

一、医药市场预测分类与基本程序

医药企业对市场状况的研究不仅要着眼于现实，更重要的是把握和预测未来，既要分析医药市场需求变化的规律，又要对一定时期潜在和未来的需求变化趋势进行科学推断，市场预测已成为医药企业生存与发展的制胜法宝。

医药市场预测按地域可分为国际市场预测和国内市场预测；按商品层次可分为单项商品预测、同类商品预测和对象性商品预测；按时间层次可分为近期预测、短期预测、中期预测和远期预测；按预测的标志可分为定性预测和定量预测。

作为研究医药市场供求关系的一种科学方法，预测的基本程序大体包括：确定预测目标；拟定预测方案；搜集、整理并分析资料；建立预测模型；进行分析评价；修正预测模型；写出总结报告。

二、医药市场需求预测的基本方法

医药市场需求预测的基本方法一般用来定量分析的有时间序列预测和因果性预测，分别适

NOTE

用于短期和中短期。定性分析的需求预测则较适用于长期。

（一）时间序列预测模型

时间序列预测模型是根据那些经过统计处理的、按时间列序的数据来推测未来的方法。常用的有移动平均数法和指数平滑法。

1. 移动平均数法 移动平均数法是用实际发生的数据资料求平均值，并在时间上往后推移，作为下期或下下期的预测值。以一次移动平均法为例，先是收集一组观察值，计算这组观察值的均值，利用这一均值作为下一期的预测值，它是对时间序列数据按一定周期进行移动，逐个计算其移动平均值，取最后一个移动平均值作为预测值的方法。

设有一组时间序列为 $\{Y_t\}$：y_1，y_2，…，y_t。令 $M_t^{(1)}$ 为时间序列 Y_t 的一次移动平均序列，其中 N（取自然数）为移动平均的时段长，则：

$$M_t^{(1)} = \frac{y_t + y_{t-1} + y_{t-2} + , \cdots , + y_{t-N+1}}{N}(t \geqslant N)$$

为了得到更好的修匀数据，可使用二次移动平均法，即对一组时间序列数据进行两次移动平均排列，并根据最后两次移动平均值的结果建立预测模型。此外，还有加权移动平均法，其基本原理是根据同一个移动段内不同时间的数据对预测值的影响程度，分别赋予不同的权重，然后再进行平移以预测未来值。

2. 指数平滑法 指数平滑法同移动平均数法类似，但平均数用指数加权。因为远近期数据资料对预测未来的影响程度不同，所以对过去不同时期的数据资料取不同的权数，加以平均，用以把各期的变化平均化。经过加权后的曲线是指数曲线，所以称为指数平滑法。指数平滑法基本模型如下：设有一组时间序列为 $\{Y_t\}$：y_1，y_2，…，y_t，则：

$$S_{t+1} = \alpha Y_t + (1 - \alpha) S_t$$

式中，S_{t+1} 为 $t+1$ 期时间序列的预测值；Y_t 为 t 期时间序列的实际值；S_t 为 t 期时间序列的预测值；α 为平滑指数（$0 \leqslant \alpha \leqslant 1$）。初始值的确定，即第一期的预测值，项数较多时（大于15）可以选用第一期作为初始值；项数较少时，可以选用最初几期的平均数作为初始值。平滑系数 α 越大反应越快，但是预测越具有不稳定性；平滑系数 α 越小则可能导致预测滞后。

（二）因果预测模型

医药市场中许多因素都是互相联系的，例如，气候与发病率，人的年龄与血压，门诊人次与门诊收入等，实际都表现为因果关系。这些关系用数学模型表示就构成因果预测模型。它阐明了表示原因的因素和被预测项目之间的数量关系，常用的是回归分析法。

回归分析法是在掌握大量观察数据的基础上，利用数理统计方法建立因变量与自变量之间的回归关系函数表达式，以此来描述变量之间的数量变化关系。回归分析中，当研究的因果关系只涉及一个因变量和一个自变量时，叫作一元回归分析；当研究的因果关系涉及一个因变量和多个自变量时，叫作多元回归分析。

1. 一元回归分析 适用于确定两个变量之间的线性关系，公式为：

$$Y_t = a + bX$$

式中，Y_t 为预测值；a、b 为回归系数；X 为自变量。其中 a、b 可以直接使用办公软件 excel 的回归功能得出。

NOTE

2. 多元线性回归分析 基本模型为：

$$Y = b_0 + b_1x_1 + b_2x_2 +, \cdots, + b_mx_m + e^{\varepsilon}$$

式中，Y 为因变量；x 为自变量；m 为自变量个数；b_0，b_1，…，b_m 为回归系数；e^{ε} 为随机误差。

此外，如果预测变量和影响它的自变量之间非线性相关，必要时可以把非线性问题转化为线性问题来解决。

（三）其他预测方法

除了上述两种预测方法以外，定量的预测方法还常用马尔科夫预测法。定性的预测方法应用也很广泛，常用德尔斐法、主观概率法、销售人员意见综合预测法、类比法等，不少定性方法在管理类相关课程中都有详细介绍。其中，德尔斐法基本过程是：先由各个专家针对所预测事物的未来发展趋势独立提出估计和假设，经调查主持者审查、修改，提出意见，再发回各专家手中，专家们根据综合的预测结果，参考他人意见修改自己的预测，即开始下一轮估计。如此往复，直到各专家对未来的预测基本一致为止。

【营销视野】

销售人员意见综合预测法

销售人员意见综合预测法是向销售人员进行调查，征询他们对产品产销情况、市场动态及他们对自己所在的销售区、商店、柜台未来销售量或销售额的估计，加以汇总整理，对市场销售前景做出综合判断。这种方法除了由公司、企业管理部门提供必要的调查统计资料和经济信息外，主要依靠销售人员掌握的情况、经验、水平和分析判断能力。

由于销售人员处在市场前沿，天天与顾客接触，对市场销售状况十分熟悉，加之预测是经过多次审核、修正的，所以预测结果比较接近实际。

资料来源：马杰．市场调查与预测［M］.2版．郑州：郑州大学出版社，2014：194

【本章小结】

医药市场信息是医药企业了解市场、制定战略的必要资源，医药市场营销信息系统的使用将使得信息及数据的分析更加系统、快捷，大大提高营销决策的科学性、准确性。

医药市场营销调研运用科学有效的方法，收集、记录、整理和分析医药市场各种基本状况及其影响因素的信息资料，并提出解决特定的医药市场营销问题的建议。在调研过程中，方法与技术的合理运用将对调研结果的真实性和准确率有着举足轻重的作用，常用的调研方法有文案调研法、实地调研法和网络调研法；常用的调研技术有抽样技术和问卷设计技术。调研为医药市场预测提供数据支持，定量分析作为现代预测的重要组成部分，在医药市场营销中的地位日益凸显。市场需求的预测资料不仅是医药企业制定长远规划的基础，也是合理利用现有资源达到最佳经济效果的决策依据。

【重要概念】

医药市场营销信息系统；医药市场营销调研；实地调研法；网络调研法；抽样调查；时间序列预测。

【复习思考】

1. 简述医药市场信息的特征、医药市场营销信息系统的构成。
2. 简述医药市场营销调研的内容、程序。
3. 比较医药市场营销调研四种类型的不同点。

4. 实地调研法有哪些？各自有什么特点？

5. 如何做好调查问卷设计？

6. 理解时间序列预测模型和因果预测模型。

【营销应用】

营销调研实训

一、主题

以老龄人用药市场为主题，选择一个或几个侧重点展开调研。

二、要求

1. 每6～8人为一组，按照调研程序，明确目标，制订调研方案，设计问卷，样本容量200左右，调查并进行数据分析，撰写调研报告。报告中要体现采用的调研方法和技术，说明采用的理由。

2. 小组以PPT形式进行成果汇报，每组自选汇报人。

3. 每组最终提交调研报告一份，PPT一份，调查问卷样稿一份。

第三篇　规划医药营销战略

第六章　医药企业总体战略

【学习要点】

通过本章学习，认识医药企业战略的概念、层次和类型；了解医药企业战略规划的一般过程；掌握医药企业总体战略规划的步骤、内容，能够运用 BCG 法、GE 法。

【引导案例】

复星医药的总体战略

上海复星医药（集团）股份有限公司（简称复星医药）成立于 1994 年，是在中国拥有领先地位的医疗健康产业集团。复星医药战略性地覆盖医药健康产业链的多个重要环节，从研发、医药制造、医学诊断产品与医疗器械到医药分销、零售及医疗服务，为民众健康做出贡献。

复星医药专注现代生物医药健康产业，抓住中国医药市场的快速成长和中国企业进军世界主流医药市场的巨大机遇，以“品牌、创新、高效、全球化”为经营理念，制定了企业发展的总体战略，加快实施产业整合和重磅产品战略，稳健经营、快速发展，成为了以药品研发制造和医药流通为核心，同时在诊断产品和医药器械等领域拥有领先规模和市场地位，在研发创新、市场营销、并购整合、人才建设等方面形成了竞争优势的大型专业医药产业集团。

持续创新、乐享健康、面向未来，复星医药将继续以促进人类健康为使命，采取“内生式增长、外延式扩张和整合式发展”的战略发展模式，不断提高创新能力、服务能力、整合能力及国际化能力，高效运营、管理和投资行业优秀企业，以成为提供健康产品和服务的领导性公司。

资料来源：上海复星医药（集团）股份有限公司官方网站简介［EB/OL］. http：//www. fosun. com. 2017 - 03 - 08

第一节　医药企业战略

一、战略与企业战略

“战略”一词的英文 strategy 源于希腊文 strategos，其含义是“将军”，即指挥军队的艺术和科学。战略问题源于古代人类社会频繁的战事，例如，成书于公元前 5 世纪的《孙子兵法》

就已明确提出战略的内在逻辑体系。随着时代的变迁，战略的主题发生了变化，其应用也从军事领域扩展到经济、政治、外交、文化、教育等多个领域，涉及国家、地区、企业、社会团体等各类组织。

【营销视野】

中国最早的战略思想阐述——《孙子兵法》

《孙子兵法》是我国古代的军事名著，中国现存最早的兵书，春秋末孙武作，今存本十三篇。该书对瞬息万变的战场状况进行了高度抽象的概括，所运用的哲学思维模式及巧妙的战略构思，不仅适用于军事活动领域，同样也适用于现代企业竞争，因而几千年来被兵家奉为圭臬，也被现代企业家视为智慧宝库，在国内外备受推崇。当今日本、美国等发达国家十分注重对它的研究和应用，我国企业界也日益重视其在企业管理中的运用。

关于企业战略，有的学者认为是一种决策模式，它决定和揭示企业目的与目标，提出实现目标的重大方针和计划，决定需要开展的业务，以及明确企业对员工、顾客和社会应该做出什么经济、非经济的贡献；有的学者认为，战略作为一种模式或计划，将一个组织的主要目的、政策和活动按一定顺序结合成一个紧密整体。

本教材总结众多学者的解释，将企业战略定义为企业为获得可持续发展能力而进行的带有全局性或决定全局的重大谋划，并将企业目标、方针、政策和行动信号构成一个协调的整体结构和整体行动方案。

【营销视野】

“战略”与“战术”

战略是如何赢得战争或战役的概念，战术是如何赢得战斗的概念。为适应环境、条件变化所确定的长期基本不变的目标和实施方案，属于战略的范畴；针对当前的形势、情境，灵活适应短期变化、解决局部问题的方法、措施则属于战术的范畴。

如果说目标指出了努力的归宿，战略明确了努力的方向，战术则决定何人、何时、以何种方式方法、通过何种步骤，将战略付诸实施。战术从属于战略。

二、医药企业战略层次

企业目标有不同的层次，战略也相应分为不同的层级，医药企业战略通常包括公司战略、业务战略、职能战略（图6－1）。

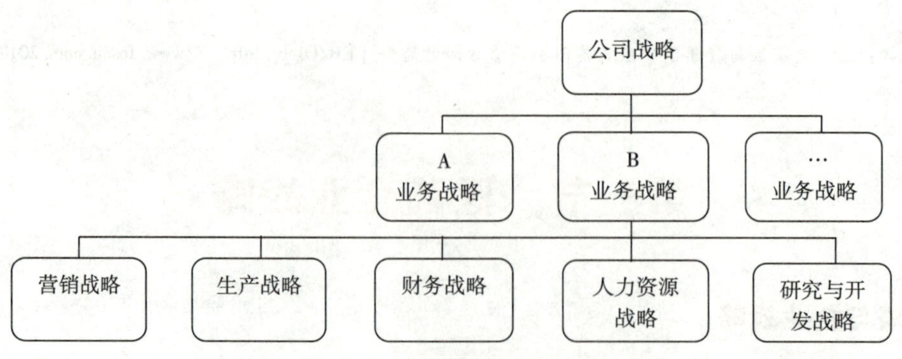

图6－1　企业战略的三个层次

NOTE

（一）公司战略

公司战略（corporate strategy），又称总体战略，统领业务战略和职能战略，通常由企业高层负责制定、落实。公司战略的任务是回答企业应在哪些领域活动，确定经营范围和资源配置，以使各项业务相互支持，形成协同关系。

（二）业务战略

业务战略（business strategy），又称经营战略，是在总体战略的指引下，由各战略业务单位根据自身的能力与资源，根据本行业的竞争态势与战略目标做出的具体部署。

企业通常从组织上将一些具有共同战略因素的二级单位（如事业部、子公司）或其中的某些部分组合成一个战略业务单位（strategic business unit，SBU）。SBU 的特征为：有单独的业务或一组相关的业务；掌握一定的资源；有专职的经理负责战略计划的执行；可单独考核其业务活动和绩效；有自己的竞争对手。

（三）职能战略

职能战略（functional strategy），是指企业各个职能部门的战略。职能部门包括市场营销、生产、研发、财务、人力资源等部门。职能部门在企业总体战略的指导下，同时配合业务战略来安排工作。职能战略可以帮助职能部门及管理人员更加清楚地认识本部门在公司战略、业务战略中的任务、责任和要求，有效运用有关管理职能，保证企业目标的实现。

三、医药企业战略特点

（一）长远性

医药企业战略的根本目的在于提高企业的应变能力，保证企业在一个相当长的时间内健康发展。因此，它要求企业必须着眼于长远问题而不是短期利益。要预测市场的长期变化趋势，并据此制定出企业的长期发展规划。通常要确定 3 ~5 年乃至更长时间的经营目标及达到目标的主要途径，以指导企业的经营活动。例如，修正药业制定了要在 10 年内力争实现销售收入千亿元目标，到 2030 年达到万亿元目标，成为世界百强制药企业的战略规划。

（二）全局性

医药企业战略规划的对象是整个企业，针对企业的所有战略业务单位，是一种全局性的、全方位的、全过程的安排部署，追求的是整体效果。如果局部某一个业务单位的发展状况和前景不能与企业整体战略相匹配，应该考虑调整战略布局。

（三）指导性

医药企业的战略规划具有高度的指导性。所有的业务战略与职能战略都是在企业总体战略的指引下制定的，企业的各项管理办法也是基于战略发展的方向和目标。例如，某外资医药企业刚进入中国市场，公司战略是 5 年内做到销售额进入前三甲。那么，其中降血脂产品事业部会根据市场情况，依据总体战略，部署本事业部的经营战略，而人力资源部会根据业务的发展，配合事业部做好人员招聘、培训等人力资源工作，只有整体联动才能最终实现战略目标。

（四）竞争合作性

医药企业在激烈的市场竞争中谋求生存和发展，与各种对手开展竞争合作，与各种困难和威胁进行抗争，需要有整体的谋划和行动纲领。医药企业战略是指导企业克敌制胜的基本安排。

(五) 适应性

企业战略确定后，需要在较长的时期内保持稳定，以使组织成员目标明确，情绪稳定，积累经验，增强信心。但由于市场环境和资源是不断变化的，战略也不能僵化或一成不变，应该在保持相对稳定的前提下，随着环境和资源的变化适时调整，力求稳定性与适应性相统一。

四、医药企业战略规划的一般过程

一个企业能否取得成功，取决于环境提供的机会、企业目标、企业战略、组织结构和制度等要素之间的协调。医药企业战略规划的过程：首先，战略分析，通过分析内外部环境，发现所面临的机会与威胁，认清企业的优势和劣势；其次，战略选择，对现有的业务单位进行全面评价分类，确定每个业务单位的价值贡献、在企业中的地位作用，确定发展目标并制订实现目标的总体计划；再次，战略实施，组织人财物实施战略，将企业有限的资源进行合理分配；最后，战略评价，确认战略效果，对战略规划进一步修正完善。这是一个循环并且螺旋上升的过程（图6-2）。

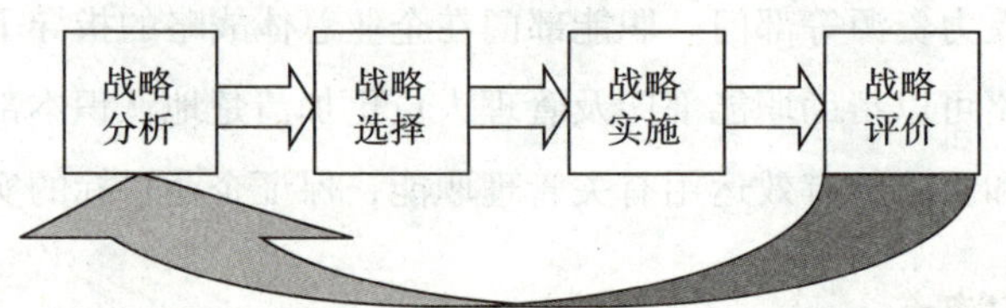

图6-2 战略规划的一般过程

第二节 医药企业总体战略规划

医药企业总体战略的规划包括确定企业使命、区分战略业务单位、规划投资组合和规划增长战略四个方面的内容。

一、确定企业使命

(一) 企业使命的含义

企业使命反映企业的目的、特征和性质，以及未来发展的方向。明确企业使命就是回答本企业是干什么的，应该是怎样的。包括两方面内容：企业宗旨与企业观念。企业宗旨指明了企业的类型及现在和将来的活动方向与范围；企业观念是指企业经营活动的价值观、信念和行为准则。

(二) 确定企业使命的影响因素

1. 企业的历史和文化 每个企业都有自己的由来和发展，一直以来的目的、政策和公共形象，以及作为这种历史沉淀的企业文化。例如，新华制药诞生于抗日战争年代，是八路军军工企业，特殊的背景造就了新华制药对社会责任的勇于担当精神，始终奉行“产品质量关系企业生命，药品质量关系人的生命”的质量理念，将“保护健康、造福社会”作为新华制药的企业使命。

2. 企业的所有者和管理当局的意图　企业的上级主管单位或董事会对企业的发展和未来会有一定的考虑和打算，企业的高层管理者也会有自己的见解和追求，这些都会影响企业目的、性质和特征的界定。例如，1706 年，乐凤鸣在宫廷秘方、民间验方、家传配方基础上，完成了《乐氏世代祖传丸散膏丹下料配方》一书，该书序言明确提出“炮制虽繁必不敢省人工，品味虽贵必不敢减物力”的训条，成为历代同仁堂人的座右铭。

3. 环境因素　环境因素的变化可能给企业带来市场机会，也可能造成威胁，是医药企业制定或修改战略时必须考虑的因素。例如，近年来迫于环境的压力，我国很多原料药企业已经开始从生产粗放型的低端产品向精细型的高端产品进行战略性转型升级，石药集团、华北制药、浙江医药、东北制药等大型原料药企业都在加速制剂转型。

4. 企业的资源　不同的企业拥有不同的资源，资源条件约束一个企业能进入哪些领域，或不能开展哪些业务。海正药业将“执著药物创新，成就健康梦想”作为企业使命，为了获得更强的新药研发优势及由原料企业向制剂企业转型，与辉瑞合资，有效地整合资源。

5. 企业的核心竞争力和优势所在　企业特有的能力有助于企业在经营所确定的业务时能发挥其优势。某些外资企业在研发方面的能力很强，投入很大，引领某些领域的发展方向；而某些企业在市场推广方面拥有优秀的人才或独特的方法，可能获得比竞争者更多的市场份额；而另一些企业拥有大量的流动资金，能通过广泛的并购，获得发展先机。

【营销实践】

制药企业使命描述范例

华北制药：基于健康的管理基础和不断的科技创新，为客户创造高附加值的健康产品和优质服务，从而提高生命质量，促进人类健康。在此基础上，实现对股东的投资回报和对员工个人发展需要的最大满足，以及对社会的不断贡献。

三九医药：关爱大众健康，专注药品制造，打造信赖品牌，把三九医药建设成股东价值和员工价值最大化的上市公司。

葵花药业：以振兴传统中药为己任，在生物药、化学药和补益保健类领域不断拓展，努力打造大医药、大健康的新格局。

强生公司：我们认为自己对于医生、护士、病人、父母们和其他使用我们产品和服务的客户负有第一责任；为了满足他们的每一个要求，我们必须高质量地完成工作；我们必须持之以恒地努力削减成本以保持合理的价格；我们必须及时准确地满足顾客的要求；我们的供应商和经销商必须有合理的盈利空间；我们要对员工负责。

百时美施贵宝：通过提供最优质的医药和相关保健产品来延长人类寿命，提高生活质量。

资料来源：根据各企业网页资料整理

二、区分战略业务单位

战略业务单位是值得专门为其制定经营战略的最小战略业务单位，也称为战略经营单位。有时候，一个战略业务单位就是企业的一个部门、某一类产品，甚至某种产品；有时候，可能包括几个部门、几类产品。区分的主要依据是各个业务之间是否存在“共同的经营主线”，即目前产品/市场与未来产品/市场之间的一种内在联系。

区分不同战略业务单位，可以将企业使命具体化，分解为各项业务或某一组业务的战略任

务。实践中往往需要注意以下两点：

第一，以需求为导向而不是以产品为导向。依据产品特性或技术区分战略业务单位，一般难有持久的生命力，因为具体的产品、技术总会过时。

第二，切实可行而不要包罗太广，否则容易失去共同的经营主线。比如，按满足“健康的需要”区分就会定义过宽。首先，可供选择的业务范围广泛，如医疗卫生、健康养生、饮食等；其次，顾客范围也相当广泛，可能包括个人、家庭、企业等；最后，产品范围也很广泛，有药品、保健品、食品等。这些变量可以形成无数组合，产生很多经营主线。假如企业有志于这一领域，就要为每个组合、每条主线分别确定其战略业务单位。

【营销视野】

理想的战略业务单位

(1) 用有限的相关技术为一组同类的市场提供服务　保证一个战略业务单位的各产品/市场单位的差异最小化，使业务单位的管理者能更好地制定、实施具备内在连贯性和一致性的业务战略。

(2) 有一组独一无二的产品/市场单位　企业内部没有其他战略业务单位生产类似产品以争取相同的顾客，因此能够避免重复努力，并使其战略业务单位的规模达到规模效应。

(3) 控制那些对绩效必不可少的因素如生产、研发和营销等　这并不是说，一个战略业务单位不能与另一个业务单位分享诸如生产厂房、销售团队等资源。而是战略业务单位应该清楚，如何分享这些共同的资源从而有效实施其战略。

(4) 每个战略业务单位都要独立核算　要对自己的利润负责。

资料来源：［美］小奥威尔·C·沃克，约翰·W·马林斯，小哈珀·W·博伊德．营销战略——以决策为导向的方法［M］．北京：北京大学出版社，2007：61

三、规划投资组合

各战略业务单位的历史、现状和前景往往不一。企业必须考虑如何合理地在它们中配置有限的资源以形成总体上的竞争优势，因此需要对各业务单位进行评估、分类，确认它们的前景和潜力。

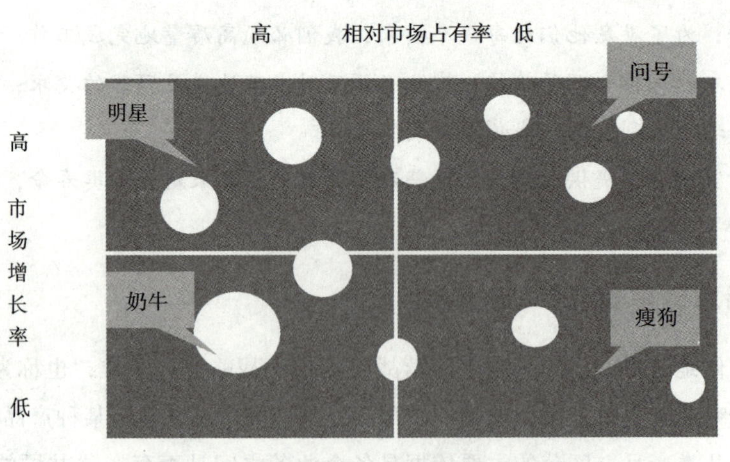

图6-3　“市场增长率/市场占有率”矩阵图

（一）"市场增长率/市场占有率"矩阵分析法（BCG 法）

"市场增长率/市场占有率"矩阵是一种使用较广的方法，由美国波士顿咨询公司（Boston Consulting Group）提出（图 6-3）。市场增长率是指战略业务单位所在市场或行业在一定时期内销售增长的百分比。市场占有率是企业在该市场总销量中所占份额，相对市场占有率则是它的市场占有率和最大竞争对手之比率。

在矩阵中，纵坐标代表市场增长率，可以以年为单位。划分市场增长率的高低应该根据行业、企业的具体情况具体分析。横坐标为相对市场占有率，表示各业务与最大竞争者在市场占有率方面的相对差异。划分相对市场占有率高低同样要考虑行业、企业的具体情况。矩阵中圆圈代表企业所有战略业务单位或业务，圆心位置表示各单位市场增长率及相对占有率，圆圈面积表示各业务单位销售额大小。

该矩阵有四个象限。企业所有战略业务单位或业务也相应分为四种类型。企业对每一个战略业务单位加以分析评价后，就要确定对每个战略业务单位应当采取的战略，以实现企业资源的优化配置。

1. 问号类业务　大多数业务都是从问号类开始，该业务特征是相对市场占有率比较低，市场增长率高。说明该类业务单位所在的行业成长性比较好，但竞争力相对比较弱。针对问号类业务需要慎重决策，判断其是否具有发展潜力。如果判定其有持续的成长性，可以选择发展战略，反之，应该选择放弃战略。企业没有问号类业务可能缺乏发展后劲，问号类业务过多，应该考虑战略重点领域，使业务结构更健康。

2. 明星类业务　问号类的战略业务单位经过持续的资源投入，业务单位会发展壮大，此时，它会转为明星类业务。一般而言，明星类业务需要大量资源投入，以保证它们的发展能跟上市场的扩大。可见，明星类业务短期内不会给企业带来可观的收益，甚至投入大于产出，但可能是未来的"财源"。如果一个企业没有明星类业务，那么该企业的经营情况应该引起重视。

3. 奶牛类业务　奶牛类业务单位具有较高的相对市场占有率，而所处的行业已经降到企业认为的低增长率。市场增长率降低，意味着不再需要大量资源的投入，相对市场占有率较高，说明这些经营单位有较好的收益，可以支持企业的其他经营单位。

4. 瘦狗类业务　指市场增长率和相对市场占有率都较低的经营单位。该类业务盈利甚少或有亏损，一般难以成为"财源"。

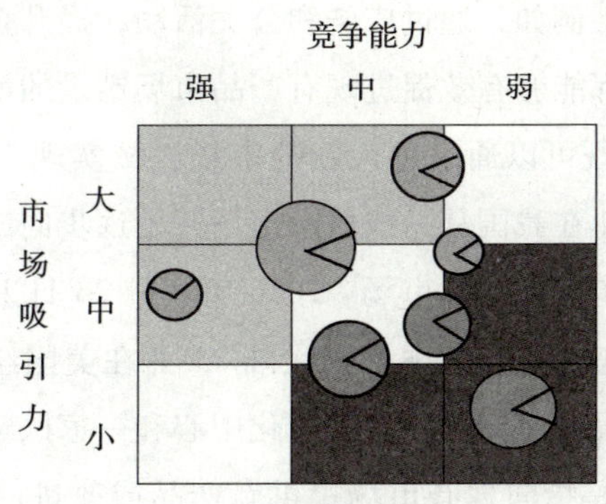

图 6-4　"多因素投资组合"矩阵图

NOTE

（二）“多因素投资组合”矩阵分析法（GE 法）

通用电气公司（General Electric Company）改进了波士顿咨询公司的方法，提出用“多因素投资组合矩阵”，从市场吸引力和竞争能力两方面评估战略业务单位的现状和前景，规划投资组合。

市场吸引力主要包括市场规模、市场增长率、利润率、市场竞争强度、技术要求等因素，根据一定的标准把它分成大、中、小三个等级。竞争能力包括该单位的市场占有率、产品质量、信誉、单位成本、原材料供应保证、分销能力等因素，也根据一定标准将其分为强、中、弱三个等级。由此形成了一个有九个格子的矩阵图（图 6-4）。根据战略业务单位在矩阵图中的不同位置，就可以采取相应的投资战略。

矩阵图上的九个格子可分为三大部分。左上角的大强、大中、中强三个格子表示市场吸引力大，业务竞争能力强，对于这一部分的业务单位，应增加投资，大力发展。在左下角到右上角对角线的小强、中中、大弱三个格子，表示市场吸引力和业务竞争能力中等，或一方偏强而另一方偏弱，对于这部分业务单位，应维持原投入水平，保持现有市场占有率。右下角的小弱、小中、中弱三个格子表示市场吸引力和业务竞争能力都较差，对于这部分业务单位，应压缩投资或放弃。

四、规划增长战略

企业对现有业务组合进行分析后，需要按照企业战略目标的要求，淘汰某些没有发展前途的业务单位，还要制定新业务单位，以增加销售收入和利润。

医药企业一般可以遵循如下思路规划新增业务：首先，在现有业务范围内寻找进一步发展的机会；其次，建立与现有业务有关的新业务；最后，探索新领域，建立与现有业务无关，但是有较大吸引力的业务。这样，就形成了三种增长战略：密集型增长、一体化增长和多元化增长战略。

（一）密集型增长战略

当医药企业在现有产品和现有市场上还存在发展机会时，企业可以采用密集型增长战略。密集型增长战略包括三种方式：市场渗透、市场开发、产品开发（图 6-5）。

1. 市场渗透 想方设法在现有市场扩大产品的销售。可以从三个方面着手，促使现有顾客增加购买的次数或数量；争取竞争者的顾客转向本企业；吸引新顾客，并使更多潜在顾客及从未使用该产品的人群购买。例如，通过广告和公关活动，提升企业和品牌形象；增设销售网点、开展营业推广活动等，都能够有效促进现有产品市场销量的增加。

2. 市场开发 市场开发既可以通过进入新的市场区域实现，也可以通过寻找新的细分市场实现。如一些跨国制药企业在我国从一线城市市场开始逐步向二三线城市市场、农村市场进军，我国的医药企业开始逐步开拓国际市场。2016 年 9 月 26 日上午，国药老字号同仁堂在纽约召开发布会，标志同仁堂正式进入美国“新大陆”，并在美国纽约、洛杉矶、旧金山及加拿大温哥华四个标志性城市开设四家门店、一家文化中心和一家医学中心。

3. 产品开发 产品开发是指向现有市场提供新产品或改进的产品，满足现有市场上的不同需求，比如改变现有产品的外观、造型，或赋予新的特色、内容；推出档次不同的产品；发展新的规格、式样、剂型等。

NOTE

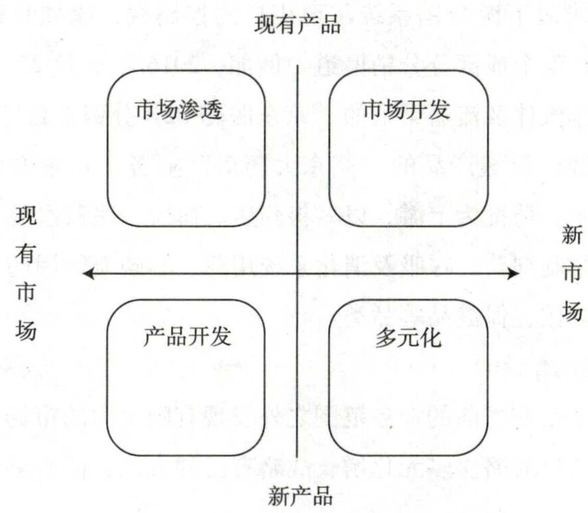

图6-5　密集型增长战略的三种方式

总之，密集型增长战略是在不开发或很少开发新产品的条件下，充分挖掘现有产品和现有市场的增长潜力，实现生产规模的扩大和利润的增长。

(二) 一体化增长战略

如果所在行业具有发展潜力，重新整合供销链可以提高效率和效益，医药企业可以考虑通过一体化来增加新业务。一体化增长战略主要有后向一体化、水平一体化和前向一体化三种方式（图6-6）。

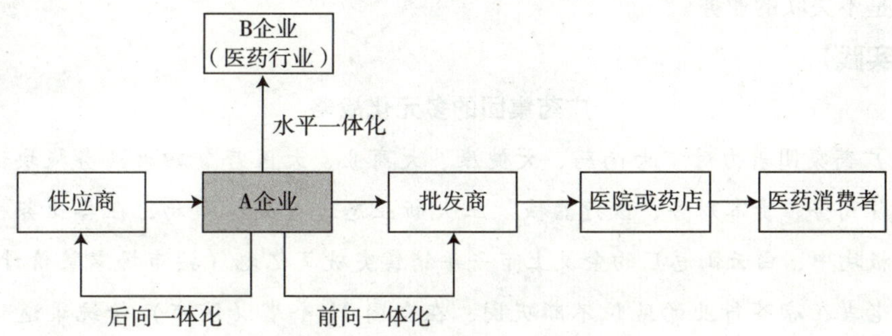

图6-6　一体化增长战略的三种方式

1. 后向一体化　收购或兼并上游的原材料供应企业，拥有或控制供应系统，实现供产一体化。一般是由于供应商所在领域盈利水平高，或机会好，可以避免原材料短缺、成本受制于供应商。例如，恩威制药在四川省内建立了三大中药材种植基地。其中，按GAP要求投资建设濒临灭绝的名贵中药材基地近万亩，公司原料药材种植基地近5万亩，有效地保障了原料药的数量和质量，保证生产药品的天然纯正和品质。

2. 水平一体化　也称为横向一体化。即通过收购、兼并同类型企业，或者与同类型企业联合经营，在现有市场上的营销规模和优势得到扩大，增加产品的品种和品牌，减少竞争对手。近年来，医药行业的收购兼并比较频繁。2015年我国医药上市行业总计发生了335件并购重组事项，其中海外并购约占10%，涉及金额超千亿元。据《证券日报》统计，在发生重大事项的上述医药生物公司中，涉及资产金额超过10亿元的并购事项超过27家，其中桐君阁、九芝堂进行的并购重组事项涉及金额较高，而且都构成借壳上市。

3. 前向一体化 谋求对下游分销系统甚至用户的控制权，比如收购、兼并批发商、零售商，即企业拥有或控制其整个或部分分销渠道。例如，2016 年 6 月 22 日，京东宣布正式整合推出面向产业上下游合作伙伴及流通渠道的“京东医药 B2B 分销平台”，以及为消费者提供自营非处方药（OTC）及健康保健产品的“京东大药房”业务。京东方面介绍，京东医药 B2B 分销平台旨在打造以药企、药批为上游，以零售药店、诊所、民营医院等为下游的药品交易平台。该平台目前涵盖化学制剂药、呼吸及消化系统用药、心脑血管用药、妇产科用药、中成药等类目，未来还将上线器械、保健品等品类。

（三）多元化增长战略

多元化增长战略是企业在目前的业务范围之外发现有吸引力的市场机会并且具备成功的必要条件时所采取的一种增长战略。多元化增长战略有三种方式：同心多元化、水平多元化和综合多元化。

1. 同心多元化 以原有技术、特长和经验为基础发展新业务，以吸引更多的新顾客。为了应对危机，分散风险，辉瑞涉足营养品、兽药等诸多相关领域。但整体来看，基本上还是没有偏离健康产业，属于同心多元化发展。

2. 水平多元化 即针对现有市场和现有顾客，采用不同技术增加新业务，这些技术与企业现有技术、能力没有太大关联。比如广药集团进入凉茶行业，九州通推出移动医疗业务。

3. 综合多元化 即企业以新业务进入新市场，新业务与企业现有的技术、市场及业务没有联系。例如，江苏吴中集团以医药、服装为核心主业，投资为其辅业，医药、服装、投资三大业务几乎是不关联的业务。

【营销实践】

广药集团的多元化战略

2015 年广药集团着力对“大南药、大健康、大商业、大医疗”四大业务板块进行战略升级。对“电子商务、资本财务、医疗器械”三大新业态进行战略布局，在各业务板块均取得突破：南药板块中，白云山总厂的金戈上市一年销售突破 7 亿元（按市场零售价计）；大健康板块中，王老吉在凉茶行业的地位不断巩固，在全国 31 个省（区市）传统渠道铺货率均达 90%，在海外也已对 50 多个国家或地区进行了布局；大商业板块中，成功签约南方医院等 10 家医院合作现代医药物流延伸项目；电子商务方面，与阿里巴巴旗下的阿里健康达成战略合作，旗下广药健民网成为全国首家实现网上脱卡支付的医保互联网定点药店；大医疗板块中，白云山医院、藏式养生古堡等多项目联合开动，为未来发展积蓄了后劲。

资料来源：黎月雯．广药集团荣登 2016 粤企 500 强第 19 位［N］．中国医药报，2016－9－22（8）

【本章小结】

战略是指重大的、带有全局性或决定全局的谋划。医药企业战略是指医药企业为了获得可持续发展而进行的带有全局性或决定全局的重大谋划。医药企业战略一般包括公司战略、业务战略和职能战略三个层次，具有长远性、全局性、指导性、竞争合作性和适应性的特点。

医药企业总体战略规划包括确定企业任务、区分战略业务单位、规划投资组合和规划增长战略四个方面的内容。在确定企业任务时应该注意企业的发展历史、企业的所有者和管理当局的意图、环境因素、企业的资源和能力等因素。战略业务单位的划分是企业分配资源的基础工作，可以运用“市场增长率/市场占有率”矩阵分析法或“多因素投资组合”矩阵分析法来分析业务单位，对不同的产品业务实行发展、维持、收缩或放弃的战略，是实现企业目标的主要措施。企业应当从市场环境中寻找适宜自己发展的市场机会，根据企业实力，可以选择以下三种增长战略：密集型增长战略、一体化增长战略、多元化增长战略。

【重要概念】

战略；总体战略；战略业务单位；“市场增长率/市场占有率”矩阵分析法；“多因素投资组合”矩阵分析法；密集型增长战略；一体化增长战略；多元化增长战略。

【复习思考】

1. 简析公司战略、业务战略与职能战略的关系。
2. 战略业务单位具有哪些特征？
3. 怎样规划企业的投资组合战略？
4. 怎样规划增长战略？

【案例分析】

华润集团的多元化经营战略

华润（集团）有限公司（以下简称华润）是一家在香港注册和运营的多元化控股企业集团，是全球500强企业之一，2016年排名第91位。华润下设7大战略业务单元，15家一级利润中心，实体企业1948家，在职员工45万多人。

集团核心业务包括消费品（含零售、啤酒、食品、饮料）、电力、地产、水泥、燃气、医药、金融等。华润的多元化业务具有良好的产业基础和市场竞争优势，其中零售、啤酒、电力、地产、燃气、医药已建立行业领先地位。2016年实现营业额4927亿元人民币，利润总额480亿元人民币，总资产10980亿元人民币。旗下华润电力、华润置地位列香港恒生指数成分股，华润燃气、华润水泥位列香港恒生综合指数成分股和香港恒生中资企业指数成分股，华润零售、华润啤酒、华润燃气经营规模全国第一，华润电力的经营业绩、运营成本、经营效率在行业中名列前茅，华润置地是中国内地最具实力的综合地产开发商之一，雪花啤酒、怡宝水、万家超市、万象城是享誉全国的著名品牌。

进入21世纪以来，华润努力把握中国经济腾飞的历史机遇，保持了连续15年的快速增长，在全面完成了两次“再造华润”的基础上，到“十二五”期末，各项主要经营指标又比2010年接近翻了一番，并由此建立了雄厚的产业基础，综合竞争实力大大增强，企业成功迈入了新的历史阶段。

资料来源：华润医药集团有限公司官方网站简介［EB/OL］. http：//www. crc. com. hk. 2016－09－13

思考与讨论：

1. 分析本案例，华润集团在企业战略规划上体现出何种特征？
2. 华润集团多元化经营的实质是什么？有何利弊？
3. 结合当前企业经营实际，分析本案例传达的经验和启示。

第七章　医药企业竞争战略

【学习要点】

通过本章学习，掌握分析竞争者的方法和流程；掌握医药企业竞争的三种基本竞争战略和四种竞争地位战略。

【引导案例】

养老健康产业将迎爆发式增长

2016年8月28日，在“2016健康中国养老产业高峰论坛”上，《中国养老产业发展白皮书》首次对外发布。

根据白皮书预测，到21世纪50年代，我国的老年人口数量将达到峰值，老年人口数量将超过4亿人；到2050年以后，我国80岁以上的高龄老人将会保持在1亿人这个规模上。值得注意的是，我国“少子化”危机迫在眉睫，老者增多，而青壮者渐减，养老问题愈发严峻。数据显示，我国2010年家庭平均人数为3.1人，2030年将缩小至2.6人，2050年将进一步降至2.51人，这也将直接导致我国老年人口抚养比从1995年的9.2%持续快速上升至2014年的13.7%。“普及健康生活、优化健康服务、完善健康保障、建设健康环境、发展健康产业”成为今后15年乃至更长时期“健康中国”战略实施的重点，包含养老产业等在内的大健康产业将面临前所未有的机遇。

在巨大的市场需求面前，房地产企业、保险机构和医药健康企业基于自身的资产优势，以及产业关联优势，正积极布局养老服务机构，着力构建以客户为中心的养老产业链。“以互联网技术为支撑，对养老产业链条和养老产品服务进行‘互联网+’改造的智慧养老产业也将迎来爆发增长期。”白皮书指出，在老年人口数量激增、劳动人员持续下降、人力成本持续上升的背景下，利用互联网技术整合养老服务资源，创新养老服务模式，对于弥补养老服务短板、改善养老服务供给、提升老年人口生活品质具有积极的现实意义。

资料来源：张家振．养老产业白皮书发布：养老健康产业将迎爆发式增长［N］．中国经营报，2016-09-05

市场竞争是市场经济的基本特征之一。一个企业要想获得成功，需要充分理解竞争，制定竞争战略，积极应对日益激烈的竞争格局。就国内医药企业而言，正确的市场竞争战略是医药企业成功实现营销目标的关键。要在激烈的市场竞争中取胜，医药企业需要树立正确的营销观念，加强竞争意识，制定科学的市场竞争战略，努力取得竞争主动权。

第一节 医药企业竞争者分析

“知己知彼，百战不殆”。医药企业要制定正确的竞争战略，首先要进行竞争者分析。竞争者分析的主要内容包括：识别竞争者，即谁是我们的竞争对手；判定竞争者的目标和战略；评估竞争者的优劣势和反应模式；确定竞争对象，即我们应当攻击谁，回避谁。

一、识别竞争者

通常，竞争者的概念可以从广义和狭义两方面理解。狭义的竞争者一般指那些与本企业提供的产品或服务相似，并且所服务的目标顾客也相似的其他企业。广义的竞争者是指所有与本企业争夺同一目标顾客的企业，不仅包括现实竞争者，还包括潜在竞争者。我们可以从产业和市场两个角度来审视竞争。

（一）产业竞争观念

从产业方面来看，提供同一类产品或可相互替代产品的企业，构成一种产业，如汽车产业、医药产业、养老产业等。如果一种产品价格上涨，就会引起另一种替代产品的需求增加。行业竞争结构并非一成不变，就医药行业而言，GMP 和 GSP 认证的实施、跨国医药企业的进入及非医药企业进军医药行业，都将深刻改变当前医药行业的竞争结构。

（二）市场竞争观念

在市场竞争观念视角下，竞争对手不仅指同一行业内的竞争，还包括那些试图满足相同需求，或服务于同一顾客群的企业，甚至是满足消费者不同需求的企业。从市场需求角度出发，竞争者又可以分为愿望竞争者、属类竞争者、形式竞争者和品牌竞争者。

1. 愿望竞争者 愿望竞争者是能够满足购买者各种愿望的提供者，即提供不同产品以满足不同需求的竞争者。如医药生产企业可以将生产饮料、化妆品乃至家用电器的厂商视为自己的竞争者。这种竞争的实质是如何能促使消费者更多地购买医药产品。

2. 属类竞争者 属类竞争者是指能够以各种方法满足购买者某一愿望的产品提供者，即以不同的产品满足购买者同一需求的竞争对手。以抗生素为例，青霉素生产厂家与先锋霉素、头孢氨苄等厂商之间属于属类竞争者。

3. 形式竞争者 形式竞争者是指满足购买者同一愿望的各种产品型号提供者，即生产同一产品但不同规格、式样、型号的竞争者。如活性物质为环丙沙星的抗菌药，有盐酸盐、乳酸盐、醋酸盐等多种效果一致的形式存在，每种盐又存在片剂、胶囊等相似的口服剂型。

4. 品牌竞争者 品牌竞争者是指能满足购买者同一愿望的同种产品的不同品牌提供者，即生产产品形式相同，并且规格、式样、型号也相同，但拥有不同品牌的竞争对手。如六味地黄丸就有河南宛西、江西汇仁、湖南九芝堂等不同品牌之间的竞争。

二、判定竞争者的目标和战略

识别了谁是竞争对手，医药企业还需要逐一研究每个竞争对手在医药市场上追求的目标及所实施的战略，以正确分析竞争者行为的内在动力。可以假定，医药企业均努力追求利润最大

化，但具体为短期的利润最大化还是长期的利润最大化？追求“满意的利润”还是“最高利润”？不同医药企业自然取舍不同，需要结合各自的竞争目标和战略来判定。

（一）判定竞争者的目标

毋庸置疑，每个竞争者都有各自侧重不同的目标组合，如现金流量、投资报酬率、市场占有率、技术领先、服务领先、低成本领先、信誉领先、品牌忠诚等。医药企业要了解每个竞争对手的重点目标是什么，才能对不同的竞争行为反应恰当。比如，一个以低成本领先为目标的医药企业会对竞争对手在制造过程中的技术突破做出强烈反应，对竞争企业增加广告投入则可能不太在意。

竞争者的目标选择不同也带来经营模式的差异。相较而言，美国企业多数按照最大限度扩大短期利润的模式经营，因为当前经营绩效决定着股东满意度和股票价值。日本公司则主要按照最大限度扩大市场占有率的模式经营，因其经营中的资金成本低，对利润的要求也较低，故而在市场渗透方面显示出更大的耐心。

（二）判定竞争者的战略

若各医药企业所采取的战略越相似，医药行业内部的竞争就会越激烈。根据医药行业所采取的主要战略不同，可将医药企业竞争者划分为不同的战略群体。医药战略群体即医药行业内推行相同战略的一组公司。战略的差别表现在产品线、目标市场、产品档次、性能、技术水平、价格、服务、销售范围等方面。区分战略群体有助于认识以下三个问题：

1. 不同战略群体的进入与流动障碍不同 比如，某医药公司在老年病、多发病治疗方面积累了丰富的经验，且成本控制能力强，则进入低价格、质量适中、大规模的全民基本医疗战略群体较为容易；具有一线专利优势的医药企业则适合进入高端处方药的战略群体。

2. 同一战略群体内的竞争最为激烈 处于同一战略群体的公司在目标市场、产品类型、质量、功能、价格、分销渠道和促销战略等方面几乎无差别，每一公司的竞争战略都会受到其他公司的高度关注并在必要时做出强烈反应。我国制药行业企业之间的竞争十分激烈，不论是在市场争夺还是规模扩张过程都出现了过度竞争现象。例如，东盛集团和太太药业先后在收购丽珠集团、潜江制药过程中展开了激烈争夺，而且各有胜负。这说明医药行业内部竞争对手之间势力相当，竞争十分激烈。

3. 不同战略群体之间存在现实或潜在的竞争 每个战略群体都力图扩大自己的市场，涉足其他战略群体的领地，在企业实力相当或流动障碍小的情况下尤其如此。医药产业受技术进步影响最为直接，随着科学进步、医学技术和制药水平的发展，不排除有其他非药物疗法在将来会对人类健康起到积极作用。

三、评估竞争者的优劣势和反应模式

（一）评估竞争者的优势与劣势

企业评估竞争者的优势与劣势就是为了真正做到“知彼”，找到竞争者的薄弱环节，然后以自己的“强”来攻击对方的“弱”，在竞争中取得更大的胜算。阿瑟·D·利特尔咨询公司把企业在目标市场的竞争地位分为如下六种：

1. 主宰型 这类企业控制着其他竞争者的行为，有广泛的战略余地选择。

2. 强壮型 这类企业可以采取不会危及其长期地位的独立行动，竞争者的行为很难撼动

其长期地位。

3. 优势型　这类企业在特定战略中有较多的力量可以利用，有较多机会改善其战略地位。

4. 防守型　这类企业的经营状况令人满意，但受主宰型企业的控制，其生存地位改善的机会很少。

5. 虚弱型　这类企业的经营状况不能令人满意，但仍然有改善的机会，不改变就会被迫退出市场。

6. 难以生存型　这类企业经营状况很差且没有改善的机会。

对医药企业而言，企业战略目标的有效实现取决于其资源与能力的构成。因此评估竞争对手需要收集并分析其在业务上的关键数据，如销售额、市场份额、品牌资产与商誉、利润率、投资收益、现金流量、发展战略等。数据的收集不是一件容易的事情，医药企业可以通过间接的方式取得，如二手资料、别人的介绍等；也可以通过观察法、问卷调查等形式对中间商和顾客进行调查而取得。

（二）判定竞争者的反应模式

竞争者的目标、战略、优势与劣势决定了它对降价、促销、新产品开发等市场竞争战略的反应。竞争者对各种竞争行为的反应，还要受到企业的经营哲学、内在文化、主导信念和心理状态的影响。当企业采取某些挑战性的措施或行动后，不同的竞争者会做出不同的反应。竞争者中常见的反应模式有以下四种：

1. 从容型竞争者　指对某些特定的攻击行为没有迅速反应或强烈反应。可能原因是：认为顾客忠诚度高，不会转移购买；认为该攻击行为不会产生大的效果；它们的业务需要收割榨取；反应迟钝；缺乏做出反应所必需的资金条件等。

2. 选择型竞争者　指对某些竞争者特定的攻击行为做出反应，而对其他竞争者的竞争行为不加理会。这类竞争者只是针对触及其战略环节或核心领域的行动做出反应。

3. 强劲型竞争者　指对所有的攻击行为都做出迅速而强烈的反应。这类竞争者意在警告其他企业最好停止任何攻击。

4. 随机型竞争者　指对攻击行为的反应具有随机性，是否有反应及反应强弱无法根据其以往的情况加以预测。许多小公司属于此类竞争者。

四、选择竞争对策时应考虑的因素

明确了主要的竞争对手，分析了竞争者的优劣势及反应模式，医药企业就要明确自己的对策，即进攻谁、回避谁。一般应考虑以下因素：

（一）竞争者的强弱

大多企业认为应瞄准弱竞争者，因为攻击弱竞争者提高市场占有率所需耗费的资源和时间较少，可以事半功倍，但对自身能力提高有限，利润增加也较少。反之，攻击强竞争者可以提高自己的生产、管理和促销能力，更大幅度地扩大市场占有率和利润水平。

（二）竞争者的远近

竞争者的远近是竞争者与本企业的相似程度高低。多数企业重视同近竞争者对抗并力图摧毁对方，但竞争胜利可能招来更难对付的竞争者。反之，攻击远竞争者则可能“坐收渔翁之利”。

（三）竞争者表现的好坏

每个行业的竞争者的表现都有好坏之分。“好”竞争者的特点是：遵守行业规则；对行业增长潜力提出切合实际的设想；按照成本合理定价；把自己限制在行业的某一部分或某一市场细分中；推动他人降低成本，提高差异化；接受为他们的市场份额和利润规定的大致界限。“坏”竞争者的特点是：违反行业规则；企图靠花钱而不是靠努力去扩大市场份额；敢于冒大风险；生产能力过剩仍然继续投资。总之，他们打破了行业平衡。一般来说，公司应支持“好”竞争者，攻击“坏”竞争者。

【营销实践】

法国利佳薄荷水对掐国内“双飞人”

2015 年 1 月 4 日，针对注册在江西的双飞人制药（中国）有限公司对法国利佳薄荷水在华经营提起诉讼，香港全球药业进行澄清说明，表示内地企业进行企业商标恶意抢注并提出诉讼，公司“不但会全力维护此番诉讼中的合法权益，未来还不排除反诉的可能”。

双飞人制药（中国）有限公司将包括广州医药有限公司、广州七乐康药业连锁公司、广东国康医药有限公司、广州市海王星辰医药连锁有限公司在内的 20 多家公司告上法庭，主要是因为公司认为进口利佳薄荷水使用小瓶外包装侵犯了原告立体商标，且被告在推广宣传、销售过程中屡次侵犯原告的文字商标。对广州药业进行起诉，是因为法国利佳薄荷水是由香港全球药业有限公司携手广州医药有限公司进入内地市场。

江西双飞人要求判令各被告立即停止生产、销售侵犯原告注册商标权的利佳薄荷水产品；判令各被告立即收回市场上流通的侵犯原告注册商标权的利佳薄荷水产品；判令被告共同赔偿原告经济损失人民币 300 万元；判令被告 2 立即停止不正当竞争行为，并登报公开赔礼道歉。资料显示，法国利佳薄荷水已经拥有 176 年的历史，20 世纪 70 年代进入中国香港，并且在香港注册的中文商标叫“双飞人”。由于内地商标法和境外商标法属于不同体系，2014 年 5 月正式进入内地后，该产品正式更名为“利佳薄荷水”。

资料来源：商标被抢注又“吃官司”：法国利佳薄荷水对掐国内“双飞人”［EB/OL］. http://www.nbd.com.cn/articles/2015-01-05/888061.html. 2015-01-05

第二节　医药企业基本竞争战略

竞争战略是企业关于如何实现战略目标的基本设想，制定竞争战略的实质是将企业与经营环境连接。企业所处的行业、行业结构及行业竞争状态是经营环境中的关键组成。美国著名战略学家迈克尔·波特于 20 世纪 80 年代初提出对企业战略制定影响深远的五种力量模型，认为有五种力量综合影响着行业的吸引力及现有企业的竞争战略决策，这五种力量分别是：潜在竞争者进入的能力、替代品的替代能力、供应商的讨价还价能力、购买者的讨价还价能力及现有厂商之间的竞争。迈克尔·波特进一步从竞争优势的角度提出三种基本竞争战略：成本领先（overall cost leadership）战略、差异化（differentiation）战略、目标集聚（cost-or-differentiation-focus）战略。

NOTE

一、成本领先战略

成本领先战略又称为低成本战略。企业努力减少生产及分销成本，使价格低于竞争者的产品价格，以提高市场占有率。即企业努力发现和挖掘所有的资源优势，特别强调生产规模和出售一种标准化的产品，在行业内保持整体成本领先地位，从而以行业最低价格为其产品定价的竞争战略。

成本领先战略有一定的适用范围：市场需求价格弹性大；产品生产标准化，工艺简单，便于制造；产品差异度小，主要依靠价格竞争。工业企业、品种比较老化的企业和中小企业会选择成本领先战略。从价值链分析，成本领先来源主要是规模大、劳动力成本低、内外部物流成本低、环保成本低等。典型的如浙江仙居药业依靠规模优势建立“强的松（醋酸泼尼松）”的低成本竞争优势，其市场占有率达到90%以上；在国际市场出口占优势的维生素C、咖啡因等产品生产企业也普遍采用成本领先战略。

二、差异化战略

差异化战略又称差别化战略，是让企业在产品、服务和企业形象等方面与行业对手有较大差异，以获得行业内具有独特性的竞争优势的战略。该战略的重点是开创全行业、顾客都认为独具一格的产品、服务。差异化战略对于医药企业就是指提供与众不同的产品和服务，满足顾客特殊的要求，形成具有竞争优势的战略。医药企业运用这种战略主要是依靠产品和服务的特色，而不是产品和服务的成本。这样可以很好地防御行业中的竞争，获得超额利润，其主要是：一是形成进入壁垒。由于产品和服务的特色，顾客具有很高的忠实程度。潜在的进入者要参与其竞争，则需要克服这个壁垒。二是防止替代品的威胁。基于能够赢得顾客的信任，所以可在与替代品的较量中，比有同类产品的企业处于更有利的地位。

差异化战略的实施一般需要通过客户细分找准市场定位，分析竞争对手，开展技术和企业文化的创新同时注重客户反馈，检验差异化效果，提升企业服务理念。医药企业实施差异化战略的途径是产品差异化、服务差异化、形象差异化及渠道差异化等。

（一）产品差异化

产品差异化是生产企业差异化战略实施的核心，没有一流的产品就不会有一流的生产企业。产品差异化的切入点有功能差异化、外形差异化等，其核心在于从功能上满足消费者的差异化需求。因此，实施产品差异化战略的起点是分析消费者的差异化需求。

随着经济增长带来的生活水平提高，人们对生活质量的要求随之提高，对药品的使用消费也呈现多样化需求。如在剂型和口味上更适合儿童服用的药物；成年人工作压力大、生活节奏快，需要方便携带和服用简单的药物等。根据对药品消费的偏好和多样化需求，医药企业据此实施差异化战略，生产和销售满足不同需求的药品，通过实施差异化战略赢得市场，提高企业的市场竞争力。

（二）服务差异化

无论是医药生产型企业还是流通服务型企业，服务差异化战略是赢取竞争优势的最有力的竞争武器之一。当前医药流通行业间的竞争已发展成为“白热化”竞争，由于服务质量和特定服务提供者有紧密的联系，且差异化服务很难被竞争对手学习，为终端客户提供的差异化服

务是企业获取核心竞争力的有效途径之一，从而使公司保持持久的竞争优势。为终端客户提供服务主要包括医药产品配送、客户培训、咨询、信息化服务，以及医药产品售前、售中和售后服务。

（三）形象差异化

形象差异化是指产品或服务在终端客户中寻找一种特殊的、永久的、优异的定位，便于开展品牌拓展，在激烈的竞争中为企业提供保护。通过强烈的品牌意识、成功的形象战略，借助媒体的宣传，使企业在消费者心目中树立起优异的形象，从而培养顾客认可品牌及购买的习惯，把企业的品牌和形象根植于顾客的心目中。

以中成药“六味地黄丸”为例，全国曾有500多家企业争夺中成药六味地黄丸的市场，其中“仲景”“同仁堂”“九芝堂”“汇仁”“兰州佛慈”等主导品牌占据很高的市场份额。同一剂型的六味地黄丸，具有较高的同质性，价格相差却高达几倍，且价格高的市场份额也高。其根源在于企业从顾客价值出发，更注重塑造企业品牌或产品品牌，如宛西的仲景牌六味地黄丸向消费者传递的是“药材好，药才好”；同仁堂的六味地黄丸的价值主张是“精挑细选，精工细做”；九芝堂的六味地黄丸主打“不含糖”，更符合糖尿病患者。

（四）渠道差异化

医药生产企业可以通过对自己分销渠道的设计获得竞争优势，如提高渠道的覆盖率、专业性和效益。以印度医药企业为例，他们注重对国际市场分销渠道的开发，出口主要面向欧美市场的高附加值制剂及特色原料，市场容量大、利润高。

【营销实践】

京东布局医药O2O

京东健康到家事业部于2015年7月成立。8月3日，京东健康到家在北京试运营；8月23日正式启动运营；从8月初上线运营到现在的3个多月时间，京东健康到家已经覆盖北京、上海、武汉、天津、南京、广州、深圳、西安、成都、重庆、宁波共11个城市。合作的百强连锁药店和其他品类的企业70余家，其中排名前十强连锁7家已经与京东健康到家合作，其中包括德生堂、国大药房、老百姓、益丰大药房、金象大药房、康复之家、同仁堂等，合作门店总数超过1000家。京东健康到家旨在解决患者用户急需用药的时效性及网上药品信任度低的问题。医药O2O在线上做药品信息展示，由离消费者最近的药店直接供货，完成药品送达交易。药品来源于真实的药店，由京东自有人员驻店进行配送，可以做到在1小时内完成送达任务。

资料来源：郭梦仪．阿里京东O2O医药领域开展“军备竞赛”[N]．中国经营报，2015-12-05

三、目标集聚战略

目标集聚战略又称为集中战略，是指企业集中力量于某几个细分市场，而不是将力量均匀地投入整个市场，可分为成本集聚和差异性集聚战略两种。即企业将目标集中在特定的顾客或某一特定的地理区域上，即在行业内很小的竞争范围内建立独特的竞争优势。

与成本领先战略和差异化战略不同的是，目标集聚战略不在于达到全行业内的目标，而是围绕一个特定的目标开展经营与服务。或者说，目标集聚战略的结果是，通过满足特定对象的需要实现差异化，或者在为这一对象服务时实现了低成本，或者两者兼得。就医药产业而言，

技术领先和中成药企业可选择目标集聚战略。典型的如天津药业定位于甾体激素类，在地塞米松等甾体激素类产品技术领先，激素产品在其企业销售中占到95%以上；云南白药、东阿阿胶等企业以几个或几类中成药品种为主发展。

相比较而言，成本领先和差异化战略一般是在广泛的产业部门范围内谋求竞争优势，而目标集聚战略则着眼于在狭窄的范围内取得优势。从企业长期经营目标出发，医药企业要发挥持久的竞争优势，必须在竞争性定位上进行选择，如果医药企业专一执行某种战略，其竞争优势的追求与发挥越显著。

第三节　医药企业竞争地位战略

在同一目标市场中，各个企业所占有的市场份额不同，这就决定了它们在竞争中所处的地位不同。根据地位的不同，可将它们分为市场领导者（market leader）、市场挑战者（market challenger）、市场追随者（market follower）和市场补缺者（market nicher）。按照企业各自在目标市场上的地位和扮演的不同角色，要求各企业制定不同的竞争战略。

一、市场领导者战略

市场领导者是指在相关产品的市场上占有率最高的企业。一般来说，大多数行业都有一家企业被认为是市场领导者，它在价格变动、新产品开发、分销渠道的宽度和促销力量等方面处于“主宰”地位，并为同行业者所公认。例如，默沙东公司在ARB类降压药市场处于领导者地位；恒瑞医药是国内最大的抗肿瘤药物的研究和生产基地，抗肿瘤药销售在国内排名第一。值得注意的是，这种领导地位是在竞争中自然形成的，且非固定不变的。

市场领导者时刻面临三大挑战：扩大总市场、保护市场份额和扩展市场份额。为了维护自己的优势，保住自己的领先地位，市场领导者可采取三种战略：一是扩大市场需求总量；二是保护市场占有率；三是提高市场占有率。

（一）扩大市场需求总量

当行业总的市场规模扩大时，占据最大份额的市场领导者往往受益最大。通常企业可以通过寻找新用户、开辟新用途和增加使用量来达到目的。

1. 寻找新用户　市场领导者可以利用自身技术、品牌等优势，通过转变未使用者或进入新的细分市场、进行地理扩展等方式寻找到新的用户，从而扩大市场需求总量。例如，江中集团推出针对儿童的广告，为“健胃消食片”寻找新的消费者；同样，“快克”感冒药推出“小快克”开辟儿童市场。

2. 开辟新用途　开辟新用途是指设法找出产品的新用法和新用途以增加销售量。医药领域有很多老药新用的实践，如痢特灵（呋喃唑酮）原用于治疗肠炎、菌痢、尿路感染等病，近年的临床实践证实，该药也可用于治疗消化性溃疡病、慢性胃炎、口腔溃疡。

3. 增加使用量　市场领导者通过说服消费者在更多场合更多地使用该产品，从而在顾客规模不变的条件下也能增加产品销量。

（二）保护市场占有率

市场领导者也是市场上最易受攻击的对象，要时刻注意保护自己的“阵地”，在努力扩张总市场的同时，必须时刻防备竞争者的挑战。为了保护现有的市场份额，市场领导者可以采用多种防御方法。防御战略的目标是减少受攻击的可能性，使攻击转移到危害较小的地方，并削弱其攻势。

1. 阵地防御　阵地防御就是在现有阵地周围建立防线。这是一种静态防御，是防御的基本形式，但不是唯一的形式。如果将所有力量都投入这种防御，最后可能导致失败。对企业来说，单纯采用消极的静态防御，只保卫自己目前的市场和产品，容易患上“市场营销近视症”。

2. 侧翼防御　侧翼防御是指市场领先者除保卫自己的阵地外，还应建立某些辅助性的基地作为防御阵地，或必要时作为反攻基地。特别是注意保卫自己较弱的侧翼，防止对手乘虚而入。

3. 以攻为守　这是一种“先发制人”式的防御，即在竞争者尚未进攻之前，先主动攻击它，这种战略主张“预防胜于治疗”。当竞争者的市场占有率达到某一危险的高度时，就对它发动攻击；或者是对市场上的所有竞争者全面攻击，使人人自危。有时这种方法是利用心理攻势来阻止竞争者的进攻，而不发动实际攻击。这种虚张声势的做法只能偶尔为之。

4. 反击防御　当市场领导者遭到对手发动降价或促销攻势，或改进产品、占领市场阵地等进攻时，不能被动应战，而是主动反攻入侵者的主要市场阵地，以切断进攻者的后路，以迫使其撤回部分力量守卫其本土，即“围魏救赵”。

5. 运动防御　这种战略是不仅防御目前的阵地，而且还要扩展到新的市场阵地，作为未来防御和进攻的中心。具体实现方式有两种：市场扩大化和多角化经营。

6. 收缩防御　市场领导者若在所有阵地上进行全面防御，有时会得不偿失，必要时可实行战略收缩。所谓收缩防御，即放弃某些疲软的市场阵地，把力量集中用到主要的市场阵地上去，保证资源集中在优势业务。

（三）提高市场占有率

一般而言，如果单位产品价格和经营成本均保持不变，企业利润会随着市场份额的扩大而提高。但需注意的是，市场占有率达到一定水平（如60%左右）后，其增长会与获利率成反比关系。因为，这时再要扩大市场份额，成本会迅速上升。原因在于市场领导者的市场份额扩张到一定程度后，仍坚持不买的顾客可能是不喜欢本企业，或忠于其他竞争者，或有某种特殊偏好，这些倾向往往是难于改变的。另外，竞争者也可能为保卫其仅有的市场份额而努力，这样，企业若继续坚持扩张市场份额，必须要花费更高昂的公关、广告等促销成本。

另外，许多国家有反垄断法，当企业的市场占有率超过一定限度时，就有可能受到指责和制裁。所以，精明的领导者应善于把握火候，适可而止，及时转移战略重点。

总之，市场领导者必须善于扩大市场需求总量，保卫自己的市场阵地，防御挑战者的进攻，并在保证收益增加的前提下提高市场占有率，这样，才能持久地占据市场领先地位。

二、市场挑战者战略

市场挑战者是指市场占有率仅次于领导者，并有实力向领导者及其他竞争者发动全面攻击的企业。市场挑战者首先必须确定自己的战略目标和挑战对象，然后再选择适当的进攻战略。

（一）确定战略目标和挑战对象

战略目标与进攻对象密切相关，一般来说，市场挑战者可在下列三种企业中选择攻击对象，并确定相应的战略目标。

1. 攻击市场领导者　这一战略风险大，潜在收益也大。当市场领导者在其目标市场的服务效果不佳，或者有某个较大的细分市场未给予足够关注的时候，采取该战略会有显著利益。

2. 攻击与自己实力相当者　规模相仿、实力相当的企业是挑战者最主要的敌手。挑战者要选择那些创新不足、财力拮据不佳的同类企业，依靠产品创新及价格折扣等策略，迅速夺取对方的市场份额。

3. 攻击地区性小企业　市场挑战者还会以“大鱼吃小鱼”的方式，对一些地区性小企业展开攻击，蚕食对方市场，迅速壮大自己的经营规模。

（二）选择进攻战略

在确定了战略目标和进攻对象之后，市场挑战者接下来就要考虑采取何种进攻战略。通常，市场挑战者采取的进攻战略有五种。

1. 正面进攻　正面进攻就是集中全力向对手的主要市场阵地发动进攻，即进攻对手的强项而不是弱点。在这种情况下，进攻者必须在产品、价格、广告等主要方面大大超过对手，才有可能成功，否则，不能采取这种进攻战略。正面进攻的胜负取决于双方力量的对比。正面进攻的另一种措施是投入大量研究与开发经费，使产品成本降低，从而以降低价格的手段向对手发动进攻，这是持续开展正面进攻战略最可靠的基础之一。

2. 侧翼进攻　侧翼进攻是指集中优势力量攻击对手的弱点。有时可采取“声东击西”的战略，佯攻正面，实际攻击侧面或背面。侧翼进攻可分为两种情况：一种是地理性的侧翼进攻，即在全国或全世界寻找对手力量薄弱地区，在这些地区发动进攻。另一种是细分性侧翼进攻，即寻找领先企业尚未为之服务的细分市场，在这些小市场上迅速填空补缺。侧翼进攻符合现代市场营销观念，提倡发现需要并设法去满足它。侧翼进攻也是一种有效和经济的战略方式，比正面进攻有更多的成功机会。

3. 包围进攻　包围进攻是一个全方位、大规模的进攻战略，挑战者拥有优于对手的资源，并确信包围计划的完成足以打垮对手时，可采用这种战略。

4. 迂回进攻　迂回进攻是一种间接的进攻战略，完全避开对手的现有阵地而迂回进攻。具体办法有三种：一是发展无关的产品，实行产品多元化；二是以现有产品进入新地区的市场，实行市场多元化；三是发展新技术、新产品，取代现有产品。

5. 游击进攻　游击进攻是适用于规模较小、力量较弱的企业的一种战略。游击进攻的目的在于以小型的、间断性的进攻干扰对手的士气，以占据长久性的立足点。但是，也不能认为游击战只适合于财力不足的小企业，持续不断的游击进攻也是需要大量投资的。还应指出，如果要想打倒对手，光靠游击战不可能达到目的，还需要发动更强大的攻势。

上述市场挑战者的进攻战略是多样的，一个挑战者不可能同时运用所有这些战略，但也很难单靠某一种战略取得成功。通常是设计出一套战略组合即整体战略，借以改变自己的市场地位。

三、市场追随者战略

市场追随者指那些在产品、技术、价格、渠道和促销等大多数营销战略上模仿或跟随市场

NOTE

领导者的企业。在很多情况下，追随者可让市场领导者和挑战者承担新产品开发、信息收集和市场开发所需的大量经费，自己坐享其成，减少支出和风险，并避免向市场领导者挑战可能带来的重大损失。许多位居第二位及以后位次的公司往往选择追随而不是挑战。扮演市场追随者的企业实力与市场挑战者往往难分伯仲，他们的主要区别在于对待市场领导者的态度不同。市场挑战者采取积极进攻的姿态，而追随者则默认领导者地位，只求维持现有市场份额。

（一）紧密跟随

紧密跟随是指追随者尽可能地在各细分市场及营销组合方面模仿领导者，完全不创新的企业。由于他们与市场领导者的产品、品牌与包装只在细微之处有稍微区别，顾客不易觉察，价格略低，利用市场领导者的投资和营销组合策略去开拓市场，自己跟在后面分一杯羹，故被视为“寄生者”。

（二）距离跟随

距离跟随也称为模仿者，是指追随者与领导者保持一定差异，而在主要市场的产品创新、价格调整、配销道路上追随领导者，因为这样做不会危及市场领导者的市场计划执行，所以受领导者的欢迎。我国医药企业原研能力比较弱，一般走仿制和仿创结合的新药开发之路。

（三）选择跟随

选择跟随是指在某些方面紧跟领先者，而在另一些方面又自行其是。即它不是盲目跟随，而是在择优跟随的同时还要发挥自己的独创性，但不进行直接的竞争。在这类跟随者中，有些可能发展成为挑战者。

【营销视野】

我国新批准上市中药新药的专利保护状况

2014 年 11 月，拜耳集团对滇虹药业 36 亿元人民币的收购案正式完成，标志着国际制药巨头吹响了进军中药市场的号角，而之前葛兰素史克、诺华都曾表示将进行中药的研发并欲并购中国药企。国际制药巨头进军中药将促进中药研发，但同时也会给国内中药企业带来更激烈的市场竞争。药品是对专利依赖性比较强的行业，直接影响着药物研发企业的市场和竞争状况。

根据国家药品审评中心 2013 ~2014 年度药品审评报告，我国 2013、2014 年分别批准新上市中药新药 27 个和 24 个，排除补充申请、改剂型和仿制类中药后，2013、2014 年批准上市的国内中药新药分别为 12 个和 11 个。

资料来源：吕茂平．我国新批准上市中药新药的专利保护状况分析［J］．中国中医药信息杂志，2016，23（7）：4 -5

四、市场补缺者战略

市场补缺者是指除上述三类企业以外的规模较小、实力较差，且市场占有率较低的企业，它们专注于市场上被大企业忽略的某些细小部分，在这些小市场上通过专业化经营来获取最大限度的收益，也就是在大企业的夹缝中求得生存和发展。市场补缺者可以发展成为小市场中的领导者。

市场补缺者竞争的关键是选择一个或几个安全并且有利可图的“利基”市场。对于补缺者来说，一个理想的利基市场具有以下特点：具备一定的发展性和盈利性；不为有实力的竞争者所重视；企业有提供独特价值的资源和能力。

市场补缺者的战略核心是专业化。专业化的补缺角色有：最终用户专家、纵向专家、顾客规模专家、特定顾客专家、地理区域专家、产品或产品线专家、产品特色专家、定制专家、质量－价格专家、服务专家、渠道专家。其中，纵向专家是指产品在原料、零组件、产成品、销售、品牌这条线上向前或向后拓展，作为补缺者的企业，可致力于在这条线上的某一环节成为“专家”。质量－价格专家是指专门生产经营某种质量和价格的产品，如专门生产高质高价产品或低质低价产品。服务专家是指专门提供某一种或几种其他企业没有的服务项目，产品特色专家是指企业生产别人所没有的特色产品，定制专家是指企业专门开展根据顾客要求定做产品的业务。

市场补缺者专业化领域有很多，有心的市场补缺者只要能发现被别人忽视的专门化领域，并专心开发，就会在强手如林的市场竞争中占有一席之地，逐渐发展为市场挑战者以至市场领导者。但由于补缺市场可能会衰退，企业必须不断建立新的补缺市场，扩大补缺市场，并保护自己的补缺市场。通过在两个或以上的补缺市场中建立优势，企业就能增加生存机会。

【本章小结】

企业要想获得成功，需要充分理解竞争，并积极应对日益激烈的竞争格局。医药企业进行竞争者分析的主要内容包括：识别竞争者，即谁是我们的竞争对手；判定竞争者的目标和战略；评估竞争者的优劣势和反应模式；确定竞争对象，即我们应当攻击谁，回避谁。

基本竞争战略包括：成本领先战略、差异化战略、目标集聚战略。

不同竞争地位的企业在竞争中扮演不同的角色，医药企业根据其竞争地位不同可区分为市场领导者、市场挑战者、市场追随者和市场补缺者。市场领导者的战略核心是保护；市场挑战者的战略核心是进攻；市场追随者的战略核心是追随；市场补缺者的战略核心是专业化。

【重要概念】

竞争者；成本领先战略；差异化战略；目标集聚战略。

【复习思考】

1. 试述医药企业竞争分析的主要内容。
2. 试述医药企业的三种基本竞争战略。
3. 试述不同竞争地位的医药企业所采取的竞争战略。

【案例分析】

外资药企酣战，疫苗市场风起云涌

2016 年 11 月 2 日下午，辉瑞确认 2015 年因为许可证到期而不得不暂停在华销售的沛儿疫苗正式回归，此前由于 CFDA 并未予以沛儿 7 价疫苗的进口注册证号更换申请，沛儿疫苗在华一直处于断货状态，辉瑞暂停了在华疫苗业务的商务运营。当日辉瑞表示，沛儿新品种：13 价肺炎球菌疫苗目前已获 CFDA 上市批准。

沛儿疫苗的销售与否对辉瑞疫苗业务在华布局举足轻重，其背后的主要原因是这支疫苗强大的“吸金”能力。在全球市场，13 价沛儿疫苗一直是最畅销的疫苗品种，而于辉瑞而言，沛儿更可谓“利润奶牛”：2014 年，沛儿的全球销量达 45 亿美元，较上年增长 12%；2015 年，销量再次上涨至 59.4 亿美元，比 2014 年再上升 40%。作为全球最畅销的疫苗产品，目前该疫苗已累计接种超过 7.5 亿剂，是辉瑞的第 2 号旗舰产品。目前，沛儿 13 价已获全球 120 多个国家批准。

外资药企近两年在华正逐渐接受价格换市场战略。数据显示，近几年来我国疫苗市场一直维持高速增长态势，总体规模从2010年的90亿元增长到2015年的超200亿元，年均增长率达到15%左右，不少跨国疫苗公司也在不断扩张中国业务版图。而在二孩政策的刺激下，一类、二类疫苗的销售量和市场空间将继续大幅增加。目前全球疫苗市场的四大巨头：默沙东、葛兰素史克（GSK）、赛诺菲、辉瑞都已各自通过并购积极拓展疫苗市场的份额。

2014年GSK与诺华就已达成换子交易，诺华接手GSK肿瘤业务单元，而其疫苗业务置换给GSK。在市场排行方面，以五联疫苗为“拳头产品”的赛诺菲可谓中国市场的“疫苗老大”，在2011年，赛诺菲巴斯德将该款疫苗引入国内后，销售量在刚上市的头两年增长达到了200%，近两年该款疫苗依旧保持着40%的高速增长。

辉瑞“沛儿13价疫苗”在中国市场的打开极有可能会动摇这一大哥地位，根据全球知名医药市场调研机构Evaluate Pharma近期发布的一份报告，到2020年，辉瑞的肺炎疫苗——沛儿13（Prevnar13）仍将是全球最畅销的疫苗产品，预测Prevnar13在2020年的销售额为60.8亿美元，仍将稳坐《2020年最畅销的5大疫苗产品》榜首。但赛诺菲也在考虑“谋局”，在2014年，赛诺菲就已与韩国SK Chemical公司达成长期战略合作协议，共同开发创新肺炎球菌结合疫苗（PCV），与辉瑞形成正面竞争。

资料来源：刘朋．辉瑞沛儿肺炎疫苗重返中国，外资药企暗战正酣［EB/OL］．http：//www.ce.cn/cysc/yy/hydt/201611/03/t20161103 17471235.shtml. 2016-11-03

思考与讨论：外资药企巨头对中国儿童疫苗市场的争夺将带来怎样的影响？

第八章　医药企业目标市场营销战略

【学习要点】

通过本章学习，掌握市场细分的含义，熟悉医药市场细分的变量，了解医药企业市场细分的有效性标准和意义；掌握目标市场的含义，五种选择医药目标市场的模式，三种医药目标市场营销战略及影响医药企业选择目标市场营销战略的因素；掌握医药市场定位的含义、战略和方法，熟悉医药市场定位步骤；掌握医药市场营销组合的含义及特点；了解医药市场营销计划的主要内容。

【引导案例】

儿童装健胃消食片市场细分战略

江中药业股份有限公司（以下简称江中公司）早在2003年年底就对儿童助消化药市场进行全面研究分析，决定实施战略细分，推出儿童装江中牌健胃消食片。江中公司确定实施“儿童助消化药”细分战略后，就开始调动一切元素来制造细分品类的差异，并让消费者充分地感受到差异，以期尽快从原市场中分化出去，成为一个独立的品类市场。

在产品方面，儿童装江中牌健胃消食片为摆脱“成人药品”的影响，完全针对儿童进行设计。片型采用0.5g（成人则为0.8g），药片上压出“动物”卡通图案，口味上采用儿童最喜爱的酸甜味道。这些改进使儿童装健胃消食片的产品从各方面都更好满足儿童的需求，并不断提示家长这是儿童专用产品。

在渠道方面，由于儿童装的推出，第一步目标仍是对现有市场防御，即促使原来购买江中牌健胃消食片的儿童家长转为购买儿童装江中牌健胃消食片。因此，在面市早期，江中销售部门与药店经理积极协商，将儿童装江中牌健胃消食片尽量陈列在江中牌健胃消食片旁边；在条件允许的情况下，同时在儿童药品专柜进行陈列。

在价格方面，为了更全面覆盖儿童助消化药市场，避免价格成为购买的障碍，从而给竞争对手创造价格细分的机会，同时考虑到有利于江中牌健胃消食片原有儿童消费者的转移，江中公司决定将零售价格定在6元，与江中牌健胃消食片基本持平。

儿童装江中牌健胃消食片面市不久，其销量在全国范围都呈现飞速攀升的态势，面市3年，完成超过3.5亿的销售额。这极大加强了江中公司对儿童装的信心。因此，在随后的几年里，江中公司在资金分配上，将儿童装江中牌健胃消食片作为优先保障产品，拨出巨额推广费用，全力抢占“儿童助消化药”的心智资源。

资料来源：江中牌儿童健胃消食片市场细分战略［EB/OL］. http：//www. doc88. com/p－7465948054103. htlm. 2013－05－31

在我国，医药市场是相对比较开放的，进口药、国产药、合资药基本形成了三足鼎立的现状。因此任何单个医药企业都无法满足医药市场的不同需求，而只能根据企业内部条件和素质

NOTE

能力，为自己选定一定的市场经营特色，满足一部分医药消费者和用户在某些方面的需求。因而，企业目标市场的选择成了企业成功与否的关键。

在市场营销理论中，目标市场营销战略的核心要素包括市场细分（segmenting）、目标市场选择（targeting）和市场定位（positioning），简称 STP 营销战略。

医药企业在进行市场细分、目标市场选择及市场定位之后，将要为其所选择的目标市场制定营销组合，包括产品、价格、分销及促销等方面的策略，并制订和实施相应的营销计划。因此，本章将分别阐述医药市场细分、医药目标市场选择、医药市场定位、医药营销组合和医药营销计划等方面的内容。

第一节 医药市场细分

一、市场细分的含义

（一）市场细分的发展历程

市场细分是目标市场营销的基础，1956 年，美国市场营销学家温德尔·斯密（Wendell R. Smith）在一篇名为《市场营销战略中的产品差异化与市场细分》的文章中首次提出了市场细分的概念，奠定了目标市场营销的理论基础，从而使市场营销进入到一个新的阶段，是现代市场营销观念的一大进步。它是市场营销理论与方法论方面的重要里程碑。从现代营销理论发展轨迹来看，大致可以概括为三个阶段。

1. 大众化营销（mass marketing） 20 世纪 20 年代，企业在生产观念的指导下，从企业自身和产品出发，把消费者看作是具有同样需求的整体市场，进行大众化营销。在大众化营销中，企业大量生产单一品种的产品，并采用普遍而广泛的分销渠道，以及同样的广告宣传方式。这样虽然可以降低成本，但因品种单一，消费者无挑选余地，需求得不到真正的满足，市场也无法拓展。此时不同企业之间的竞争主要是价格竞争，整个市场也只能区分为高价商品市场和低价商品市场。

2. 产品差异化营销阶段（product differentiated marketing） 由于科学技术进步，实行科学管理及大规模生产条件的应用，美国及其他西方国家产品产量迅速提高，开始出现产品过剩，市场竞争日趋激烈，在这种情况下，一些企业开始实行产品差异化营销，即生产经营规格型号、外观、质量、式样等不同的产品，以吸引更多的消费者。产品差异化营销较大众化营销是一种进步，但是由于企业仅仅考虑产品方面的差异化，没有深入研究顾客需求方面的差异化，因此营销效果还是非常有限。

3. 目标市场营销阶段（targeting marketing） 20 世纪 50 年代，处于买方市场形势下的西方企业纷纷接受现代市场营销观念，开始实施目标市场营销。一些企业相信营销已经进入了更大的和更加丰富的细分市场时代，逐渐意识到确定和满足顾客需求，以顾客为中心是开发市场的最有效方法之一。企业的营销人员应该认识到由于消费者的支付能力、消费心理和消费行为不同，对于不同类型广告的反应也不同，从而造成不同消费者有不同的需求。这些在给营销人员带来了需求分析难度的同时，也带来了成功营销的机会。只要能识别具有类似需求的购买

NOTE

者，有针对性地提供相应的产品，并且运用适当的分销渠道和广告宣传方式，企业就能在这部分市场经营的过程中获利。温德尔·斯密在总结成功实践经验的基础上，提出了“市场细分”的概念。

（二）市场细分的定义

市场细分是指企业按照顾客需求的差异性，选用一定的标准，将某一特定产品的整体市场划分为两个或两个以上具有不同需求特征的子市场的过程。每一个这样的子市场称为一个细分市场。在同类产品市场，同一细分市场的顾客需求具有较多的共同性，不同细分市场之间的需求具有较多的差异性，可见，市场细分不是按照产品细分，而是按照对同种产品有不同需求的顾客进行分类。

二、医药市场细分的客观基础

（一）顾客需求的异质性

顾客需求的异质性是市场细分的内在依据。消费者对大部分产品的需求为多元化，具有不同质的要求。由于人们所处的地理条件、社会环境及自身的个性心理不同，市场上的顾客需求也呈现出多元化，且不断变化的特征，即顾客需要、欲望和购买行为呈现异质性，使得顾客需求的满足呈现差异性。

（二）顾客需求的相似性

顾客需求具有异质性的同时，也具有相似性的特征。在同一地理条件、社会环境和文化背景下的人们往往会形成具有相似的人生观、价值观的亚文化群，他们在需求特点和消费习惯上呈现出一定的相似性。这种相似性又使划分出来的不同消费需求再次进行聚集，形成相似的消费者群体，每个相似的消费者群体就构成具有一定个性特点的细分市场。每个细分市场，其消费需求都是相似的，但不可能达到纯粹的同类，并且也不是一成不变的。随着市场的变化，细分市场的相似特性、消费者重视的商品属性也在不断发生变化，需要进行再次细分。

（三）企业资源的限制和有效的市场竞争

企业资源的限制和有效的市场竞争是市场细分的外在条件。现代企业规模再大，都不可能占有人力、物力、财力、信息等一切资源，不可能向市场提供所有的产品，满足市场所有的购买或消费需求。我国医药企业普遍存在产品科技含量不高、结构老化，且缺乏产品特色和企业特色的情况。在医药产品普遍产大于销、生存压力增大的情况下，由于营销手段单一，致使市场份额下降，严重影响企业的经济效益。在医药产品的广告宣传中，往往给人以“包治百病”的印象，这恰恰是没有对医药市场进行深入研究和细分，没有找准目标市场的表现。在日益激烈的市场竞争中，为求生存、谋发展，医药企业应树立市场营销观念，运用市场细分原则，针对消费者的不同需求，开发新品种、新剂型，更好地拓展医药市场，积极参与竞争，使消费者的需求得到真正的满足。

三、医药市场的细分变量

需求的差异性是市场细分的基础。市场细分要依据一定的细分变量来进行。企业选取哪些细分变量，没有统一的方法和固定不变的模式。企业在深入研究顾客需求的基础上，选取合适的细分变量，发现最佳的营销机会。消费者市场与组织市场由于其影响需求的因素不同，市场

NOTE

细分的变量也不一样。

(一)消费者市场的细分变量

在消费者市场上，消费者的生理特征、心理性格、价值取向、社会经济地位、知识构成等都不相同，继而他们对产品属性的偏好、追求的利益、广告感受度、价格的承受能力、购买场所的选择等也不相同。总体而言，消费者市场细分变量包括：

1. 地理变量 所谓地理变量就是医药企业按照消费者所处的地理位置、气候条件等来细分市场。这是一种传统的划分市场的方法。由于地理分布不同，各地的文化、风俗习惯各异，气候差异又导致人们的体质、饮食习惯不同，因而会带来各地患者的疾病谱分布和流行病特征不一样。地理变量又可进一步细分为：

(1)地理位置 在我国，生活在南方和北方的消费者，东部和西部的消费者对许多产品的要求有极大的差别。以营养滋补药品为例，生活在北方的人比生活在南方的人更偏爱补酒。一般说来，城市居民对营养保健滋补品、新药特药、进口药的需求多，而广大农村对普药、中草药、中成药的需求相对较高。目前全国各地农村医药市场除了少数经济发达地区以外，几乎都存在一个普遍的规律，即从用药总量、用药数量、用药品种、用药档次、单位药品价格、新品种普及率等几个方面，都按照逐级递减的方式发展。

(2)气候条件 由于气候、环境、生活方式等因素的影响，心脑血管病及肿瘤病成为我国高发病之一。因此，心脑血管类药、抗肿瘤药和抗生素类药应是医药行业研究、开发和生产经营的重点。我国东南部地区炎热潮湿，而北部地区气候严寒干燥，这就使人群的疾病具有地域性特征。高原、森林、平原、盆地地区的居民，也有不同的生活方式和发病特点。一些地方病、传染病及突发性疾病与气候条件密切相关，这些都应引起医药企业足够的重视，以生产出适销对路的产品。

2. 人口变量 人口变量是描述人口一般性特征的统计变量，包括消费者的年龄、性别、收入、家庭生命周期、职业、社会阶层、文化程度、民族、宗教信仰、国籍等。人口变量的构成虽然复杂，但比其他类型的变量更容易衡量，而且它在很大程度上也直接影响着消费者的心理和行为，与消费者的欲望、偏好、购买频率等紧密联系。因此，人口变量历来都是细分消费者市场的重要变量。

(1)年龄 根据消费者的年龄结构，可以细分成许多各具特色的医药市场，如老年人医药市场、成人医药市场、青少年医药市场、儿童医药市场和婴幼儿医药市场等。不同年龄层次的人群，对医药产品有着不同的需求特点。

(2)性别 性别经常被用以细分诸如服装、个人服务、化妆品及滋补品等产品的市场。资料表明女性比较关心保健和容颜等方面，这一特点随着生活水平的提高而日益明显。不少企业为此开发大量的美容化妆用品，最近几年又推出美容新概念：外敷内服。市场上便出现静心口服液、碧生源减肥茶、血尔等产品。此外，男性和女性的生理特点和社会角色不同，对于医药产品的需求及购买行为也有着明显的差异。

(3)收入 用购买力来细分市场是一种长期的习惯做法，收入水平会直接影响到医药消费者的需求并决定他们的购买力。一方面，从宏观上来看，在中国市场，由于经济发展不平衡，农村与城市、西部与东部医药消费者的收入水平和消费能力有很大的差距。另一方面，从微观上来看，消费者个体的收入水平也有高有低。这些都使他们在用药结构、用药习惯上表现出较大的差异性。高收入阶层的消费水平较高，购买药物时，较多考虑疗效及毒副作用等，同时接受新特药的观念较强；而低收入阶层用药水平较低，选用药时多考虑价格因素。

（4）家庭生命周期　家庭生命周期表示一个家庭生活的变化过程，在周期的不同阶段，家庭生活时段的变化带来了对家庭支出模式的影响。家庭生命周期实际包含了婚姻状况和孩子情况两方面。一个典型的家庭生命周期分为不同阶段：青年单身；新婚未育；满巢但孩子还小；满巢孩子成人；空巢孩子独立生活；退休；孤寡生活。各阶段消费者的经济负担不同，因而对医药产品的需求也存在差异。

（5）职业　根据职业不同，消费者的消费需求与习惯也会有很大差别。比如，从事歌唱演艺、教师等职业的消费者在对医药产品的需求上就会更多地表现为对治疗咽炎、咽喉痛等产品的需要；而从事长途运输的货车司机，他们就更多地需要治疗胃病的产品；另外白领和学生，由于经常伏案工作或长时间使用计算机，他们会更多地需要能够治疗眼疾、颈椎病的产品等。

（6）社会阶层　社会阶层既是影响消费者购买行为的因素，也是细分市场的重要变量。社会阶层指社会的某一集合，在集合内的人、家庭或团体通常具有相似的价值观、生活态度与方式、兴趣爱好与行为规范。显然，不同的社会阶层其需求是明显不同的。企业可以通过产品属性、设计特点、分销方式与广告等营销组合把产品提供给以社会阶层为细分变量的目标市场。

另外，经常用于市场细分的人口变量还有文化程度、民族、宗教信仰等。例如，在一般情况下，消费者的文化和受教育程度越高，购买时的理性程度也越高，喜欢格调和品质较高的产品，非常重视医药产品的长期疗效和毒副作用的大小，有时候在确认疗效的基础上还会看重产品的包装和规格等因素。还有，我国是个多民族国家，各民族有着各自独特的风俗习惯和生活方式，与传统的中医药一样，蒙、藏、苗、维等医药产品也有着一些独特的医治疑难病症的方法和用药。

同时需要注意，单纯地使用人口变量进行市场细分在一定程度上并不完全可靠。因为人口变量中的大多数因素在对消费者的购买行为产生影响的同时，其本身却还要受到相关人口的心理或行为变量的影响。所以，企业在使用人口变量进行市场细分时，还需要考虑其他一些因素。

3. 心理变量　心理变量主要包括消费者的生活方式、个性爱好、消费观念、追求的利益等，是关于消费者心理的较深层次的因素。这些变量因素影响着市场需求，进而影响着企业的促销策略，尤其是在经济发展水平较高的社会中，心理变量对购买者行为的影响更为突出。按照心理变量的不同，将消费者划分为不同的群体即为心理细分。

（1）生活方式　指一个人或群体对工作、生活、消费和娱乐活动的特定习惯和方式，它是影响消费者的欲望和需求的一个重要因素。来自相同的地理环境、社会阶层、职业的人们可能有着不同的生活方式。人们的生活方式不同，对商品的需求也就不同，消费者的生活方式一旦发生变化，他们的需求就会产生变化。例如，目前男性商务人士经常喝酒应酬，市场上的护肝保肝药品就应运而生了。

（2）个性　个性是一个人比较稳定的心理倾向和心理特征，它会导致一个人对其所处的环境做出相对一致和持续的反应。企业可以根据消费者不同的个性来细分市场，针对具体的细

分市场，通过制定恰当的营销组合来赋予产品一种与消费者个性相吻合的“品牌个性”。

（3）购买动机 购买动机是消费者的购买目的，是治疗、保健还是馈赠他人。譬如脑白金就是针对馈赠市场，提出了“送礼只送脑白金”的广告。譬如三九感冒冲剂，针对对家人朋友关爱的目的，定位于“暖暖的，很贴心”的感情诉求。

4. 行为变量 行为变量包括消费者购买或使用某种产品的动机、消费者的期望利益、使用者情况、消费者对某种产品的使用率、消费者对品牌的忠诚度、消费者待购阶段和消费者对产品的态度等。按照行为变量将消费者市场细分为不同的群体即是行为细分。

（1）购买时机 在现代市场营销实践中，许多企业往往通过时机细分，试图扩大消费者使用本企业产品的范围。例如，生产感冒药的企业在春秋季感冒易发、多发期大量做广告，以促进其感冒药的销售。

（2）期望利益 消费者购买某种产品总是为了解决某类问题，满足某种需要。然而，产品提供的利益往往并不是单一的，而是多方面的。根据消费者从产品中追求的不同利益分类是一种较为有效的细分方法。以购买感冒药为例，注重快速缓解感冒症状的上班族，会选择泰诺；注重保健养生的老年人和注重毒副作用小的儿童用药，一般会选择中成药。因此，企业可以按照不同消费者在购买产品时所追求的不同利益来细分消费者市场。运用期望利益细分市场，企业首先要了解消费者购买某产品所寻求的主要利益是什么；其次要了解寻求某种利益的消费者是哪些人；最后要调查市场上的竞争品牌各自适合哪些利益，以及哪些利益还没有得到满足。

【营销实践】

中美史克的“靶向营销”

一般而言，在同质化市场中，很难发掘出“独特的销售主张（USP）”。感冒药市场同类药品甚多，市场已呈高度同质化状态，而且无论中、西成药，都难于做出实质性的突破。然而，新康泰克并不满足于现状，再度启动增长引擎，其关键在于重新规划和定位产品系列，提炼出崭新的产品概念。

根据新康泰克提出的“不同感冒症状，给出不同解决方案”的理念，新康泰克蓝色装（复方盐酸伪麻黄碱缓释胶囊）定位于快速解决一般感冒，而红色装（美扑伪麻片）则用于快速缓解多种感冒重症，形成了同一品牌下的两种市场细分的角度，用不同症状罗列引导消费者“对号入座”。巧妙地把握客户购买特点，对渠道和终端市场进行合理管理和维护，并通过有效的广告投放，使新产品的形象深入人心，同时借助新康泰克多年的品牌积累，培养消费者对新康泰克家族系列产品全新的认知。

执行新品牌策略后，康泰克以“新康泰克红色装”的新面目重新横扫市场，上升迅猛；而原新康泰克胶囊则以“新康泰克蓝色常备装”继续稳守江山。市场监测显示，2008 年新康泰克跻身全国多个重点城市感冒药品牌份额的前 5 位，而新的增长点主要来自新康泰克红色装。

资料来源：王思波．中美史克的靶向营销［EB/OL］. http：//www. Mdweekly. com. cn/article. asp? id = 24402. 2010 - 05 - 10

（3）使用状况 根据消费者是否使用和使用程度细分市场，可以分为“从未使用过”“曾经用过”“潜在使用”“初次使用”“经常使用”等五种类型，即五个细分市场。通常大型企业

对潜在使用者感兴趣，注重将潜在使用者变成实际使用者；而一些小企业则只能以经常使用者为服务对象，并设法吸引使用竞争产品的消费者转而使用本公司产品。对使用状况不同的消费者，在广告宣传及推销方式方面都有所不同。

（4）使用率 消费者对某种产品的使用率也可以作为细分市场的变量。企业可以把某市场按偶尔使用、中度使用和频繁使用来细分。经常使用且大量使用某种产品的人数，可能在市场总人数中所占的比重很小，但他们购买的商品数量比重却很大。掌握这些信息有助于企业恰当地制定价格、选择分销渠道和广告宣传方式。

（5）忠诚度 企业还可以按照消费者对品牌的忠诚度来细分消费者市场。品牌忠诚度是指由于价格、质量、服务等诸多因素的原因，使消费者对某一品牌的产品情有独钟，形成偏好并长期地购买这一品牌产品的行为。企业应根据消费者不同的购买偏好，从商品形式、品牌设计、价格制定、分销渠道制定、促销策略制定等方面，去满足消费者的需求。

（6）待购阶段 消费者对各种产品，尤其是新产品，总是处于各种不同的待购阶段。待购阶段可分为未知晓、知晓、已了解、有兴趣、想得到和打算购买六个阶段。企业应该对处于不同阶段的消费者采取不同的营销策略，并要随着待购阶段的变化而随时调整营销方案。

（7）态度 企业还可以根据市场上消费者对产品的态度来细分市场。不同消费者对同一产品的态度有可能存在很大差异，主要分五种：热爱、肯定、冷淡、拒绝和敌意。企业可以通过调查分析，针对不同态度的消费者群体采取不同的营销策略。

5. 消费者病程细分

（1）症状细分 对于某个疾病，如果会呈现出多种症状，医生在治疗疾病中，一方面可能考虑是否彻底治愈该疾病，另一方面可能要考虑消除不适症状。当在某类疾病治疗中，症状治疗与治愈疾病同等重要或更重要，或者某药品在治愈疾病上优势不大，而在症状消除上有较好的效果，则在细分时可以选择症状细分变量，根据药品自身的治疗优势，重点瞄准一个或几个症状作为市场。

【营销实践】

感冒药的“症状细分”

感冒属于常见病，一般属于轻症，由于该病表现为较多的不适症状，比如头疼、发热、流鼻涕、咳嗽、嗜睡等，因而治疗感冒与消除症状对患者而言同等重要。世界上大多数国家的感冒药市场及品牌都是按感冒症状细分的，这也是国际上倡导的对症治疗原则的具体表现。据专家介绍，感冒药针对症状可以分为以下四类：①抗过敏药，可缓解打喷嚏、鼻塞、流鼻涕等症状；②减轻鼻黏膜充血药，减轻鼻塞、流鼻涕症状；③解热镇痛药，退热，缓解头痛、关节及全身肌肉酸痛等症状；④抗病毒药，减轻病毒感染程度。中美史克的康泰克清，主要针对由感冒引起的发热、头痛、四肢酸痛等症状，新康泰克主要针对感冒引起的鼻塞；上海强生的日夜百服宁主要针对感冒发热症状，而泰诺主要针对头痛、打喷嚏等症状。

资料来源：符华平，杨金凤．医药市场营销与实务［M］．北京：人民卫生出版社，2010

（2）疗程细分 疾病的治疗过程，因疾病的类型不同而有所不同，可以分为轻症和重症、急性病和慢性病等。而治疗模式可以是彻底治疗，或者先保守治疗再考虑治愈，或者是控制并发症及生命特征等。因此可以根据疾病的治疗过程进行细分，并运用病理学和药理学的理论和实验数据分为若干个阶段，根据药品本身的治疗优势和有关药理指标，找准在整个治疗过程中

的哪个阶段用药有较大的临床优势，或者选择最具吸引力的疗程阶段，或者改变既有疗程治疗模式，选择合适的目标市场进行定位和诉求。这种细分工具特别适合处方药的市场细分。

(3) 用药地位细分　从医生处方目的来看，医生用药基本分对因治疗和对症治疗两个目的。对因治疗的目的在于消除原发致病因素，即治本；而对症治疗的目的在于消除或减轻疾病症状，即治标；在很多情况下对症治疗和对因治疗是相互促进，相辅相成的。通常情况下，我们把对因治疗用药称为主药，对症治疗药物称为辅药。中医药更是严格遵循“君、臣、佐、使”的组合用药，因此在使用用药地位细分变量时，就可以根据药品在治疗过程中的作用和地位，进行细分选择。

（二）组织市场的细分变量

上述消费者市场的细分变量也可以用来细分组织市场，但因为组织市场和消费者市场的购买行为有很大差异性，组织市场属于集团性购买，所以组织市场又有其特定的细分变量，主要有：

1. 最终用户的要求　这是组织市场细分最通用的变量。组织市场的购买活动是为了不同的生产需求或为了出售，满足最终用户的需求。同一类产品最终用户往往有不同的要求，追求不同的利益，从而对产品提出不同的质量标准和使用要求。有时，最终用户的直接要求就是一个细分市场。

2. 用户规模　用户规模是组织市场细分的重要变量。用户的经营规模决定了其购买力的大小，一些大用户，数量虽少，但其生产和经营规模大，购买的数量和金额就多。小的用户数量多，分散面广，购买数量和金额有限。企业应针对大、小用户的特点，采取不同的营销战略。用户规模和购买力的大小可以通过分析用户的职工人数、销售对象户数、销售规模、市场占有率等因素得出。在掌握用户规模的基础上，可对用户进行 A、B、C 分类。A 类为规模大、市场占有率高、销售面广的用户。这类用户购买力强，是企业销售产品的重要目标，必须采用相应的营销战略，以便建立和保持长期稳定的购销关系。B 类为规模中等的用户，企业要争取尽可能多的 B 类用户成为自己的目标顾客，有必要派出销售人员访问联络，沟通信息和感情。C 类用户一般经营规模小，资金薄弱，对这类用户可通过加强促销，取得联系。

3. 用户的地理位置　每个国家或地区，大多根据资源、气候和历史传统形成若干产业集中地区。因此，组织市场尤其是生产者市场比消费者市场在地理位置上更加集中。按地理位置细分市场，方法简便，易于操作，同时还有利于企业进行地域性的促销策略，特别是广告策略，可以选择地方媒体，有的放矢地进行宣传促销。另外可以根据地域性来设计产品分销渠道，提高分销效率。

4. 用户的行业特点　某类行业市场往往具有同类性质的需求，因此可以作为组织市场的细分变量。例如：我国零售药品销售结构与医院用药结构差异较大，大多数高价进口药品、合资企业生产的药品主要通过医院药房消耗。按行业特点细分市场，使得目标市场更加集中，容易分析研究市场的变化，及时掌握市场动态，有助于节省企业的研制和开发支出及促销宣传费用。

对于上述组织市场的细分变量，同消费者市场的细分变量一样，企业并不只是用单一的标准进行细分而是有层次地交错使用系列变量进行连续细分。

四、医药市场细分的有效性标准

如上所述，企业可以利用多种变量来细分一个市场，相应的细分方法也有很多，但并不是所有的市场细分都是有效的。要使企业的市场细分行之有效，必须符合以下标准：

（一）可衡量性

可衡量性是指细分出来的市场范围应当比较清晰，市场容量的大小可以大致判断，仅仅存在于抽象思维中的市场是没有意义的。如果某些细分变量或购买者的特点与需求很难测量，这个细分市场的容量大小就很难确定。一般而言，一些客观性变量，如年龄、性别、收入、文化程度、地理位置、家庭规模等，都易于测量或获得。相反，一些主观性的变量则比较难以测量或测量成本较大，如消费者心理和性格方面的变量等。因此，要满足可衡量性标准，企业必须有效地选取细分变量和变量组合。

（二）可进入性

可进入性是指企业通过一定的变量或变量组合细分出来的市场应该是企业根据自身所拥有的资源，通过市场营销组合可以有效地到达并为之服务的市场。如果企业产品无法通过一定的分销渠道抵达该细分市场，或者相关的营销信息无法接触到该细分市场的消费者，那么该细分市场对企业也是没有意义的。

（三）可盈利性

可盈利性是指企业所选定的细分市场具有一定的规模和发展潜力，或有足够的需求。如果细分市场规模过小，市场容量有限，而相应的营销成本又较高，获利空间就会有限甚至亏损，对企业就不会有吸引力，这样的细分市场也是无效的。因此，在进行市场细分时，企业必须考虑细分市场上顾客的数量，以及购买能力和购买频率。同时，细分市场还应该具有一定发展潜力，足够吸引企业进入该细分市场。

（四）反应差异性

反应差异性是指各细分市场对企业市场营销组合中因素的变动能做出差异性反应。市场细分的重要理论是不同细分市场的需求是异质的，而同一细分市场的需求大致是同质的，因此有效地进行市场细分后的各子市场，对于同一营销组合反应具有差异性，这样的市场细分才有效。

五、医药市场细分的意义

市场细分是一个具有开创性的概念，迅速被大多数企业所接受。有效、合理地进行市场细分，对于医药企业制订正确的营销计划及策略、实现其战略目标有着极其重要的意义。

（一）有利于医药企业发掘新的市场机会

市场机会是市场客观存在的未被满足的消费需求，通过市场细分，企业可以了解各种不同消费者的需求情况和满足程度，发现哪些需求没有得到满足，进而结合企业资源条件，开发出相应的产品，迅速占领这一市场。例如泰克纳医疗产品公司最初集中经营医院面罩，但是遇到了该行业的两大巨头：强生公司和3M公司。于是泰克纳医疗产品公司根据职业划分细分市场，发现市场上没有专门针对医护人员的特种面罩，这块市场的需求还未被满足，进而开始生产专门针对医护人员的面罩，成为美国医院的头号面罩供应商。

（二）有利于医药企业有效利用资源，提高经济效益

经过有效的市场细分后，企业可以根据细分市场的特点，集中使用人、财、物等资源，从而以较小的经营费用取得较好的经济效益；另外，在实施市场细分之后，企业可以针对自己的目标顾客，生产出适销对路的产品，加速商品流转，有效地利用企业资源和发挥企业特长，提高产品质量，从而降低企业的生产成本和经营成本，既能很好地满足消费者的需求，又能提高企业的经济效益。特别是对中、小型医药企业而言，其人、财、物资源往往非常有限，在整体市场较大的细分市场上，缺乏竞争能力。如果这些中小企业善于发现易被大企业忽视的一部分特定消费者未被满足的需求，有的放矢地推出满足这部分需求的产品，往往能变整体市场上的相对劣势为局部市场上的相对优势，取得较好的经济效益。

（三）有利于医药企业及时调整营销战略

一般而言，企业为整体市场提供单一产品，制定统一的营销战略，实施起来相对容易，但是信息反馈比较迟缓，对市场需求发生变化的反应较慢。而进行市场细分后，由于企业同时为不同的消费者群体提供不同的产品，因而比较容易发现和估计消费者需求的变化，市场信息反馈迅速及时，有利于企业及时调整营销战略，开发新产品，满足消费者不断变化的需求。

第二节　医药目标市场选择

医药企业在对整体市场做出必要的细分之后，会选择一个或几个细分市场作为自己的目标市场。市场细分是目标市场选择的基础和前提。市场细分的目的是有效选择并进入目标市场。为了提高企业的经营效益，企业必须细分市场，并且根据自己的任务、目标、资源、特长等权衡利弊，决定进入哪个或哪些细分市场，为哪个或哪些细分市场服务，进行目标市场的选择。

所谓目标市场（target market），是企业在市场细分的基础上，依据企业资源和经营条件所选定的，准备以相应的产品或服务去满足其需要的一个或几个细分市场。

一、评估医药细分市场

对于一个企业而言，由于其资源条件的限制，并不一定有能力进入细分市场中的每一个子市场，也不是所有的子市场对其都有吸引力，这就要求我们首先对细分市场的子市场进行评估。在评估各个不同的子市场时，企业必须考虑两个因素：细分市场的吸引力；企业的目标和资源。

（一）细分市场的吸引力

1. 细分市场的规模及其成长性　没有足够的销售量就无法构成现实的市场，难以保证合理的盈利水平，也就无法成为目标市场。分析市场规模既要考虑现有的水平，更要考虑其发展潜力，以保证企业有长期稳定的发展前景。市场规模大小是相对的，要根据企业的实力选择适当规模的细分市场。

2. 细分市场的盈利性　每个企业都有其利润预期，只有当某细分市场的预期盈利率达到企业的利润预期时，企业才会选择进入，否则会选择放弃，选择其他细分市场或者其他业务单元，也就是适当规模和成长率的市场若缺乏盈利性同样不能成为目标市场。

（二）企业的目标和资源

企业现有的人力、物力、财力资源能否满足细分市场的需求，以及对细分市场的投资是否符合企业的长远目标也是评估细分市场的一个重要考量指标。

二、目标市场选择模式

市场细分之后，企业会对细分市场的潜力、竞争结构及本企业的目标、资源、特长等进行评估，进而开始着手目标市场的选择。企业有五种可供参考的目标市场选择模式（图 8－1），其中 M 代表市场、P 代表产品。

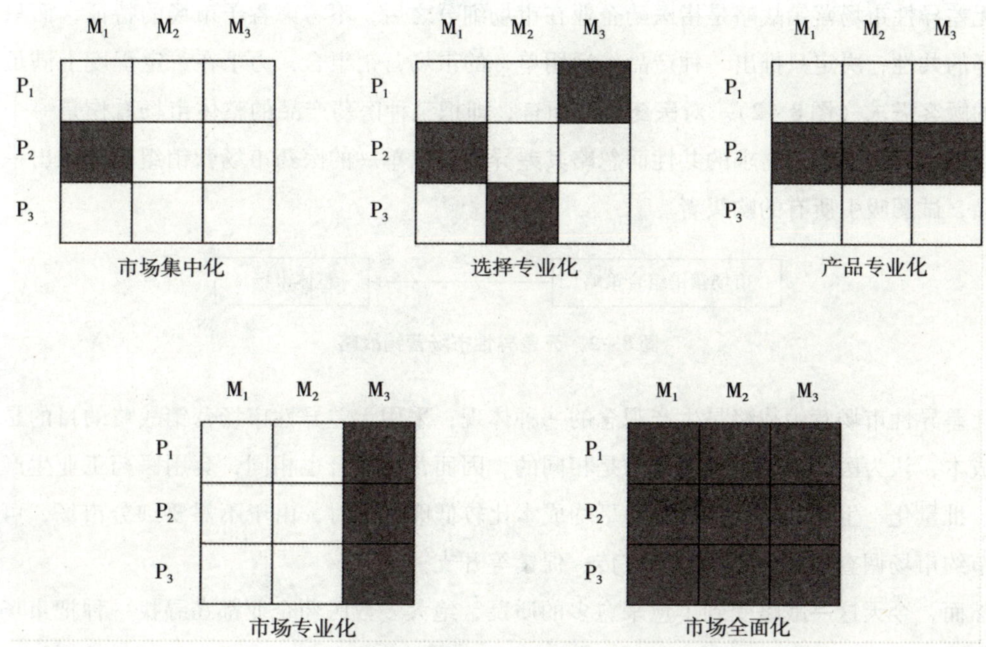

图 8－1 五种目标市场选择模式

1. 市场集中化 即医药企业只选择一个细分市场，提供一类产品，这是一种最简单的目标市场选择模式。该模式可以使企业集中资源，在一个细分市场上获得较高的市场占有率，从而建立稳固的市场地位。但是，由于目标市场过于单一和集中，一旦市场情况恶化，或者出现强劲的竞争对手，企业会面临巨大的风险。

2. 选择专业化 即医药企业有选择地进入几个不同的细分市场，为不同的顾客群提供不同类别的产品。选择专业化模式的最大优点在于能够分散市场风险，但是企业所选择的细分市场之间的联系较少，属于一种非相关的多元化发展，较难获得规模经济。

3. 产品专业化 即医药企业为若干个细分市场专门提供某类产品。产品专业化模式有利于医药企业形成和发展自身的生产技术优势，在该市场上树立良好的品牌形象。但是一旦面临相关技术更新或变革时，譬如出现一种全新的技术及产品时，该产品的销售量有大幅度下降的风险。

4. 市场专业化 即医药企业选择某一类细分市场为其目标市场，并为这一市场提供所需要的各种产品。市场专业化模式经营的产品类型众多，能有效分散经营风险。由于集中于某一类顾客，当这类顾客的需求下降时，医药企业会遇到收益下降的风险。

5. 市场全面化 即医药企业选择所有的细分市场为其目标市场，分别为这些市场提供不同的产品。一般只有实力雄厚的跨国集团或大型企业选用这种模式才能收到良好的效果。

三、医药目标市场营销战略

在选择目标市场的基础上，医药企业可以对不同目标市场制定相应的营销战略。医药企业目标市场营销战略有三种：无差异性市场营销战略、差异性市场营销战略和集中性市场营销战略。

（一）无差异性市场营销战略

无差异性市场营销战略是指医药企业在市场细分之后，不考虑各子市场的特征，而只注重子市场的共性，决定只推出一种产品，运用单一的市场营销组合，力求在一定程度上满足尽可能多的顾客需求（图8-2）。对医药企业而言，即把某种医药产品的整体市场看作是一个大的目标市场，只关注人们需求的共性而忽略其差异性，以单一的医药市场营销组合，推出一种医药产品，试图吸引所有的购买者。

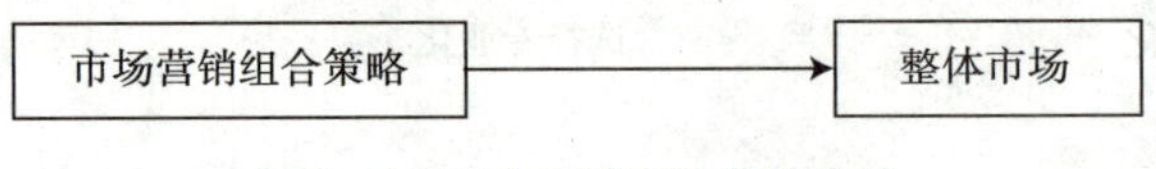

图8-2 无差异性市场营销战略

无差异性市场营销战略是生产观念的一种体现，采用无差异性市场营销战略的目的是力求节约成本，认为医药市场中顾客需求是相同的，因而营销组合也相同，套用医药工业生产的标准化、批量化，生产、储运、促销的平均成本比较低廉；同时，由于不需要细分市场，可以相应地节约市场调查研究费用和广告宣传、促销等开支。

然而，今天这一战略受到了愈来愈多的质疑，绝大多数医药企业都在寻找一种把市场加以细分的战略。事实上，市场细分化是社会进步最明显的特征之一。随着人们财富的增加及有更多的休闲时间，他们追求更加丰富多样的生活，健康保健意识更强，对医药产品的疗效、稳定性、方便服用的要求更高。因而一种医药产品长期被消费者接受是十分罕见的事情，人们的需求呈现出多样化和个性化的特征。而且，当几家生产同类医药产品的企业都采用无差异性市场营销战略时，同质化竞争异常激烈，而小的细分市场无人问津，消费需求得不到满足。

（二）差异性市场营销战略

差异性市场营销战略是指企业决定同时以几个子市场为目标市场，设计不同的产品和营销组合，以适应各个子市场的需求（图8-3）。对医药企业而言，就是把整体医药市场细分为若干子市场，从中选择几个子市场，针对不同的子市场提供不同的医药产品，采用不同的市场营销组合，分别满足不同的医药消费者的需求，力争销售机会最大化，占领更大的市场份额。

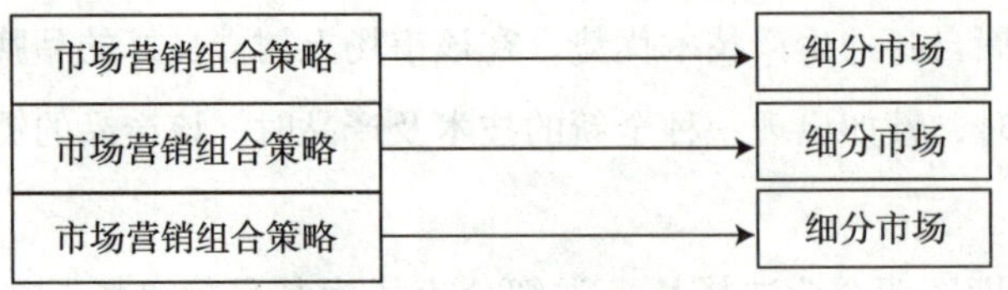

图8-3 差异性市场营销战略

NOTE

（三）集中性市场营销战略

集中性市场营销战略是指企业集中所有力量，以一个或少数几个性质相似的子市场作为目标市场，试图在较少的子市场上拥有较大的市场占有率（图8-4）。采取集中性市场营销战略的医药企业，追求的不是在较大的市场上占有较小的份额，而是在较小的市场范围内占有较大的份额。医药企业可以集中力量于设计、研制、工艺设备改进等方面，利于产品的精益求精以扩大市场占有率，使产品成本相对下降，企业的投资收益得以提高。

然而，集中性意味着企业把所有的鸡蛋放在同一个篮子中，这样做风险较大，除非企业拥有某方面的专利技术或是其他企业无法拥有的资源才有可能在某个市场中长期生存，并取得竞争优势。

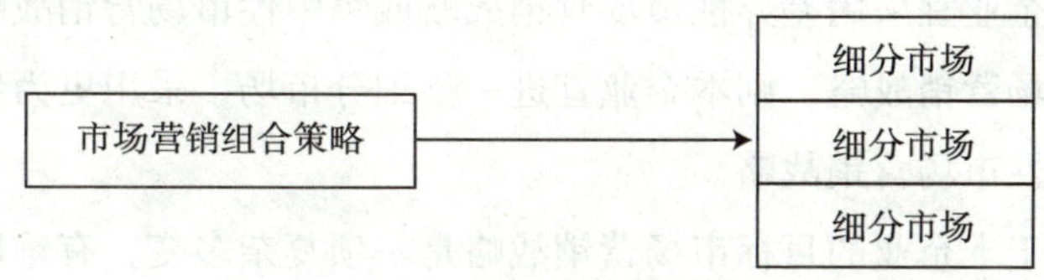

图8-4　集中性市场营销战略

四、影响医药企业选择目标市场营销战略的因素

（一）企业实力

所谓企业实力包括企业规模、技术力量、资金、人力资源和管理水平等。如果企业资源雄厚，实力较强，可以考虑实施差异性市场营销战略；反之，规模小、实力差、资源缺乏的一般企业宜采用无差异性市场营销战略或集中性市场营销战略。我国医药工业的整体水平相对落后，即使是国内一流的大型企业也难以与国外大医药公司相抗衡。因此，我国医药企业宜于采用集中性市场营销战略，重点开发一些新剂型和国际市场紧缺品种，在竞争中取得相对的品种优势。

（二）产品同质性

产品同质性是指产品在性能、特点等方面的相似程度。对于同质性产品，虽然由于原材料和加工不同而使产品质量存在差别，但这些差别并不明显，只要价格适宜，消费者通常较少有特别的要求，故企业可以考虑采用无差异性市场营销战略。而异质性产品，如药物的剂型、品种、组方等对其疗效影响很大，特别是滋补类药品其成分、配方、含量差别很大，其价格也有明显差别，消费者往往对产品的质量、价格、规格及包装等要反复进行比较，然后决定购买，对于这类差异性大的产品，企业应考虑采用差异性市场营销战略或集中性市场营销战略。

（三）市场同质性

市场同质性是指各细分市场上顾客的需求、购买行为等方面的相似程度。具体而言，如果市场上的消费者在一定时期内其需求和偏好较为接近，且对企业的市场营销组合刺激的反应相同或相似，显示出市场的类似性，则企业可考虑采用无差异性市场营销战略。反之，如果市场上消费者的需求和偏好差异较大，则宜采用差异性市场营销战略或集中性市场营销战略。

（四）产品所处生命周期阶段

产品生命周期包括导入期、成长期、成熟期、衰退期四个阶段。对处于不同阶段的产品应

采取不同的目标市场营销战略。处于导入期和成长期的产品，由于同类竞品不多，竞争尚不激烈，企业这时的营销重点在于让消费者了解产品，认识产品，激发消费者的偏好，挖掘其对产品的基本需求，宜采取无差异性市场营销战略或针对某一特定子市场实行集中性市场营销战略；当产品进入成熟期，市场竞争空前激烈，无差异性市场营销战略的效果逐渐减弱，此时，企业宜采用差异性市场营销战略或集中性市场营销战略；当产品进入衰退期时，市场需求下降，此时企业宜采用无差异性市场营销战略或集中性市场营销战略。

（五）竞争对手的市场营销战略

企业在选择目标市场营销战略时，还应该考虑竞争者所选择的市场营销战略。一般而言，企业的目标市场营销战略应与竞争对手有所差异，如果竞争对手实力较强并实行的是无差异性市场营销战略，则本企业宜采用差异性市场营销战略或集中性市场营销战略应对；如果竞争对手实行的是差异性市场营销战略，则本企业宜进一步细分市场，采用更为细致、有效的差异性市场营销战略或集中性市场营销战略。

总之，选择适合于本企业的目标市场营销战略是一项复杂多变，有难度的工作。企业的内部环境因素是逐渐变化的，如资金、研发能力、技术力量、设备能力、产品组合等，另外企业的外部环境因素也是千变万化的。因此，企业要不断通过市场调研来分析和预测这些变化和趋势，与竞争者的各项条件进行对比，扬长避短，把握时机，采取适当的战略，争取利益最大化。

第三节 医药市场定位

医药企业如何利用有限的资源开发自己的目标市场，如何树立医药产品的特色形象，这就需要考虑市场定位。市场定位的意义在于使自己生产或销售的产品能够在竞争者中脱颖而出，在消费者心中留下良好的印象，形成特殊偏好，维持产品稳定的销量。同时，通过企业市场定位选择有效的营销方式在目标市场为顾客提供本企业的产品或服务，因而市场定位决策是制定市场营销策略的前提，在营销工作中意义重大。

一、市场定位的含义

（一）市场定位的定义

市场定位是市场营销学和现代广告学中十分重要的概念，由艾·莱斯（A Ries）和特劳特（J Trout）于1972年提出的。他们在《广告时代》（《Advertising Age》）发表了名为《定位纪元》的系列文章，后又编写了成名作《定位：为你的注意而战》（《Positioning：The Battle for Your Mind》）一书，明确提出了关于市场定位的问题。

市场定位（positioning）又称为产品定位，就是确定产品在市场中的位置，即根据顾客对某种产品属性的重视程度，给本企业的产品创造并培养一定的特性，树立一定的市场形象，在为数众多的产品概念中，发现或形成有竞争力的、差别化的产品特色及重要因素。其实质是取得目标市场的竞争优势，确定产品在顾客心目中的适当位置并留下深刻印象，以便吸引更多的顾客。简而言之，就是在消费者心目中为某种产品或品牌建立有别于竞争者的形象。

NOTE

市场定位是关系到企业生死存亡的大事。有效的市场定位有利于树立企业产品的鲜明特色；有利于满足顾客的需求偏好；有利于企业取得竞争优势。因此，企业在制定市场定位战略时，一定要从实际出发，必须先对环境、市场和产品进行调查研究，经过系统分析和综合之后才能确定产品在市场上的位置。

【营销实践】

几个主要品牌感冒药的市场定位

目前我国4678家制药企业中，有1000多家在生产不同种类的感冒药。因此，感冒药市场是药品竞争最为激烈的领域之一，市场竞争呈现“诸侯争霸”“风起云涌”的局面。由于感冒药的特殊性，竞争的市场终端集中在医院和药店，市场竞争的主要手段是广告拉动。调查显示，占据感冒药市场绝大部分市场份额的是感康、新康泰克、泰诺、白加黑、日夜百服宁等几个大品牌，而且这几个品牌都有其独特的、差异化的利益点：因为感康含有对病毒有一定抵抗作用的金刚烷胺，厂家提出了“抗病毒，治感冒”理念，以区别于其他同类产品；新康泰克大胆承诺“12小时缓解感冒症状”，以独特的缓释技术、药效持续时间长为其诉求；泰诺则强调30分钟快速起效的概念——“快速消除感冒症状”；白加黑和日夜百服宁另辟蹊径，采取日夜分开的给药方法，倡导白天“不嗜睡”功能……每个品牌都选择了一个独特卖点。新入市的感冒药要与这些品牌竞争，必须找到更加独特的“卖点”。

资料来源：阮卫国．感冒药：名牌主宰市场［N］．中国医药报，2005-12-15（B7）

（二）市场定位的原则

为了保证医药市场定位的有效性，企业在进行定位时应遵循以下原则：

1. 重要性 即企业所突出的特色应是顾客所关注的。如强生“泰诺”突出快速抑制感冒症状，这正是大多数感冒患者所关注的。

2. 独特性 定位应是区别于竞争对手的，应是竞争对手难以模仿的，与众不同的。如防水的“邦迪贴”是首创的，“云南白药”的配方一直是保密的。

3. 可传达性 这种定位应易于传递给客户，并被客户正确理解。我们经常看到的医药产品广告都是明确易懂，一般老百姓都能够接受的。

4. 可接近性 目标市场有购买这种产品的能力，所以常备药物的价格一般不会太贵。

5. 可盈利性 企业通过这种定位能获取预期的利润。企业不是慈善机构，这一点是所有商业企业的最终目标，当然必须在合法、合理的基础上获取利益。

（三）市场定位的基础——差异化

市场定位的精髓在于在目标消费者心目中形成一种心智位置的抢占，也就是占据“第一”的位置，形成关于品牌“第一”的概念，让消费者购买时形成“首选”，占领消费者大脑中的制高点。市场定位是基于消费者心理的差异化，菲利普·科特勒认为企业可以从产品、服务、渠道、员工及形象五个方面来体现差异化。

1. 产品差异化 即企业在产品特征、性能、耐用性、可靠性、式样的设计，以及产品的实际功能与企业宣传的是否一致等方面与竞争者相区别，从而使消费者感受到差别。“天士力——复方丹参滴丸”将定位统一于“现代中药”，“宛西仲景——六味地黄丸”将定位统一于“古方正药”和“药材好，药才好”等，从而在各自市场成就领先地位。

2. 服务差异化 指企业向目标市场提供与竞争者不同的优异服务。特别在医药产品的差

异难以突出时，服务的差异往往成为竞争成功的关键。可主要通过交货、顾客培训、咨询服务等因素来区分服务水平。

3. 渠道差异化 分销渠道的差异化可以从渠道的模式、渠道成员的能力及渠道管理政策等方面具体体现。

4. 员工差异化 即通过聘用和培训比竞争者更为优秀的员工以获得竞争优势。员工差异化主要表现在称职、礼貌、诚实、可靠、敏捷、沟通等方面。

5. 形象差异化 即通过塑造与众不同的产品或品牌形象来获得竞争优势。其形象要通过特定的信息传播途径加以展现，并且具有某种感染力，能够触动顾客的内心。

（四）医药市场定位的层次

在产品过剩、传播过度的医药市场，精准定位已经成为品牌运作和市场营销的核心命题。对于医药企业，市场定位可分为三个层次。

1. 企业战略定位 确定企业整体的战略性市场、经营方向，为企业确立产品研发、服务和资本运作的方向。

2. 品牌战略定位 确定具体单品牌和产品的市场选择、功能定位，为品牌运作和延伸提供准绳，具有短期有效性和长期适应性的特征。

3. 传播策略定位 创立自身能有效提供、消费者需求空缺而竞争者无法提供或未提及的传播概念和说服理由，讲求简洁、清晰、尖锐，形成快速认知和记忆，让消费者认识你，选择你，同一种医药产品在针对医生和大众时，说辞要因人而异。

三层次定位含义不同，却又互相渗透，相互统一。比如修正药业定位于“良心药、放心药”的普药，斯达舒定位于胃病市场中的青年人，通过“胃酸、胃痛、胃胀”三大症状定位，让消费者对号入座，从而抓住广大目标市场。三者统一性越强，企业和产品的品牌形象就会越犀利，竞争力越强大。

二、医药市场定位战略

（一）避强定位战略

避强定位战略即采取迂回方式，避免与市场上的竞争对手直接对抗，通过对市场和现有产品的认真分析研究，发现消费者实际需求未能很好满足的部分，定位于市场的“空白点”，开发并销售目前市场上还没有的某种特色产品，开拓新的市场领域。采用避强定位战略，由于目标市场没有竞争者，企业产品可以长驱直入，在市场上站稳脚跟，并能在消费者心中迅速树立起一种形象，这种定位方式市场风险较少，成功率较高。

【营销实践】

“王老吉”重新定位：走出广东，在全国市场刮起红色旋风

凉茶是一种由中草药熬制、具有清热祛湿等功效的“药茶”，在沿海地区颇为流行，其中又以“王老吉”最为著名，被称为凉茶始祖。20 世纪 90 年代后期，广东加多宝饮料有限公司取得了“王老吉”品牌的经营权。经过几年的经营，公司取得了不错的业绩：销量稳定，盈利状况良好，在华南这一区域市场有比较固定的消费群。但管理层不满足于现状，决定把企业做大，从区域市场走向全国市场。

在做大的过程中，面临着一个最严重的问题：该产品定位不清。虽拥有凉茶始祖“王老吉”的品牌，却长着一副饮料化的面孔，让消费者觉得“它好像是凉茶，又好像是饮料”，这种认知混乱是阻碍消费者进一步接受的心理屏障。也就是说，“王老吉”的功效有很多，但没有形成一个有说服力的“卖点”。通过细致的市场调查后发现，中国几千年的中药概念“清热解毒”在全国广为普及，“上火”“去耐火”的概念也在各地深入人心；面对如此巨大的市场机遇，在对消费者、竞争者及品牌优势综合分析的基础上，该公司最终把“王老吉”精确定位为预防上火的饮料，并打出了“怕上火，喝王老吉”的响亮口号。经过广告宣传及推广，到2004年，“王老吉”罐装饮料销售额从2002年的1亿多元猛增至10亿元，增长5倍以上。从海南岛到青藏高原，到处都能看到王老吉的产品。仅仅一年多时间，王老吉凉茶已经从一个广东地方传统品牌实现进军全国市场的梦想。

资料来源：张旭．王老吉，“防火”让自己火起来［J］．销售与市场（案例版），2004（09）

（二）对抗定位战略

对抗定位战略即与在市场上占支配地位的竞争对手直接对抗，选择靠近于现有竞争者或与现有竞争者重合的市场位置，争夺同样的目标顾客，使用相同的市场营销组合策略。如果医药企业经过仔细调研也难以发现市场空隙，只要该市场需求潜力很大，而企业又能赋予产品新的特色和创意，不妨采用此策略，与竞争者一争高低。选择这一定位战略的条件是：第一，企业的产品在质量、功能或其他方面明显优于竞争对手；第二，该市场的容量足够容纳现有竞争者的产品；第三，企业拥有足够的实力支持这种较量。市场挑战者一般使用这种战略。实行对抗定位战略要求后进者必须清醒地估计自身的实力，慎重采取战略。

（三）重新定位战略

重新定位战略通常指对销路不畅或形象不够有力的产品进行二次定位。即企业调整原有的市场定位，改变产品特色，从而改变目标市场对其原有的印象，使顾客对新产品的形象重新认识并认可。如果医药企业的产品或服务不再处于市场最佳位置，或者说企业本来的定位就是错的，就应该考虑重新定位问题。即使市场定位很恰当，当企业遇到下列情形时，也应考虑重新定位问题：一是竞争者推出的新产品定位于本企业产品附近，使本企业在该目标市场的占有率大幅度下降；二是顾客偏好发生转移，使企业产品与消费者需求发生偏离；三是为了拓展新市场。

在做重新定位决策时，企业必须权衡两项因素：一是重新定位的成本，它包括改变产品的品质、包装、广告等的成本。一般来说，重新定位距离原来的市场位置越远，则成本越高，产品形象改动的幅度越大，为改变人们印象所需的投资也越高。二是重新定位的预期收益。收益多少决定于子市场上购买者和竞争者的状况，取决于子市场上价格的高低等。重新定位是一件复杂而又充满风险的工作，企业应该慎而行之。

总之，目标市场的定位战略是企业在选择目标市场的基础上，研制开发并推出适合目标市场需求的产品，使企业的产品与目标市场取得最佳配合，并确立有利的销售地位的有效手段。

三、医药市场定位方法

医药企业产品或服务特色，有些可以从产品实体上表现出来，如性状、成分、疗效、包装、标签与说明书等；有些可以从消费者心理上反映出来，如安全性、有效性、经济性等；有些要通过与竞争者产品或本企业其他产品相比较体现出来。医药产品进行市场定位的方法有：

（一）根据属性定位

根据属性定位即根据医药产品的某项特色来定位，这种定位可以强调产品区别于同类产品的某一特征。例如，在国际医药市场上，中药的市场定位就是天然药物，这是根据中药产品成分构成的特点定位的。这种市场定位实事求是、恰如其分，任何人均无怀疑、拒绝的理由。在回归自然、寻求排毒高效药品的思潮中，原来对进口中药限制较严的美国、德国、法国等国家，现在都放松了进口限制，全世界进口中药的国家和地区已达120多个。

（二）根据利益定位

根据利益定位即根据消费者购买医药产品能带来的某项特殊利益来定位。购买医药产品所追求的核心利益是健康，但同时也有附加利益，如服用方便等。

（三）根据价格和质量定位

根据价格和质量定位即根据医药产品的价格与质量的组合来定位。质量和价格一般是消费者最关注的两个因素，人们一般相信“价高质优”，价格高低与质量高低通常是一致的。

（四）根据用途定位

根据用途定位即根据医药产品不同的用途来对其进行定位。例如，石膏有多种用途，建材企业用来作为装饰材料，日用化工企业用来作为化妆品原料，食品行业用来作为添加剂，医疗单位则用来作为治疗骨折的夹板。如果为老产品找到一种新用途，也是为该产品定位的好方法。许多医药产品在临床应用中又逐渐发现一些新用途，从而为该产品开辟新的市场。例如，阿司匹林除解热镇痛的老用途外，还有抗癌防癌的作用，还有抗血栓形成的作用，可预防心脑血管疾病。

（五）根据使用者定位

根据使用者定位即把医药产品和特定的使用者联系起来进行定位。通过使用者定位把某种医药产品指引给适当的使用者或者某个细分市场，让消费者群体有这样的印象：这种医药产品是专为他们定制的，因而最能满足他们的需求。例如，哈药的护彤定位为“儿童感冒药”。

（六）根据竞争者定位

根据竞争者定位即以某知名度较高的医药产品为参考点进行定位，以在消费者心目中占据明确的位置。例如，云南“无敌药酒”的广告语为“白药疗伤、无敌疗骨”，将其与云南白药联系起来，以获得顾客的认知和认可。

四、医药市场定位步骤

医药市场定位的根本目的是医药企业要在目标市场上建立本企业产品的竞争优势，并使消费者充分认识到这些优势。竞争优势一般有两种基本类型：一是价格竞争优势，即在同样的条件下比竞争者定出更低的价格。二是差异化竞争优势，即以企业差异化的定位来满足顾客的特定偏好。

因此，医药企业市场定位的全过程可以通过以下三大步骤来完成，即确认本企业潜在的竞争优势、准确地选择相对竞争优势和明确显示独特的竞争优势。

（一）确认本企业潜在的竞争优势

这一步骤的中心任务是要回答以下三个问题：一是竞争对手的产品是如何定位的？二是目标市场上足够数量的顾客欲望满足程度如何及确实还需要什么？三是针对竞争者市场定位和潜

在顾客的需求企业应该和能够做什么？要回答这三个问题，营销人员必须通过市场调研，系统地设计、搜索、分析并报告有关上述问题的资料和研究结果。通过回答上述三个问题，企业可从中把握和确定自己的潜在竞争优势在何处。医药企业能够在产品、服务、员工、渠道和形象等方面实现差异化，为企业获得竞争优势。

（二）准确地选择相对竞争优势

相对竞争优势表明医药企业能够胜过竞争者的能力。这种能力既可以是现有的，也可以是潜在的。准确地选择相对竞争优势就是一个医药企业各方面实力与竞争者的实力相比较的过程。通常的方法是分析、比较医药企业与竞争者在经营管理、技术开发、采购、生产、市场营销、财务、产品等七个方面究竟哪些是强项，哪些是弱项，最终选出最适合本企业的优势项目。通过与竞争企业的比较，或许发现了多种差异化，但并不是每一种差异化都会形成竞争优势。显然，不能带来竞争优势的差异化是不可以作为市场定位的基础的。

（三）明确显示独特的竞争优势

这一步骤的主要任务是医药企业要通过一系列的宣传促销活动，将其独特的竞争优势准确地传播给目标市场，并在顾客心目中留下深刻印象。首先，企业应使目标顾客了解、知道、熟悉、认同和偏爱本企业的市场定位，在顾客心目中建立与该定位相一致的形象。其次，医药企业通过一切努力强化目标顾客心目中的形象、保持目标顾客的了解、稳定目标顾客的态度和加深目标顾客的感情来巩固与市场相一致的形象。最后，医药企业应特别注意目标顾客对其市场定位理解是否出现偏差或由于医药企业市场定位宣传上的失误而造成的定位模糊和混乱，并及时纠正与市场定位不一致的形象。

【营销实践】

创新制胜糖尿病OTC市场——益寿消渴茶突围之路

近年来，在中国的糖尿病OTC市场，有一个叫益寿消渴茶（后更名为参花消渴茶）的产品风生水起，成为该市场中成药类的领头羊。

中国的降糖药市场一直是西药的天下，占了超过70%的份额，中药的份额同时也在逐年增长，且主要在药店零售。益寿消渴茶作为一种以茶为载体的中药新产品，在这样的背景下杀入市场，实现了销售的不断突破。

一流好产品，还需概念作刺刀。做医药保健食品市场的人都知道，一种产品要想迅速地撼动市场，必须要有一个十分响亮的概念，概念是对产品差异化卖点的包装。根据对产品的深入分析，结合益寿消渴茶独特的茶剂型特点，企业提出了“冲刷排毒”“激活平衡”两大理论。

首创体验营销，好产品自己会说话。在医药零售市场首创体验营销，这在OTC市场可谓是一个大胆的创新。通过体验营销，糖尿病患者从先接受产品开始，这样，一方面节省了大量的宣传费用，另一方面也更促进了产品的销售。

发明人做讲座，专家成明星。益寿消渴茶的发明人亲自到现场做讲座，作为产品的发明人，对产品有着深刻的把握，在讲解时往往能够深入浅出，得到患者的认同。在青岛市场上，发明人的一次专家讲座就卖了30万元的产品！

定期循环促销，活动营销成常态。益寿消渴茶的可贵之处在于把现场活动做成常态，每周末都在城市人气汇聚的地方进行循环促销。

新闻式广告，患者当天上电视。在产品后期，在现场被采访的患者经过影视编辑部门的编样，当天晚上就可以在当地的电视台播放出来，做到了新闻的速度，因此也增加了内容的可信度。

资料来源：王国庆，孙宁健．创新制胜糖尿病 OTC 市场——益寿消渴茶突围之路［EB/OL］．http://www.emkt.com.cn/article/332/33255-2.html.2007-09-13

第四节 医药市场营销组合和计划

医药企业在分析市场营销环境、研究消费者需求之后，就要充分利用本企业的资源进行市场营销决策，制订最优的综合营销方案，以便达到企业的最优目标。因此，企业经营的成功与否在很大程度上取决于对市场营销因素的选择和运用。

一、医药市场营销组合

（一）市场营销组合的含义

市场营销组合（marketing mix）简称营销组合，是市场营销学中一个十分重要的概念，最先由美国哈佛大学商学院教授尼尔·鲍敦（N. H. Borden）于 1964 年提出。

影响市场需求的因素很多，大体可分为两大类：不可控因素和可控因素。不可控因素是指企业不能完全控制或完全不能控制的外部环境，例如人口环境、经济环境、自然环境、技术环境、政治法律环境和社会文化环境等。可控因素指的是企业为了达到市场营销的目标，针对不同的市场环境所采取的能满足目标市场需求的市场营销要素。美国市场营销学家尤金·麦卡锡教授（Y. J. McCarthy）将各种营销要素归为四大类：产品（product）、价格（price）、渠道（place）和促销（promotion），简称 4P。

市场营销组合是指企业通过市场细分，在选定目标市场、确定市场定位以后，将企业可控制的产品、定价、分销、促销策略进行最佳组合，使它们之间相互协调、综合发挥作用，以满足目标市场的需求，实现企业的市场营销目标。市场营销组合也称为 4P 组合。

【营销视野】

市场营销组合理论的历史沿革

（1）多 P 理论　20 世纪 80 年代，外部环境发生了剧烈变化，国际市场竞争越来越激烈。1986 年，菲利普·科特勒提出“大市场营销（mega marketing）”概念，即在 4P 的基础上加上 2P 要素，即政治权利（political power）和公共关系（public relations）。20 世纪 90 年代，随着对营销战略计划过程的重视，菲利普·科特勒提出了战略营销计划过程必须优先于战术营销组合（即 4P）的制定并逐渐形成 10P 组合，这些战略要素是在 6P 基础上增加了探查（probing）、细分（partitioning）、优先（prioritizing）、定位（positioning）这四个要素。最后，菲利普·科特勒吸取了服务营销的某些成果和观点，在他的战略营销组合中加入了第 11 个 P 因素，即人（people），形成了 11P 组合。

（2）4C 理论　20 世纪 80 年代，以 4P 为代表的以企业为导向和注重交易的营销组合理论因对顾客权利的漠视而受到越来越多的营销学者的批评。在此背景下，美国学者罗伯特·劳特伯恩针对 4P 提出了以消费者为核心的 4C 营销组合新理论，具体包括消费需求（consumer）、成本（cost）、便利（convenience）、沟通（communication）四个要素。

（3）4R 理论　针对 4C 理论存在实践操作性较弱、被动适应顾客需求、未考虑竞争对手的营销策略及反应等问题，美国学者唐·舒尔茨提出旨在与以顾客为主的利益相关者建立长久关系的 4R 营销组合理论，具体包括与顾客建立关联（relevance）、提高市场反应速度（responsive）、关系营销（relationship）和讲求回报（reward）四个要素。

（4）4I 理论　随着营销在现代企业管理中战略核心地位的不断加强，营销组合理论逐步与战略管理相结合，出现了战略营销的新观念。战略营销管理体系包括三个层次：核心层、硬策略层、软策略层。核心层包括营销任务、目标市场、产品定位和营销战略。硬策略层就是传统的 4P 营销组合。软策略层即新的 4I 营销组合，包括关系营销（incorporating marketing）、权利营销（influence marketing）、形象营销（image marketing）和信息营销（information marketing）。

（5）4V 理论　沟通的渠道多元化，使越来越多的跨国公司开始在全球范围进行资源整合。在这种背景下，营销观念、方式也不断丰富与发展，形成了独具风格的 4V 营销组合理论，具体包括差异化（variation）、功能化（versatility）、附加价值（value）和共鸣（vibration）四个要素。

（6）4S 理论　随着计算机互联网技术的发展，网络营销和电子商务成为企业新的营销市场，适用于电子商务的 4S 营销组合应运而生。网络营销的 4S 组合包括范围（scope）、网站（site）、协同（synergy）和系统（system）。

资料来源：刘蓓，彭林．市场营销组合理论模式的演变与发展研究综述 [J]．市场论坛，2012（3）：64－67

（二）医药市场营销组合的特点

1. 可控性　市场营销组合作为市场营销的重要手段，医药企业可以自由选择不同的组合方案，使他们相互协调，达到最佳组合效应。医药企业可以根据市场分析，针对目标市场的需求，调整产品结构和服务，不断研制开发新产品，剔除疲软滞销产品，改进和革新包装、商标等；可以根据产品特点选择最有效和最经济的渠道类型，加速商品流通；也可以根据市场竞争状况，制定本企业的定价目标、定价方法和定价策略；医药企业还可以针对不同的消费者展开立体的、不同层次的促销活动，迅速提高产品知名度，以影响消费者购买行为和消费方式。医药企业要善于发挥自身优势，制定最佳的市场营销组合策略。

在实际的市场营销活动中，市场营销组合还受到外部营销环境因素的影响和制约。虽然外部环境会给营销工作带来一定的困难，但也会给医药企业创造新的市场机会。因此，市场营销人员必须经常监测市场营销环境的变动，既要善于利用新出现的市场机会，又要及时调整市场营销组合策略，以适应新的市场环境，这也是医药企业能否在市场中占据主动地位，能否成功发展的关键。

2. 多层次性　市场营销组合是产品策略、定价策略、分销策略、促销策略四大营销要素的组合，每一种策略内部又包括许多具体的营销因素，如产品策略又可分为产品、服务、品质、商标、包装、品牌等具体因素。这些具体因素形成每一营销因素的次级组合（图 8－5）。围绕目标市场，市场营销活动就形成了多层次的大系统。医药企业进行市场营销活动，可以用图 8－5 中 4P 的各子因素组成多层次、多维度、多角度的市场营销组合，然后从中选择最佳组合，以适应目标市场的需求和企业外部环境的要求。

3. 动态性　医药企业所面临的营销环境不是固定不变的，因此市场营销组合是一个变化

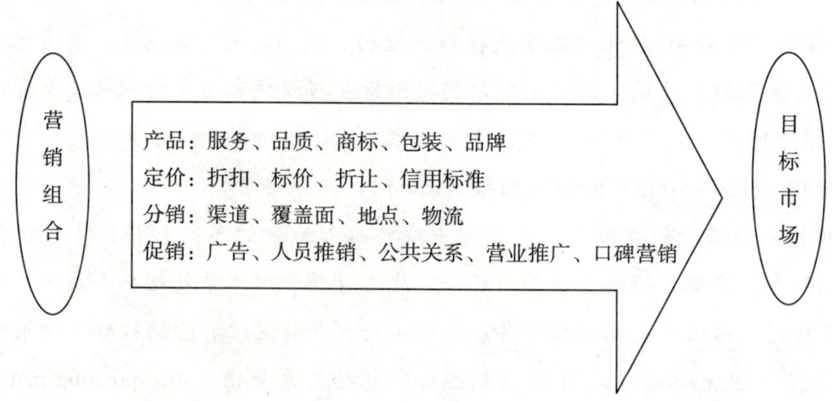

图8-5 营销组合4P及各子因素

多端的动态组合，而且营销组合中某一因素发生变动，也会带动其他因素的变化，从而出现新的营销组合。在环境千变万化，需求瞬息万变的市场上，为适应市场环境和消费者需求的变化，医药企业必须随时调整营销组合因素，使营销组合与市场环境保持一种动态的适应关系。

4. 整体性 市场营销组合理论运用系统协同概念和理论指导营销实践，强调营销工作的整体性，在对每一因素进行分析的基础上，把他们综合起来运用，突出整体效果。具体来说，企业在开展市场营销工作时，首先考虑为顾客提供什么样的产品，随即进行定价，然后考虑分销网点，最后考虑采取什么促销措施激发顾客的购买行为。因此，市场营销组合要素是紧密相连的，应整体运行。

二、医药市场营销计划

市场营销计划属于企业的职能计划之一，是企业整体战略规划在营销领域的具体化。市场营销计划是对企业市场营销活动方案的具体描述，用以描述企业各项营销活动的任务、目标、策略和具体措施。一个良好的市场营销计划应该是科学性、可行性与完整性的统一，能最大限度地规避或减少企业的市场风险，能够使企业营销活动变得更经济、更合理，促使企业营销目标的最终实现。

（一）医药市场营销计划的定义

医药市场营销计划是医药企业营销活动方案的具体描述，它规定了企业各种经营活动的任务策略、具体指标、实施措施及实施营销计划所需的资源、各职能部门和有关人员的职责，指明了医药企业经营活动预期的经济效果。医药营销计划是指导、协调医药营销活动的主要依据。

（二）医药市场营销计划的主要作用

1. 有助于医药营销管理人员树立以未来为导向的观念 医药营销计划即是通过对未来可预见机会的分析、评估和选择而制订出来的行动方案，这样就有助于医药营销管理人员树立以未来为导向的观念，他们将不得不留意和考虑常规问题，从而规避未来可能发生的问题。

2. 帮助医药企业营销管理人员适时评价目标的实施情况 医药营销计划设定了一定时间内必须完成的目标、目的、重点和实施策略，能帮助企业营销管理人员适时评价目标的实施情况，适应不断变化的环境并及时对环境变化所产生的市场机会采取正确的行动，以实现预期

目标。

3. 便于管理者准确地确定每个员工的职责 医药营销计划对将要进行的任务和采取的行动进行了详细的描述，这样就便于管理者对每个员工的职责准确地确定，鼓励他们勇于承担责任并相互配合，积极迎接挑战，有目标、有步骤地完成或超额完成自己所被委派的任务。

4. 便于管理者事先测知计划对资源的需要量 医药营销计划确定了实现计划所需的资源，医药企业的管理者可事先对这些资源的需要进行预测，并据此判断企业所需付出的成本费用，为最大程度地节约费用开支奠定基础。

（三）医药市场营销计划的主要内容

医药市场营销计划是指医药企业为了实现总体营销战略计划与业务单位营销战略计划，在全面分析医药企业经营环境的基础上制定的目标、策略、措施与步骤。企业不同、产品不同，其市场营销计划在形式与内容上可能会存在较大差异，但作为一个重要的营销管理过程，制订一个完整的市场营销计划通常包括八个方面的内容。

1. 计划概要和目录 计划概要是对主要营销目标和措施的简单摘要，目的是使管理部门迅速理解计划的核心内容。紧随其后的是目录部分。

2. 营销现状分析 营销现状是计划正文的第一部分，主要提供该产品目前经营状况的有关背景资料，包括医药市场、医药产品、分销、竞争和宏观环境状况的分析。

（1）医药市场状况 列出目标市场的具体数据，包括该市场的总体规模及增长情况，如目标市场近年来的年销售量、增长趋势、在整个市场中所占的比例等。这些数据通常能够反映消费者的需求状况、消费观念和购买行为的变化与趋势。

（2）医药产品状况 列出企业产品组合中每一个品种近年来的销售价格、市场占有率、成本、费用、利润率等方面的数据，主要采用定量分析法。

（3）分销状况 描述医药产品所选择的分销渠道类型及其在各种分销渠道上的销售数量。例如，在感冒药市场上，某医药企业在批发商、零售商等各渠道上的销售情况及比例。

（4）竞争状况 识别出企业的主要竞争者，并列举竞争者的规模、目标、市场份额、产品质量、价格、营销战略及其他相关特征，以了解竞争对手的意图、行为，判断竞争者的变化趋势。

（5）宏观环境状况 可列出影响医药企业产品市场前景的各种宏观环境因素并进行分析，主要包括人口环境、经济环境、技术环境、政治法律环境、自然环境和社会文化环境等。

3. 机会与问题的分析 机会与问题的分析可利用市场营销状况资料，采用SWOT分析等方法进行系统分析。首先分析综合计划期内企业营销所面临的主要机会和威胁，企业营销资源的优势和劣势，在此基础上，确定企业的机会和问题。在分析的过程中，必须把机遇与威胁的分析和企业的优势与劣势分析结合起来进行，这样才能分析真正为医药企业带来盈利的机会，回避可能遇到的风险，以便于确定具有针对性的解决问题的营销策略和行动方案。

4. 营销目标 拟定营销目标是企业经营计划的核心内容，在市场分析的基础上对营销目标做出决策。营销计划中应建立财务目标和营销目标。财务目标包括投资报酬率、利润率、利润额等指标。财务目标还需要转化为营销目标，营销目标包括销售收入、销售增长率、销售量、市场份额、品牌知名度、分销范围等。目标要用数量化指标表达出来，要注意目标的实际、合理，以及一定的开拓性。

5. 营销战略和策略 营销战略是一个医药企业用以达到营销目标的全局性、深远性的谋划，包括目标市场选择和市场定位战略；营销策略主要指市场营销组合。

医药企业需要确定服务于哪个或哪些市场，如何进行市场定位，确立何种形象。不同的细分市场在消费者偏好、购买行为及企业能够或愿意满足其需求的程度等方面各有特点，因此，医药企业必须在确定的目标市场上合理分配营销资源。医药企业在其目标市场上拟采取的具体的营销组合主要包括产品、定价、分销和促销等。

6. 行动方案 战略和策略必须具体化，必须以各种战术或具体的行动方案予以支持。营销计划中行动方案所要解决的问题在于：做什么？何时开始做？由谁做？何时完成？成本多少？达到什么要求？等等。在制订行动方案时，可以利用项目管理中的任务分解法来实现，将具体的行动安排用图示表示，其中标明日期、负责人、参与人和活动费用，使整个行动方案一目了然，便于执行与控制。

7. 营销损益预算 营销损益预算是根据营销行动方案编制出的预算方案，通常需要开列一张实质性的预计损益表。在收益的一方要说明预计的销售量及平均实现价格，预计出销售收入总额；在支出的一方说明生产成本、实体分销成本和营销费用，以及再细分的明细支出，预计出支出总额。最后得出预计利润，即收入和支出的差额。企业的业务单位编制出营销预算后，送上层主管审批。经批准后，该预算就是材料采购、生产调度、劳动人事及各项营销活动的依据。

8. 计划控制 计划控制主要用以监测、控制计划的进程及完成情况，通过监测和检查发现偏差并及时采取纠偏措施，保证计划顺利执行，确保企业营销目标的实现。常用的营销计划控制方法有：年度计划控制、盈利能力控制、效率控制和战略控制。在实践中，计划控制包括两方面的内容：一是将目标和预算按月份或季度分解，便于管理层按期审查，并采取补救措施；二是列出处理特定环境下出现意外事故的防范措施。

多数营销计划的期限是一年，并且详略程度不一，如有五因素结构：执行概要和目录、情景分析、营销战略、财务预测和实施控制。总的来说，制订营销计划要避免偏离现实，要有必要的竞争性分析，并注重长远效益。

【营销视野】

营销计划标准

在评估营销计划时，经常会问到以下几个问题：

(1) 计划本身是否简单？计划是否容易理解并容易贯彻执行？

(2) 计划具体吗？计划的目标是否具体？是否可以测量？计划中是否包含了具体的行动和活动说明，并标明了具体的完成时间、由具体的人来负责并给出具体的预算水平？

(3) 计划符合实际吗？销售目标、费用预算和完成时间是否具有现实性和可实践性？是否进行了坦率而实际的自我评价以便找出可能的问题或反对意见？

(4) 计划完备吗？是否包含了所有的因素？计划的深度和广度是否合理？

资料来源：菲利普·科特勒，凯文·莱恩·凯勒. 营销管理［M］. 14版. 北京：中国人民大学出版社，2012：63

（四）医药市场营销计划实施中应注意的问题

1. 计划脱离实际 医药企业的市场营销计划通常是由上层的专业计划人员制订的，而实施主要是基层营销人员。由于这两类人员之间缺乏必要的沟通与协调，容易导致问题的出现。

比如，医药企业的专业计划人员只考虑总体战略而忽视执行中的细节，使计划难免脱离实际。另外，专业计划人员与基层操作人员没有充分的交流与沟通，使得基层操作人员不能完全理解计划的内涵，在实施中经常遇到困难，最终结果就是专业计划人员和基础操作人员的对立和互不信任。因此，正确的做法是专业计划人员协助有关基层营销人员共同制订计划，基层人员更了解实际，让他们参与计划管理过程，更有利于医药市场营销计划的实施。

2. 缺乏具体明确的行动方案　有些医药企业市场营销计划之所以失败，是因为没有制订明确具体的行动方案或是方案的可操作性不强，缺乏一个能使医药企业内部各有关部门协调一致、共同努力的依据。因此，为了保证医药市场营销计划有效地实施，营销管理者必须制订详尽的实施方案，明确各部门负责人应承担的责任。

3. 长期目标与短期目标相矛盾　市场营销战略往往着眼的是企业的中长期目标，涉及今后3~5年的经营活动。但具体执行这些战略的市场营销人员通常是根据他们的短期工作绩效，如销量、市场占有率或利润率等指标进行评估和奖励的，从而使得市场营销人员经常选择短期行为。因此，市场营销计划通常存在长期目标与短期目标相互矛盾的问题。对此，企业应采取适当的措施，克服两者之间的矛盾，以求得两者间的协调。

4. 规避风险与抵制变化的惰性　一般情况下，医药企业当前的经营活动往往是为了实现既定的战略目标，新的战略和计划如果会损害某些组织成员的既得利益或是不符合组织传统习惯，就经常会遭到来自内部成员的排斥。通常这种新旧战略的差异越大，计划实施的阻力也就越大。为此，医药企业要根据情况，必要的时候敢于打破传统的组织结构或运行流程，运用业务流程再造（business process re－engineering，BPR）思想，积极实施与计划相适应的内部改造。

【本章小结】

市场细分是指企业按照顾客需求的差异性，选用一定的标准，将某一特定产品的整体市场划分为两个或两个以上具有不同需求特征的子市场的过程。每一个这样的子市场称为一个细分市场。消费者市场的细分变量主要有地理变量、人口变量、心理变量和行为变量四类。组织市场的细分变量主要有最终用户的要求、用户规模、用户的地理位置、用户的行业特点。医药企业可以利用多种变量连续细分，要使企业的市场细分行之有效，必须把握可衡量性、可进入性、可盈利性及差异性的标准。

市场细分的目的是有效选择并进入目标市场。目标市场是指企业在市场细分的基础上，依据企业资源和经营条件所选定的，准备以相应的产品或服务去满足其需要的一个或几个细分市场。医药企业在选择目标市场时有五种模式可供选择：市场集中化、选择专业化、产品专业化、市场专业化和市场全面化。医药目标市场战略包括三种：无差异性市场营销战略、差异性市场营销战略和集中性市场营销战略。

市场定位的含义是指确定产品在市场中的位置，即根据顾客对某种产品属性的重视程度，给本企业的产品创造并培养一定的特性，树立一定的市场形象，在为数众多的产品概念中，发现或形成有竞争力的、差别化的产品特色及重要因素。医药市场定位的战略包括避强定位、对抗定位、重新定位。医药市场定位的方法：有许多可以依据产品属性、利益、价格和质量、用途、使用者及竞争者等定位。医药市场定位的步骤：一是确认本企业潜在的竞争优势，二是准确选择相对竞争优势，三是显示独特的竞争优势。

NOTE

市场营销组合是医药企业营销战略的重要组成部分，包括产品策略、定价策略、分销策略和促销策略。市场营销组合具有可控性、多层次性、动态性和整体性特点。

市场营销计划是企业整体战略规划在营销领域的具体化。市场营销计划的主要内容包括：计划概要和目录、营销现状分析、机会与问题分析、营销目标、营销战略和策略、行动方案、营销损益预算、计划控制八个方面。营销管理者要注意医药市场营销计划实施中可能出现的问题。

【重要概念】

市场细分；医药目标市场；目标市场选择模式；医药市场定位；医药市场营销组合；市场营销计划。

【复习思考】

1. 医药市场细分的标准有哪些？
2. 医药目标市场选择模式有哪几种？
3. 试讨论竞争者的目标市场营销战略是如何影响医药企业制定目标市场营销战略的。
4. 思考医药市场定位的战略和方法。
5. 简述医药市场营销组合的含义及其特点。
6. 简述医药市场营销计划的主要内容及计划实施中应该注意的问题。

【案例分析】

小羚羊退热贴的差异化定位

小羚羊退热贴是河南羚锐制药旗下的儿童药品牌，于2011年推出。羚锐制药在贴膏剂领域占有一定地位，如何挖掘并整合内部资源，使一个新上市的儿科产品在已呈现出激烈竞争的市场上成功建立品牌，实现销售放量是企业当时迫切需要思考的问题。

一、发散定位

市场调研发现，儿童退热贴市场品牌众多，但缺少强势品牌，这是一个机会。如何让产品一上市就能引起关注呢？一般情况下，儿童药名称多以“小儿”打头，于是羚锐制药提取了“小”这个元素，再从近几年流行的动画片《喜羊羊与灰太狼》中美羊羊这个角色挖掘了“羊”，结合企业名“羚锐”中的“羚”，组合成“小羚羊”这样一个既有企业元素，又有儿童喜爱的时尚元素的词语组合，使市场识别度和企业认知度完美结合。产品使用日本进口的双弹非织造布和CPP压花膜，分别打造背衬和防粘层两个关键产品组件，且在背衬上设计卡通图像，在众多退热贴中差异化明显。

小羚羊退热贴利用高分子凝胶所含的大量水分及天然活性成分，通过水分汽化带走热量，达到退热降温效果，主打快速降温、缓解疼痛、提神醒脑三种功效，分别针对感冒发热儿童，发热、头痛、烦躁等各类感冒人群，以及学习、工作压力大的学生和职业人士。这一定位差异突破了其他退热贴只适用于快速降温的局限性。

此外，产品价格的差异性也非常明显。鉴于小羚羊退热贴的购买者是家长，他们的消费心理是给儿童最好的和最安全的，因此企业采取高端定价，与产品专业、高端的产品包装、设计融为一体。企业选择在连锁药店、单体（个体）药店、社区诊所、小型医院等渠道销售，形成广度和深度覆盖。为了确保全国统一零售价的价格模式，羚锐制药设置了专门的市场督察部，专职管理产品价格秩序。

为了凸显产品质量，企业还专门与其他退热贴品牌进行降温效果和黏附力效果比较，结果表现优异。数据加现场产品体验很有说服力，让客户没有任何拒绝的理由，加上产品在包装等方面综合优势明显，铺货问题很快得到解决。

二、全媒体宣传

在全面铺货的基础上，企业选择在专业媒体和大众媒体开展广告宣传，撰写相关软文。中考和高考前夕，针对提神醒脑的适用范围策划了考生专题海报，在全国主要连锁药店进行宣传。企业还尝试运用自媒体，在新浪微博注册并认证了“羚锐小儿退热贴”官方微博，借助母亲节、父亲节、儿童节、端午节、教师节等节日，开展“传递贴心关爱”公益性话题传播，吸引上千名网友参与，取得了良好的宣传效果。由于宣传到位，热播剧《小两口》还3次免费植入产品达10多秒，成为一种消费时尚。

一系列工作的开展，为小羚羊退热贴的市场爆发带来了巨大驱动力。截至2013年7月，产品2013年的销售额已超越2012年全年销售额，实现了8.33%的增长。

资料来源：小羚羊退热贴成功销售案例解析［EB/OL］. http：//www. Yiyaojie. Com/gl/yxaljd/20140117/12280. html. 2014－11－07

思考与讨论：结合案例，试分析小羚羊退热贴差异化品牌定位及营销策略的成功之处。

NOTE

第四篇 制定医药营销策略

第九章 医药产品策略

【学习要点】

通过本章学习，理解医药产品整体概念，掌握医药产品组合相关概念；理解产品生命周期概念，掌握产品生命周期不同阶段的特点及其营销策略；掌握医药产品品牌含义，熟悉品牌资产含义及其特点，了解品牌设计原则，掌握医药产品品牌策略；熟悉产品包装策略；熟悉医药新产品分类及其开发模式与程序。

【引导案例】

“白加黑”产品策略的成功之道

“白加黑”诞生在20世纪90年代中期，当时国内感冒药市场已被国内外众多品牌所占领。“早一粒晚一粒，远离感冒困扰”的康泰克和“30分钟缓解感冒症状”的泰诺，已有很高的知名度与市场份额，此外“三九感冒灵”“感冒通”“速效感冒片”“VC银翘片”等品牌也在市场占有一席之地。

面对强大而又被消费者广泛认同的竞争对手，白加黑没有跟进康泰克或泰诺，在产品研制之初就开始产品策划，虽然“白加黑”复方药剂成分与普通感冒药比变化并不大，但首创白天与夜晚差别服用方式，满足感冒人群对白天服药不瞌睡的要求，提出了“白天服白片，不瞌睡；晚上服黑片，睡得香”，并且疗效更加明显。另外在包装和药片颜色上，“白加黑”也采取了别具一格的做法，把白天所服片剂做成白色，夜服的为黑色，用黑白两色制作包装外盒，给人很强的视觉冲击。由于白加黑独特的产品策略，在功效、作用方面紧密契合消费者生活习性，易为消费者接受，使得产品传播效果事半功倍，很短时间内就变得路人皆知，家喻户晓，上市仅180天销售额就突破1.6亿元，登上了行业第二品牌的地位，使其成为中国大陆营销史上的一个奇迹。

资料来源：黑白分明，表现出众——“白加黑”产品策略的成功之道［EB/OL］. http://www.360doc.com/content. 2015－11－08

产品策略是最核心的市场营销策略，是企业营销策略的出发点，也是其他营销策略的基础。在现代市场竞争条件下，任何医药企业都必须高度重视产品策略，致力于研发合适的产品，优化产品组合，持续关注产品生命周期趋势的变化，不断开发新产品，更好地满足目标市场顾客需求。

NOTE

第一节 医药产品整体概念

从市场营销观念来看，医药产品应为满足消费者防病、治病、保健等方面需要和欲望的任何东西，不仅包括有形产品，还包括无形产品，如药品实体、用药咨询、用药指导及药品销售的场所。营销者在设计产品时需要强调产品整体概念，即产品可以分解为五个层次：核心产品、形式产品、期望产品、延伸产品和潜在产品，这五个层次构成了顾客价值层级（图9-1）。

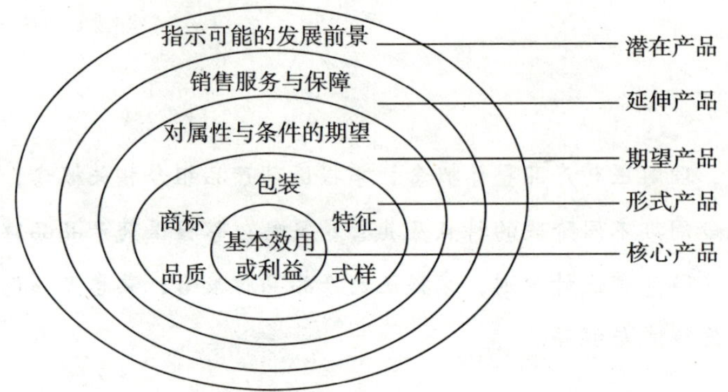

图9-1 医药产品整体概念的五个层次

一、核心产品

核心产品（core product）是指向顾客提供的产品的基本效用或利益。顾客购买某种产品并不是为了获得产品本身，而是为了满足某种需要。医药产品的核心产品就是其疗效。医药产品若没有疗效，包装再精致，形式再新颖，服务再周到，顾客也不会购买。因此，营销者必须把自己看作是利益的提供者。

二、形式产品

形式产品（basic product）也称基础产品，是核心产品借以实现的形式，表现为产品的质量、式样、特征、商标和包装等。随着社会经济和科学技术的发展，人们对医药产品的剂型、质量、品牌、包装等形式产品的要求也越来越高，这些都不同程度地影响着人们对医药产品的选择，影响着医药产品的销售。医药市场营销人员的一项重要工作就是寻求核心利益得以实现的最佳形式，塑造形式产品。

三、期望产品

期望产品（expected product）是指顾客在购买产品时期望得到的与产品密切相关的一系列属性和条件。例如，消费者对医药产品的期望是疗效好、毒副作用小、安全性高、服用方便等。随着社会消费水平的不断提高，消费者不仅追求产品的核心利益，而且对产品实体的要求也随之提高，如人们对产品的质量、款式、商标、包装等要求越来越高，这些都不同程度地影

响着产品的销售，影响着人们对产品的评价。

四、延伸产品

延伸产品（augmented product）也称附加产品，是指顾客购买形式产品和期望产品时，附带获得的各种利益的总和，包括产品说明书、保证、安装、维修、送货、培训等。例如，医药产品的附加产品有用药咨询、用药指导、免费送货、质量保证、中药的煎药服务等，这些延伸或附加能够给顾客带来更多的利益和更大的满足。随着科学技术的日新月异及企业生产和管理水平的提高，不同企业提供的同类产品在核心利益和形式产品层次上越来越接近，因此延伸产品在企业市场营销中的重要性日益突出，逐渐成为决定企业竞争能力高低的关键因素。在这个层次，营销者需要设计一组超越顾客期望的附加产品。

五、潜在产品

潜在产品（potential product）指现有产品包括所有附加产品在内的，可能发展成为未来最终产品的潜在状态的产品，是现有产品在未来所有可能的演变趋势和前景。在这个层次，营销者需要寻找新的方式来满足顾客需求。

总之，医药产品整体概念的五个层次十分清晰地体现了以顾客为中心的现代营销观念。医药企业应该在这五个层次上设计医药产品，才能全面满足顾客的需要和欲望。

第二节 医药产品组合

一、医药产品组合相关概念

（一）产品组合、产品线和产品项目

产品组合是指一个企业所生产或经营的全部产品线和产品项目的结构，即企业的业务经营范围。优化的产品组合对于一个企业实现营销目标是至关重要的。产品组合是由若干产品线和产品项目组成。

产品线，又称产品系列，指产品组合中的某一产品大类，由一组密切相关的产品项目构成。所谓密切相关，是指这些产品在功能、顾客、渠道、价格等方面具有一定的类似性。例如，表 9-1 中某企业抗感染类药、泌尿生殖系统疾病类药、心血管疾病类药、胃肠道类药等四个系列。

产品项目是产品线中各种不同型号、规格、质量、档次和价格的产品，企业产品目录表所列产品都是一个产品项目，是衡量产品组合中各种变量的一个基本单位。表 9-1 中的产品组合由多种产品项目构成。

表9-1 某医药企业产品组合

类别	药品名称	规格
抗感染类药	希舒美（阿奇霉素片）	250mg×6片
		250mg×4片
泌尿生殖系统疾病类药	玫满（盐酸米诺环素胶囊）	100mg×10粒
	特丽仙（盐酸克林霉素胶囊）	150mg×12粒
	可多华（多沙唑嗪缓释片）	4mg×10片
	得妥（托特罗定缓释胶囊）	4mg×7粒
心血管疾病类药	立普妥（阿托伐他汀钙片）	10mg×7片
胃肠道类药	喜克馈（米索前列醇片）	0.2mg×30片

（二）产品组合的宽度、长度、深度和关联度

产品组合的宽度、长度、深度和关联度是它的四个衡量变量。

1. 产品组合的宽度 产品组合的宽度指一个企业产品线的数量，其大小反映企业经营范围的宽广程度。例如，表9-1中企业有四条产品线，其产品组合宽度即为4。适合的产品组合宽度有利于企业扩展经营领域，分散经营风险。产品组合的宽度还可取决于产品线的划分标准。例如，医药企业可以根据产品剂型来划分产品线：注射剂、外用膏剂、片剂等。同样的产品项目，也可以根据产品用途来划分产品线：抗生素、抗高血压药、抗心律失常药等。这样，同样的产品项目按不同划分标准可分为不同的产品线。

2. 产品组合的长度 产品组合的长度指企业所有产品线中产品项目的总和。有时也用产品线平均长度来衡量产品组合的长度，即产品项目总和除以产品线数量。产品线长度可扩展或增补以使产品线更加丰富，为消费者提供更多选择。

3. 产品组合的深度 产品组合的深度指产品线中每一个产品所提供的花色品种。如某企业的创可贴产品，分有轻巧透气、轻巧护翼、经济、便携、防水、大伤口专用等六种类型，因此创可贴的深度就是6。有时也可用每个产品下的花色品种的平均数衡量产品组合的深度。深度越深，可以占领同类产品更多的细分市场，满足更多消费者需求。

4. 产品组合的关联度 产品组合的关联度指各产品线之间在最终用途、生产条件、分销渠道等方面的关联程度。关联度越密切，说明各产品线之间的一致性越强。关联度越强，越有利于企业充分发挥某一方面的优势，提高企业在某一地区或某一行业的声誉；关联度越弱，越有利于企业在更广泛的市场范围内发挥影响力，但是企业必须拥有更丰富的资源、更雄厚的技术力量、更完善的组织结构和管理体系。

二、医药产品组合优化策略

医药企业根据市场需求和竞争态势，考虑企业经营目标和企业实力，对产品组合的宽度、长度、深度和关联度方面做出决定和调整，力争达到最佳组合。

（一）扩大产品组合策略

扩大产品组合是指拓宽和增加产品组合的宽度、长度和深度。可以在原产品组合中新增产品线，或者在原有产品线中新增产品项目和花色品种。扩大产品组合可以增加产品特色，为更多的细分市场提供产品。当企业发展较好或者现有产品线销售额和盈利率可能下降时，企业就

有必要考虑采取这种策略，这样医药企业可以充分利用人力、财力、物力，分散风险，增强竞争力。

（二）缩减产品组合策略

缩减产品组合是指剔除获利小或不获利的产品线或产品项目。市场繁荣时，较长较宽的产品组合会带来更多盈利机会。然而，当市场不景气、原材料供应紧张、能源短缺、政策导向不利时，缩减策略能够起到集中资源、突出优势的作用。例如，某医药企业果断剔除市场份额小、不良反应多发的某中药注射剂产品，集中优势力量发展缓控释制剂品种，最终提升总利润。

（三）产品线延伸策略

产品线延伸是指企业超出现有档次，增加产品线长度和深度。每个企业的产品线都是该行业整个市场的一部分，都有其特定的市场定位，产品线的延伸有向下、向上、双向三种方式。

1. 向下延伸 指在原定位于高档市场的产品线内新增中低档产品项目，向低端市场拓展的决策。原因可能有：高端市场处于停滞或衰退状态，资源利用率低，利润下降；低端市场中有巨大的成长机会和利润空间；补充产品线空白，使竞争者无机可乘；利用高端产品声誉，吸引低购买力顾客选择低档产品，扩大市场占有率。

采取该策略可能存在的风险：高、低档产品合用同一品牌，将可能影响高端品牌原有市场形象；低端产品使用次级品牌或新品牌，消费者可能不接受，则需要企业消耗资源开拓市场或推广新品牌；引起竞争者反击和经销商抵制。

2. 向上延伸 指在原定位于低档市场的产品线内新增高档产品项目，向高端市场拓展的决策。原因可能有：高档产品有较高的销售增长率和利润率；使企业成为完整产品线制造商；企业技术设备和营销能力已具备加入高端市场的条件；满足消费者日渐提高的购买力和需求水平。采取该策略可能会面临一定风险：改变原产品的定位和品牌形象，存在一定难度；影响原产品市场声誉；若处理不当，开发高档产品的成本难以收回。

3. 双向延伸 指在原定位于中档市场的产品线内同时新增高档和低档产品，向上向下双向拓展市场的决策。企业应在掌握市场优势后逐步推进该策略，以达到扩大市场阵容、提高销售增长率的目的。

（四）产品线现代化决策

就迅速变化的市场而言，产品线现代化是必不可少的，可能此时产品组合的宽度、长度等仍较适宜，但其生产方式却已过时，必须将现代化的科学技术应用其中，进行现代化改造，这种改造必须注意选择最佳时机，不能过早（使现有产品线的销售受到影响），也不能过迟（在竞争者已树立了强有力的声誉之后）。例如，武汉健民药业的龙牡壮骨颗粒已经上市销售20余年，企业应用新技术、新辅料，开发出了果味、无糖、纳米等差异化新产品，在赋予品牌新概念的同时维护消费者对老品牌的忠诚度，将消费群从婴幼儿扩大到儿童，满足了消费者不同的心理需求，开辟了新的市场，成功完成了产品线现代化改造。

第三节 医药产品生命周期

一、产品生命周期的概念

产品生命周期（product life cycle，PLC）是指产品从试制成功投放市场开始，直到被市场淘汰为止的全过程所经历的时间，是一个产品的市场生命时间。一个完整的产品生命周期包括导入期、成长期、成熟期、衰退期四个阶段（图9-2）。

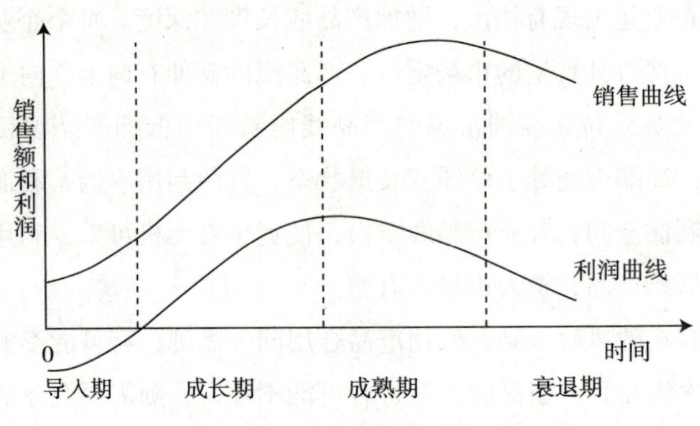

图9-2 产品生命周期示意图

二、医药产品生命周期各阶段的特点与营销策略

医药产品生命周期是指医药产品从进入市场开始，直到被市场淘汰所经历的全部时间，不同阶段具有不同的特点，掌握这些特点，对于医药企业有针对性地采取营销策略具有一定的现实意义。

（一）导入期的市场特点与营销策略

1. 导入期的市场特点

（1）销售量低，生产量少 由于医药产品刚刚上市，知名度低，市场尚未接受该产品，医生和患者对产品不够了解，大部分医生不愿意轻易改变自己的处方习惯，导致销量低，生产量小。

（2）成本高，利润低 由于生产量小，单位产品制造费用高，加之开辟营销渠道及宣传费用较大，使企业成本高，利润低，甚至出现亏损。许多新产品在这个阶段夭折，风险较大。

（3）市场竞争尚未形成 此时，竞争者处于观望状态尚未加入。

2. 导入期的营销策略 导入期市场竞争者较少，不少竞争者处于观望状态，销售量小，生产量低，企业的市场策略重点在促销宣传和制定价格上。根据上述特点，导入期一般有四种可选择策略（表9-2）。

NOTE

表9-2　导入期可选择的市场策略

价格水平	促销水平	
	高	低
高	快速-掠取策略	缓慢-掠取策略
低	快速-渗透策略	缓慢-渗透策略

（1）高价格高促销策略　高价格高促销策略又称快速-掠取策略，即企业在制定高价格的同时，开展大规模的促销活动。采用高价格是为了获取更大的利润，高促销费用是为了引起目标市场的注意，使消费者认识和了解该产品，加快市场渗透。这一策略适用的市场环境是：大部分潜在消费者根本不熟悉该产品，但市场上有较大的需求潜力；该新产品的消费者求购心切，愿出高价；企业面对潜在竞争者的威胁，急需大造声势，培养消费者品牌偏好，以高价优质树立声誉，取得优势。

（2）高价格低促销策略　高价格低促销策略又称缓慢-掠取策略，即企业通过制定高价，支出少量促销费用，达到获取更多利润的目的。这一策略适用的市场环境是：市场规模相对较小，消费对象相对稳定；产品知名度较高；消费者对该产品的需求迫切，能接受适当的高价或愿出高价购买；潜在竞争威胁不大。

（3）低价格高促销策略　低价格高促销策略又称快速-渗透策略，即企业通过制定低价格，支出大量促销费用，达到迅速打进市场，占有最大市场份额的目的。这一策略适用的市场环境是：市场容量相当大；消费者虽对该产品不熟悉，但对价格却十分敏感；潜在竞争比较激烈；产品的单位成本可因大批量生产而降低。

（4）低价格低促销策略　低价格低促销策略又称缓慢-渗透策略，即企业通过制定低价格，支出少量促销费用，达到在市场竞争中以廉取胜、稳步前进的目的。这一策略适用的市场环境是：市场容量大；由于新产品通常是原有产品的改进品，故为消费者所熟悉；消费者对价格比较敏感；有相当的潜在竞争者。

在医药产品导入期，国内外目前多采用先推出或创造一个概念，然后利用专家影响、学术支持、媒体广告、医药代表推广等方式让大家接受这一概念，从而接受产品。如西安杨森的“吗丁啉”推出“胃动力”概念；诺华的“洛伐新”推出高血压的“肾保护”概念；拜耳的“拜心通释片”推出“T/P 比值”概念等。建立起这一概念与产品的必然联系，使医生和患者在接受概念的同时接受产品。

（二）成长期的市场特点与营销策略

1. 成长期的市场特点

（1）销售量迅速上升。消费者对新药品已经熟悉，销售量迅速增加。

（2）成本下降。产品已定型，技术工艺比较成熟，大批生产能力形成，产量扩大，分摊到单位产品上的成本和销售费用降低，成本下降。

（3）利润上升迅速。生产成本下降，促销费用减少，销量上升，企业利润上升很快。

（4）市场竞争激烈。看到新产品试销成功，有利可图，大批竞争者相继加入，仿制品出现，市场竞争加剧。

（5）营销渠道逐渐形成和完善。

2. 成长期的营销策略 成长期是产品发展的关键时期，这一阶段是产品的起飞阶段，新产品经受住了导入期的严峻考验，新的购买者被早期购买者的成功使用和企业的广告宣传所吸引，销售额会快速增长，产品呈现出良好的前景，产品投资开始得到回报。这一时期迫切需要解决的问题是“如何使顾客偏爱自己的品牌”，企业的营销策略要突出“好”，营销重点是创名牌、提高偏爱度，应考虑采取以下策略：

（1）产品策略 一方面提高产品质量，完善产品性能，提高产品自身的竞争实力；另一方面改进产品式样及包装等，努力发展产品的新剂型、新型号等，从而增强产品的竞争力和适应性。

（2）定价策略 结合生产成本和市场价格的变动趋势，分析竞争者的价格策略，保持原价或略有降低，以保持产品的声誉和吸引更多的购买者。一般说来，如果企业产品有垄断性，可以采用高价销售，如申报了专利、具有自主知识产权的产品；而一般竞争性产品则可采用低价招徕顾客。

（3）分销策略 巩固原有渠道，增设销售机构和销售网点，进一步开拓市场，开辟新的分销渠道。

（4）促销策略 促销的重点应从介绍产品、提高知名度转向宣传产品的特色，树立产品形象，使消费者建立品牌偏好。

（5）寻找新的细分市场 加强市场调研，运用细分化策略，不断开辟新市场。

（三）成熟期的市场特点与营销策略

1. 成熟期的市场特点 成熟期是市场已经达到饱和的阶段。这一阶段的特征是：

（1）销售趋向疲软 由于产品普及率高，市场需求减少，销售增长速度缓慢，随着市场需求饱和，销售增长率甚至呈下降趋势。

（2）利润逐步下降 由于销售增长率减慢，生产能力过剩，市场竞争更为激烈，价格开始下降，企业的利润也随之减少。

（3）竞争十分激烈 各种同类产品不断涌现。

2. 成熟期的营销策略 这个时期是企业获取利润的黄金阶段，同时也是市场竞争最为激烈的阶段。企业的营销策略要突出“争”，营销重点是延长成熟期，巩固市场占有率。因此，可供企业选择的市场营销策略主要有：

（1）市场改良策略 即开发新市场，寻求新用户。例如，地奥心血康在产品进入成熟期以后，采用进入新的细分市场策略，向心脏保健药品方向进军，取得了较好的战绩。

（2）调整市场营销组合 这是通过变换营销组合中的变量，以稳定老顾客，吸引新顾客，达到恢复销售增长率的目的。主要包括：改良产品；调整产品价格；扩展销售网点；加强促销等。例如，天津天士力集团的拳头产品“复方丹参滴丸”就是通过进行质量改进使企业获取了巨大成功。他们通过把传统技术与现代技术相结合，使原来的生产工艺落后、起效慢、质量不稳定的问题得到解决，从而实现了中药复方制剂质量的可控。

（四）衰退期的市场特点与营销策略

1. 衰退期的市场特点

（1）销售量急剧下降 市场上出现了性能、规格、品种改进的新产品替代老产品，顾客的兴趣已经转移，销量迅速下降。

（2）利润迅速下降　由于销售量下降，生产量减少，而成本上升，致使利润下降。

2. 衰退期的营销策略

（1）维持策略　由于众多竞争者纷纷退出市场，经营者减少，处于有利地位的企业可以暂不退出市场，保持产品的传统特色，用原有的价格、渠道和促销手段，继续在原有市场上销售。待到适当时机，再停止该产品的生产，退出该市场。

（2）集中策略　即把资源集中使用在最有利的细分市场、最有效的销售渠道和最易销售的品种上，缩短战线，在最有利的市场赢得尽可能多的利润。

（3）榨取策略　即降低销售费用，通过削减广告费用、大幅度减少推销人员等手段，增加短期利润。这样做可能会导致销售量迅速下降。

（4）撤退策略　即当机立断，淘汰老产品，组织新产品进入市场。

从产品生命周期各阶段的特点可以看出，成长期与成熟期是企业有利可图的阶段，而导入期与衰退期对企业来说有一定的风险性。因此，企业制定策略的总体要求是：缩短导入期，使产品尽可能快地为消费者所接受；延长成长期，使产品销售尽可能保持增长势头；维持成熟期，使产品尽量保持高销售额，增加利润收入；推迟衰退期，使产品尽量延缓被市场淘汰出局。

三、延长医药产品生命周期

面对产品生命周期缩短的趋势，医药企业需要采取一定的措施来延长医药产品生命周期，常用的方法有：利用新技术，不断提高产品质量，使医药产品的疗效更好，安全性更高；增加医药产品的新剂型，以满足不同消费者的需求；调整产品市场，把已经进入衰退期的医药产品转移到尚没有开发的市场；不断地发现医药产品新的适应证等。

第四节　医药产品品牌

一、品牌的含义

品牌是用以识别某个销售者或者某群销售者的产品或服务，并使之与竞争对手的产品或服务区别开来的商业名称及其标志，通常由文字、标记、符号、图案和颜色等要素及其组合构成。品牌是个集合概念，包括品牌名称（brand name）和品牌标志（brand mark）两部分。

品牌名称是品牌中的可读部分，如“斯达舒”“九芝堂”等。药品品牌名称通常由药品的商品名构成。药品商品名经注册后，其使用还须符合相关法规要求：商品名称不得与通用名称同行书写，其字体和颜色不得比通用名称更突出和显著，其字体以单字面积计不得大于通用名称所用字体的1/2；药品标签使用注册商标的，应当印刷在药品标签的边角，含文字的，其字体以单字面积计不得大于通用名称所用字体的1/4。

品牌标志则是品牌中可识别但不能用语言称呼的部分，如符号、图案或颜色等。如京都念慈庵川贝枇杷膏上的孝亲图。

品牌代表着卖方交付给买方的产品特征、利益和服务等一贯性的承诺，品牌还有很多更复

杂的象征意义，它包括六层含义。

1. 属性 品牌代表特定的产品属性。例如，“太极”藿香正气液，意味着不苦、不辣（不含酒精、不含糖），突出了产品特点。

2. 利益 品牌不止意味着一整套属性。顾客购买的不仅是属性，还包括功能性或情感性的利益。如“康泰克”缓释胶囊的“缓释”属性体现了功能性的利益，即“一天仅需一粒”。

3. 价值 品牌也体现了产品的某些价值。例如，“同仁堂”始终坚持“炮制虽繁必不敢省人工，品味虽贵必不敢减物力”，产品以质量和疗效享誉海内外。

4. 文化 品牌也象征着一定的企业文化。例如，河南宛西的“仲景”品牌，本身就代表和传承了浓郁的中医药文化。

5. 个性 品牌还代表着一定的个性。例如，葵花药业“小葵花”品牌，体现了健康、乐观、积极向上的个性，对年轻妈妈和活泼儿童都有很好的亲和力。

6. 用户 品牌还可以暗示出一定的购买者或使用者。例如，“小葵花”的购买者多是年轻妈妈，使用者则是儿童。

一个成功的品牌往往同时具备上述六层含义。实际上消费者会更重视品牌利益而不是品牌属性，现有属性会被其他生产者模仿，也会随着时间的推移等因素而失去价值。企业在塑造品牌时，应该更加关注品牌背后所承载的价值、文化和个性，它们构成了品牌的基础，揭示了品牌间的差异和更深层的内涵。

二、品牌的作用

（一）品牌对营销者的重要作用

首先，品牌有助于促进医药产品销售，树立企业形象，有助于扩大产品组合；其次，品牌有利于保护品牌所有者的合法权利，注册后获得商标专用权，其他医药企业未经许可不得仿冒；最后，品牌有利于约束企业的不良行为，规范企业的营销行为。

（二）品牌给消费者带来的益处

首先，品牌便于消费者辨认、识别所需医药产品，有助于消费者选购产品；其次，品牌有助于维护消费者利益，督促医药企业恪守对消费者的利益承诺，并保持产品质量的同一性、稳定性；最后，品牌有利于促进医药企业产品改良，不断更新或创造新的产品以适应市场需要，也更有益于满足消费者的需求。

（三）品牌有助于提升国家竞争力和医药产业竞争力

企业是社会经济发展的主体，而一个国家的经济发展水平和行业整体竞争能力很大程度上取决于其拥有强势品牌企业的数量。品牌强则企业强，企业强则推动国家强。国家经济的发展，国家竞争力和医药产业竞争力的提升，都需要一大批有行业影响力的品牌。

三、品牌资产

（一）品牌资产的含义

品牌资产 20 世纪 80 年代才开始引起西方学术界和企业界的重视，目前已成为营销领域的热门课题之一。品牌资产是一种由品牌带来的超过商品或服务本身利益以外的价值，这种价值可能反映在消费者如何思考、感知某一品牌并做出购买行为，以及该品牌对公司的价值、市场

份额和盈利能力的影响。品牌资产通过为顾客和企业提供附加利益来实现，某种品牌所提供的超过产品或服务本身的附加利益越多，品牌的吸引力、感召力就越大，品牌资产也就越多。

（二）品牌资产的特点

1. 无形性　品牌资产是一种无形资产，其所有权的获得和转移与有形资产差异明显，必须由品牌使用者申请注册，由注册机构按法定程序确立其所有权。国内也有对品牌资产评估的报道，其中，哈药、天士力等品牌资产不容小觑。

2. 难以准确计量　评估即评估品牌的整体经济价值，这种评估工作的复杂性显而易见。首先，品牌资产反映了企业与顾客的关系，由品牌意识、品牌忠诚度和品牌联想等因素构成，这些因素相互联系、相互影响；其次，品牌的收益能力受到许多不易计量因素的影响，如品牌影响力、品牌延伸性、品牌国际化发展潜力、品牌投资强度、产品市场容量、品牌策略等诸多因素。因此，准确衡量品牌资产具有一定难度。

3. 在利用中增值　品牌资产作为一种无形资产，其投资和利用很难分开。品牌资产的利用不一定意味着这种资产的减少，恰当的利用反而会使品牌资产增值。

4. 波动性　尽管积累品牌资产需要企业的投入，但品牌资产的累积并不完全取决于投入的增加。实际上，由于企业品牌决策的失误、市场竞争格局的改变、目标市场的消失等，都可能造成品牌资产的波动，甚至下滑。

5. 营销绩效的主要衡量指标　品牌资产是企业不断进行营销投入或营销活动的结果，但分散单一的营销手段难以保证品牌资产获得增值，必须综合运用各种营销手段，并使之有机协调配合。因此，品牌资产的大小是各种营销技术、营销手段综合作用的结果，它在很大程度上反映了企业营销的总体水平，是营销绩效的主要衡量指标。

四、医药产品的品牌策略

（一）医药产品品牌设计原则

品牌设计应遵循医药产品的一些特殊原则和品牌设计的一般性原则，主要有以下几个方面：

1. 简洁醒目，易读易记　品牌名称简短，要容易发音，如“感康”“百服宁”等；同时设计要简单，利于消费者认知和记忆，如“泰诺”“达克宁”等。

2. 新颖别致，易于识别　例如“意可贴”以其使用方便，起效快捷的独特性，很快占领了市场。因为治疗口腔溃疡的传统药品多是散剂、喷剂、含漱剂、膜剂等，消费者使用时有口感苦、起效慢、刺激创面、使用不方便等缺点。

3. 暗示产品属性和用途　品牌的名称应该能够暗示产品的某种性能和用途，如“黄氏响声丸”，暗示了该产品治疗声音嘶哑、咽喉肿痛方面的专长。

4. 适应地域文化，易于接受　企业在产品品牌设计时，包括品牌名称、图案、符号和颜色，还必须考虑其是否适合市场上消费者的文化价值观念，如当地的风俗习惯、宗教信仰、民族文化、语言习惯等。

5. 符合法律法规　设计品牌和注册商标时，要参考国际、国内的商标法。例如，我国法律规定，药品商品名不得含有说明疗效的文字；新药的商品名应在申请注册时一并提出。

（二）医药产品品牌组合与扩展

1. 品牌有无策略 品牌有无策略就是医药生产企业是否给产品使用品牌：可以使用品牌，也可以不使用品牌，这就要根据产品特点而定。不设品牌可以节省设计、申报、广告、包装等费用，主要目的是降低成本。医药产品是一种特殊商品，大多企业都使用品牌，仅有少数中药材、药用辅料不设品牌。

2. 品牌归属策略 企业一旦决定使用品牌，就必须要明确品牌的归属，即该品牌归谁所有。品牌归属有三种情况：①生产者品牌策略，即企业使用自主品牌，故生产者获得其品牌收益；②中间商品牌策略，即中间商购进商品后用其品牌上市销售，无力建立自主品牌的生产企业可采取该策略；③混合策略，生产企业对部分产品使用自主品牌，部分产品使用中间商品牌。我国医药行业一直以来都是以生产者品牌为主，产品的设计、质量、特色都是由厂家决定。然而，品牌的收益越来越受到人们的重视，实力雄厚的中间商对品牌的兴趣也日渐浓厚。

3. 品牌统分策略 医药企业的所有产品都使用一个品牌，还是不同的产品使用不同品牌，这就是品牌统分策略，可有以下五种选择：

（1）统一品牌策略 统一品牌策略即企业所有产品共用一个品牌，价格和目标市场大致相同，但产品间差异太大时则容易混淆，比如一个企业同时生产药品和农药，则不宜使用同一品牌。

实施统一品牌策略有以下好处：一是有利于建立企业的品牌信誉，显示企业实力，树立企业形象，易于带动企业新药品的推广，有助于解除顾客对新产品的不信任感，使新产品能较快地打开销路。二是可以利用各种方式和平台集中宣传一个品牌形象，大大节约广告费，而且可以利用统一品牌建立广告传播体系，使用户具有强烈和深刻的印象，有利于强化企业形象和产品形象。

当然，使用统一品牌的任何一种药品质量发生问题，都会使企业的其他药品蒙受损失，影响企业的信誉。如果各类产品的质量参差不齐，使用统一品牌就会影响品牌信誉，特别是有损于较高质量产品的信誉。因此，在使用统一品牌策略时，企业必须对所有产品的质量严加控制。

（2）分类品牌策略 分类品牌策略即不同类别产品使用不同品牌。这种策略可区分不同用途的产品，有利于体现产品差异，突出产品特色，还可避免“城门失火，殃及池鱼”的情况。

（3）个别品牌策略 个别品牌策略即每种产品分别使用不同品牌。优点是：每种新产品都有独立的最佳名称，突出了该种产品的特色；企业整体信誉不易受某一品牌信誉影响，牵连效应小；有利于企业内部各产品间的良性竞争；有利于发展多种产品线和产品项目，扩大产品阵容。但过多的品牌也会加大促销推广成本，不利于创立名牌。该策略适合产品线较多、关联度不强、生产技术差异性大的企业。

（4）主副品牌策略 主副品牌策略即企业名称与个别品牌并用，在每一个个别品牌前冠以企业名称。例如“哈药六牌·钙加锌”，企业名称“哈药六牌”，个别品牌“钙加锌”显示产品个性。这样，既可使新产品享受企业已有声誉，节省广告推广费用，又可体现个别品牌的特点和独立性，强化产品个性。

NOTE

（5）多品牌策略 多品牌策略即在一种产品上运用两个或更多的品牌。采用此策略的好处：一是使企业在不同的细分市场上获利，满足不同消费者的需求，占据较大的市场份额。二是使企业在市场占领更多的分销商货架从而相对减少竞争者，并且使企业建立侧翼品牌以保护其主要品牌。三是真正只忠诚于一个品牌的顾客是极少的，大多数顾客都是品牌转换者，他们对促销活动都会做出不同程度的反应，企业提供新品牌才能更好赢得这些顾客，从而提高企业的市场占有率。四是在企业内部具有激励和促进作用，品牌之间相互竞争促进了共同提高。

不过，企业把资源分配于过多的品牌，每个品牌可能仅占领很小一部分的市场份额，甚至可能毫无利润。企业需努力实现品牌抢夺竞争者的市场而不是自相残杀，这样运用此策略获取的净利润能大于同类相残后的损失。

4. 品牌延伸策略 品牌延伸策略是指企业利用已有市场影响力的成功品牌推出改良产品或新产品。例如，江中制药利用“江中健胃消食片”的品牌效应，又推出了“江中亮嗓”“江中猴菇饼干”等新产品。这种策略的优点在于：有利于减少新产品的市场风险；降低新产品的推广成本；强化品牌效应，扩大品牌影响力。但在品牌延伸过程中应把握好度，否则会淡化品牌特色，损害原有品牌形象，造成品牌认知模糊。

5. 品牌重新定位策略 品牌重新定位策略是指由于顾客的偏好发生转移，或竞争者推出某一新品牌，使企业原产品市场份额下降等原因，使得市场对该产品的需求情况发生了变化，企业全部或局部调整品牌在市场上的最初定位。通过品牌再定位，可以使现有产品具有与竞争者产品不同的特点，拉开与竞争者的距离，提高本企业的竞争优势。

总之，品牌是企业营销手段的重要内容，创造名牌更是企业应该追求的目标之一。创立一个名牌，必须要了解顾客需求，开发高品质的特色产品，多渠道加强推广宣传，进而在激烈的市场竞争中占据一席之地。

【营销实践】

妇炎洁：体验营销与娱乐营销相结合的品牌重新定位之路

纵观国内女性洗液市场，虽市场容量逐年增长，消费者接受程度日益提高，但产品质量参差不齐及价格乱象始终困扰着这个行业主要品牌的健康成长。2013 年以来，作为女性洗液领导品牌，妇炎洁的品牌发展陷入了瓶颈。虽然妇炎洁产品已进入千家万户，但品牌形象老化、销量增长乏力、营销形式单一等问题正使这一老品牌逐渐落后于其他新兴品牌，被年轻的消费群体抛弃。为了改变这一困局，经过缜密的消费者研究和竞争市场分析，妇炎洁决定重塑品牌，将老化、低廉的品牌形象向年轻、时尚、高品质方向调整。2015 年，妇炎洁确立了品牌快消跨界的战略思路，结合移动互联网时代自媒体传播属性，重点打造“体验营销”与“娱乐营销”相结合，线上与线下齐发力的传播模式，形成“品牌活动 + 新媒体运营 + 新品开发 + 试用装派发体验”的战略布局，“妇炎洁：以绿叶情怀为战略方向、以亲爱的闺蜜为切入点”的品牌战略相继推出，通过开展系列促销活动，使得妇炎洁品牌美誉度得到提升、品牌形象逐步转变。

资料来源：妇炎洁：体验营销与娱乐营销相结合的品牌重新定位之路［EB/OL］. http：//blog. sina. com. cn/s89b6a1180102wzxt. html. 2015 - 12 - 16

五、医药产品商标

所有的商标都是品牌，但并非所有的品牌都是商标。商标是经过注册登记的、受到法律保

护的品牌或品牌中的某一部分。《中华人民共和国商标法》第四条规定：自然人、法人或者其他组织对其生产、制造、加工、拣选或者经销的商品，需要取得商标专用权的，应当向商标局申请商标注册。

（一）商标的特点

商标一经注册企业就取得其独占权（专用权），未经许可他人不得擅自使用与仿冒。商标对保护药品的知识产权具有极其重要的作用，其价值是无形的，名牌商标的价值更是难以估价的。商标专用权具有时效性，《中华人民共和国商标法》规定其有效期为10年，但商标权可以续展，到期企业可以申请注册延续，该商品名将永远受到法律保护，企业对此商品名即拥有永久占有权。商标专用权受到严格的地域限制，应该符合市场所在地的法律规范。

（二）商标的设计与管理

商标信誉给企业带来的经济效益由商标注册人独享，与企业的经济效益息息相关。企业的商标设计应符合市场所在地的法律法规；表示药品的特色；美观、实用、构思独特、简单。商标的使用直接关系到消费者、企业与国家的利益，企业应以相关法律法规为依据，建立和健全本企业的商标管理制度，以避免商标使用上的混乱，保护企业的合法利益。

（三）医药产品商标策略

1. 无商标策略　即不使用商标，一般中药材不使用商标。但是，使用商标有助于宣传企业的产品，帮助消费者识别本企业产品。

2. 创新商标策略　创新商标策略又称为更换商标策略，包括两种方式：一是企业放弃原有商标，采用另一个全新商标；二是在原有商标的基础上做些改进，使其与原有商标在图案、符号、外观上很相似，形象上仍然相通。后者与前者相比，既可以节约费用还可使企业保持原有商标在市场上的信誉。商标是药品甚至是企业的标志，是企业的无形资产，因此企业应该重视本企业商标的设计与注册，慎重地选择适合本企业本药品的商标策略，保护企业的利益。

第五节　医药产品包装策略

一、医药产品包装的含义和功能

（一）医药产品包装的含义

包装是指对某一品牌商品设计、制作容器或外部包扎物的一系列活动，包括商标或品牌、形状、颜色、图案和材料、标签等要素，有包装物和包装操作两层意思。在激烈的市场竞争中，企业已愈来愈重视包装的作用，包装已成为产品策略不可或缺的组成部分，也是医药企业进行非价格竞争的重要手段。

《中华人民共和国药品管理法》和《中华人民共和国药品管理法实施条例》中都有药品包装的相应法律规定。例如，直接接触药品的包装材料和容器，必须符合药用要求，符合保障人体健康、安全的标准，并由药品监督管理部门在审批药品时一并审批；生产企业不得使用未经批准的材料和容器；药品包装必须适合药品质量要求，便于储存、运输和医疗使用；药品包装必须按规定印有或贴有标签并附说明书；医药生产企业在选择和设计产品包装时必须要遵循相

关法律法规。

（二）医药产品包装的功能

1. 保护产品 包装的基本作用是保护产品。对医药产品而言，包装会直接或间接地影响其稳定性，进而影响其质量。良好的包装可以保护医药产品免受碰撞、空气、水分、光照等因素的影响，保证其使用价值。

2. 促进销售 包装是消费者在选购产品时首先关注的重要信息。美观、抢眼的包装无疑构成一种强大的吸引力。医药产品外包装上所呈现的信息可以起到宣传产品、介绍产品、激发购买欲望的作用，包装常被赋予“无声的推销员”的称号。

3. 增加利润 包装是产品的一个组成部分，精良的包装有利于提高产品档次和价格，同时，在包装的保护下，产品损耗减少，盈利也相对增加。

4. 指导消费 医药产品包装上一般会印有功能主治、适应证、用法用量等信息，起到方便使用和指导消费的作用。

二、医药产品包装的设计原则和策略

（一）医药产品包装的设计原则

1. 准确传递药品信息 医药产品是关系生命健康和安全的特殊商品，其包装所传递的信息必须准确无误，如药品名称、规格、批准文号、批号、生产日期、有效期、用法用量、功能主治等。

2. 显示产品属性与特色 包装上的文字、图案、色彩等应该反映产品特色。如宝炉、葫芦、古人头像、太极图等富于中华传统特色的图案特别适合用在中成药的包装上；红色使人感到喜庆、兴奋，因此适合作为补气、养血、壮阳等产品的外包装色调。

3. 与药品价值质量相适应 医药产品的包装应与其价值和质量相符。例如，人参、鹿茸、冬虫夏草等医药产品的包装应该烘托出它们的名贵。但切忌过度包装，这样不仅造成资源浪费，同时使人产生华而不实的感觉。

4. 具有实用性 医药产品的包装要具有实用性，其性状、材质、结构、大小应与产品相符，满足便于运输、携带、存储、使用的要求。例如，很多液体药剂的瓶盖可以作为量取定量药液的量器；气雾剂的包装瓶本身带有喷雾装置。

5. 尊重消费者的宗教信仰和风俗习惯 不同国家、民族、文化的消费者有着不同的宗教信仰、风俗习惯、偏好和禁忌。如伊斯兰教国家和地区的人们忌讳黄色，埃及人忌讳蓝色，法国人忌讳墨绿色；德国人喜好圆形，罗马尼亚人偏爱三角形和环形。在包装设计中应该参考和注意这些情况，切忌触犯禁忌。

6. 符合相关法律法规 医药产品是特殊商品，其包装要求必须符合《中华人民共和国药品管理法》《中华人民共和国药品管理法实施条例》《药品包装、标签和说明书管理规定》等法律法规的具体要求，如包装、标签上不得印有不适当的宣传文字和标识。

（二）医药产品的包装策略

1. 类似包装策略 类似包装策略又称包装的标准化，指企业对自己生产的系列产品采用统一或大致相同的包装模式，即在产品包装的图案、颜色、造型和标记等方面具有本企业特色的类似或一致的特征，使人一见就知道是某家企业的系列产品。

2. 系列包装策略 系列包装策略又称配套（组合）包装策略，即按照消费者的消费习惯，将若干用途上相关联的产品放在同一个包装内。

3. 等级包装策略 即根据产品档次和顾客购买目的的差异，对医药产品采用不同等级的包装。一是按照产品的档次来决定产品的包装，比如高档产品精装突出品质，低档产品简装突出经济实惠；二是按消费者购买目的不同采取不同包装，如精美礼品装和简单自用装。

4. 差异包装策略 即医药企业的各种产品都有独特包装，设计风格、图案、材料各不相同，优点是某一产品营销失败不至于影响其他产品，缺点是增加包装设计成本和新产品推广费用。

5. 附赠品包装策略 指在商品包装内或包装上附有实物或奖券，或产品包装本身就可以用来兑换奖品，以吸引消费者购买本企业的产品，促进重复购买。如某些冲剂药品袋子内附赠药匙或杯子。

6. 再使用包装策略 即原包装产品用完后，空包装可发挥他用。譬如，液体药剂的杯状容器可作为量器继续使用等。该策略的优点是：增强产品吸引力；包装物上的商标起到重复宣传的作用。

7. 改变包装策略 指采用新的包装设计、包装技术、包装材料，更新或放弃原有的产品包装。比如当销售不畅时企业可以改变包装重新提升顾客对产品的兴趣，或产品要提价时改变包装使消费者认为产品在质量或功能特色上做了改进。

【营销实践】

迪尔诺——包装策略撼动儿童退热药市场

在儿童发热用药市场，尼美舒利（Nimesulide）的退出对武汉人福公司来说是个不错的市场机会。武汉人福公司领导层决定对旗下儿童退热药产品——“迪尔诺布洛芬混悬液”（以下简称迪尔诺）进行重点投入，加大推广力度，使迪尔诺承担起提升武汉人福公司品牌形象的重任。武汉人福公司调查发现，目前儿童退热药的包装中存在两大问题：一是包装没有表现出企业的核心特征。二是儿童退热药包装的颜色仅为红、黄或是两者的组合，缺少识别性强的、让人耳目一新的包装。针对这些问题，武汉人福公司对迪尔诺进行全新的包装设计，以武汉人福公司其他产品包装上通用的企业 logo 为原型进行深入挖掘设计包装，最终设计打开双臂做出“欢迎”姿势的卡通儿童形象。卡通形象不仅本身就符合儿童退热药的产品属性，而且还延续了企业 logo 的基本形态，具有非常强的武汉人福公司的专属性，能更好地为品牌建设服务，逐步巩固了迪尔诺在儿童退热药市场上的地位。

资料来源：品牌策略撼动儿童退热药市场［EB/OL］. http://blog. sina. com. cn. 2015 - 08 - 27

第六节 医药新产品开发

一、医药新产品的概念及类型

新产品开发是医药企业未来生存和发展的基础，也是企业生命的源泉。随着居民健康需求不断变化与日益增长，医药科技迅猛发展和传播，市场竞争日益激烈，导致医药产品生命周期

逐渐缩短，不断创新是对企业的必然要求。

（一）医药新产品的概念

医药新产品（新药）的含义需要从法律和市场营销学两个角度加以理解。2015 年我国法律对新药概念进行了更改，新药系指未曾在中国境内外上市销售的药品（之前界定为未曾在中国境内上市的药品）。对已上市药品改变剂型、改变给药途径、增加新适应证的药品，不属于新药，但药品注册按照新药申请的程序申报。从市场营销学的角度看，医药新产品是与原有产品相比，在功能或形态上得到改进，并能为顾客带来新的利益的医药产品。因此，改变剂型、改变给药途径、增加新适应证的药品，因为满足了顾客的需求，能够为顾客带来新的利益，就应该是新药，即医药新产品。

（二）医药新产品的类型

下面主要从市场营销学的角度介绍医药新产品的类型。

1. 全新产品 这是指用科技新原理、新技术、新材料制造的前所未有的医药产品。对大多数企业来说，独立发展这种新产品是困难的，因为一项新的科学技术的发明应用于生产，需要经历较长的时间，要花费巨大的人力和资金，而且风险也很大。这种全新产品要经国家科技管理部门及药品监督管理部门的鉴定批准，并可申请专利，得到法律的保护。

2. 换代新产品 这主要是指在原有产品的基础上，部分采用新技术、新材料且性能有显著提高的产品。如康泰克通过在生产工艺、原材料上进行改进，开发出新康泰克。

3. 改进新产品 对现有产品在质量、剂型、材料等方面做出改进的产品。如河南竹林众生制药公司的“双黄连口服液”，通过对口感的改进，使儿童更易接受。

4. 仿制新产品 指企业合法地仿制市场上已有的产品，在一定区域范围内，它属于新产品。但值得注意的是，仿制不能违反专利法等法律法规，还需要对原有产品进行适应性的修正。

【营销视野】

康弘药业开发新药，成功抢占市场

2014 年，康弘药业历时近 10 年、耗资数亿元，自主研发的康柏西普眼用注射液（商品名“朗沐”）作为全球新一代“用于治疗湿性年龄相关性黄斑变性（wAMD）”的中国原创一类生物新药成功上市。康弘药业在朗沐的研发阶段就与市场紧密结合，积极开展朗沐系列活动，如“朗视界、沐光明”公益基金患者援助项目、“关爱抗战老兵”公益活动、全国眼科医师摄影大赛与“白求恩·朗沐中青年眼科科研基金”等活动，有效缩短了市场培育期，实现了快速放量的基础。通过定位高端的专业化学术推广及构建积极健康的品牌形象，使得朗沐在国内外迅速建立了国际化的品牌形象和强大的学术影响力。自上市以来，新药朗沐注射液“9 个月过亿元”，打破了跨国药企在 wAMD 的绝对话语权，改变了业界对国产创新药的认知，更打破了本土新药销售无法快速占领市场、决胜终端、获得高额回报的宿命。

资料来源：康弘药业开发新药，成功抢占市场［EB/OL］. http：//www. zyzhan. com/news/detail/52890. html. 2016 - 03 - 16

二、医药新产品开发模式与程序

（一）医药新产品开发模式

医药新产品开发具有高风险、高投入、高回报、高技术及周期长等特点，必须以市场需求为导向，发挥企业优势与长处，突出产品特色创新，遵循国家药品管理法规和政策，寻求科学合理的新产品开发模式，最终获得良好经济效益，促进企业健康发展。

1. 独立开发模式　由企业独立完成新产品的全部研究开发，投资大，风险高，要求企业拥有强大的科研能力和雄厚的资金实力。可分为三种方式：一是从基础理论研究到应用技术研究全部由企业独立完成；二是利用已有基础理论研究的成果，企业只进行应用技术研究和产品开发工作；三是应用已有基础理论和应用技术研究的成果，企业只进行产品开发。

2. 技术引进模式　通过引进国内外已有的成熟技术开发医药新产品，一般通过购买专利、专有技术，或者通过合资经营把其他企业开发的产品生产出来。这种方式可以节省研究经费，促进产品升级换代，提高企业的经济效益和市场竞争力，主要适用于那些研究开发能力弱，但生产能力强的医药生产企业。

3. 合作开发模式　这是一种整合企业内外的科研力量共同开发医药新产品的模式。具体有两种方式：一是从社会上聘请专家、学者参与研究开发；二是与高校和研究院所等组织联合研究开发。这种开发模式投资少，见效快，既能够很好地发挥企业技术力量的作用，又能够借助专业研究机构的技术力量，促进企业技术水平的提高。

4. 外包模式　这是一种将医药新产品研究开发的全部或部分项目外包给专业的合同研究机构的模式，可以提高研究开发效率，降低开发成本。医药生产企业委托 CRO（contract research organization）进行新药的研发和试验的现象在国外非常普遍。据资料显示，全球将近1/3的新药开发由各类 CRO 承担。

5. 并购模式　这是一种通过企业并购的方式来获得或提高医药新产品开发能力的模式，已经成为医药生产企业保持竞争力和进行市场扩张的重要手段。国内外许多重大药企并购案，都在一定程度上与新药开发有关。

（二）医药新产品开发程序

开发医药新产品对于医药企业来说具有很大的风险，遵循医药科学发展的客观规律和市场营销的研究开发程序可以控制和降低风险。医药企业研究开发新产品一般包括七个步骤。

1. 新产品构思　构思是为了满足医疗需求而提出的设想。此阶段营销部门的主要责任就是积极地在不同环境中寻找好的产品构思。新产品的构思主要来源于企业内部的科研人员、高管人员、营销人员及企业其他部门职工，也可来自企业外部的医生和患者、竞争者、经销商及其他研究机构。

2. 构思筛选　新产品构思既不可能全部实施，也不可能完全符合企业的目标，这就需要筛选，筛选出符合本企业发展目标和长远利益，并与企业资源相协调的产品构思，剔除可行性小或获利较少的产品构思，使企业能把有限的资源集中于少数有潜力的新产品。在筛选过程中，应避免“误舍”和“误取”，因此筛选应依据企业的战略目标与企业实力等具体因素而定。

NOTE

3. 概念形成　新产品构思经过筛选后，需要进一步发展成更具体、明确的产品概念。产品概念是指已经成形的产品构思，即用文字、图像等来说明该产品的目标市场、产品特点、功效、剂型、价格、包装等。从而使该构思在消费者心目中形成一种潜在的产品形象。

4. 拟定营销规划和商业分析　对已经形成的新产品概念进行目标市场分析和成本效益分析，通过预测销售额、核算成本、计算预期利润来综合分析评估。如果符合企业的开发目标，即可转入产品研制阶段；如果不符合企业的开发目标，则返回到形成概念阶段，重新形成概念，直到评估出最理想的新产品概念。

5. 研究试制　新产品概念经过经营分析后，研究与开发部门、工程技术部门及生产部门就可以把这种产品概念转变为产品，进入研究试制阶段。医药新产品研究试制过程包括临床前研究和临床研究。临床前研究的内容包括药物合成工艺、提取方法、理化性质及纯度、剂型选择、处方筛选、制备工艺、检验方法、质量指标、稳定性、药理、毒理、药代动力学等。临床研究是在国家药品监督管理部门批准后实施，严格执行《药物临床试验质量管理规范》（good clinical practice，GCP）的规定，包括临床试验和生物等效性试验，主要考察药物对人体的疗效（有效性）与毒副作用（安全性），并继续进行相应的药理、毒理等方面的研究工作，以最终决定候选药物能否作为新药上市。

6. 市场试销　该阶段是将研制成功并取得新药注册证书的产品小批量投放市场销售。目的在于了解顾客和经销商经营、使用和再购买这种新产品的实际情况及市场规模，然后再酌情采取适当对策。

7. 正式上市　新产品试销成功后，就可以正式批量上市，全面推向市场。但此阶段，企业的高层管理者还应做好以下几方面的决策：何时推出新产品、何地推出新产品、向谁推出新产品、如何推出新产品等。

【本章小结】

产品策略是营销组合策略的基础。现代市场营销要求企业树立产品整体概念，产品有核心产品、形式产品、期望产品、延伸产品和潜在产品五个层次。

产品组合是指一个企业所生产或经营的全部产品线和产品项目的结构，即企业的业务经营范围。对产品组合采用宽度、长度、深度和关联度进行衡量。医药产品组合优化策略主要有：扩大产品组合、缩减产品组合、产品线延伸和产品线现代化四种策略。

产品生命周期是指产品从试制成功投放市场开始，直到被市场淘汰为止的全过程所经历的时间。一个标准的产品生命周期包括导入期、成长期、成熟期、衰退期四个阶段，每个阶段都具有不同的特点和营销策略。

品牌包括品牌名称和品牌标志两个部分，具有属性、利益、价值、文化、个性和用户六层含义。品牌资产是品牌带给产品或服务的附加价值，它具有无形性、难以准确计量、在利用中增值、波动性、营销绩效的主要衡量指标五个特征。品牌策略主要有：品牌有无策略、品牌归属策略、品牌统分策略、品牌延伸策略和品牌重新定位策略，每种策略都有各自的优缺点和适用条件。商标是经过注册登记，受到法律保护的品牌或品牌中的某一部分，品牌和商标既有联系，又有区别。

在现代营销中，包装也是产品的重要组成部分，其作用主要体现在保护产品、促进销售、增加利润和指导消费。企业的包装策略主要有：类似包装策略、系列包装策略、等级包装策略、差异包装策略、附赠品包装策略、再使用包装策略和改变包装策略。

NOTE

在实践中，医药新产品（新药）的含义需要从两个角度加以理解：从法律角度看，新药是指未曾在中国境内外上市销售的药品；从市场营销学角度看，医药新产品是与原有产品相比，在功能或形态上得到改进，并能为顾客带来新的利益的医药产品。医药新产品开发模式主要有独立开发、技术引进、合作开发、外包和并购等模式。研究开发医药新产品一般包括七个步骤：新产品构思、构思筛选、概念形成、拟定营销规划和商业分析、研究试制、市场试销、正式上市。

【重要概念】

产品整体概念；产品组合；产品线；产品项目；产品生命周期；品牌；品牌资产。

【复习思考】

1. 试述医药产品整体概念的营销意义。
2. 试述医药产品组合优化策略。
3. 试述医药产品生命周期各阶段的市场特点及营销策略。
4. 试述医药产品品牌与包装的作用、设计原则及其策略。
5. 试述医药新产品的含义及其开发模式与程序。

【案例分析】

血尔进攻红桃K，补血市场不见血的“血战”

调查显示，我国居民贫血患病率高达15.2%，其中育龄妇女贫血患病率20.6%，2015年我国补血类产品销售市场规模超过500亿元，补血市场需求巨大。在过去20多年里，传统老牌的红桃K和后起之秀的血尔是补血市场的典型代表。

1994年，红桃K首次投入市场，通过“农村包围城市”战略，以宣传单、本土化的电视专题、车贴墙标、义诊等方式，使产品短时间内为国人熟知。1997年，红桃K发展至巅峰，销售额达16.7亿元，一举成为国内保健品大佬。此后红桃K开始急速多元化扩张，而此时补血市场也发生变化，如九芝堂、东阿阿胶、同仁堂、健康元、朴雪、福牌阿胶等品牌纷纷杀入市场，“血尔”就是其中的典型代表。在激烈的竞争中，红桃K主营产品的销售一年比一年差，“生血”功能严重不足，同时多元化业务发展也噩耗连连，2003年的分家也使企业元气大伤，市场陷入低谷。2005年到2009年，红桃K尝试多种方法打开市场，但效果均不理想，一直到2011年才逐步打开市场，2012年达到3千万，2014年超过1亿元，2017年目标是重回历史巅峰。

2001年，补血新品血尔进入市场，而此时补血市场已是烽火不断。血尔不走寻常路，最终在激烈竞争的市场中站稳脚跟并发展壮大。①在品牌名称上下工夫，取名“血尔”，名称直接且具有美感，富含中国文化特色的象形文字“尔”，意味深长地带出了蕴藏其中的文化底蕴。②包装尊贵，将内包装设计为国际流行的大瓶装型，让人感觉物有所值；外包装上以红色作为主色调，特别注重突出logo，尊贵大方，豪华阔气；还设计了不同规格，满足不同人群的消费需要。③精心选择目标顾客，锁定城市白领女性，品牌定位“功效持久”，避开传统霸主品牌红桃K的市场和定位。④采用整合传播手段，提升促销效果。选择都市人收视习惯最为集中的频道，拍摄制作主题广告片，另外编印了系列宣传资料等。⑤狠抓终端细节管理，产品上市伊始就出台了系列终端建设制度，做实做细终端细节，在终端竞争中取得了不俗的成绩。

资料来源：林楠．红桃K能重生吗[J]．支点，2015（7）：60－63

思考与讨论：

1. 首先思考红桃 K 初期成功的原因，再思考红桃 K 出现营销困境的原因及对策。
2. 分析血尔的成功原因，思考对医药品牌创立有何借鉴之处。

第十章 医药产品的定价策略

【学习要点】

通过学习本章内容，要求了解医药产品定价的影响因素；掌握医药产品的基本定价方法和定价策略；把握医药企业的价格调整策略。

【引导案例】

片仔癀11年提价13次

2016年6月29日，片仔癀发布公告，公司将上调主导产品片仔癀出厂价，市场零售价随之从460元/粒上调到500元/粒，涨幅约为8.7%。据片仔癀方面介绍，此次价格上调的主要原因是原料及人工成本上涨。

据不完全统计，自2005年后片仔癀共提价13次，原材料天然麝香的稀缺是提价的主要因素之一，也是掣肘产能的重要原因。片仔癀主要成分为麝香、牛黄、蛇胆和三七，其中，麝香是关键成分，由于杀麝取香的方式及麝香产量少、价格高的特点，导致麝的数量急剧减少。中国麝资源从20世纪50年代的近300万头下降到2003年不足15万头。

为此，政府开始严格限定天然麝香的使用。2003年3月，国家林业局发文要求全面禁止猎捕麝和收购麝香行为，中药生产所需天然麝香全部从现有库存或人工繁殖所获天然麝香中解决；2004年12月，严格限定天然麝香在中成药中的使用范围；2005年7月1日起严格限定了使用天然麝香的5家企业的4个品种。

在高价药方面，国家与企业之间存在利益冲突，目前国家药品价格谈判的结果存在不确定性，但随着药品价格谈判机制的开启，必定会给片仔癀带来很大的降价压力，片仔癀将同时面临较高成本上涨压力和价格下降压力。

资料来源：朱萍．天然麝香日益稀缺，片仔癀11年提价13次［N］．21世纪经济报道，2016-06-30（19）

第一节 影响医药产品定价的因素

一、定价目标

在确定产品价格以前，医药企业首先必须确定定价目标。这个目标应和企业的经营总目标、销售目标相一致。因为企业的总目标与销售目标是定价目标的基础，而定价目标又是定价策略与定价方法的依据，即企业的价格策略是根据体现市场营销目标的定价目标来制定的。一般可供医药企业选择的定价目标有以下几种：

NOTE

（一）以维持生存为定价目标

当医药企业遇到生产力过剩、产品积压、竞争激烈或者要改变消费者需求时，往往把维持企业生存作为定价的主要目标。为避免倒闭，企业必须制定一个低的价格，借助于大规模的价格折扣，以保本价格甚至以低于成本的价格出售产品，以期迅速收回资金，维持营业，争取研制新产品的时间，重求生机。这种定价目标毕竟只是企业处于不利环境中实行的一种缓兵之计，一旦企业出现转机，企业应该以其他目标作为主要定价目标。

（二）以获取最大利润为定价目标

许多医药企业都想制定一个能达到最大当期利润的价格。但企业定价追求当期利润最大化，并不等于制定最高售价。一般来说，定价越高，需求就会减少；需求量越小，单位产品成本就越高；从而影响利润最大化的实现。定价越低，需求就会增加；需求量越大，单位产品成本就越低；但由于单位产品利润也低，就不一定能实现当期利润最大化。所以当期利润最大化往往更多地取决于合理价格所推动产生的需求量和销售规模。经济学家已经对为取得最大当期利润的价格的计算创立了一种简单的模型。这个模型假设企业已经知道其产品的需求函数和成本函数，需求函数描述价格与需求的关系，成本函数描述销量与成本的关系。由于总利润等于总收入减去总成本，利用需求函数和成本函数可以导出价格与总利润之间的二元函数关系式，从而可以求出使总利润为最大值时价格的数值。

（三）以市场份额领先为定价目标

追求市场份额领先是企业普遍采用的定价目标。较高的市场份额可以保证企业产品的销路，便于企业掌握消费需求变化，易于形成企业控制市场和价格的能力。拥有最大的市场份额后企业将享有最低的成本和最高的长期利润。为争取市场份额领先，企业需要制定一个尽可能低的价格，广开销路。

【营销实践】

正大天晴首仿药的定价目标

正大天晴的重磅新药达沙替尼片“伊泥舒”采用了“疯狂”的定价策略，50mg规格定价在70元/片、20mg规格定价在35元/片，而原研厂家百时美施贵宝50mg的达沙替尼片“施达赛”价格为526元/片、20mg的价格则为260元/片。正大天晴对于该首仿药的定价策略是“向下走”，而不是常见的“向上升”。从近年来国家政策导向来说，降价目的显而易见，而此次正大天晴主动将首仿药价格下调，自然符合政府的意图。目前全球医药市场正处于专利药集中到期的特殊时期，近年来国内药企开始在抢仿上发力，即便抢仿成功研发出首仿药，接下来将面临着原研药和后来仿制药的夹攻，竞争十分激烈。因此，正大天晴首仿药在价格上做文章，对于药企来说，有利于快速抢占原本属于原研药的市场份额，同时也给其他药企的仿制药设置门槛。当首仿药已经在市场站稳脚跟，再有后来者进入并想打开市场，将更加困难。正大天晴“伊泥舒”的定价策略类同“渗透定价”，是非常厉害的一招，一方面针对施贵宝的“施达赛”是一种强大的攻击，另一方面则是对跟随者的一种有效阻击，这对抢占市场份额绝对有重要意义。

资料来源：首仿药定价策略［EB/OL］. http://www.bioon.com/trends/news/602018.shtml. 2014-8-15

（四）以产品质量领先为定价目标

有些医药企业可以以追求产品质量领先为定价目标。为此，企业需要制定一个高的价格来

保证高的产品质量，弥补高额的研究及开发费用。如美国辉瑞公司花了10多年时间研发了万艾可用于治疗勃起功能障碍。

（五）以企业形象最佳化为定价目标

良好的企业形象是企业的无形资产。医药企业形象好，能够得到消费者的长期信赖，获得较好的长期利益。以企业形象最佳化为定价目标的企业应该注重制定出来的价格与企业整体定位相一致，与目标市场顾客的需求相一致。例如有的医药企业的产品以性价比高见长，如广州白云山制药的板蓝根冲剂；有的医药企业则以产品质量优质著称。同时，企业定价时也要顾及医药中间商的利益，维护企业在中间商中的形象，以求得中间商的合作与支持。另外，医药企业定价时还要注意企业在社会公众中的形象，遵循社会和职业的道德规范。

二、成本费用

任何医药企业都不能随心所欲地制定价格。某种产品的最高价格取决于市场需求，最低价格取决于这种产品的成本费用。从长远看，任何产品的销售价格都必须高于成本费用。只有这样，才能以销售收入来抵偿生产成本和经营费用，否则就无法继续经营。因此，企业制定价格时必须估算成本。企业的成本包括以下两种：

（一）固定成本

固定成本是指在短期内并不随着企业的产量和销售收入的变化而变化的成本费用，包括厂房设备的折旧费、租金、利息、高级管理人员的薪金等。这种成本在企业开办时即支出，即使未开工生产也须负担。

（二）可变成本

可变成本是指直接随着企业的产品产量和销售收入变化而变化的成本，包括原材料费、工资等，企业不开工生产，可变成本应等于零。企业管理人员应当调查研究可变成本如何随着生产水平的变化而变化，掌握成本变化的规律。

三、市场需求

企业管理人员必须知道对于价格的变动需求将会发生什么变化。在正常情况下，市场需求会按照与价格变动相反的方向变动。价格提高，市场需求就会减少；价格降低，市场需求就会增加。

由于价格会影响市场需求，所以企业所制定的价格高低会影响企业产品的销售，因而会影响企业总体目标的实现。企业管理人员可以通过需求弹性来了解市场需求对价格变动的反应。价格有些变动，而市场需求几乎没有什么变化，我们就认为需求是无弹性的；价格有些变动，而市场需求变化很大，我们就认为需求是有弹性的。需求弹性是指因价格变动而引起需求相应变动的比率，反映需求变动对价格变动的敏感程度。用公式表示如下：

需求弹性＝需求变动的百分比/价格变动的百分比

企业定价时考虑需求弹性的意义在于不同产品具有不同的需求弹性。从需求弹性强弱的角度来决定企业的价格决策，可以分三种类型来考察。为比较需求弹性的大小，这里仅考虑需求弹性的绝对值。

1. 需求弹性等于1 表明价格的变动会引起需求量等比例的反方向变动。如某种产品提价

2%，这种产品的需求量降低2%。在这种情况下，企业的总销售收入保持不变，价格变化对销售收入影响不大。利用价格的变动来促进销售、提高利润无实际意义。所以，此时进行价格决策时应该更多地考虑成本、竞争对手等因素的影响。

2. 需求弹性大于1 表明价格的变动会引起需求量较大幅度的反方向变动。如某种产品提价2%，这种产品的需求量降低10%。在这种情况下，企业的总销售收入减少很多。企业定价时，应通过低价、薄利多销来达到增加利润的目的。

3. 需求弹性小于1 表明价格的变动仅会引起需求量较小程度的反方向变动。如某种产品提价2%，这种产品的需求量仅降低1%。在这种情况下，企业的总销售收入有所增加。企业定价时，可以定较高水平的价格，以此来达到增加利润的目的。

基于上述情况，企业在给某种医药产品定价时，必须考虑该种产品的需求价格弹性属于哪种类型。一般来说，对于需求价格弹性大的产品采用降低价格的方法是有利的，通过薄利多销，可使销售总收入增加，争取更大利润。对于需求价格弹性小的产品，较高的定价是有利的。对于需求价格弹性一般的产品，选择平均价格，同时可将其他市场营销措施作为提高盈利率的主要手段。

四、竞争状况

如上所说，产品的最高价格取决于这种产品的市场需求，最低价格取决于这种产品的总成本费用。在最高价格和最低价格的幅度内，医药企业能把这种产品的价格水平定得多高，则取决于竞争对手的同种产品的价格和可能价格的水平有多高。企业管理人员必须采取适当方法了解竞争对手的产品质量和价格。企业可以根据这方面的信息来比质比价，从而制定本企业的产品价格。例如，本企业和竞争对手的同种产品如果质量大体一样，那么两者的价格水平应大体一样；如果本企业产品质量较低，那么价格水平就不能和竞争对手一样；如果本企业产品质量较高，那么价格水平就可以定得较高。

还应看到，竞争对手也可能针对企业的价格相应调整其价格，也可能不调整价格而调整市场营销组合中的其他变量来和本企业争夺市场阵地。

五、政策法规

国家药品价格政策无疑是医药企业制定医药产品价格时必须严格遵守和认真履行的。我国采取政府定价和市场调节相结合的医药产品价格政策，目的是抑制药价过度虚高，减少社会药费负担的同时又保证企业合理盈利，促进医药行业健康发展。

随着我国医药卫生体制改革的不断深化，由政府直接定价的药品范围、品种会根据社会经济的变化不断调整并减少，由医药企业自主定价的范围与品种也在逐渐扩大，政府更多的是加强其他宏观监管手段。医药企业应不断学习与研究国家不同时期的药品价格政策，使自己的定价行为符合政策要求。

【营销视野】

药品价格改革

为加快推进药品价格改革，国家先后推出了《推进药品价格改革的意见》和《关于全面推开公立医院综合改革工作的通知》。

2015年5月4日，国家发改委、国家卫生和计划生育委员会（现国家卫生健康委员会）等七部委发布《推进药品价格改革的意见》，对于药品价格形成机制予以明确：除麻醉、一类精神药品外，取消药品政府定价，完善药品采购机制，发挥医保控费作用，药品实际交易价格主要由市场竞争形成。其中：①医保基金支付的药品，由医保部门会同有关部门拟定医保药品支付标准制定的程序、依据、方法等规则，探索建立引导药品价格合理形成的机制。②专利药品、独家生产药品，建立公开透明、多方参与的谈判机制形成价格。③医保目录外的血液制品、国家统一采购的预防免疫药品、国家免费艾滋病（获得性免疫缺陷综合征）抗病毒治疗药品和避孕药具，通过招标采购或谈判形成价格。④麻醉、一类精神药品，仍暂时实行最高出厂价格和最高零售价格管理。⑤其他药品，由生产经营者依据生产经营成本和市场供求情况，自主制定价格。

2017年4月24日，出台的《关于全面推开公立医院综合改革工作的通知》规定2017年7月31日前所有地市出台城市公立医院综合改革实施方案，2017年9月30日前全面推开公立医院综合改革，所有公立医院全部取消药品加成（中药饮片除外）。

资料来源：王开广．通过谈判完善药品价格形成机制［N］．法制日报，2016-05-21（06）；国卫体改发．关于全面推开公立医院综合改革工作的通知［EB/OL］．http://www.nhfpc.gov.cn/tigs/s3581/201704/0563e06eff4441ffa9772dc30b487848.shtml.2017-04-24

第二节　医药产品的基本定价方法

在测定了需求弹性、估算了成本费用和分析了竞争状况后，就该选择定价方法了。鉴于价格的高低主要受成本费用、市场需求和竞争状况三方面因素的影响和制约，从对此三方面的不同侧重出发，各种定价方法可以归纳为成本导向定价法、需求导向定价法和竞争导向定价法三种。

一、成本导向定价法

成本导向定价法以产品成本作为定价的基本依据，具体形式主要有成本加成定价法、目标利润定价法、盈亏平衡定价法和边际成本定价法。

（一）成本加成定价法

它是指按照单位成本加上一定百分比的加成来制定产品销售价格的定价方法。零售企业普遍采用成本加成定价法。

在这种定价方法中，加成率的确定是定价的关键。加成率的计算又有两种方式：倒扣率和顺加率。

$$倒扣率=（售价-进价）/售价\times 100\%$$

顺加率＝（售价－进价）/进价×100%

利用倒扣率和顺加率来计算销售价格的公式分别为：

产品售价＝进价/（1－倒扣率）

产品售价＝进价×（1＋顺加率）

在零售业中，百货商店、杂货店一般采用倒扣率来制定产品售价，而蔬菜、水果商店则采用顺加率来制定产品售价。

加成率的确定应考虑商品的需求弹性和企业的预期利润。在实践中，同行业往往形成一个为大多数企业接受的加成率，如美国一些商品的倒扣率一般为：照相机28%，书籍34%，服装41%，装饰用的珠宝饰物46%，女帽50%。

成本加成定价法具有计算简单、简便易行的特点，在正常情况下，按此方法定价可以使企业获取预期利润。同时，如果同行业中的所有企业都使用这种定价方法，他们的价格就会趋于一致，这样能避免价格竞争，但它忽视了市场需求和竞争状况的影响，缺乏灵活性，难以适应市场竞争的变化形势。

（二）目标利润定价法

它是指根据损益平衡点的总成本及预期利润和估计的销售数量来制定产品价格的方法，运用目标利润定价法制定出来的价格能带来企业所追求的利润。美国通用汽车公司使用目标利润定价法，把汽车价格定得使它的投资取得15%～20%的利润。

目标利润定价法要借助于损益平衡点这一概念。

假设：Qo表示保本销售量，Po表示价格，C表示单位变动成本，F表示固定成本，则保本销售量可用公式表示为：

$$Qo = F/(Po - C)$$

在此价格下实现的销售额刚好弥补成本，因此，该价格实际上为保本价格；由上式可推出：在医药企业实际定价过程中，可利用此方法进行定价方案的比较与选择。如果医药企业要在几个价格方案中进行选择，只要估计出每个价格对应的预计销售量，将其与价格下的保本销售量进行对比，低于保本销售量的则被淘汰。在保留的定价方案中，具体的选择取决于企业的定价目标。假设医药企业预期利润为L，预计销售量为Q，则实际价格Po的计算公式为：

$$Po = (F + L)/Q + C$$

医药企业在运用目标利润定价法时，对销售量的估计和对预期利润的确定要考虑多方面因素的影响，这样制定出来的价格才比较可行。

（三）盈亏平衡定价法

盈亏平衡定价法也叫量本利定价法，这种方法以总成本和总收入保持平衡为定价原则。当总成本等于总收入时，企业利润为零，收支平衡，此时的价格使企业不盈不亏为保本价格。其计算公式为：

销售量×保本价格＝固定成本＋变动成本

此公式可以推导为：

保本价格＝固定成本/销售量＋单位变动成本

如果企业考虑预期利润，则可将计算公式变为：

产品单价＝（固定成本＋利润额）/销售量＋单位变动成本

这种方法的优点是企业可以在较大范围内灵活掌握价格水平，而且运用简便，但是首先应掌握企业总成本、预期销量、预期利润等，并以产品能够全部销售出去为前提。

（四）边际成本定价法

边际成本定价法也叫边际贡献定价法，该方法以变动成本作为定价基础，是在市场需求曲线和厂商边际成本曲线给定的情况下，由两条曲线的交点来确定产品价格的方法。只要定价高于变动成本，企业就可以获得边际收益（边际贡献），用以抵补固定成本，剩余即为盈利。其计算公式为：

边际贡献 = 预计销售收入 - 总变动成本

产品价格 = （总变动成本 + 边际贡献）/预计销售量

如果边际贡献等于或超过固定成本，企业就可以保本或盈利。这种方法适用于产品供过于求、卖方竞争激烈的情况。在这种情况下，与其维持高价，导致产品滞销积压，丧失市场，不如以低价保持市场，不计固定成本，尽量维持生产。

二、需求导向定价法

需求导向定价法是一种以买主对医药产品价值的认知和需求强度作为定价依据，其具体形式主要有认知价值定价法和需求强度定价法。

（一）认知价值定价法

这是医药企业根据买主对产品的认知价值来制定价格的一种方法。它是伴随现代营销观念而产生的一种新型定价方法。

医药企业在制定价格时，应考虑到买主对产品价值的评判。买主在购买商品时总会对其进行比较与鉴别，买主对商品价值的理解不同，会形成不同的价格限度。如果价格刚好定在这一限度内，买主就会顺利购买。为此企业应当搞好产品的市场定位，突出产品的特性，综合运用各种营销手段，提高产品的知名度，使买主感到购买这些产品能够获取更多的相对利益，从而提高他们接受价格的限度。医药企业可据此拟定一个可销价格，进而估计此价格水平下的销量、成本及盈利情况，最后确定实际价格。

认知价值定价的关键在于准确地估计买主对产品的认知价值。如果估计过高，定价就会过高，这样销量就会减少；如果估计过低，定价就会过低，这样固然可以多销，但收入就会减少。为准确把握市场认知价值，必须进行市场营销研究。下面结合实例，具体讲述把握市场认知价值的方法。

假设有 A、B、C 三家医药企业均生产同一种 OTC 药品，现抽一组顾客作为样本，要求他们分别就三家医药企业的产品予以评判，有三种方法可供使用。

1. 直接价格评判法 即要求顾客为三家医药企业的药品确定能代表其价值的价格。例如，他们可能将 A、B、C 三家医药企业的 OTC 药品分别定价为 18 元、16 元和 13 元。

2. 直接认知价值评判法 即要求顾客根据他们对三家医药企业所生产的 OTC 药品的价值进行认知；将 100 分在三者之间进行分配，假设分配结果为 42、33、25。如果这种 OTC 药品的平均市场价格为 15 元，则我们可得到三个反映其认知价值的价格分别为 18 元、16 元和 13 元。

3. 诊断法 即要求顾客就三种 OTC 药品的属性分别予以评分，然后把每种属性的得分乘

以其重要性权数，再把其结果相加就可得到每种 OTC 药品的认知价值。假设该 OTC 药品有安全性、疗效、质量、服务四种属性，对每一种属性，分配 100 分给三家医药企业，同时根据四种属性重要程度的不同将 100 分分配给四种属性。假设结果如表 10-1 所示。

表 10-1　诊断法

重要性权数	属性	OTC 药品		
		A	B	C
25	安全性	40	40	20
30	疗效	33	33	33
30	质量	50	25	25
15	服务	45	35	20
100	认知价值	41.65	32.65	24.90

由表 10-1 可看出 A、B 和 C 三家医药企业产品的认知价值分别为 41.65、32.65 和 24.90。由于平均质量的价格为 15 元，平均认知价值为 33，按认知价值的比例定价，则 A、B、C 三家药品的价格可分别定为 18 元、16 元和 13 元。如果三家企业均按此定价，则每家企业都可享受到部分的市场占有率，因为它们提供的价值与价格之比相等。

如果某一家医药企业的定价低于其认知价值，则它将得到一个高于平均数的市场占有率，因为这时买主支付的货币可换回更多的价值。这样将会迫使其他企业或降低价格或提高其认知价值。提高认知价值的主要措施包括增加服务项目、提高产品质量和服务质量、进行更有效的宣传促销等。

（二）反向定价法

反向定价法又称可销价格倒推法，是指企业根据产品的市场需求状况，通过价格预测和试销、评估，先确定消费者可以接受和理解的零售价格，然后倒推批发价格和出厂价格的定价方法。这种定价方法的依据不是产品的成本，而是市场的需求，力求使价格为消费者所接受。分销渠道中的批发商和零售商多采取这种定价方法。其计算公式为：

出厂价格 = 市场可销零售价格 ×（1 - 批零差价率）×（1 - 销进差率）

采用反向定价法的关键在于如何正确测定市场可销零售价格水平。测定的标准主要有：

①产品的市场供求情况及其变动趋势。

②产品的需求函数和需求价格弹性。

③消费者愿意接受的价格水平。

④与同类产品的比价关系。

测定的方法有：

①主观评估法　由企业内部有关人员参考市场上的同类产品，比质比价，结合考虑市场供求趋势，对产品的市场销售价格进行评估确定。

②客观评估法　由企业外部的有关部门和消费者代表对产品的性能、效用、寿命等方面进行评议、鉴定和估价。

③实销评估法　以一种或几种不同价格在不同消费对象或区域进行实地销售，并采用上门征询、问卷调查、举行座谈会等形式，全面征求消费者的意见，然后判明试销价格的可行性。

采用这一定价法时，需要对产品的市场容量和商品的价格弹性有一个大体的估计，并且企业的目标利润是确定的。这才能确保反向定价在实践上可以完成。

三、竞争导向定价法

竞争导向定价法是以市场上主要竞争对手的同类产品价格为主要定价依据，并根据竞争态势的变化来调整价格的定价法。竞争导向定价法通常有随行就市定价法和密封竞标定价法。

（一）随行就市定价法

这是指企业按照行业的平均现行价格水平来定价。它是同质产品市场的惯用定价方法。在垄断性竞争的市场上，销售同类产品的各个企业在定价时实际上没有多少选择余地，只能按照行业的现行价格来定价。

在寡头竞争的市场上，企业也倾向于和竞争对手制定相同水平的价格。因为在这种条件下，市场上只有少数几家大公司，彼此十分了解，买主对市场行情也很熟悉；价格稍有偏差，买主就会转向价格较低的企业。一般来说，当需求有弹性时，一个寡头企业不能通过提价而获利；当需求缺乏弹性时，一个寡头企业不能通过降价而获利。

在异质产品市场上，企业有较大的自由来决定其价格，产品的差异化使买主对价格的差异不甚敏感。但企业也应该相对于竞争者确定自己的适当位置，确定自己产品的价格定位。

（二）密封竞标定价法

这种定价法主要用于投标交易方式。一般情况下，在同类同质产品之间，价格相对低的产品更具有竞争力。在市场营销活动中，投标竞争是一种营销竞争常用的方式，投标竞争的过程往往就是价格竞争的过程，竞争的结果产生实际的成交价格。

企业参加竞标总希望中标，而能否中标在很大程度上取决于企业与竞争者投标报价水平的比较。因此，投标报价时要尽可能准确地预测竞争者的价格意向，然后在正确估算完成招标任务所耗成本的基础上，定出最佳报价。一般来说，报价高，利润大，但中标机会小，如果因价高而招致败标，则利润为零；反之，报价低，虽中标机会大，但利润低，其机会成本可能大于其他投资方向。因此，报价时既要考虑实现企业的目标利润，也要结合竞争状况考虑中标概率（中标概率的测算取决于企业对竞争对手的了解程度，以及对本企业能力的掌握程度）。最佳报价应该是预期收益达到尽可能高的价格。

$$预期收益 = （报价 - 直接成本）\times 中标概率 - 失标损失 \times （1 - 中标概率）$$

运用这种方法，最大的困难在于估计中标概率。这涉及对竞争投票情报的掌握。只能通过市场调查及对过去投标资料的分析大致估计。在国际上，建筑包工和政府采购往往采用这种方法。如果公司要赢得标的合同，价格就必须比竞争者低。但是价格不能低于成本，更不能损害公司的定位。

在完全竞争市场上，卖方企业常采用市场竞争定价法。不过，当市场仅由数家企业主导时，他们也会采用这种定价方法。

NOTE

第三节 医药产品的定价策略

医药产品定价是一个极其复杂的过程，医药企业通过定价方法可以得到医药产品的基本价格。在市场竞争中，企业还需根据具体的市场环境、产品条件、市场供求、地区差异、企业目标等灵活地运用适当的定价策略，制定最终的销售价格，以期达到扩大销售，增加企业利润的目的。常见的定价策略包括折扣定价策略、差别定价策略、心理定价策略、地理定价策略、产品组合定价策略。

一、折扣定价策略

价格有样本价格与成交价格之分，样本价格是指价目表中标明的价格，成交价格则是根据不同的交易方式、数量、时间等，在样本价格的基础上适当加以调整而形成的实际售价。企业为鼓励买主及早付清货款、大量购买、淡季购买及配合促销，给予一定的价格折扣与让价，这就叫作折扣定价。折扣定价的形式有五种。

（一）现金折扣

现金折扣是卖方给按约定日期以现金付款的购买者，按原价享受一定折扣的策略。这种策略是为了鼓励买主早日以现金付款，减少赊销。应用现金折扣，应考虑三个方面的因素：一是折扣率的大小；二是给予折扣限制时间的长短；三是付清货款期限的长短。例如，某医药批发企业与客户成交某医药产品，价格为690元，如果能在8天内付清货款，可按原价的2.5%给予现金折扣，若超过8天则不予折扣。现金折扣为商业销售者乐于采用，其原因是可以提早收回货款，加速资金周转，减少呆账风险，减少收款手续和费用，吸引顾客的购买兴趣。

（二）数量折扣

数量折扣是指卖方为了鼓励买方大量购买，或集中购买其产品，根据购买数量给予一定的折扣。

1. 累计数量折扣 即规定在一定时期内，购买总数超过一定数额时，按总量给予一定的折扣。如一客户在一年中累计购进医药产品超过1000件，每次购货时按基本价格结算收款，到年终，营销企业按全部价款的5%返还给该客户。采用这种策略有利于鼓励顾客集中向一个企业多次购货，从而使其成为长期客户。

2. 非累计数量折扣 即规定顾客每次购买达到一定数量或购买多种产品达到一定金额所给予的价格折扣。例如，根据每次交易的成交量，按不同的价格折扣销售，购买100件以上按基本价格的95%收款，购买500件以上按90%收款，购买1000件以上按80%收款。采用这种策略能够刺激顾客大量购买，增加盈利，同时减少交易次数与时间，节约人力、物力等开支。

（三）功能折扣

功能折扣也称贸易折扣，即医药企业根据各类中间商在市场营销中所担负的不同职能，给予不同的价格折扣。如给批发商的折扣较大，给零售商的折扣较小，使批发商乐于大批进货，并有可能进行批转业务。使用功能折扣的目的在于刺激各类中间商充分发挥各自组织市场营销活动的能力。

(四) 季节折扣

季节折扣是对购买淡季产品的顾客给予折扣。这种折扣的目的在于减少淡季对生产销售的影响，将企业的产销量维持在一个比较稳定的水平。这种折扣可以鼓励顾客提前购买或淡季购买，有利于企业减少库存，加速周转，缓解产销的季节矛盾。对一些滋补药品、保健品的销售可以采用这一价格策略。

(五) 折让

折让包括抵换折让和促销折让两种形式。抵换折让是顾客在购买新产品时，把旧产品交回厂商以换取新产品的减价。这种策略有利于顾客积极购买同类新型产品，提高顾客忠诚度，一些医药生产企业往往通过抵换折让回收过期药品。促销折让是指生产企业给予参加其产品促销活动的中间商的价格折让或酬劳。如医药生产企业对为其产品进行广告宣传、布置专用橱窗等促销活动的药店给予津贴，作为对其开展促销活动的报酬，以鼓励药店积极宣传本企业的医药产品。这种策略特别适合于导入期的医药产品，其实质是企业为开拓市场而支付的费用。

二、差别定价策略

差别定价是指企业对同一产品或劳务制定两种或两种以上价格以适应顾客、地点、时间等方面的差异，但这种差异并不反映成本比例差异。差别定价主要有以下几种形式：

(一) 顾客差别定价

顾客差别定价即对同样的产品为不同细分市场的顾客制定不同的价格。例如，部分企业对自己的长期客户给予较低的价格。

(二) 产品形式差别定价

产品形式差别定价即对不同规格和档次的同类产品制定不同的价格。但是，不同规格和档次的产品，其价格之间的差额和成本费用之间的差额并不成比例。例如，包装精美别致的滋补药材比散装滋补药材的价格要高许多。

(三) 地点差别定价

地点差别定价即对处于不同地点的同一医药产品制定不同的价格，即使在不同地点提供的产品的成本是相同的。这样做的目的是调节客户对不同地点的需求和偏好，平衡市场供求。例如，经济欠发达地区相对于经济较发达地区而言，医药产品价格要低一些。

(四) 时间差别定价

时间差别定价即企业对于不同季节、不同时期甚至不同钟点的产品或服务也分别制定不同的价格。如中药材的期货交易就是时间差别定价。又如某药品零售店规定，早上 9 点至 10 点在店内购买药品享受降价 5% 优惠。差别定价可以满足顾客的不同需要，能够为企业谋取更多的利润，在实践中运用比较广泛。

实行需求差别定价要具备以下条件：市场能够根据需求强度的不同进行细分；细分后的市场在一定时期内相对独立，互不干扰，高价产品市场上不会出现低价竞争者；细分市场和控制市场的成本费用不得超过实行价格差异所得到的收入；价格差异适度，不会引起消费者的反感；价格差异符合有关价格管理的法规和条例。

三、心理定价策略

心理定价策略是运用心理学原理，根据不同类型的顾客购买商品的心理动机来制定价格，

引导消费者购买的价格策略。这是一种非理性的定价策略，但在现代市场经济中，往往可以激发和强化消费者的购买欲望。针对消费者不同的需求心理，常采用的定价策略有尾数定价策略、整数定价策略、声望定价策略、招徕定价策略和习惯定价策略。

（一）尾数定价策略

尾数定价又称“非整数定价”或“奇数定价”，是企业利用消费者求廉、求实的心理，把医药产品价格定为奇数或有零头，以促使顾客购买，这种定价策略多用于价格低廉的医药产品。心理学研究表明，价格尾数的微小差别能够明显影响消费者的购买行为。一般来说，价格较低的医药产品采取零头结尾，常用的尾数为“8”和“9”，给消费者以便宜感，同时因标价精确给人以信赖感而易于扩大销售。如将价格定为19.80元，而不是20元，就比较好销。有时候尾数的选择完全是出于满足消费者的某种风俗和偏好，如欧美国家的消费者对“13”忌讳，日本的消费者对“4”忌讳，我国的消费者则喜欢“6”“8”“9”的尾数。

（二）整数定价策略

整数定价策略与尾数定价策略相反，企业有意将产品价格定为整数，以显示产品具有较高质量。整数定价是针对消费者的求名、求方便心理，将医药产品价格有意定为以“0”结尾的整数。心理学研究表明，消费者往往倾向于以价论质，而将医药产品的价格定为整数，使产品显得高档，正好迎合了消费者的这种心理。整数定价一般多用于价格较贵的医药产品。当然，医药企业的定价策略还要以优质优价、质价相符为基础，过分看中心理定价，流于一种纯粹的数字游戏，只能哗众取宠一时，从长远来看，却于事无补。

（三）声望定价策略

声望定价策略即针对消费者“价高质必优”的心理，对在消费者心目中有信誉的产品制定高价格。对于医药产品而言，声望定价主要适用于名牌药品、稀有药品等。如同仁堂药店一直以来在消费者心目中有较高的声望，优质药材、优质服务赢得了顾客青睐，通过声望定价带来了一定的经济效益。应当注意的是：确保药品质量上乘；严格掌控声望定价与同类普通药品价格的差异；不能只靠已有的声望维持高价，要不断提高质量。

（四）招徕定价策略

这是一种有意将医药产品按低于市场平均水平的价格出售以招徕吸引消费者的定价策略。由于价格明显低于市场上其他同类产品，因而顾客盈门。这种策略一般是对部分医药产品降价，从而带动其他医药产品的销售。比如一些医药连锁店将特定的医药产品以低价出售，作为宣传以吸引消费者。

（五）习惯定价策略

习惯定价是指按照消费者的习惯性标准来定价。消费者和家庭常备医药产品一般采用习惯定价。因为这类商品一般易于在消费者心目中形成一种习惯性标准；符合其标准的价格容易被顾客接受，否则易引起顾客的怀疑。高于习惯价格常被认为是变相涨价；低于习惯价格又会被怀疑产品质量是否有问题。因此，这类医药产品价格力求稳定，在不得不涨价时，应采取改换包装或品牌等措施，减少消费者的抵触心理，并引导消费者逐步形成新的习惯价格。

四、地理定价策略

一般来说，医药产品的生产和消费有一定的空间距离，产品要满足顾客的需求，必须从生

产地运送到消费地，这需要运输和仓储等费用，地理定价就是针对这些费用的分摊而采用的一种定价策略。地理定价策略是企业根据产品的特性、所在地区的市场情况、交货条件等不同情况，决定对销往不同地区的产品制定相同的价格还是不同的价格。地理定价策略主要包括原产地定价、统一交货定价、销地定价、津贴加运费定价、分区送货定价等五种形式。

（一）原产地定价

原产地定价在国际贸易术语中称为离岸价格或船上交货价格，是指卖方须负责将某种产品（货物）运到产地的某种运输工具（如卡车、火车、船舶、飞机等）上交货，并承担一切风险和费用；交货后一切风险和费用（包括运费）概由买方承担。而所谓按产地在某种运输工具上交货定价，就是顾客（买方）在卡车、火车、船舶、飞机等运输工具上收货，交货后，从产地到目的地的一切风险和费用概由顾客承担。如果按产地在某种运输工具上交货定价，那么每一个顾客都各自负担从产地到目的地的运费，这是合理的。但是这样定价对企业也有不利之处，即远地的顾客就可能不愿购买这个企业的产品，而购买其附近企业的产品。

（二）统一交货定价

统一交货定价是不分买方距离的远近，一律实行统一价格、统一送货，一切运输、保险费用都由卖方承担的定价策略。其优点是扩大卖主的竞争区域；易赢得顾客好感；简化计价工作。该策略适用于体积小、重量轻、运费低或运费占成本比例较小的医药产品。

（三）销地定价

销地定价在国际贸易术语中称为到岸价格或成本加运费和保险费价格。销地定价实际上就是考虑生产者的全部成本。使用这种策略时，是卖主出于竞争需要或为了使顾客更满意而由自己负担货物到达目的地之前的运输、保险和搬运等费用。虽然手续较繁琐，但卖方承担的费用和风险较大，有利于扩大医药产品的销售额。

（四）津贴加运费定价

津贴加运费定价是为弥补产地交货价格策略的不足，减轻买方的运杂费、保险费等负担，由卖方补贴其部分或全部运费，其实质是运费折让。为了争夺远距离的潜在顾客，医药企业通过采取运费补贴价格来扩大市场销售区域。该策略有利于减轻边远地区顾客的运费负担，使企业保持市场占有率，并不断开拓新市场。

（五）分区送货定价

分区送货定价也称区域价格，是在既定地区内向所有买主收取包括运费在内的同一价格，卖主支付实际运费，价格中的运费是该区平均运费。依据距离远近，不同的地区价格不同。各地区间价格虽然不同，但同一地区内所有的客户都支付同一价格。实行这种方法，处于同一价格区域内的顾客，就得不到来自卖方的价格优惠；而处于两个价格区域交界地的顾客之间就得承受不同的价格负担。它适用于交货费用在价格中所占比重大的大体积医药产品。

五、产品组合定价策略

产品组合定价策略是从全局出发，根据医药产品使用上的相关特性为产品制定不同的价格，以促进各种产品的销售和总利润的增加。常用的医药产品组合定价策略有以下几种形式：

（一）产品线定价

产品线定价是指根据产品线内各项目之间在质量、性能、档次、款式、成本、顾客认知、

需求强度等方面的不同，参考竞争对手的产品与价格，确定各个产品项目之间的价格差距，以使不同的产品项目形成不同的市场形象，吸引不同的顾客群，扩大产品销售，争取实现更多利润。企业以保本甚至微亏的价格来制定低价产品的价格，以增加顾客流，使生产与销售迅速达到理想规模，遏制竞争。高价产品则可树立企业的品牌形象，以超额利润迅速收回投资，增强企业的发展后劲。中价产品通过发挥规模效益为企业带来合理的利润，维持企业的正常运行。

（二）选择品定价

选择品定价是指医药企业在提供主要产品时，还提供各种可选择产品或具有特色的产品。比较典型的例子如养生馆、药膳等。有的将具有特色的产品价格定得较低，而将店内非特色产品的价格定得较高，主要靠后者盈利；有的则将特色产品的价格定得较高，将非特色产品的价格定得较低，主要靠前者盈利。

（三）互补产品定价

互补产品又称受制约产品，是指必须与主要产品一同使用的产品。多数医药企业采用这种策略时，将主要产品定低价，而附属产品定高价。以高价的附属品获取高利，补偿主要产品因低价造成的损失。然而，将附属品的价格定得太高也存在一定风险，容易引起不法分子生产低廉的仿制品，反过来与正规产品竞争。

（四）产品捆绑定价

医药企业常常将一些产品捆绑在一起进行销售，捆绑价低于单件产品的价格总和。在一定程度上，这种价格可推动消费者购买。然而，在捆绑定价时要注意使用这一策略的灵活性，因为有些理智的消费者往往只是按需购买，他们只需要捆绑组合中的某一种或几种产品，这时企业要能满足他们的要求。

第四节 医药企业的价格变动与调整

价格决策与企业的市场占有率、市场接受新产品的快慢、企业及其产品在市场上的形象等都有着密切的关系。价格策略的正确与否对企业成败来说至关重要，在竞争过程中，谁能以较低的价格向市场提供较大的价值，谁就可能成为竞争中的赢家。反之，如果价格决策失误，缺乏价格策略与营销组合中其他策略之间的协调，即便企业所提供产品的内在质量优异、外形设计符合消费意愿，仍无法得到市场的认同和接受。因此，医药企业必须审时度势，在适当的时候对价格进行适当的调整。

一、价格变动策略

企业为某种医药产品制定出价格以后，还要随着市场营销环境的变化，经常对现行价格予以调整，以适应市场竞争的需要。调整价格，可采用降价及提价策略。企业产品价格调整驱动力既可来自于企业内部，也可来自于企业外部。

（一）降价策略

1. 医药企业降价的原因分析 医药企业降价的原因很多，有企业外部需求及竞争等因素的变化，也有企业内部的战略转变、成本变化等，还有国家政策、法令的制约和干预等。这些

原因具体表现在以下几个方面：

（1）医药企业急需回笼大量现金 对现金产生迫切需求的原因既可能是其他产品销售不畅，也可能是为了筹集资金进行某些新活动，而资金借贷来源中断。此时，医药企业可以通过对某些需求价格弹性大的产品予以大幅度降价，从而增加销售额，获取现金。

（2）医药企业通过降价来开拓新市场 一种产品的潜在顾客往往由于其消费水平的限制而阻碍了其转向现实顾客的可能性。在降价不会对原顾客产生影响的前提下，企业可以通过降价方式来扩大市场份额。不过，为了保证这一策略的成功，有时需要以产品改进策略相配合。

（3）应付来自竞争者的价格竞争压力 在绝大多数情况下，反击直接竞争者价格竞争见效最快的手段就是“反价格战”，即制定比竞争者的价格更有竞争力的价格，在这种情况下迫使企业降低价格。

（4）医药企业生产能力过剩 当医药企业产能过剩，产品供过于求，同时又无法通过产品改进和加强促销等工作来扩大销售时，可以采取降价策略。

（5）根据产品生命周期阶段的变化进行调整 这种做法也被称为阶段价格策略。在从产品进入市场到被市场所淘汰的整个生命周期过程中的不同阶段，产品生产和销售的成本不同，消费者对产品的接受程度不同，市场竞争状况也有很大不同。阶段价格策略强调根据生命周期阶段特征的不同，及时调整价格。例如，相对于产品导入期时较高的价格，在其进入成长期后期和成熟期后，市场竞争不断加剧，生产成本也有所下降，下调价格可以吸引更多的消费者、大幅度增进销售，从而在价格和生产规模之间形成良性循环，为企业获取更多的市场份额奠定基础。

（6）生产经营成本下降 在企业全面提高了经营管理水平的情况下，产品的单位成本和费用有所下降，企业就具备了降价的条件。对于某些产品而言，由于彼此生产条件、生产成本不同，最低价格也会有差异。显然，成本最低者在价格竞争中拥有优势。

（7）政治、法律环境及经济形势的变化迫使企业降价 政府为了实现医药产品价格总水平的下调，保护患者的利益，往往通过政策和法令，采用规定毛利率和最高价格、限制价格变化方式、参与市场竞争等形式，使医药企业的价格水平下调。

2. 医药企业常见的降价形式 直接降价容易被竞争对手模仿，医药企业可选择维持产品表面价格，降低实际价格的间接降价方法。常用的主要有：

（1）增加额外费用支出 在价格不变的情况下，企业增加运费支出，实行送货上门，提供附加服务等。

（2）提高产品的质量 在价格不变的情况下，提高产品质量实际等于降低了产品价格。

（3）增加或增大各种折扣比例 增加折扣品类别，或者在原有基础上提高各种折扣比例，在其他条件不变的情况下实际降低了产品价格。

（4）馈赠礼品 在价格不变的情况下，给消费者馈赠某种礼品，如赠送保健品、积分兑换等，这实际上也等于降低了产品价格。

（二）提价策略

提价确实能够增加企业的利润率，但却会引起竞争力下降、消费者不满、经销商抱怨，甚至还会受到政府的干预和同行的指责，从而对企业产生不利影响。虽然如此，在实践中仍然存在着较多的提价现象。

1. 医药企业提价的原因分析

（1）产品成本增加 产品成本增加是产品价格上涨的主要原因，成本的增加或者是由于原材料价格上涨，或者是由于生产或管理费用提高而引起的。医药企业为了保证利润率不会因此而降低，便采取提价策略。

（2）适应通货膨胀，减少医药企业损失 在通货膨胀条件下，即使企业仍能维持原价，但随着时间的推移，其利润的实际价值会呈下降趋势。为了减少损失，企业只好提价，将通货膨胀的压力转嫁给中间商和消费者。

（3）医药产品供不应求，遏制过度需求 对于某些产品来说，在需求旺盛而生产规模不能及时扩大、原材料出现供不应求的情况下，可以通过提价来遏制需求，同时又可以取得高额利润，在缓解市场压力、使供求趋于平衡的同时，为扩大生产准备条件。2003 年 SARS 期间生产板蓝根冲剂、维生素 C、口罩等医药产品的企业曾一时提高了产品的价格。

2. 医药企业提价的方法 企业在面临提价时，既可以直接提价，也可以间接提价，以下主要介绍五种间接提价的方法：

（1）延缓报价 企业在产品制成或者交货时才制定最终价格，像名贵中药材这些生产周期长的产品采用此法相当普遍。

（2）浮动条款 在合同上规定价格调整条款，在一定时期内（一般到交货时为止）可以按某种价格指数来调整价格。

（3）产品拆分 不改变产品价格，但是价格中原来包括的某些附属产品和服务要另行计价。

（4）减少折扣 企业减少或者不再提供常用的现金、数量等折扣。

（5）价格不变 维持现有价格，但是缩减产品数量、减少产品特色或减少服务项目。

二、价格变动引发的市场反应

（一）价格调整中的顾客反应

企业价格调整会直接牵涉购买者的利益，直接影响购买者的购买决策，因此分析他们对调价的反应，是企业在制定价格调整决策时应当关注的问题。

研究消费者对调价的反应，多是从消费者的价格意识进行定性分析。价格意识是指消费者对商品价格高低强弱的感觉程度，直接表现为顾客对价格敏感性的强弱，它不受价格本身影响，而受消费者的知识、经验、需求、兴趣、收入等个人因素影响。价格意识是掌握消费者态度的主要指标和重要依据，也是解释市场需求对价格变动反应的关键变量。

价格意识强弱的测定，往往以购买者对商品价格回忆的准确度为指标。研究表明，价格意识和收入呈负相关关系，即收入越低，价格意识越强，价格的高低和涨跌会直接影响到商品的购买量。此外，由于广告常使消费者注意价格的合理性，同时也给价格对比提供了方便，所以它对消费者的价格意识也起到了促进作用，使他们对价格高低更为敏感。

根据对消费者价格意识的分析，可以将消费者对价格变动的反应归纳为以下几点：

第一，一定范围内的价格变动是可以被消费者接受的；提价幅度超过可接受价格上限，会引起消费者的不满，使他们产生抵触情绪而不愿购买企业产品；降低幅度低于下限，则会导致消费者的种种疑惑，也会对实际购买行为产生抑制作用。

第二，在产品知名度提高、收入增加、通货膨胀等条件下，消费者可接受价格的上限会提高；在收入减少、价格连续下跌等情况下，消费者可接受价格的下限会降低。

第三，消费者对某种产品降价可能的反应是：产品可能有质量问题或是因为过时而将被淘汰；企业遇到财务困难，很可能会停产，产品的售后服务可能受到影响；产品成本降低；价格还会进一步下跌。消费者对某种产品提价可能的反应是：各种商品价格都在涨，这种产品价格的上升很正常；提价意味着产品质量的改进；产品供不应求，价格可能会持续上涨；企业过于贪婪，想获得更高利润。

（二）价格调整的竞争反应

在竞争市场上，企业制定某种价格水平、采用某种价格策略的效果还取决于竞争者的反应。在竞争者的策略不会做任何调整的情况下，企业降低价格就可能起到扩大市场份额的效果；而若在企业降低价格的同时，竞争者也降低价格，甚至以更大的幅度降低价格，企业降价的效果就会被抵消，销售和利润状况甚至不如调整前。同样，在企业调高价格后，如果竞争者并不提高价格，则对企业来说，原来供不应求的市场可能变成供过于求的市场。鉴于此，企业在实施价格调整行为前，必须分析竞争者的数量、可能采取的措施，以及其反应的剧烈程度。

1. 竞争者对价格调整的反应 企业面对的竞争者往往不止一家，彼此不同的竞争位势会导致不同的反应。比如，如果竞争对手认为其实力强于本企业，并认定本企业的价格调整目的是争夺市场份额的情况下，必然会立即做出针锋相对的反应；反之则不反应，或采取间接的反应方式。一般而言，面临企业的降价行为，竞争对手的反应可能会有以下情况：

（1）如果降价会损失大量利润，竞争者可能不会跟随降价。

（2）如果竞争者必须降低其生产成本才能参与竞争的话，则可能要经过一段时间才会降价。

（3）如果竞争者降价导致其同类产品中不同档次产品间发生利益冲突的话，就不一定会跟随降价。

（4）如果竞争者的反应强烈，其一定会跟随降价，甚至有更大的降价幅度。

当存在几个竞争者时，公司必须估计每一个竞争者可能的反应。如果所有的竞争者行为相似，只要对一个典型竞争者做分析就可以了。如果竞争者因在规模、市场份额或政策方面有关键性的差异，其反应不相同，这时，做出分别的分析是有必要的。

2. 企业对竞争者价格调整的反应 在市场经济条件下，企业不仅自己可以用价格调整参与市场竞争，同时也会面临着竞争者价格调整的挑战。如何对价格竞争做出正确、及时的反应，是企业价格策略中的重要内容。

（1）企业应变必须考虑的因素 为了保证企业做出正确反应，企业应该了解：竞争者进行价格调整的目的是什么？这种变价行为是长期的还是暂时的？如果不理会竞争者的价格调整行为，市场占有率会发生什么变化？如果做出相应的变价行为，对本企业存在什么影响？竞争者和其他企业又会有什么反应？

（2）企业应变的对策 在同质产品市场上，如果竞争者降价，企业必须随之降价，否则顾客就都会购买竞争者的产品；如果某一个企业提价，其他企业也可能随之提价，但只要有一个不提价的竞争者，那么这种提价行为只能取消。

在异质产品市场上，企业对竞争者的价格调整的反应有更多的自由。因为在这种市场上，顾客选择产品不仅考虑价格因素，同时还会考虑产品的质量、性能、服务、外观等多种因素。顾客对于较小价格差异并不在意的条件，使得企业面对价格竞争的反应有了更多的选择余地。

【营销实践】

美国药品价格调整引发的市场反应

药品价格所引来的关注贯穿了2015年的始终。丙肝药Sovaldi和Harvoni在一路相随的指责声中仍然卖到了140亿美元（2015年前9个月），说明患者对这种药物存在刚需，而政府和医保支付方对Gilead的强势并无太大办法。Turing制药公司CEO Martin Shkreli将专利过期老药Daraprim的价格从13.5美元野蛮提升至750美元的做法更招人反感，随着美国药房决定使用1美元的替代药和Martin Shkreli因为金融诈骗东窗事发而被FBI逮捕，Martin Shkreli上演的闹剧终于告一段落。Michael Pearson在药品价格问题上不断“犯上作乱”和挑逗美国政府的神经。另外除了两款皮肤病药物价格飙涨被JAMA皮肤病学杂志发文指责外（美国皮肤病药物价格相比2009年增长400%），Valeant还一直坚持“收购－垄断－涨价”的商业运营思路，并扮演与药房勾结的恶黑角色，由此招来美国国会、美国证券交易委员会和加拿大司法部的调查。

资料来源：2015年全球生物制药行业大事记［EB/OL］. http：//www.xinyaohui.com/news/201512/29/7738.html. 2015－12－29

三、应对价格变动的策略

当竞争者首先进行价格变动时，医药企业应该根据市场竞争状况和自己的竞争实力，对竞争者的价格变动做出及时的反应。

（一）应对价格变动应考虑的问题

1. 围绕竞争者需要考虑的问题 竞争者调价的目的是什么？竞争者调价是长期的还是短期的？竞争者调价将对本企业的市场占有率、销售量、利润、声誉等方面有何影响？其他企业对竞争者调价行动有何反应？企业有哪几种反应方案？竞争者对企业每一个可能的反应又会有何反应？

2. 围绕产品及顾客反应需要考虑的问题 该类产品处在生命周期的哪一阶段？该类产品在产品组合中的重要程度如何？该类产品的需求弹性如何？顾客的反应如何？

医药企业在综合分析以上问题后，权衡利弊，制定相应的价格变动应对策略。

（二）应对价格变动可采取的策略

1. 维持价格不变 这种策略主要适用于：市场对价格不是很敏感；产品具有很强的差异性，保持价格不变，企业的市场份额不会明显下降；如果调价就会减少利润收入。当然，在维持价格不变的同时，需要改进产品质量、提高服务水平、加强促销沟通等，运用非价格手段反击竞争者。许多企业的营销实践证明，采取这种策略比降价和低利润经营更合算，不仅有利于减少企业利润损失，还有助于提升品牌形象。

2. 降价 这种策略主要适用于：产品富有需求弹性；市场对价格很敏感，维持原价会失去很多顾客；降价可以使销售量和产量增加，从而形成规模效应；市场份额下降之后，很难得到恢复；降价可保持原有的竞争格局。但是，企业降价以后，仍应尽力保持产品的质量和服务水平。

3. 提价 这种策略主要适用于：产品非常缺乏弹性；产品具有明显特色；产品品牌具有

较高的知名度和美誉度。企业在提价的同时，应该致力于提高产品质量或推出某些新品牌去保护受攻击的品牌。

【本章小结】

价格是市场经济中较活跃的因素，合理利用价格的杠杆作用，有利于达到资源的有效配置。影响医药产品定价的因素主要有定价目标、成本费用、市场需求、竞争状况、政策法规等。

企业定价方法主要有成本导向定价法、需求导向定价法和竞争导向定价法；常用的定价策略主要有折扣定价策略、差别定价策略、心理定价策略、地理定价策略和产品组合定价策略。

医药企业会随着市场的变化随时降价或提价，同时又会促使顾客和竞争者产生相应的反应，医药企业应该采取不同的应对策略。

【重要概念】

成本导向定价法；需求导向定价法；竞争导向定价法；折扣定价策略；差别定价策略；心理定价策略；地理定价策略；产品组合定价策略。

【复习思考】

1. 影响医药产品定价的因素有哪些？
2. 医药企业定价的目标主要有哪些？
3. 医药企业的基本定价方法有哪些？
4. 医药企业常用的定价策略有哪些？

【案例分析】

默沙东引燃丙肝药价格战

欲证明有关药价的争辩将对新药定价产生何种影响，默沙东（Merck）的丙肝新药 Zepatier 就是最好的例子。在丙肝药高昂成本的争议持续发酵两年之后，这个增长迅速的品类市场即将进入一场“价格战”。由默沙东研发的突破性丙肝鸡尾酒疗法药品 Zepatier 通过了美国 FDA 的审批，其以 12 周为限的一个疗程将定价为 54600 美元，在此基础上还可能提供可观的折扣。Zepatier 是一种每日口服一次的固定剂量组合片剂，由一种 HCV NS5A 抑制剂 elbasvir（50mg）和一种 HCV NS3/4A 蛋白酶抑制剂 grazoprevir（100mg）组成。其是继吉利德（Gilead）的 Harvoni 和艾伯维（Abbvie）的 Viekira Pak 之后获批上市的全球第三款突破性丙肝鸡尾酒疗法。它的上市将使更多患者受益。

Harvoni 同样以 12 周时间为一个疗程，但上市价格却高达 94500 美元，Viekira Pak 则为 83300 美元。一直以来，两者的高昂定价广受患者及相关支持团体的强烈不满与声讨。很多商业保险企业和政府医疗卫生项目为了控制成本，未必会将这些药品收录入其报销覆盖范围。如果默沙东还将给予更多的药品折扣，药品成本效益评估分析师认为，其定价足以大幅降低支付压力，使所有丙肝患者都能够使用得上，而不仅是病情最严重的患者。

对于该新药的定价策略，默沙东解释道，Zepatier 的价格是在 Harvoni 价格的基础上提供 42% 的折扣，仍处于竞争对手的净价范围之内。目前来看，许多支付方只愿意将报销范围覆盖到那些处于病况较为严重的疾病阶段的患者。由于默沙东新丙肝药的定价基数较低，能够接受其治疗的慢性感染且症状较轻的患者数量应该会呈现上升趋势。例如，在美国联邦医疗保险的强制要求下，贫穷和残疾患者可享受来自默沙东 23% 的药品折扣，以 42000 美元的价格购买

Zepatier 的一个疗程。根据美国一个独立的第三方成本效益评估机构"临床与经济审查机构"（Institute for Clinical and Economic Review，ICER）的评审，该价格刚好处于"允许所有得知感染疾病的患者个体接受治疗，同时将保险费用增长最小化"药价范围中的最高位。

得益于定价较低的优势，默沙东将在抢占市场份额上进展迅速。在 Zepatier 疗法中，其单颗药片和 Harvoni 的药效相等，患者同样每天只需服药一次，而主治医生可能会关注肝酶的上升水平，以测试患者对该药的耐受性。Zepatier 的使用也比 Viekira Pak 显得更方便，后者对于大多数患者来说通常需要一次服用两颗药片。

资料来源：吴颖仪．默沙东引燃丙肝药价格战［N］．医药经济报，2016 - 02 - 19

思考与讨论：

1. 默沙东的丙肝药定价采用的是哪种定价方法？
2. 如何看待默沙东引燃的丙肝药价格战？

第十一章　医药产品的分销策略

【学习要点】

通过本章的学习，掌握医药产品分销渠道的设计和管理；熟悉医药产品分销渠道的含义、流程、功能和类型，医药批发商和医药零售商的含义、类型和发展趋势；了解医药物流的含义、职能。

【引导案例】

葵花药业分销渠道的建设和管理模式

葵花药业集团股份有限公司（下称葵花药业）的分销渠道模式经历了三个时期的变革后，开始采用外圈承包代理制度，成立了属于自己的医药分销渠道、医院销售团队和OTC销售队伍，并加大了对分销渠道系统的管理来实现对下游客户的覆盖能力。

葵花药业分销渠道策略的实施方式包括：将非处方药产品和处方药产品设定不同的分销渠道模式，实行分组分类别管理以实现在更多产品上形成大规模销售的目标；同时依靠销售过程中的目标和策略确定产品定位，并依据产品制定不同的分销渠道策略，如对于知名度大、覆盖面广的药品，一般采用集中销售方法。

葵花药业对分销渠道进行了严格管理。

首先，优化渠道成员，提高渠道效率。葵花药业改变了原来的每个地区多个分销商的模式，不断减少总代理的数量，每省依据情况通常只保留2～5家总代理，竭尽全力减少公司产品的销售层次，以及纯医药调拨的二级客户。

其次，建立经销商档案，实施动态管理。葵花药业为所有经销商建立档案，主要包括客户名称、所在地点、经销产品的金额、经销区域等。为了防止销售风险，集团监控每个客户的资金周转状况及回款速度，并考核客户的销售能力。

最后，对窜货实行管理。葵花药业对跨区域窜货的管理主要包括：①依据销售区域的不同给产品编制不同的号码，在包装盒上进行喷码，以精准监控药品流向，对窜货现象依据编码进行追踪。②制定合理的价格，给各个环节都留有足够的利润。

资料来源：王金奇．葵花药业集团OTC药品分销渠道研究［D］．黑龙江大学，2015

第一节　医药产品分销渠道

一、分销渠道概述

（一）分销渠道的定义

分销渠道（distribution channel）是指促使某种产品（服务）能顺利地经由市场交换过程，

转移给消费者（用户）消费使用的一整套相互依存的组织和个人。其成员包括生产商、中间商（批发商和零售商）、消费者（用户），不包括供应商和辅助商。

（二）分销渠道的流程

分销渠道作为一种通道，可使产品实体和所有权从生产领域转移到消费领域。分销渠道的各种机构由集中类型的流程联合起来，按菲利普·科特勒的归纳分为商流、物流、货币流、信息流和促销流。这些流程将所有渠道成员联系在一起，包括前向流程、后向流程和双向流程（图11－1）。

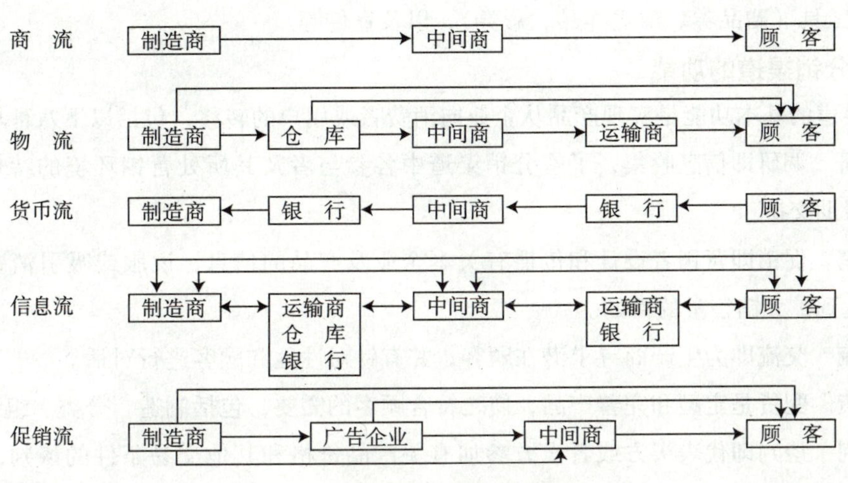

图11－1　分销渠道中五种不同的流程

1. 商流　商流（product flow）是产品在由供应者向需求者转移时物资社会实体的流动，主要表现为产品与其等价物的交换运动和产品所有权的转移运动，包括买卖交易活动及商情信息活动。比如在医药产品分销渠道中，商流包括了医药产品从生产领域向消费领域转移过程中的一系列买卖交易活动，通过这一活动，实现了医药产品的所有权由一个机构向另一个机构的转移。

2. 物流　物流（logistics）也称实体流，是产品从生产领域向消费领域转移过程中的一系列产品实体的运动。物流是指为了满足客户的需要，以最低的成本，通过运输、保管、配送等方式，实现原材料、半成品、成品及相关信息由商品的产地到商品的消费地所进行的计划、实施和管理的全过程。物流一般由对商品的运输、仓储、包装、搬运装卸、流通加工，以及相关的物流信息等环节构成，并对各个环节进行综合和复合化后所形成的最优系统。

3. 货币流　货币流（money flow）是指产品从生产领域向消费领域转移的交易活动中所发生的货币活动。即顾客将货款支付给中间商，再由中间商扣除佣金或差价后支付给生产者，此过程通常以银行或其他金融机构作为中介。一般来说，货币流与商流的方向相反。

4. 信息流　信息流（information flow）是指产品从生产领域向消费领域转移过程中所发生的一切信息的收集、传递和处理活动。信息流的传递是双向的，既包括生产者向中间商、顾客的信息传递，也包括中间商及其顾客向生产者所进行的信息传递。随着商流、物流与货币流的分离，信息流的作用越来越重要，其功能主要体现在沟通连接、引导调控、辅助决策及经济增值等方面。

5. 促销流　促销流（promotion flow）是指生产企业为增加产品销售，通过广告、人员推

销、营业推广、公共关系等促销活动对顾客产生影响的过程。促销流从制造商流向中间商，称为贸易促销，直接流向最终消费者则称为最终使用者促销。所有渠道成员都有对顾客的促销责任，既可以采用广告、公共关系和营业推广等大规模促销方式，也可以采用人员推销等针对个人的促销方式。

分销渠道中的促销流又可称为促销组合。就广义而言，分销渠道中的各个因素都可以纳入促销组合，诸如产品的功能、式样、价格、品牌等；就狭义而言，促销组合只包括具有沟通性质的促销工具，主要包括各种形式的广告、展销会、商品陈列、销售辅助物（目录、说明书等）、劝诱工具（赠品券、赠送样品、彩券），以及宣传等。

（三）分销渠道的功能

分销渠道的基本功能是实现产品从企业向消费者或用户的转移，包括以下八种功能：

1. 调研 调研即信息收集，了解分销渠道中各参与者及其所处营销环境的特点，用于制订计划和帮助交换。

2. 促销 促销即营销者设计和传播有关本企业及产品的信息，说服或吸引消费者购买其产品，以达到扩大销售量的目的。

3. 交流 交流即为生产商寻求潜在顾客，并有针对性地和顾客进行对话。

4. 配货 配货是定型和完善产品，使之符合顾客的需要，包括制造、分类、组装和包装。

5. 谈判 谈判即代表买方或者卖方参加有关产品价格和其他交易条件的谈判，以促成最终协议的签订，实现产品所有权的转移。

6. 物流 物流是对产品的储存和运输。

7. 财务 财务是通过收集和分散资金，以负担分销工作所需的部分或全部费用。

8. 风险承担 企业非理性或理性地主动承担渠道运转所带来的风险，即指一个企业以其内部的资源来弥补损失。例如，医药产品失效、破损，冷链运输系统故障等。

（四）分销渠道的类型

分销渠道可按照长度分类为直接渠道和间接渠道，按照宽度分类为宽渠道和窄渠道，按渠道成员间相互联系的紧密程度分为传统渠道和渠道系统。

1. 直接渠道与间接渠道 根据分销渠道的长度可以将分销渠道分为直接渠道与间接渠道（图 11－2）。

直接渠道又称零阶渠道，指没有中间商参与，产品由生产者直接销售给消费者和最终用户的渠道类型。这在医药工业品分销渠道中运用较为普遍，医药原辅料生产企业直接向医药生产企业销售原辅料，具有渠道最短、流通环节最少、流通时间短、流通费用低等优点。

间接渠道指有一级或多级中间商参与，产品经由一个或多个流通环节销售给消费者或最终用户的渠道类型。间接渠道可以有效扩大产品销售范围、促进流通事业的发展，但不可避免地也增加了流通环节和流通成本、提高了产品价格。

2. 宽渠道与窄渠道 分销渠道的宽度取决于每一流通环节使用同种类型中间商的多少。所谓宽渠道是指生产者在一定的市场范围内，使用两个或两个以上的同种类型中间商（例如批发商或零售商）来经销产品，以使得产品能够迅速进入流通和消费领域，促进中间商之间展开良性竞争，使产品价值快速实现、消费需求得以满足。窄渠道是指生产者在特定市场上只选用一个中间商为自己推销产品的分销渠道。窄渠道能促使生产者与中间商通力合作，排斥竞争产

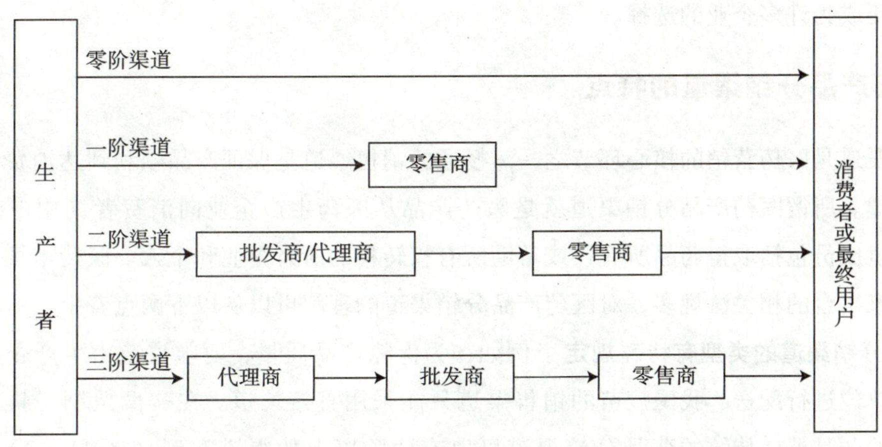

图 11－2　直接渠道和间接渠道示意图

品进入同一渠道。但如果生产者对某一中间商依赖性太强，也会降低其面对危机时的处理能力和应变能力。

3. 传统渠道和渠道系统　根据渠道成员相互联系的紧密程度，分销渠道可以分为传统渠道和渠道系统。传统渠道与渠道系统在组织结构、运行方式等方面有着明显不同。

传统渠道是指由各自独立的生产者、批发商、零售商和消费者组成的分销渠道。传统渠道分离度很高，渠道上的各个成员之间彼此独立、各自为政、各行其是，购销交易建立在自身利益、讨价还价、相互竞争的基础上，因此联系松散、交易关系很不稳定。这样虽然保持了各企业的独立性，但由于缺乏共同目标，因而影响了局部与整体运行效率和经营效益。

新型的渠道系统则是一种专业化管理和集中计划的组织网，渠道上的各个成员之间采取了不同程度的一体化经营或联合经营的方式，从而形成了经营规模，加强了交换能力，提高了整体运行效率和经营效益，有效地增强了环境适应力和市场竞争力。渠道系统主要包括垂直渠道系统、水平渠道系统和多渠道系统三种类型。

(1) *垂直渠道系统*　垂直渠道系统是由生产者、批发商和零售商组成的联合分销系统。某个渠道成员拥有其他成员的产权，或者是一种特约代营关系，或者某个渠道成员拥有相当实力，其他成员愿意合作。垂直渠道系统可以由生产商支配，也可以由批发商，或者零售商支配，有利于控制渠道行动，消除渠道成员为追求各自利益而造成的冲突。它们能够通过其规模、谈判实力和重复服务的减少而获得效益。在消费品销售中，垂直渠道系统已经成为一种占主导地位的分销形式，包括公司式、契约式和管理式三种形式。

(2) *水平渠道系统*　水平渠道系统又称为共生型营销渠道关系，它是指由两个或两个以上公司横向联合在一起，共同开发新的营销机会的分销渠道系统。其特点是两家或两家以上的公司横向联合共同形成新的机构，发挥各自优势，实现分销系统有效、快速的运行，实际上是一种横向的联合经营。目的是通过联合发挥资源的协同作用或规避风险。

(3) *多渠道系统*　多渠道系统是对同一或不同的细分市场，采用多种渠道的分销体系，是指企业设计构建的组合多种营销途径和组织的渠道系统。大致有两种形式：一种是生产商通过两条以上的竞争性分销渠道销售同一商标的产品；另一种是生产商通过多条分销渠道销售不同商标的差异性产品。由于任何产品都不存在一个同质的市场环境，所有市场都可以进一步细分，仅依靠单一分销渠道不可能覆盖整个市场需求，所以，为有效占领多个细分目标市场，多渠道系统便成为许多企业的选择。

二、医药产品分销渠道的特点

分销渠道是医药营销的核心环节之一。畅通的销售渠道是保证产品顺利到达消费者或用户手上的关键。所谓医药产品分销渠道就是医药产品从医药生产企业向消费者（用户）转移的通路，渠道成员包括取得药品所有权或帮助所有权转移的所有企业和个人。医药市场运行比较复杂，国家出台的相关法规多，对医药产品分销渠道的理解可以从以下两点着手：

1. 对分销渠道的类型有特殊规定 例如，为保障产品质量，要求疫苗由生产企业直接向疫苗接种单位进行配送，我国疫苗的销售渠道只能采用直接渠道。在“两票制”推行前，除特殊规定的药品外，传统的药品分销渠道可以有两阶以上的渠道类型（图11－3）。但推行“两票制”后，规定药品生产企业到流通企业开一次发票，流通企业到医疗机构开一次发票，这就意味着从药品生产企业到医疗机构的渠道最多只能是二阶渠道了。

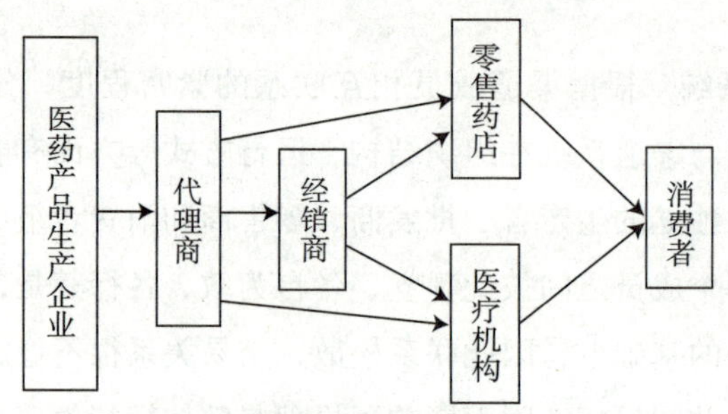

图11－3 传统的药品分销渠道示意图

2. 对分销渠道成员有严格的准入限制和监管措施 药品作为政府部门严格监管的对象，其分销渠道中各成员也会受到严格的监管。比如药品经营企业必须获得药品经营许可证和通过GSP认证，药品第三方物流企业也必须要经过审批才能够从事相关的物流活动等。

【营销视野】

药品两票制的影响

2017年1月9日，国家卫生和计划生育委员会（现国家卫生健康委员会）发布了《印发关于在公立医疗机构药品采购中推行“两票制”的实施意见（试行）的通知》。通知指出，“两票制”是指药品生产企业到流通企业开一次发票，流通企业到医疗机构开一次发票。

按照要求，药品生产企业或科工贸一体化的集团型企业设立的仅销售本企业（集团）药品的全资或控股商业公司（全国仅限1家商业公司）、境外药品国内总代理（全国仅限1家国内总代理）可视同生产企业。药品流通集团型企业内部向全资（控股）子公司或全资（控股）子公司之间调拨药品可不视为一票，但最多允许开一次发票。药品生产、流通企业要按照公平、合法和诚实信用原则合理确定加价水平。鼓励公立医疗机构与药品生产企业直接结算药品货款、药品生产企业与流通企业结算配送费用。

两票制的实施，缘由自然是政府对药品流通环节过多施加重手，以期压低虚高的药价，舒缓民众对新医改无感、无奈的怨气和戾气。但更多的影响主要表现在以下几点：

首先，制药企业的营销策略将发生一定的转型。以往，药企采用高开和低开两种营销策略。高开是指尽量抬高出厂价，然后通过独家经销商向终端推销。低开是指以低的出厂价将药

品销售给大包商，然后再层层转包，最后进入终端。在两票制实施之后，低开模式受到最大冲击，被迫要向高开模式转型。

另外，两票制实施后，主营业务为“倒票”的上千家医药商业企业将关门倒闭，医药商业领域的并购重组浪潮正风起云涌。外包营销组织（contract sales organization，CSO）正成为热潮。

资料来源：任万顺．药品两票制的深远影响［EB/OL］．http：//money. 163. com/16/1027/05/C4C3AA11002580S6. html. 2016－10－27；国家卫生和计划生育委员会．印发关于在公立医疗机构药品采购中推行“两票制”的实施意见（试行）的通知［EB/OL］．http：//www. phirda. com/newsinfo. aspx? id＝16700，2017－01－09

三、医药产品分销渠道的类型

医药产品从消费用和工业用的视角还可以分为成品药和医药工业品，其中成品药一般分为处方药和非处方药；医药工业品包括原料药和中间体等。

（一）处方药分销渠道模式

目前，对于处方药，生产企业销售的重点还是在医疗机构，处方药必须经过医生处方才能使用，患者一般没有选择权和决定权，因此患者的这些权利被转移到医生头上，医生就成了实质的消费者，而医疗机构实质上就是渠道终端。因此在整个药品分销渠道通路中，医疗机构占据着极其重要的地位，也是药品促销渠道活动的对象，直接影响着处方药的渠道模式。医药企业通过集中招标采购等各种方式手段，将处方药直接或间接批发给医疗机构或社会零售药房，再通过零售的方式销售给消费者（图11－4）。处方药的分销渠道通常体现为独家代理制、“办事处＋区域分销”制和多家代理制三种不同的促销模式。

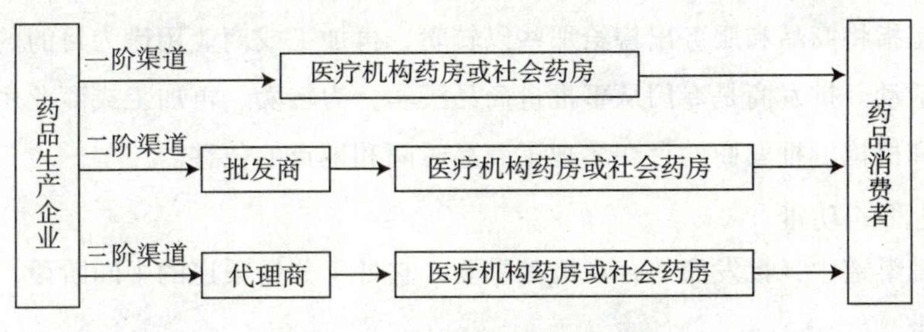

图11－4 处方药分销渠道示意图

（二）非处方药分销渠道模式

非处方药不需要医生处方，消费者即可自行判断购买和使用，因而药店是非处方药最主要的销售渠道。随着非处方药市场的快速发展，药店的业态也不断发展变化，目前主要有以下几种渠道模式：

1. 医药生产企业自建零售药店出售非处方药 非处方药生产企业通过建立自己的零售药店直接出售非处方药，以此帮助企业快速打开新市场，提高营业额，促使产品快进快出，同时缩短药品渠道长度，减少中间费用，降低药品价格。另外，随着互联网药品交易的兴起和普及，医药企业也可以申请获得互联网药品经营B2C资格，通过零售的方式将非处方药及家用医疗器械等医药产品直接销售给消费者。例如，云南白药集团就是通过其网上药店（www. ibaiyao. com）向消费者直接销售其产品的。

2. 非处方药生产企业通过中间环节的介入将药品销售给消费者 医药生产企业可以直接

向医疗机构药房或社会零售药店出售药品，再通过零售的方式将非处方药出售给消费者。这种分销渠道层次较少，利润空间较大。医药生产企业还可以借助代理商或医药批发企业将非处方药批发给医疗机构或零售药店，再将药品出售给消费者。在互联网药品电子商务发展的形势之下，生产企业还可以通过申请互联网药品交易B证，或在获得了互联网药品交易A证的第三方平台上向批发商、代理商、零售商及医疗机构销售非处方药。

这类分销渠道是目前非处方药分销的最主要模式，有利于生产企业及时将药品销售给各零售药店或医疗机构药房。但需要看到的是，随着中间环节的增多，中间商会掌握更多的药品销售权利，医药生产企业控制药品分销渠道的能力减弱，不利于企业建立长期、有效运行的分销渠道系统。另外，也会使市场信息反馈能力减弱，影响企业效率。

（三）医药工业品分销渠道模式

医药工业品包括原料药和中间体等。医药工业品分销渠道中最常见的模式是生产企业直接通过其销售部门或直营公司，向原料药、中间体加工企业或医疗机构销售其产品。在产品数量较少、品种较多的情况下，批发商或代理商等中间商开始发挥其作用，以促使医药工业品快速转移到医药生产者组织或医疗机构。

第二节 医药批发商

一、批发商概述

所谓批发是指将商品和服务出售给那些以转卖、再加工或商业用途为目的的用户的过程中所发生的一切活动。批发商是专门从事批量商品买卖，为转卖、再加工或商业用途而进行批购和批销的人员和机构。批发商的存在实现了商品时间和地点的位移。

（一）批发商的功能

在整个分销渠道中，批发商的存在极其重要，它处于分销渠道的中间阶段，是连接生产者和零售商的纽带。

1. 提高销售活动的效率 在全球一体化和经济飞速发展的今天，如果没有中间商，商品由生产制造厂家直接销售给消费者，工作将十分繁琐，而且工作量巨大。对用户而言，批发企业的参与也使顾客的采购效率大大提高。

2. 储存和分销产品 批发商从不同的生产厂家购买产品，再将产品分销出去。在这个过程中，批发商要储存、保护和运输产品，这就可以为生产者和用户提供储运服务，减少供应商和顾客的储运成本和风险，为双方带来利益。

3. 监督检查产品 批发商在订购商品时就考察了厂家在产品方面的设计、工艺、生产、服务等质量保证体系，或者根据生产厂家的信誉、产品的名牌效应来选择产品，进货时将按有关标准严格检查产品。这一系列的工作起到了监督检查产品的作用。

4. 传递市场信息 批发商在从生产厂家购买产品和向消费者销售产品中，将向厂家介绍消费者的需求、市场的信息、同类产品各厂家的情况，也会向消费者介绍各厂家的特点，无形中传递了信息。

5. 承担市场风险 批发商购进产品后，承担了经济风险。如生产供求和价格变动、产品运输和保管、预购和赊账等过程中的风险。

（二）批发商的类型

批发商类型的复杂程度与市场发达程度有紧密关系，一般而言，批发商主要分为以下两类：

1. 商人批发商 商人批发商又称商业批发商、独立批发商，商人批发商是独立企业，对经营的产品拥有所有权。商人批发商包括：

（1）完全服务批发商 提供几乎所有的批发服务功能，诸如存货、推销队伍、顾客信贷、负责送货等，又可以分为综合批发商、专业批发商和专用品批发商等。综合批发商是指经营不同行业并不相关联的产品，范围广泛，并为零售商提供综合服务。专业批发商经销的产品则是行业专业化的，完全属于某一行业大类。专用品批发商专门经营某条产品线上的部分产品。

（2）有限服务批发商 对其供应者和顾客只提供极少的服务。比如现款交易、运货自理、录销、邮购、直送、专柜寄售、承销、生产合作社、互联网交易 B2B、电子商务批发等。

2. 经纪人和代理商 它们都不拥有商品的所有权，是非独立的批发商，通过促成买卖双方达成交易，从中获取佣金的商人。

（1）经纪人 其主要作用是为买卖双方牵线搭桥，由委托方给付佣金，一般不存货、不购买商品所有权、不卷入财务、不承担经营风险。

（2）代理商 包括制造代理商、销售代理商、采购代理商、佣金商（或称商行），它是取得商品实体所有权，并处理商品销售的代理商，一般与委托人没有长期关系。

批发商是分销渠道中最有实力的环节。随着经济的发展，生产企业的规模不断扩大，销售能力不断增强，企业必须通过各种方式进行重组，强化核心经营，拓展市场范围、发展海外业务，推行流程管理和全面质量管理，提升服务能力。

二、医药批发商的概念和作用

医药批发商是从生产企业大批量购买医药产品，并将其分成较小批量转售给其他商业（二级商）或零售商等下游客户，并向医药产品来源企业和下游产品流向涉及的组织或个人提供服务的组织和个人。

通常医药批发商能够向生产商提供的服务包括：提供市场占领；联系消费者；保持一定量的库存；处理小额订单；收集市场信息；承担金融风险等。医药批发商能够为下游客户提供的服务包括：确保产品的真实有效性；提供金融支持，分类便利；整批零卖；提供建议和技术支持。

第三节 医药零售商

一、零售商的定义

零售是向最终消费者个人或社会集团出售生活消费品及相关服务，以供其最终消费之用的全部活动。需要注意的是，零售是将商品及相关服务提供给消费者作为最终消费之用的活动。

零售活动不仅向最终消费者出售商品，同时也提供相关服务。零售活动常常伴随商品出售提供各种服务，如送货、维修、安装等，多数情形下，顾客在购买商品时，也买到某些服务。

零售商则指将商品直接销售给最终消费者的中间商，是分销渠道的最终环节，处于商品流通的最终阶段。基本任务是直接为最终消费者服务，职能包括购、销、调、存、加工、拆零、分包、传递信息、提供销售服务等，在地点、时间与服务等方面方便消费者购买。零售商又是联系生产企业、批发商与消费者的桥梁，完成产品最终实现价值的任务，在分销途径中具有重要作用。零售商业种类繁多、经营方式变化快，构成了多样的、动态的零售分销系统。

二、零售商的类型

零售商的类型千变万化，新组织形式层出不穷。但是归结其特点，现今的零售主要分为以下三大类型：零售商店、无门市零售商和合作性零售商组织。

（一）零售商店

零售商店与无门市零售商最大的区别就是零售商店均拥有一家或若干家落地的实体店面。一般将零售商店归结为以下类别：

1. 专用品商店 专用品商店经营的产品线较为狭窄，但其产品的品种较为齐全。例如服装专卖店、体育用品商店、家具商场等。

2. 百货商店 百货商店一般都会同时销售几条产品线的产品，每一个产品线都作为一个独立的部门进行专门采购和管理。

3. 超级市场 超级市场是指规模巨大、成本低廉、薄利多销、自我服务的经营机构，主要经营各种食品和家庭日用品等。

4. 便利店 便利店主要开在居民区附近，多以销售生活必需品为主，产品单价较高，商品周转较快且营业时间较长。

5. 折扣店 折扣店常出售标准商品，价格相对低廉、销量大、毛利少。

6. 仓储式商店 仓储式商店是以一种大批量、低成本、低售价及微利多销的方式经营的连锁零售企业。主要以工薪阶层和机关团体为主要服务对象，满足一般居民的需要。

（二）无门市零售商

虽然大多数物品和服务是由商店门市销售的，但是无门市零售却比商店零售发展得更快，主要包括四种形式。

1. 直复市场营销 直复市场营销是一种为了在任何地方产生可度量的反应，并达成交易而使用一种或多种广告媒体相互作用的市场营销系统。营销者通过广告介绍产品，顾客便可通过电话或网络订货，通过银行打款或电子交易等，产品则采用邮寄、快递等方式。

2. 直接销售 直接销售也可以成为人员直销，通常是由销售员通过挨家销售、逐个拜访或定期举办小型销售会议等形式，但成本相对高昂。

3. 自动售货 自动售货具有通过自动售货机面向顾客 24 小时售货、自我服务和无须搬运产品等便利条件。

4. 购物服务公司 购物服务公司也是不设店堂的零售商，专门为大型组织提供服务。

（三）合作性零售商组织

其主要特点是以集团连锁或多店铺联盟的方式零售商品。主要包括公司连锁、自愿连锁、

零售商合作组织、特许经营、消费者合作社、商业联盟公司等多种形式。

三、医药零售商的渠道模式

医药零售商是指为消费者直接提供医药产品，并提供售后服务的商业，通常称为终端商业。医药商业终端主要有医院、药店、诊所、社区医疗服务中心等。无论医药零售商规模的大小、类型的差别如何，其在营销渠道中所起的作用主要是获取消费者的需求，按这些需求采购、储存，为消费者提供所需医药产品。而每个零售终端发挥的作用是不完全相同的。

随着市场的快速发展，医药零售商目前主要有以下几种渠道模式：

1. 大卖场模式 药品平价大卖场是近年来出现的新型药店形态，以经营面积超大、经销品种超多、价格超低为显著特征。大卖场开业地点多选在大医院附近的交通非常便利的地区，目的是以极大价格优势争夺医院处方和吸引较远地区消费者。

2. 连锁药店模式 连锁药店已经发展成为我国医药零售市场份额最大的分销渠道。统一标识、统一采购配送、统一质量管理、统一财务核算、统一商品价格、统一服务规范是医药连锁经营的基本特征，并在此基础上形成自己独特的企业文化，创造出一些知名的连锁药店品牌。

3. 商场超市内设药品专柜 药品分类管理办法将非处方药中安全性较高的部分药品划为乙类非处方药，乙类非处方药品可进入商场、超市销售，因此药品专柜成为此类药品销售的又一新渠道。乙类非处方药销售渠道的扩宽极大地方便了消费者购药，增加了医药产品的覆盖面和销量，对打破医药渠道的行业垄断发挥着积极的作用。

4. 医院药房 当患者将普通消费者的选择权和决定权转移到医生时，医生就成了实质上的消费者，而医院实质上就是渠道终端。医院占据着极重要的有利地位，因此在整个医药分销通路中，医药生产企业在市场策略和临床推广上给予医院渠道足够的重视，因为对于医药产品这种专业性较强的商品，医生的处方拉动作用不可小觑，大多数消费者到药店后对医药产品的选择是基于前一次的医生处方，医院药房渠道直接促进了医药产品在药店渠道的销量。

第四节 医药产品分销渠道的设计与管理

一、医药产品分销渠道的设计

1. 确定渠道模式 企业分销渠道设计首先是要决定采取什么类型的分销渠道，是生产企业以自建药品批发企业的方式进行自销，还是通过中间商分销。如果决定中间商分销，还要进一步决定选用什么类型和规模的中间商。

2. 确定中间商的数目 确定中间商的数目，即是要决定渠道的宽度。这主要取决于产品本身的特点、市场容量的大小和需求面的宽窄。通常有四种可供选择的形式。

（1）密集性分销 运用尽可能多的中间商分销，使渠道尽可能加宽。消费品中的便利品（感冒药、火柴、肥皂等）和工业用品中的标准件、通用小工具等，适于采取这种分销形式，以提供购买上的最大便利。

（2）独家分销　在一定地区内只选定一家中间商经销或代理，实行独家经营。独家分销是最极端的形式，是最窄的分销渠道，通常只对某些技术性强的耐用消费品或名牌货适用。独家分销对生产者的好处是有利于控制中间商，提高他们的经营水平，也有利于加强产品形象，增加利润。但这种形式有一定风险，如果这一家中间商经营不善或发生意外情况，生产者就要蒙受损失。

（3）选择性分销　这是介乎上述两种形式之间的分销形式，即有条件地精选几家中间商进行经营。这种形式对所有各类产品都适用，它比独家分销面宽，有利于扩大销路，开拓市场，展开竞争；比密集性分销又节省费用，较易于控制，不必分散太多的精力。

（4）复合式分销　生产者通过多条渠道将相同的产品销售给不同的市场和相同的市场。这种分销策略有利于调动各方面的积极性。

3. 规定渠道成员彼此的权利和责任　在确定了渠道的长度和宽度之后，企业还要规定出与中间商彼此之间的权利和责任，如对不同地区、不同类型的中间商和不同的购买量给予不同的价格折扣，提供质量保证和跌价保证，以促使中间商积极进货。还要规定交货和结算条件，以及规定彼此为对方提供哪些服务，如药品生产企业应提供药品质量合格证明、协助促销，药品批发企业提供市场信息和各种业务统计资料等。

二、影响医药产品分销渠道设计的因素

（一）产品因素

医药产品的类别、价格、是否是非处方药、适用范围或功能主治等都会影响到分销渠道的设计。比如专业性较强的处方药对售前和售后的专业要求都十分高，因此适宜选择短而窄的渠道；而非处方药则适宜于选择长而宽的渠道。

（二）市场因素

市场因素包括目标市场范围、流行病学因素、消费习惯、同类产品竞争等状况。例如，治疗感冒这类常见普通疾病的药品，目标市场大、消费者范围广、患者具有成熟的消费习惯，能够快速、自行选择并购买，因此易选择长而宽的渠道。

（三）企业自身因素

企业自身规模、资金实力、渠道管理能力和渠道控制意愿等也是影响企业选择分销模式的因素之一。规模大、实力强的企业更希望强强联手，选择与之相匹配的分销商，或选择扁平化的短宽渠道，或自建渠道，以有效把握终端市场。

（四）相关法律法规

药品作为特殊商品，受到国家法律法规的严格管控。比如《中华人民共和国药品管理法》及其实施条例、药品经营质量管理规范等，对药品经营企业都做出了相应的规定。

【营销实践】

鹭燕医药“全覆盖、深渗透”的分销网络

鹭燕医药是福建省最大的医药流通企业，其主营业务为药品、中药饮片、医疗器械等分销及医药零售连锁，主要收入来源为医药批发销售。

鹭燕医药多年持续深耕福建省医药市场，以及对边远乡镇基层医疗机构开展常态化配送，在福建省打造了“全覆盖、深渗透”的分销网络。该企业及福建省内各地区子公司获得的委

托配送品规数在福建省处于领先地位，企业以做好新标药品全省配送为抓手，通过加强组织协调、业务协同、标准化建设、信息系统和现代物流建设，优化各地区子公司资源配置，实现了福建省内分销网络的协同，提升了企业在福建省医药分销市场的份额。同时，企业持续推进福建省内批零一体化经营战略，加快了在福建省外医药分销网络布局及产业链延伸。

鹭燕医药抓住“两票制”全国推广机遇，积极拓展和布局福建省外医药分销市场。通过收购四川省的3家医药分销企业、亳州市中药饮片厂等举措，其在产业链上下游延伸方面亦取得进展。该公司继续完善福建全省各地市鹭燕大药房有限公司的零售门店布局和推进福建全省批零一体化经营，截至2017年6月30日，公司共有直营门店160家。

在管理上，鹭燕医药注重二级以上医院客户的开发，来自二、三级医院销售收入占主营业务收入的67%以上。二级以上医院客户药品需求量较大，对市场影响力大，能够有效保证回款的安全性，并有利于企业业务的持续增长。

资料来源：鹭燕医药上半年营收净利双增长，加速布局医药分销网络［EB/OL］. http://www.sohu.com/a/163007277_120702. 2017-08-08

三、医药产品渠道成员的管理

（一）日常管理

日常管理包括客户档案管理和销售动态管理：通过档案，进行分级管理，使有限的企业资源投入得到有效配置；同时对每周、月的进销存状况，每月、季度的销售情况，以及回款等进行动态管理。

（二）激励与培训

1. 激励 通过激励，可以使渠道成员配合产品的市场策略、遵守企业的销售政策，加强企业对分销渠道的控制力。根据激励目的，激励方式可以包括三类。

（1）促进销售达成 如回款奖、完成销售任务奖、时段性销售奖励等。

（2）加强销售管理 如信息反馈奖、区域维护奖、价格维护奖、合理库存奖等，以增进厂商协作关系。

（3）促进终端覆盖 如医院进药奖、药店铺货奖、店面陈列奖等。

2. 培训 通过对渠道成员进行企业形象宣传、产品知识、销售政策、营销理念等方面的培训，便于增强其对本企业的信任度，帮助其提高销售管理水平，进而帮助其扩大产品的销售，建立与渠道成员稳定、持久的战略伙伴关系。培训分为内部培训和外部培训两种：内部培训包括企业销售人员拜访洽谈、集中演示、会议交流等；外部培训通常是由企业委托专业培训公司来进行，例如，财务管理培训、销售技巧培训等，用以不断提升渠道成员素质和内部管理水平。

四、医药产品渠道冲突管理

分销渠道是由渠道成员组成的劳动分工系统，各渠道成员因参与不同的流程而互相依赖并彼此合作：制造商负责产品生产和全国性促销，批发商和零售商负责分销和地区性的促销。这种相互依赖源于各成员对资源的需求，不仅是资金，还有专业技能和市场准入权等，而各自独立的渠道成员基于自身利益出发，又力图获得最大自主权，于是冲突不可避免地产生了。

（一）渠道冲突的表现形式

按照渠道成员关系可以把渠道冲突分为水平渠道冲突、垂直渠道冲突和多渠道冲突。

1. 水平渠道冲突 水平渠道冲突（horizontal channel conflict）指的是同一渠道模式中，同一层次中间商之间的冲突。在水平渠道中，各成员之间的联系是一种横向的关系，大家都是平等的，即他们在权力上处于同一个水平线，但利益是独立的。产生水平冲突的原因大多是生产企业没有对目标市场的中间商数量、分管区域做出合理的规划，使中间商为各自的利益互相倾轧。这是因为生产企业在开拓了一定的目标市场后，中间商为了获取更多的利益必然要争取更多的市场份额，在目标市场上展开“圈地运动”。当生产企业在同一市场或区域建立两条或两条以上的渠道时，就会产生此类冲突。表现形式为销售网络紊乱、区域划分不清、价格不同等。

2. 垂直渠道冲突 垂直渠道冲突（vertical channel conflict）指在同一渠道中不同层次企业之间的冲突，这种冲突较之水平渠道冲突要更常见。垂直渠道冲突也称作渠道上下游冲突。一方面，越来越多的分销商从自身利益出发，采取直销与分销相结合的方式销售商品，这就不可避免要同下游经销商争夺客户，大大挫伤了下游渠道的积极性；另一方面，当下游经销商的实力增强以后，不满于目前所处的地位，希望在渠道系统中有更大的权利，向上游渠道发起了挑战。

3. 多渠道冲突 多渠道冲突（multi - channel conflict）是指企业建立了两条或两条以上的渠道向同一市场分销产品而产生的冲突，其本质是几种分销渠道在同一个市场内争夺同一种客户群而引起的利益冲突。由于市场竞争的压力，使得企业加强了对市场的争夺，几乎到了“寸土必争”的地步，所以在同一区域市场往往会使用多种分销渠道，不可避免地就会发生几种分销渠道将产品销售给同种客户群的现象。在当前“两票制”的实施下，医药产品分销过程中的多渠道冲突现象会有所减少。

（二）冲突的原因及影响

1. 冲突的原因

（1）*目标差异* 渠道成员都有着各自不同的个体目标，有自己的主张和要求，从而产生个体目标与渠道整体目标的差异，引起冲突。

（2）*销售区域的归属差异* 渠道成员对销售区域不同的界定造成渠道内冲突。

（3）*技术差异* 渠道成员对技术的理解、掌握和运用情况不尽相同而产生。

（4）*对现实理解的差异* 对现实状况的不同理解也会导致冲突产生。由于各成员信息、经验的不对称，对同一种情况会有不同的判断和预测，造成对彼此行为的错误理解而产生冲突。

2. 冲突的影响 渠道冲突证明了产品有较高的市场覆盖率，完全没有渠道冲突的产品，其市场开拓一定是不完全的，网络覆盖必然存在空白。适度的渠道冲突还有利于激发竞争、增加渠道的活力，活跃产品市场；但恶性渠道冲突对渠道体系具有极大的破坏性，会降低企业控制力和中间商的忠诚度。因而如何避免和化解恶性冲突是分销渠道管理中非常关键的部分。

（三）窜货管理

1. 窜货的定义 窜货是指通路中渠道成员以低于企业规定的价格在授权范围之外的区域进行销售的行为，按照窜货行为对市场的影响程度不同，可分为恶性窜货、良性窜货和自然性

窜货三类。窜货是市场中不可避免的现象，不断对厂家的分销渠道和价格体系造成冲击，如何看待窜货，怎样预防、阻止窜货的发生是始终困扰着厂家的一道难题。

2. 医药产品分销中窜货产生的原因 医药产品分销中窜货最根本的原因来自于市场经济环境下各渠道成员的利益驱动，而制定渠道销售政策不合理、中间商数量选择和区域划分不合理、销售量目标制定得过高、企业缺少防止窜货的管理制度，或者即使有制度而不严格执行等，都可能导致窜货的发生。

3. 医药产品分销中窜货问题的解决对策 要解决窜货问题，需要进行严格的事前、事中和事后控制。

（1）事前控制 措施包括设计合理的分销体系，制定科学完善的渠道销售政策，合理划分销售区域并根据市场情况选择区域独家或多家代理商；制定合理的渠道价格，使不同级别中间商都能获取相应的合理利润；在医药产品内外包装上打印不同的地区识别编码，即时追踪和查询货源去向。

（2）事中控制 措施包括适时监控中间商销售情况和经营状况，控制进货数量和进货周期；为中间商提供良好的服务支持，帮助其提高经营管理水平，增强销售信心；加强信息沟通和感情建设，促进双方的信任与合作，使中间商不主动窜货。

（3）事后控制 措施主要是对出现窜货问题的成员严格处罚，维护市场正常的经营秩序。

五、医药产品分销渠道的发展

（一）深度分销

深度分销是指企业借助渠道力量，直接向终端铺货，从而掌握并控制销售网络和卖场资源，实施高效客户管理的一种销售模式。深度分销也意味着渠道精耕、掌控终端、减少层次和渠道扁平化，它使得制造商、批发商经营重心下移并增加对渠道的投入，是一种靠前营销、靠前管理的通路运作方式。

目前很多OTC药品的制造商都非常重视产品的深度分销。例如，西安杨森公司就把销售队伍分成终端推广和通路分销两部分，其在省会等中心城市建立终端推广队伍，拉动医院、药店的终端销售，中心城市以下的地县级城市和乡镇农村市场则由分销人员与经销商共同合作，进行深度通路的开发和建设。

深度分销能使厂家真正掌握和控制销售网络，产品去向明确；同时由于销售稳定，产品铺货率高，厂家到终端销售点的铺货时间得以大大缩短；另外，厂家能建立完整的客户资料数据库，进行直接客户管理，有利于采取有针对性的营销策略，并能较好地执行下去。

（二）医药电子商务的发展

医药电子商务是以医药生产企业、医药经营企业、医疗机构、医药信息服务提供商、银行，以及保险公司为网络成员，通过互联网络为用户提供安全、可靠、开放并易于维护的医药贸易服务的电子商务平台，主要包括B2B（business to business）和B2C（business to consumer）两种模式。

医药产品拥有开展网上销售的众多优势。首先，具有体积小、重量轻、便于运送等物理特性，还有明确的规范标准，便于网上浏览介绍说明等特点，适合于网上销售。另外，传统的医药经营模式需要通过众多中间环节，这些中间环节在解决了医药产品的基本流通问题外，还大

NOTE

大提高了价格，而网上销售则可以避开其中不必要的中间环节，使其价格得以大幅降低，因此医药产品网上销售的价格优势非常显著。最后，通过电子商务的有效运行，可有效改善医药企业的众多“传统问题”：比如提高医药企业各项工作的效率和质量，促进技术创新；减轻各类事务性工作的劳动强度，使从业人员得以腾出更多的精力和时间来服务于客户；改善经营管理、堵塞漏洞，保证患者和医药企业的经济利益等。

【营销实践】

医药电子商务迅猛发展

根据商务部《2015 年上半年药品流通行业运行分析及发展趋势预测》，医药电商营业收入增速超过 50%，首次超过传统流通渠道的增速。相关扶持政策陆续出台，也给医药互联网的发展带来极大信心。国家食品药品监督管理总局（现国家药品监督管理局）截至 2016 年 3 月 28 日的数据显示，获批的互联网药品交易资格证书数量已达 608 张。其中，A 证数量为 25 张，B 证数量为 131 张，C 证数量为 452 张。统计显示，近一半的牌照是在 2015～2016 年审批发放的。

从区域来看，广东医药电商发展走在全国前列，B 证和 C 证企业数量合计达到 101 家，排在二、三位的浙江省和江苏省，这一数字分别为 64 张和 62 张。《2015～2016 年度中国药店价值百强榜》显示，2015 年，销售额百强企业的入围成绩由上一年的 38000 万元提至 44295.23 万元，涨幅为 16.51%。广东七乐康、健客网、康爱多、壹号大药房 4 家网上药店销售额突破 10 亿元大关。百强榜单中有 10 家网上药店入围。业内预计，基于医药电商的发展整体向乐观方向发展，预计将有更多传统药企加入布局线上售药业。

医药电商的爆发也意味着行业竞争进一步加剧。有业内人士分析，目前医药电商的成本并不低，线上流量推广和线下配送成本相加，大部分的医药电商仍处于亏损的状态。不过，未来随着用户网络购药习惯的养成，在国家“互联网+”战略指引下，电子处方、医保等相关政策进一步放开，医药电商行业还将迎来更大的发展机遇。

资料来源：严慧芳. 广东 4 家网上药店突破 10 亿元大关 [N]. 南方日报，2016-04-05

第五节　医药产品物流

狭义的物流是指商品实体的空间转移，广义的物流包括与商品实体有关的全部流通活动，如运输、仓储、流通加工、包装、保管和物流信息管理等。医药产品分销的物流工作需要由多个机构和部门分担，这些机构和部门包括制药企业的物流部门、专业储运公司、经销商、保险公司等。作为分销渠道的重要功能之一，物流管理不仅直接决定商品价值和使用价值能否顺利实现，而且是企业降低成本、增加效益、提高产品竞争力、扩大销售的有力手段。

医药物流是指通过有效地安排医药产品的仓储、运输、配送等环节，使医药产品在正确的时间以最少的成本到达正确的地点的经营活动。传统的医药物流以工厂为出发点，通过包装、仓储、装卸、运输等物流职能，将医药产品送达顾客手中，是完全的物资流通过程，很少考虑消费者的需求。现代医药物流认为医药物流规划应当从市场需求开始考虑，充分与采购、渠道和市场营销等活动结合起来，创造增值。

一、医药物流的特点

（一）品类繁多

医药产品品种繁多、分类复杂，对其存储和运输提出更高要求，例如按储存温度可分为常温品种、低温品种和冷冻品种；按危险程度可分为精神类药品、麻醉药品和易燃易爆药品等。

（二）过程复杂

GSP 规范化管理使物流过程复杂化，例如 GSP 规范中对批号管理、有效期管理、安全管理等都有严格规定。如国家卫生和计划生育委员会（现国家卫生健康委员会）和国家食品药品监督管理总局（现国家药品监督管理局）专门印发《疫苗储存和运输管理规范》，以配合《疫苗流通和预防接种管理条例》的贯彻实施。《疫苗储存和运输管理规范》对于疫苗储存、运输中的管理，疫苗储存、运输的温度监测，疫苗储存、运输的设施设备都有专门的规定。

二、供应链管理模式

供应链管理模式是现代医药物流的发展方向，即以物流中心为平台，与制造商及其他供应商（上游企业）和零售商及其他分销商（下游企业）建立一种面向市场的供应系统，提高医药产品分销效率，并形成相对稳定的产销联盟网络。在这个联盟内，制造商、物流中心、零售商等企业根据自身的资源条件进行合理分工，面对最终市场的需求状况，在生产品种、供货数量、供货时间、供货方式等方面相互协作，从而形成一种新型的流通体制。

当前，以九州通为首的医药第三方物流也日趋成熟。第三方物流是在物流渠道中由中间商提供的服务，是中间商以合同的形式在一定期限内提供企业所需的全部或部分物流服务。第三方物流的提供者是一个为外部客户管理、控制提供物流服务作业的公司，他们仅是第三方，并不在供应链中占有一席之地，但通过提供一整套物流活动来服务于供应链。第三方物流给货主带来的益处主要表现在：

（1）*集中精力于主营业务* 企业能够实现资源优化配置，把有限的人力、财力集中于主营业务，进行重点研究、发展基本技术，努力开发新产品参与竞争。

（2）*节省费用* 专业的第三方物流提供者利用规模生产的专业优势和成本优势，通过提高各环节的利用率节省费用，使企业能从费用结构中获益。企业解散自有车队而代之以公共运输服务的主要原因就是为了减少固定费用，若企业自行分配产品，就意味着对营销服务的深入参与，都将引起费用的大幅增长。只有使用专业服务公司提供的公共服务，才能减少额外开支。

（3）*减少库存* 原料和库存的无限增长将积压资金，第三方物流提供者借助精心策划的物流计划和适时运送等手段，最大限度地盘活库存，改善企业的现金流量。

（4）*提升企业形象* 第三方物流提供者与企业的关系不是竞争对手而是战略伙伴，他们应该处处为企业着想，通过全球性的信息网络使企业的供应链管理完全透明化，企业随时可通过互联网了解供应链的情况。第三方物流提供者是物流方面的专家，他们利用完备的设施和训练有素的员工对整个供应链实现完全的控制，减少物流的复杂性。他们还要通过遍布全球的运送网络和服务提供者极大地缩短交货期，帮助企业改进服务，树立自己的品牌形象。第三方物流提供者通过“量体裁衣”式的设计，制订出以顾客为导向、低成本高效率的物流方案，为

企业在竞争中取胜创造有利条件。

【营销实践】

1药网牵手九州通，整合渠道资源

2017年8月8日，1药网对外宣布与九州通达成战略合作，双方将在采购渠道、互联网联合营销、物流配送等方面进行合作。在业内人士看来，双方联手后，将在一定程度上实现双向引流，1药网也可以依托九州通线下的实体药店，提升覆盖范围，缩短配送时间。

双方合作后，会在商品采购渠道上互相合作，实现医药产品价格优惠共享，合作的医药产品将覆盖中西药品、医疗器械等品类。同时，九州通旗下的好药师还将与1药网尝试互联网联合营销，实现互相引流。同时，双方还将在“网订店取”“网订店送”模式上进行探索，1药网将依托九州通自营及其三方平台合作的线下共10万家门店，以及九州通在全国的物流配送网络，为消费者提供6小时配送服务。消费者通过1药网下单后，订单将由消费者所在城市就近的门店完成“最后一公里”的配送，进而缩短配送时间，提升配送效率。1药网透露，双方首期合作区域将先从北京、上海、广州、深圳、南京、杭州、天津等7个城市开始，未来将逐步向全国推广。

根据公开资料显示，目前九州通在全国设立了约30个省级医药物流中心，同时向下延伸并设立了54家地市级分销物流中心，形成了覆盖全国大部分县级行政区域的物流配送网络，是目前1万多家医药流通企业中营销网络覆盖区域最广的企业之一。

资料来源：吴文治，赵述评.1药网牵手九州通，整合渠道资源［N］.北京商报，2017-08-09

【本章小结】

分销渠道是指促使某种产品（服务）能顺利地经由市场交换过程，转移给消费者（用户）消费使用的一整套相互依存的组织和个人。其成员包括生产商、中间商（批发商和零售商）、消费者（用户）。分销渠道的各种机构由集中类型的流程联合起来，包括商流、物流、货币流、信息流和促销流五大流程。分销渠道的功能主要包括调研、促销、交流、配货、谈判、物流、财务和风险承担。分销渠道可按照长度分类为直接渠道和间接渠道，按照宽度分类为宽渠道和窄渠道，按渠道成员间相互联系的紧密程度分为传统渠道和渠道系统。

医药产品分销渠道就是医药产品从医药生产企业向消费者（用户）转移的通路，渠道成员包括取得药品所有权或帮助所有权转移的所有企业和个人。医药产品分为成品药和医药工业品两类，由于这两类医药产品的销售管理方式不同，其分销渠道的类型也不同。

在整个分销渠道中，批发商的存在极其重要，它处于分销渠道的中间阶段，是连接生产者和零售商的纽带，具有提高销售活动的效率、储存和分销产品、监督检查产品、传递市场信息、承担市场风险的功能。医药批发商是从生产企业大批量购买医药产品，并将其分成较小批量转售给其他商业（二级商）或零售商等下游客户，并向医药产品来源企业和下游产品流向涉及的组织或个人提供服务的组织和个人。

零售商指将商品直接销售给最终消费者的中间商，是分销渠道的最终环节，处于商品流通的最终阶段。基本任务是直接为最终消费者服务，职能包括购、销、调、存、加工、拆零、分包、传递信息、提供销售服务等。

医药产品分销渠道的设计非常重要。影响医药产品分销渠道设计的主要因素有产品因素、市场因素、企业自身因素、相关法律法规。医药产品分销渠道的管理包括对医药产品分销渠道成员的管理和渠道冲突的管理。

医药物流是指通过有效地安排医药产品的仓储、运输、配送等环节，使医药产品在正确的时间以最少的成本到达正确的地点的经营活动。供应链管理模式是现代医药物流的发展方向。

【重要概念】

分销渠道；直接渠道；零阶渠道；间接渠道；宽渠道；窄渠道；医药批发商；医药零售商；医药物流。

【复习思考】

1. 如何理解医药产品分销渠道？医药产品分销渠道有哪些职能？
2. 医药产品分销渠道有哪些类型？
3. 批发商和零售商各有哪些主要类型？
4. 在医药产品分销过程中，批发商和零售商分别起着什么样的作用？
5. 医药产品分销渠道管理包括哪些内容？

【案例分析】

罗氏的分销渠道变革

1996年时，上海罗氏的销售模式还是主要参照国外，即派出一支相对精简的市场推广和销售队伍，再以这支队伍为核心，招募和收编一支更大的“外围队伍”，进行面向医院和患者的终端推广，销售活动主要是借助一个庞大而复杂的中间商体系来完成。这样的销售模式存在许多弊端。首先是中间代理商的管理难度非常大，很难实现企业理想的销售目标；各区域代理商之间的“窜货”现象严重，公司对代理商的考察过于简单，代理商之间恶性竞争比较严重，“窜货”现象十分难于管理，产品被竞争产品替换的可能性大，存在回款难问题；中间环节之间混乱的资金债务关系，使得回款更加困难，存在财务风险；销售和推广队伍涉足的广度和深度都不够，不能保证销售范围的覆盖。

针对上述问题，为实现销售型公司的战略目标，罗氏制定并实施了新的分销策略：①加强销售推广队伍，走专业推广道路。②扩展销售覆盖的广度和深度。以销售量作为最主要的考核指标，用简化的考核指标刺激销售人员的积极性。③梳理中间商环节。企业制定了强硬的分销商管理制度，淘汰不规范经营或不具实力的中间商，并补充了多家新的中间商。随后，对这些中间商进行分级管理，筛选出关键客户作为直接销售对象一级分销商，其余的中间商按区域分配给一级分销商，并要求上海罗氏的所有产品必须从这些中间商直接供应到医院，一旦发现窜货现象和流入其他医药分销商的情形，则直接取消当事人的经销资格；与一级经销商、二级经销商共同签署三方协议，明确各级的供货关系和指导价格及主要的商业政策。

资料来源：边建苹．我国医药企业药品分销渠道管理研究［D］．复旦大学，2009

思考与讨论：

1. 分析医药生产企业自身发展战略对分销渠道会带来哪些影响？
2. 试讨论罗氏分销渠道管理的成功之处。

NOTE

第十二章　医药产品的促销策略

【学习要点】

通过本章的学习，理解医药产品促销策略的基本原理、作用、信息沟通方式及促销组合的内容，掌握医药产品人员推销的基本理论和形式，熟悉医药广告、医药公共关系、医药营业推广等促销策略的基本内容。

【引导案例】

医药代表拜访

场景一

医药代表：王主任吗？我是A公司的代表某，我来是想了解一下A产品的使用情况的。（趁患者出来时直接进入，考虑时间紧，直接介绍）

王主任：对不起，我现在没有时间，以后再说吧，好吗？（这时患者进入，门口仍有患者等候）

医药代表：嗯。（尴尬状，进退两难）

王主任继续看病。

医药代表退出。

场景二

医药代表：王主任吗？我是A公司的代表某。上次您说想看看A产品的临床研究资料，我今天刚拿到《中国医学内科杂志》第三期增刊，上面刊登有广州呼吸道疾病研究所钟南山教授发表的有关研究文章，所以我立刻给您送来了。（引起兴趣和好感）

王主任：谢谢你，你真有心。（面带笑容，接过杂志）

（这时患者进入，门口仍有患者等候）

医药代表：您的患者真多，打扰您真过意不去。（以退为进）

王主任：你还有事吗？

医药代表：是的，您现在先忙，您看今天上午什么时候能给我5分钟时间了解您使用我公司A产品的情况？（进入主题）

分析：开场白是医药推销人员拜访医生时最先表达的语言，希望以此打破僵局引起医生的注意，从而开启话题，并留下良好的第一印象。有技巧的开场白是以能引起医生兴趣或吸引其注意力的方式陈述一般利益，在陈述过程中注意捕捉医生的特别关注点，这样才能有的放矢地呈现产品的特性，将其转化为彼此双方共同的利益。

资料来源：医药代表拜访实录［EB/OL］. http：//www. pharmnet. com. cn/. 2013－05－03（有改编）

随着医药科技的迅猛发展，新产品层出不穷，医药企业的产品和服务要顺利进入市场，为目标消费者所接受，必须实现多种促销方式的有机结合。医药产品促销活动的全过程实际是将

NOTE

医药企业、产品及服务等信息向公众传播的过程，其实质是信息沟通，所以一般也将促销决策称为整合沟通决策。

在医药市场中，医药企业综合运用人员推销、广告、公共关系、营业推广等手段向组织和个人进行信息传播的活动，引起他们的注意和兴趣，激发他们的购买欲望和购买行为，以达到扩大销售的目的。根据信息传播的方式和主体不同，可分为两种方式，一种是以人为主体的人员推销，这也是现阶段多数医药企业所采取的主要方式。另一种则是非人员方式，包括广告、公共关系和营业推广。

在有关市场沟通的理论进展和实际应用方面，整合营销沟通（integrated marketing communication，IMC）是一个明显的趋势。整合营销沟通强调在与目标顾客沟通时，为了达到理想、明确、一致和高效的沟通效果，要将营销沟通要素如广告、公共关系、营业推广、人员销售、口碑营销、赞助营销、事件营销、POP沟通等相互配合，整合成一体，与产品的市场定位相一致，同时还要与产品、价格和分销渠道相协调，从而使企业实现促销宣传的低成本化，形成促销效果的最大化。

第一节　医药产品的促销组合

一、医药产品促销的概念

促销，即促进销售。医药产品促销就是指以人员或非人员的方式将有关医药企业及其产品的信息通过多种方式传递给目标顾客，促进他们认识该产品的特性及带来的相关利益，进而引起兴趣，激起购买或使用的欲望，最后促成购买或使用行为以达到增加销售的目的。

开展有效的医药产品促销活动，可以突出产品差异化优势，树立品牌形象，对医药企业而言，促销的意义重大。一方面，能够增强目标客户对产品功能和服务价值的了解，激发其购买欲望；另一方面，可以对目标客户的反馈意见追踪记录，使医药企业了解和掌握客户不断变化的需求，从而稳定销售，巩固市场。

二、医药产品促销的作用

在市场竞争日趋激烈的今天，促销活动对医药产品销售的影响力不言而喻，促销的作用主要体现在以下几个方面：

（一）提供商业信息，引起注意

当一种新产品开始进入市场时，为了让更多的医生、药师及中间商了解这种产品，企业需要及时向他们提供有关产品的各种信息，引起他们的注意，促使其进一步认识，才有可能实现销售目的。

（二）激发购买欲望，扩大产品需求

有效的促销活动不仅可以激发起目标客户的购买使用欲望，引发他们的购买使用行为，并且在一定条件下还可以创造需求，引导市场需求向着有利于企业的方向发展。故而，当医药企业的产品处于低需求时，可以扩大需求；当需求处于潜在状态时，可以挖掘和引发需求；当需

求衰退时，还可以通过促销活动吸引新客户，使销售仍保持一定势头。特别是非处方药品，促销策略的恰当与否对销售业绩会有很大甚至是决定性的影响。

（三）突出产品特点，树立企业形象

在同类产品竞争日益激烈的市场中，许多医药产品之间只有细微差别，不易被客户所察觉。这时，医药企业可以通过促销活动宣传本企业及产品的特色，帮助客户认识本企业产品区别于竞争产品的差异化优势及给消费者带来的特殊利益，增进对企业产品的认可度，在市场上树立良好的企业及产品形象，给企业带来强而有效的竞争力。

（四）巩固市场地位，稳定产品销售

医药企业通过不断的促销活动，在消费者心目中树立牢固的企业品牌形象，培养和建立与客户间的良好关系，使其对企业及产品产生信任及偏爱，从而达到巩固市场地位、稳定产品销售的目的。比如江中牌健胃消食片，在准确定位后，通过大力的广告宣传，在消费者心目中树立了“日常助消化药”的形象，在同类的健胃消食片中品牌知名度最高，仅用了5年时间实现了国内OTC单品销量第一。

三、医药产品促销中信息沟通的方式

促销的本质就是企业与购买使用者之间的信息沟通。任何一种促销方式都是通过有效的信息沟通来实现的，沟通信息是销售的前提条件。在促销活动中，制药企业向商业公司、医院或药店传递企业及产品有关信息，并通过市场信息反馈，了解和适应客户与消费者的需求，为促进购买使用行为创造有利条件。沟通信息的方式可分为两大类；一类是单向沟通，即用非人员促销的方式，它是企业通过电视、电台、报刊、邮递、网络、柜台陈列等形式向客户及消费者传播信息；另一类是双向沟通，即使用人员促销的方式与客户面对面进行沟通交流。

沟通的起点应当是以换位思考的方式从审查目标顾客的需要与潜在需要出发，然后对所有与其发生接触的关系点进行设计与整合，沟通涉及九个要素（图12－1）。

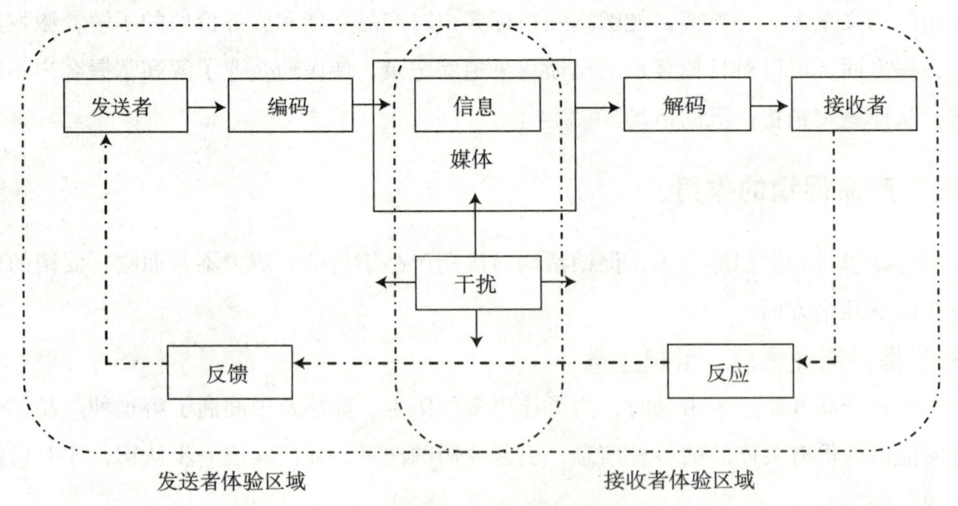

图12－1 沟通模型

1. 发送者 将信息发送给另一方的实体。

2. 编码 将想法以形象的内容表达出来的过程。

3. 信息 发送者传达的一系列形象内容。

4. 媒体　将信息从发送者传到接收者那里的沟通渠道。

5. 解码　接收者将发送者传达的信息赋予意义的过程。

6. 接收者　接收另一方传来信息的实体。

7. 反应　接收者收到信息后的反应。

8. 反馈　接收者回应中返还给发送者的一部分。

9. 干扰　在沟通过程中非计划因素的干扰，导致接收者得到的信息与发送者传递的不同。

从上面的分析可以看出，要想使信息有效传达，发送者的编码过程必须与接收者的解码过程相契合。信息最好是以接收者能正确解读和理解的形式进行传递，因此要求营销沟通人员必须理解目标顾客的社会经历及目前心态。如当一种新药品进入医院后，销售人员除了反复向医生宣传该药品的特性，使他们了解、认可新产品之外，还应了解医生们各自不同的用药习惯和存在的顾虑，通过各种方式进行沟通，消除他们的用药顾虑，并帮助他们逐渐建立处方习惯以达到增加药品销量之目的。

四、医药产品促销组合概述

（一）医药产品促销组合的含义

通常促销的基本方式有人员推销、广告、公共关系和营业推广四种。医药产品促销组合是指医药企业有计划、有目的地对促销方式——人员推销、广告、公共关系、营业推广等的选择、组合和应用。其中，人员推销是企业通过自己的推销员或委托销售代理机构直接与客户联系，进行推销产品的活动。广告是以广告主的名义，利用传播媒体（报刊、电台、电视台等），把产品特性与利益告知目标客户。公共关系通过企业与公众之间的传播沟通活动，提高企业和产品的知名度。营业推广是一种促成目标客户对产品进行购买的短期性激励方法。

由于医药市场的复杂多变及各种促销手段的特点，使得促销组合的制定过程非常复杂，许多因素会影响企业的促销组合决策。营销人员首先应了解各种促销方式的特点（表 12－1），然后再进一步考虑影响促销组合决策的各种因素，最后才能正确制定促销组合。

表 12－1　各种促销方式的比较

促销方式	优点	缺点
人员推销	直接沟通信息，反馈及时，可当面促成交易，能与顾客建立良好关系	聘用人员多，成本高，接触面窄
广告	传播面宽，形象生动，节省人力	只针对一般消费者，难以立即成交
公共关系	影响面广，信任度高，可提高企业知名度和声誉	花费力量较大，效果难以控制
营业推广	吸引力大，激发购买欲望，可促成消费者即时冲动购买行动	接触面窄，有局限性，有时会降低商品形象

（二）影响医药企业制定促销组合的因素

1. 促销目标　促销目标是企业开展促销活动所要达到的目的。促销目标不同，促销组合的选择也就会有差异。例如某医药企业的促销目标是迅速增加产品的销售量，扩大企业的市场份额；而另一医药企业的促销目标则可能是在该市场上树立品牌形象，引发消费者的共鸣和好感，对于前者而言，广告和营业推广的效果会显著一些，而后者则应更多地使用公共关系等手段。

2. 促销预算　促销预算是医药企业为开展促销活动而事先确定支出的费用预算，是企业促销活动的经济保证。促销预算的多少直接决定了医药企业可供选择的促销组合方式。医药企业可以根据自己的促销目标和预算，全面衡量主客观条件，从实际出发，制定出经济又有效的促销组合。

3. 促销策略　企业促销策略有“推式”和“拉式”之别。

(1)“推式”策略　“推式”策略就是以中间商为主要促销对象，把产品“推进”分销渠道，最后由医院的医生或药店的药师将医药产品推销给消费者，当医药企业采用推式策略时，促销的重点主要体现在医药产品的渠道上，通过人员推销、公共关系、营业推广等方式来达到促销的目的（图 12－2）。

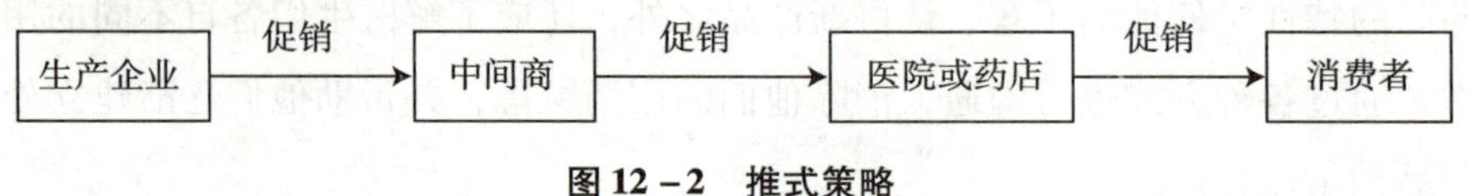

图 12－2　推式策略

(2)“拉式”策略　“拉式”策略是指医药企业面对最终消费者开展各种促销活动，以刺激其对医药产品的需求，也就是消费者主动向零售药店或医院等零售商询购，医院或药店在消费者的需求拉动下向中间商求购，中间商继而向医药生产企业求购，拉动医药产品的销售。很显然，若采用“拉式”策略，则广告、营业推广是首选（图 12－3）。

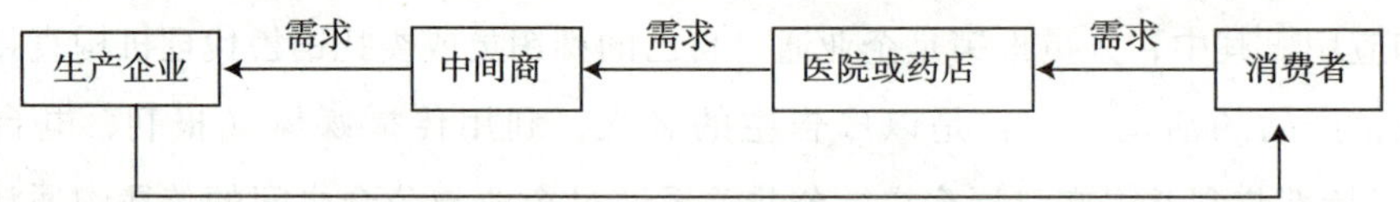

图 12－3　拉式策略

4. 产品生命周期　在产品生命周期的不同阶段，市场情况、销售量、成本、竞争等情况均在发生变化，企业的促销重点和目标也不同，因此制定促销战略时也应因时制宜。在产品的导入期，医药企业的目标是使顾客认识和了解新产品，此时企业需要进行广泛的宣传，以提高其知名度，因而应以广告为主，辅之以营业推广、人员推销；在成长期，随着竞争的加剧，促销重点应从一般性介绍转为着重宣传企业产品的特色，树立名牌，使消费者逐渐形成对本企业产品的偏好，这一阶段广告和公共关系应作为促销的重点，同时辅之以人员推销和其他方法，扩大分销渠道，争夺市场占有率；到了成熟期，市场竞争达到白热化，医药企业的促销目标是塑造企业形象，培养消费者的品牌忠诚度，促销活动应以公共关系为主，同时增加营业推广措施，削减广告开支；产品进入衰退期，医药企业的促销目标是鼓励消费者继续购买，尽快甩出存货、减少损失，促销应以营业推广为主，辅之以广告，采取收缩战略，顺利退出市场。

5. 市场特点　针对不同的目标市场，医药企业应采取不同的促销组合策略。一般而言，如果市场地域范围广、潜在顾客数量多而分散、产品技术性弱、消费者可以自主选购并使用的 OTC 药品，多采用广告、营业推广为主要的促销手段；而针对价格较高、消费者人数少而集中、产品技术性强、需要在医生指导下服用的处方药品，则较多采用人员推销和公共关系的方式。

6. 产品性质　对于不同性质的医药产品，消费者和用户具有不同的购买习惯和购买行为，

NOTE

因而医药企业所采取的促销组合也会有所差异。一般而言，非处方药消费者对药品的专业知识掌握少，广告会很大程度上影响其购买时的选择，因此医药企业在制定促销组合时主要考虑广告、营业推广等方式。处方药具有决策权和使用权分离的特点，医疗机构的医生掌握处方药的决策权，因此在制定促销组合时应更多考虑人员推销、公共关系等促销方式的组合使用。

第二节　医药产品的人员推销策略

医药产品是一种特殊的商品，其消费模式不同于普通商品，医药产品具有典型的代理消费特征。医生的处方和专业技术人员的推荐对消费者的购买行为产生决定性影响，所以医药产品的人员推销对象主要是医药产品零售企业和医疗机构中的专业技术人员。

一、医药产品人员推销概述

医药产品人员推销指医药企业派出销售人员直接与批发商、零售商、医疗机构和消费者进行直接的人际沟通，通过双向的信息交流，使其了解医药产品的信息，说服其做出购买医药产品决策的促销方式。

根据促销对象的不同，医药产品人员推销可以分为两类。

1. 支持性推销　其推销人员被医药行业称为医药代表，其主要任务不是签订销售合同，而是协助销售医药产品。一般情况下，医药企业派出医药代表，通过对医疗机构和医生的拜访，开展学术推广、技术咨询等活动传递产品信息，树立企业或产品形象，说服医生使用本企业产品并收集临床使用的反馈信息。

2. 商务性推销　其推销人员被医药行业称为医药商业代表，其主要任务是向批发商和零售商传递产品信息，获得订单，签订合同，负责回款，与顾客维持关系，管理营销渠道成员，提供售后服务等。

人员推销在推销领域发挥着重要的作用，其最大的特点是：信息双向交流，针对性强，有助于营销人员及时掌握顾客的需要，随时调整自己的推销方案，在争取顾客偏爱、建立顾客购买信心和促成当面迅速成交等方面效果显著。不足之处在于推销费用高、推销范围有限、优秀的营销人员不易寻找等。

二、医药推销人员的素质

推销人员直接和广大消费者接触，他们既是公司的代表，更是消费者的顾问和参谋。他们必须有良好的政治素质、业务素质及身体素质，同时，也必须具有良好的适合推销工作的仪表、礼节和品格。只有这样，才能出色地运用自己的业务技巧完成推销任务。

（一）基本素质

1. 具有强烈的事业心和责任感　推销人员应充分认识自己工作的价值，热爱推销工作，对自己的工作充满信心，积极主动，任劳任怨地去完成推销任务。推销人员应对所在公司负责，为树立公司的良好形象和信誉做贡献，对用户的利益负责，帮助消费者解决困难和问题。

2. 具有良好的职业道德　推销人员必须自觉遵守国家的政策、法律，正确处理个人、集

体和国家三者之间的利益关系。

（二）能力素质

1. 观察能力 推销人员在推销工作过程中，需要进行市场信息的搜集和处理。为此，必须具有敏锐的观察能力。

2. 创新能力 推销工作是一种综合性、复杂性的工作，绝不能因循守旧，要创新工作方式，不断地发展新用户和开拓潜在市场。

3. 社交能力 推销人员应是开放型，必须具有一定的社交能力。推销人员被称为公司的外交家，需要同各类人打交道，这就需要其具备与各种各样人交往的能力，能够广交朋友。

4. 应变能力 在各种复杂的特别是突如其来的情况下，推销人员仅用一种姿态或模式对待消费者是很难奏效的，这就要求推销人员具有灵活的应变能力，做到在不失原则的情况下，实施一定的方式，从而达到自己的目的。

5. 语言表达能力 在推销活动中，为了达到推销目的，推销人员必须向消费者宣传、介绍本公司的宗旨、本公司的产品，必须善于去启发消费者、说服消费者，这就要求推销人员具有良好的语言表达能力。语言要清晰、简洁、语速适中，说话要抓住消费者的心理，针对消费者需求，促使其产生自觉购买欲望。

（三）知识素养

推销人员是否具有良好的业务素质，直接影响其工作业绩。良好的业务素质除了一定的推销能力外，还要掌握丰富的业务知识。

1. 公司知识 要熟悉本公司的经营方针和特点、产品种类和服务项目、定价策略、交货方式、付款条件和付款方式等。

2. 产品知识 要了解产品的性能、用途、价值、使用方法等，了解市场上竞争产品的优劣情况。

3. 用户知识 了解用户的购买动机、购买习惯、购买条件、购买方法及购买地点，了解由何人掌握购买的决策权等。

4. 市场知识 要了解市场的动向、现实和潜在的消费者需求情况。

5. 法律知识 要了解国家规范经济活动的各种法律，特别是与医药产品有关的经济法律。

（四）心理素质

推销工作比较辛苦，要起早贪黑地东奔西走，交涉各种推销业务，有时吃住都没有规律，如果推销人员没有健康的体魄和好的心理素质，很难担起重任。此外，推销人员还应注重自己的着装和仪表，谈吐和举止给初识你的人留下深刻的第一印象，为推销工作奠定一个良好的基础。

三、医药产品的人员推销形式

（一）一对一推销

一对一推销中，需要做到让受众在最短时间内了解关键信息。客户通常能接受的销售代表拜访时间是很短的，如何在短时间内完成拜访目标是专业的药品销售技巧要解决的核心问题。销售技巧的理论多种多样，其中最关键的是推销人员对这些理论的理解和执行的程度。

（二）一对多推销

一对多推销也称为群体销售，即个体向一个客户群体推销产品的过程。医药行业群体销售经常运用的一些形式有产品上市会、专业学术会议、院内科室产品推广会、临床试验协调会、专家义诊咨询活动、患者健康教育活动、医院内科普宣传活动等。

第三节 医药产品的广告策略

一、医药广告概述

（一）医药广告的定义

广告有着悠久的历史，是企业普遍重视和广泛采用的促销方式。《中华人民共和国广告法》里对广告的定义是：广告是指商品经营者或服务提供者承担费用，通过一定的媒介和形式直接或间接地介绍自己所推销的商品或提供的服务的商业广告。

因此，我们可以这样理解：医药广告是医药企业承担一定的费用，通过适当的媒介向目标市场传播医药企业及产品有关信息的传播活动。也是一种通过提高产品或企业知名度来促进销售的促销手段。

（二）医药广告的特点

1. 以信息传递为手段 处方药，只能通过专业媒体向医疗机构的处方医生、专家等专业人士宣传，实现促销信息的定向传播；而非处方药则可以通过医药产品广告进行大众化的信息传播。

2. 以诱导需求为目的 医药广告通过对文字、音效及色彩的艺术化处理，将医药企业及其产品或服务的信息传递给社会大众，形象化、艺术化、多渠道的信息传播使公众更容易接受并被吸引，从而诱导需求，扩大销售。

二、医药广告的作用

（一）传播信息

这是医药产品广告最基本的作用。从市场来看，广告是传播市场商品信息的主要工具，医药新产品上市之初，以发布广告的形式介绍情况，告知医生或消费者新产品的利益点和创新点，有效树立企业形象，突出产品竞争优势，有效激发消费者的购买欲望。

（二）促进销售

医药广告搭建了医药企业与消费者沟通的桥梁，为业务往来提供方便，从企业层面来看，医药产品可以借助广告宣传，提高说服力，扩大信息传播的速度和范围；从消费层面来看，广告可引导消费、刺激消费，甚至创造需求。广告不仅向消费者传播医药产品信息，起到影响和促进消费观念的变化，提倡和改进生活方式的作用，同时还能刺激消费者的需求，促进医药产品的销售。

（三）建树品牌

这类医药广告的目的是使顾客对本企业品牌产生信任、偏好，并且持续购买，也称为说服

NOTE

广告。在法律允许的范围内，医药企业可以通过与竞争产品相比较来突出本企业产品所具有的优势，最终引导顾客转向本企业的品牌，从而在竞争中获胜。

（四）教育公众

医药广告不仅具有经济效益，还具有社会效益。如2013年安徽定远药品监管部门所做的“谨防儿童用药误区”视频广告，国家食品药品监督管理总局（现国家药品监督管理局）制作的“药品使用遵医嘱，过度滥用危害大”“防止滥用成瘾性药物”的平面广告，就属于公益性广告，这类广告倡导和教育公众遵守社会公德和社会行为规范，号召人们摒弃不良习惯。

三、医药广告的创作原则

医药产品是特殊的商品，因此，对医药产品的广告宣传必须依法进行创作、传播与管理。医药产品广告的创作应遵循如下原则：

（一）真实性

医药产品与普通产品最大的不同之处是用于治病救人，因此真实性原则尤为重要。在医药广告中必须实事求是地说明药品的疗效及副作用，不得夸大其疗效，随意扩大宣传药品的适用范围。真实性原则是职业道德标准的体现。

（二）科学性

医药产品广告的设计不能违背医学和药学的基本原理和常识，不能违背生物学与生理学的客观事实，广告传播的手段和制作技术要具有先进性和科学性。广告词不能出现有关其功效或安全性的断言或者保证。

（三）艺术性

广告是一种艺术，应具有形式美、内容美、语言美，更要富有感染力、吸引力、冲击力、推动力和魅力。医药广告的设计理念、传播内容、表现形式要新颖，只有形式美、内容美的广告才能对消费者产生更强的吸引力和推动力。不应出现病症或感染、患病部位的特写镜头或图片以恐吓观众。

（四）合法性

医药产品是一种关乎消费者身体健康，甚至生命安全的特殊商品，为了防止激烈竞争和丰厚利益导致企业做出虚假或夸大宣传的医药产品广告，国家对医药产品广告出台了一系列的要求与规定。作为医药企业营销者，必须全面了解并掌握国家在医药产品广告监管方面的特殊要求，合法利用广告对医药产品营销的积极作用。1993年，我国出台了《医疗广告管理办法》，用以规范医疗广告，其后相继出台了诸如《药品广告审查发布标准》《药品广告审查办法》等一系列法律规章，2015年9月1日，新修订的《中华人民共和国广告法》开始实施，其中对医药广告有着一系列明确的要求与规定，这些法律规章对规范我国医药广告市场起到了非常重要的作用。

【营销视野】

《中华人民共和国广告法》对于医药产品广告的特殊规定

2015年修订的《中华人民共和国广告法》规定医药企业应注意以下内容：

（1）麻醉药品、精神药品、医疗用毒性药品、放射性药品等特殊药品，药品类易制毒化学品，以及戒毒治疗的药品、医疗器械和治疗方法，不得作广告。前款规定以外的处方药，只

能在国务院卫生行政部门和国务院药品监督管理部门共同指定的医学、药学专业刊物上作广告。

(2) 医疗、药品、医疗器械广告不得含有下列内容：表示功效、安全性的断言或者保证；说明治愈率或者有效率；与其他药品、医疗器械的功效和安全性或者其他医疗机构比较；利用广告代言人作推荐、证明；法律、行政法规规定禁止的其他内容。

药品广告的内容不得与国务院药品监督管理部门批准的说明书不一致，并应当显著标明禁忌、不良反应。处方药广告应当显著标明“本广告仅供医学药学专业人士阅读”，非处方药广告应当显著标明“请按药品说明书或者在药师指导下购买和使用”。

推荐给个人自用的医疗器械的广告，应当显著标明“请仔细阅读产品说明书或者在医务人员的指导下购买和使用”。医疗器械产品注册证明文件中有禁忌内容、注意事项的，广告中应当显著标明“禁忌内容或者注意事项详见说明书”。

(3) 除医疗、药品、医疗器械广告外，禁止其他任何广告涉及疾病治疗功能，并不得使用医疗用语或者易使推销的商品与药品、医疗器械相混淆的用语。

(4) 保健食品广告不得含有下列内容：表示功效、安全性的断言或者保证；涉及疾病预防、治疗功能；声称或者暗示广告商品为保障健康所必需；与药品、其他保健食品进行比较；利用广告代言人作推荐、证明；法律、行政法规规定禁止的其他内容。保健食品广告应当显著标明“本品不能代替药物”。

资料来源：2015 年修订《中华人民共和国广告法》第 15 ~ 18 条

四、医药广告媒体选择

常见的广告媒体包括大众媒体和企业自办媒体两大类，但自 20 世纪 90 年代以来，随着互联网等新技术的发展，又诞生了数字化新媒体。不同的广告媒体在传播范围、传播速度、表现形式、受众人群及费用等方面各具特点，因此，医药企业应比较各媒体的优缺点，结合企业及产品的实际情况，以求达到最佳的广告传播效果。

(一) 报纸

报纸是最早发布广告的媒介。其优点是：时效性强，读者面广，针对性强，制作简单灵活，费用低廉。其局限性是：接触时间短，刊载内容多，易分散注意力，表现手法单调且印刷不够精美。

(二) 杂志

杂志广告仅次于报纸广告，读者面不如报纸，但接触时间比报纸长。其优点是：宣传对象明确，读者层稳定；持续时间长，重复出现率高；竞争干扰小，利于刊登开拓性广告。其局限性是：由于专业性而广告面不广；间歇出版，影响广告及时性；篇幅少且灵活性差。

(三) 广播

广播可起到其他广告媒体难以起到的作用。其优点是：地域选择性好，普及率高；传播速度快；通俗易懂。其局限性是：时间短，没有视觉性的刺激，不易记忆，往往一听而过。

(四) 电视

电视是现代先进的广告宣传工具，也是最受欢迎的广告媒介。占有声、形、色俱全的优势，因此吸引力强，有较好的艺术效果。其优点是：表现手法灵活多样，印象深刻；可重复播

放。其局限性是：广告拥挤杂乱，易产生相互干扰；制作成本费昂贵；且看过即逝，难以保存，传播范围受电视台覆盖面的影响。

（五）户外

其优点是：地理位置选择性强，供流动的人们观看，接触面广；持续时间长；灵活性较大；颇有艺术感染力。其局限性是：广告对象针对性差，形式局限；信息内容少，广告印象不深。

（六）新媒体

新媒体是指利用数字技术和网络技术，通过互联网、宽带局域网、无线通信网等渠道，以及计算机、手机、数字电视机等终端，向用户提供信息和娱乐服务的传播形态。其优点是：信息传播与更新速度快，成本低；信息量大，内容丰富，多媒体传播；互动性强，能随时随地满足人们互动性表达、娱乐与信息传递的需要。其局限性是：信息量巨大导致信息选择困难，虚假信息和不安全信息处理难度大。

【营销实践】

处方药的广告媒体选择

2002 年 12 月，国家规定所有处方药不能在大众传播媒介上发布广告，医药生产企业该如何为处方药打广告呢？

首先，利用好医药专业媒体。国家食品药品监督管理总局（现国家药品监督管理局）禁止处方药在大众媒体发布广告，但允许在医药专业媒体发布广告。我国现有近 400 余个处方药专业媒体，如《中国处方药》等。这些媒体的主要读者群是医药卫生专业技术人员和医疗管理人员，对医生选择用药的影响力很大。随着对我国医药经济的不断认同，他们的实际影响力甚至不亚于一些强势的大众媒体，因此加强与专业媒体合作是处方药营销的重要内容。

其次，以 OTC 线带动处方线。企业首先将处方药与 OTC 的品牌形象统一，然后通过 OTC 产品在大众媒体的广告投入来提高品牌的知名度，强化品牌形象，以此带动处方药的销售。哈药集团六厂和海王集团都采用过这种策略。

再次，新闻式软文宣传。企业通过主流媒体以新闻通稿的软文形式刊登，威力很大，可信度很高，关注率极高，有着良好的宣传效果。

最后，企业还应充分利用医院的资源优势抢占新的广告载体。将医院的一些特殊载体，如医院的灯箱、病房的招贴、各种挂号单、病历的背面，甚至医院的各种设施等，作为处方药的广告新媒体。这些新媒体既面向目标消费者又针对医务人员，具有较强的针对性。

资料来源：官翠玲，医药市场营销学［M］. 北京：中国中医药出版社，2010：265－266

第四节　医药产品的公共关系策略

“公共关系”一词由英文“public relations”翻译而来，简称“PR”，也被译为“公众关系”，从静态上看，公关是社会组织与公众之间客观存在的状态；从动态上看，公关是一个组织为了达到某种明确的目标，自觉地、有计划地从事的公关活动。

一、医药公共关系的定义

医药公共关系指医药企业为营造有利于自身生存和发展的社会环境，针对目标公众，运用有效的传播手段，开展双向沟通交流的管理活动。我们可以从以下五方面进行更好的理解：公共关系的行为主体是医药企业或其聘请的专业公关机构；公共关系的沟通对象是相关公众；公共关系的工作手段是传播、沟通媒介；公共关系的本质是双向的信息交流；公共关系的目标是为医药企业树立良好的公众形象。

二、医药公共关系的职能

对于医药企业来说，它的员工、股东、原料供应商、产品经销商、医生、消费者、媒介、社区、政府、竞争者都是其公众，公共关系就是处理该企业与这些公众之间的沟通协调问题，为医药企业的生存与发展创造良好的环境。其职能体现为两方面：

（一）传播性职能

主要包括收集信息、监测环境；组织宣传、创造气氛；交往沟通、协调关系；教育引导、服务社会。

（二）决策性职能

主要包括咨询建议、决策参谋；发现问题、加强管理；防患未然、危机处理；创造效益、寻求发展。

三、医药公共关系的活动形式

（一）宣传型公关

企业通过发行内部刊物或是争取一切机会和新闻媒体建立联系，及时将有新闻价值的信息提供给报纸、杂志、电视台等新闻媒体，借以扩大企业影响，帮助企业在公众面前树立良好的形象。

（二）交际型公关

这类公关活动具有直接性、灵活性，使公众感到组织人情味浓。它的操作可分为社团交际和个人交际两大类。社团交际包括企业举办的招待会、茶话会、座谈会等；个人交际包括攀谈、宴会、拜访等。

（三）服务型公关

以医药企业向公众提供各种实惠的服务为主的公关模式。它通过服务这种特殊媒介传递企业的宗旨、性质、诚意等来获得公众好评，树立企业的良好形象，最能体现“全员公关”思想。

（四）社会活动型公关

指医药企业通过主办或赞助等方式来开展一些社会活动，进而提高企业知名度和美誉度。它具有社会性、公益性、文化性的特点，即企业对社会或所在社区的文教、卫生、体育、艺术、福利慈善事业的支持和帮助。比如江西仁和药业冠名的“仁和闪亮新主播”就是借助湖南卫视的娱乐媒体平台，巧妙地将企业精神和产品名称融入其中，在节目热播的同时让自身的企业文化价值和产品信息也得到传播，其主打产品“闪亮滴眼露”销量随之增长了8倍。

（五）征询型公关

这是一种以采集信息、调查舆论、民意测验为主的公共关系模式，它通过了解民情民意为企业决策提供依据。这种模式的目的是通过掌握信息和舆论为企业的经营决策提供依据。其特点是日积月累，持之以恒。它需要耐力和诚意，一旦取得公众配合，那么医药企业就能够对公众的变化及时做出反应，保持企业与社会环境间的动态平衡。

【营销实践】

赛诺菲中国的“友爱历程”公关活动

由赛诺菲中国发起的“友爱历程”乳腺癌患者支持项目，自2011年开展以来，多方携手帮助乳腺癌患者提升战胜疾病的能力和信心，帮助乳腺癌辅助化疗患者顺利度过化疗这一特殊时期。2013年，友爱历程项目全方位升级，项目医院将扩展至全国25座城市，50家医院，通过开展3场医护培训会，帮助200名医护人员深入了解患者需求、提升与患者间沟通，促进规范治疗。

“友爱历程”项目倡导的“患者管理”理念，个体化地关注乳腺癌患者治疗需求及心理需求，探索多学科联合的一站式医疗服务模式，按每个乳腺癌患者不同需求，提供包括疾病知识、用药常识、营养常识、心理健康在内的全方位信息，帮助患者提升疾病管理意识，树立健康的心态，提高用药依从性，取得理想的治疗效果。2013年“友爱历程”在“乳腺癌专科医生＋护士”联合主导的个体化关爱模式的基础上，以“爱在身边”为主题，增加“亲友”这一重要的患者管理环节。

赛诺菲制药亚太区医学官Tamas Suto（舒韬）先生表示：赛诺菲是全球肿瘤治疗领域的开拓者和领导者，“以患者为中心”是我们的核心价值观。赛诺菲肿瘤事业部致力于为癌症患者提供最合适的治疗药物和方案。“友爱历程”项目开展两年来，承载着赛诺菲对于患者需求的真切关注，以及我们对患者的始终如一的关爱和承诺。通过升级的“友爱历程”项目，赛诺菲将携手患者身边的挚爱亲友，传递关爱与支持，促进患者树立积极健康的心态、实现科学的自我管理，提升治疗效果，绽放生命之彩。

资料来源：2013赛诺菲“友爱历程”乳腺癌患者支持项目启动［EB/OL］. http://oncol. dxy. cn/article/52805. 2013－05－14

四、医药公共关系工作程序

（一）公共关系调研

医药公共关系调研是公关活动的第一步，主要是调查和了解医药企业目前的公共关系现状，分析其发展趋势和存在的问题，并形成改善现状的措施和工作思路。

（二）公共关系策划

医药公共关系策划是在调研的基础上，对公关活动进行的超前性的谋略和计划，是公关四步工作法的核心和灵魂，是构建和提升医药公共关系工作的关键，是公共关系实施的指南。

（三）公共关系实施

医药公共关系实施指对公关策划的具体执行过程，也是整个公关活动的“高潮”。良好的公共关系执行力是医药企业公共关系成功的关键。

(四) 公共关系评估

对医药公关工作的成效进行评估是改进医药公关活动必不可少的一步。主要是对公关活动的每一个步骤、每一个具体事件进行客观的评估，在肯定成绩的同时，发现新问题，为下一阶段的公关工作的开展提供参考意见。

五、医药企业公共关系危机管理

医药企业公共关系危机指严重危害企业正常运营的、对企业的公众形象造成重大损害的、具有较大公众影响的事件，如突发性的质量事故、严重的药品不良反应等。危机管理是指组织通过事前监控、事中处理与事后恢复，最大限度地降低或消除带来的损害的一系列过程。如果危机处理得好，不仅可以使企业化险为夷，有时还可以将危机转化为商机。

(一) 危机前——危机预警

所谓危机预警，就是对危机产生的前兆进行通告警示，引起组织内部所有成员和机构的关注，对其防御和改进，以期减小危机发生的概率，或者在肇始阶段努力将其对组织和组织成员的伤害降到最小。

(二) 危机中——危机处理

危机的发生不以人的意志为转移，作为医药企业的领导者，要维护好企业的形象，促进企业长远发展，就必须随时做好危机应对的准备，掌握危机处理的方法和程序，提高危机管理的能力和水平。危机处理的程序包括：深入现场、了解事实；分析情况、确立对策；安抚公众、缓和对抗；联络媒介、主导舆论；多方沟通、加速化解；有效行动、转危为机。

(三) 危机后——危机恢复

危机恢复阶段的工作包括：建立危机恢复小组获取信息；确定危机恢复对象及其重要性排序；制订危机恢复计划；恢复计划的执行等。危机恢复的中心任务包括补救型任务和改善型任务。补救型任务包括补偿危机中受到损害的利益相关者和公众、修复大众心理、修复企业形象。改善型任务包括提升企业形象、总结问题所在并吸取经验教训。

【营销实践】

中美史克 PPA 事件的危机公关

2000 年，美国一项研究表明，盐酸苯丙醇胺（PPA）会增加患者出血性中风的危险，根据这一情况，国家食品药品监督管理总局（现国家药品监督管理局）于 2000 年 11 月 16 日发布了《关于暂停使用和销售含苯丙醇胺药品制剂的通知》，在 15 种被停止使用和销售的含 PPA 药品中，包含了中美史克生产的康泰克。

康泰克为中美史克制药的当家产品，年销售额在 6 亿元人民币左右。PPA 事件发生后立即引起媒体的极大关注，康泰克多年来在消费者心目中的优秀品牌形象陷入危机之中。公司在调研的基础上马上成立了危机管理小组，出台并实施危机管理方案。首先，在北京迅速召开媒体恳谈会，通过一系列措施，控制并处理了由 PPA 事件引发的重大危机，有效保护了品牌，更为康泰克重返感冒药市场奠定了良好的舆论基础。其次，对内召开员工大会，凝聚人心。最后，对外以诚相待消费者、经销商，积极沟通，赢得他们的理解与支持。终于在 PPA 禁令 292 天后，中美史克公司成功地推出了不含 PPA 的“新康泰克”（用伪麻黄碱替代了 PPA，确保了药品的安全性），重新赢得了消费者和政府的信赖和支持。

中美史克公司对PPA事件的成功危机公关，主要得益于以下几点：一是建立危机管理小组，统筹危机管理；二是迅速反应，表明立场，化被动为主动；三是采取有效的沟通措施，与内外的各类公众进行了良好沟通，争取谅解和支持；四是转危为机，适时推出新康泰克，强化了危机管理全过程。

资料来源：侯胜田．医药市场营销案例［M］．北京：中国医药科技出版社，2009：266－269

第五节 医药产品的营业推广策略

一、医药产品营业推广的定义

医药产品营业推广也称为销售促进（sales promotion），指医药企业为了刺激市场需求而采取的能够迅速产生激励作用的促销活动。它能在很短的时间内促进消费者的购买行为，是一种用于特定时期、特定任务的特种促销模式，介于企业人员促销和广告促销之间，是一种补充促销模式。

二、医药产品营业推广的方法

按照促销对象的不同，医药产品营业推广的形式可以分为两大类：一类是针对消费者的营业推广，另一类是针对中间商（包括代理商、批发商、零售商和医疗机构）的营业推广。通常处方药是针对中间商进行营业推广，而非处方药则可以针对消费者、中间商同时实施营业推广活动。

（一）针对消费者的营业推广

针对消费者的营业推广以OTC类药品为主，此类药品一般在市场上存在多种替代品，市场竞争非常激烈，对营业推广手段的运用提出了较高的要求。

1. 赠送样品或礼品 一般在新产品刚推出时，为了使消费者尽快了解新产品的性能、特点，往往在零售药店或医疗机构免费发放样品给消费者试用。通常赠品会在产品上加印“赠品”“样品”等字样，它变相地让消费者不用花钱就获取了产品，因此对新产品推广是非常有效的。但是也要注意《药品流通监督管理办法》的规定：药品生产、经营企业不得以搭售、买药品赠药品、买商品赠药品等方式向公众赠送处方药或甲类非处方药。

2. 发放优惠券 企业向目标消费者发放优惠券，凭券可在实际销售价格的基础上进行减让，尤其是优惠券能使消费者清楚优惠的时限，从而刺激其需求。医药企业采用这种方法时一定要声明并非由于药品质量问题而折价销售。

3. 减价或折扣 医药企业可以通过降低产品价格来吸引购买，从而扩大销售。具体方法包括：季节性削价或节日性减价等。如夏季是感冒药销售的淡季，某品牌感冒药选择在夏季开展为期一周的八折促销活动。

4. 现场示范 企业派人专门在销售现场大量陈列某种产品，并当场示范以吸引消费者注意。这种方式一方面可以把一些技术性较强的产品的性能特点和使用方法介绍给消费者；另一方面也可以使消费者直观地看到产品的使用效果，直接激发消费者的购买欲望。

NOTE

（二）针对中间商的营业推广

通过营业推广可以增强中间商对于产品的信心，鼓励他们增加购货量。主要方式包括：

1. 经销折扣　即根据医药产品经销商在一定时间内销售的产品数量，分别给予不同的价格优惠政策。销售的产品越多，享受的价格折扣就越多，以此来鼓励医药产品经销商销售更多产品，同时也促进与中间商的长期合作。

2. 回款返利　根据中间商回款的速度与数额，医药生产企业给经销商返还一定利润。此举旨在鼓励经销商多销快销产品并及时回款。回款返利一般分为单次回款返利和累计回款返利。

3. 销售培训　由医药企业派出产品经理或聘请专家，专门为零售药店培训销售人员。通过此类培训，能够提高销售人员的产品知识、销售技巧，并可对该企业的产品产生认同感，更加愿意向消费者推荐。

4. 销售竞赛　由医药企业组织经销商或是内部销售人员开展以提高推销业绩为中心的销售竞赛，多以产品销售数量为评定指标。对成绩优良者给予不同金额的奖金或者产品奖励，也可以额外提供其他类型诸如晋升、旅游等方式的奖励。奖励对象可以是经销商，也可以是销售人员。

5. 展销会或博览会　企业通过举办或参加各种医药展销会或博览会向中间商推销自己的产品。由于这类展销会或博览会能集中展示大量优质产品，形成对促销有利的现场环境效应，对中间商具有很大的吸引力，往往能促成交易。

三、医药产品营业推广效果评估

当医药产品营业推广活动结束后，应对营业推广效果进行评估，以便总结经验和发现问题。评价营业推广效果常用的方法有以下两种：

（一）前后比较法

将营业推广活动分为促销前期、中期、后期三个阶段并进行销售额的比较，以确定促销效果。该方法评估的核心指标是销售量的增减及保持情况，是现阶段企业较常用的评估方法，三个阶段不同的表现可以反映出企业开展营业推广活动的效果。

（二）市场调查法

指医药企业组织有关人员进行全面的市场调查，设定如促销活动影响力、消费者认可程度、销量变化等多种指标，以评估营业推广效果。

相对于人员推销、广告和公共关系三种长期性促销方式，营业推广是一种短期效果显著的促销方式。只要能选择合理的营业推广方式，就会在短期内收到明显的增销效果，但是，营业推广一般只是为了实现企业的短期促销目标，不宜被长期固定使用，否则会降低医药企业品牌声誉，有损企业或产品的形象。

【本章小结】

医药产品促销是指以人员或非人员的方式将有关医药企业及其产品的信息通过多种方式传递给目标顾客，促进他们认识该产品的特性及带来的相关利益，进而引起兴趣，激起购买或使用的欲望，最后促成购买或使用行为以达到增加销售的目的。根据信息传播的主体和方式不同，可分为两大类：一种是以人为主体的人员推销，另一种是非人员方式，主要包括广告、公

共关系和营业推广。

医药产品促销组合是指医药企业有计划、有目的地对促销方式——人员推销、广告、公共关系、营业推广等的选择、组合和应用。促销组合决策的影响因素有促销目标、促销策略、促销预算、产品生命周期、市场特点、产品性质等。

医药产品人员推销指医药企业派出销售人员直接与批发商、零售商、医疗机构和消费者进行直接的人际沟通，通过双向的信息交流，使其了解医药产品的信息，说服其做出购买医药产品决策的促销方式。推销人员的工作任务是既要使公司获得令人满意的销售额，又要培养与顾客的感情联系，同时还要捕捉收集有关的市场信息。常用的医药产品推销形式包括：一对一推销、一对多推销等。

医药广告是医药企业承担一定的费用，通过适当的媒介向目标市场传播医药企业及其产品有关信息的传播活动。常见的媒介包括传统媒体（报纸、杂志、广播、电视、户外）和新媒体两大类。医药企业可以根据产品性质（处方药或OTC）及各种媒介的不同优缺点进行选择。

医药公共关系指医药企业为营造有利于自身生存和发展的社会环境，针对目标公众，运用有效的传播手段，开展双向沟通交流的管理活动。常见的类型有宣传型、交际型、服务型、社会活动型、征询型公关。

医药产品营业推广指医药企业为了刺激市场需求而采取的能够迅速产生激励作用的促销活动，包括赠送样品、价格折扣等多种形式。

【重要概念】

医药市场促销；医药市场促销组合；医药产品人员推销；医药广告；医药公共关系；医药产品营业推广。

【复习思考】

1. 影响医药企业制定促销组合的因素有哪些？
2. 医药产品推销人员的工作任务有哪些？
3. 设计医药广告时，应遵循哪些设计原则？
4. 医药企业公共关系危机管理的步骤有哪些？
5. 医药企业进行营业推广的种类有哪些？

【案例分析】

借力营销，神奇制药玩转世界杯

一、企业背景

贵州神奇制药是专业从事抗肿瘤、心脑血管、感冒止咳、儿童用药和抗真菌等类药品的研发、生产和销售的企业，公司拥有的“神奇”品牌有超过20年的经营历史。珊瑚癣净（原名脚癣一次净）是神奇药业的拳头产品，但随着市场环境的变化和营销手段的革新，一度辉煌领跑的产品面临着品牌传播与销量增缓的瓶颈，如何打破瓶颈束缚，企业开始努力尝试新媒体，展开一场营销变革。

二、创意

要想将新媒体于神奇珊瑚癣净的营销作用最大化，就必须先仔细研究新媒体。通过对行业内外诸多案例的分析和思考，神奇制药认为：信息碎片化是新媒体传播的最大特色，与目标受众进行充分沟通是新媒体的最大优势。为此，神奇珊瑚癣净制定了“借力热点事件，善用信息

碎片”的传播策略，以2014年巴西世界杯为借势热点，以年轻一代为沟通对象；重点突出世界杯赛场内外的“神奇事件”和各类与脚、足部有关的新闻话题，不断挖掘事件背后的“神奇”，注重与粉丝的沟通交流，引起他们的认同和共鸣。

三、策略

神奇珊瑚癣净作为一款上市近30年的老产品，若想和时下的年轻人“对话”，面临的最大问题是目标消费者教育的断层，即80及90后一代对品牌和产品认知的缺失。故此，神奇珊瑚癣净制定了多平台齐头并进，多维度覆盖、抓取受众的传播策略，在百度搜索、新浪微博、腾讯微信、主流门户网站同时出击，针对不同平台不同的媒介特性，组合发布不同的内容。

四、执行

在传播之初，神奇珊瑚癣净利用人群覆盖最广、话题量最大的新浪微博作为“登陆平台”，为神奇珊瑚癣净量身订制了“珊瑚癣净——净脚行动之转发有好礼”的亮相活动，短短4天就达到了112万的阅读量，35万的转发量，12万的评论。

紧接着，企业又进行了诸如“昵称征集令”“巴西世界杯冠军竞猜”等多频次、多角度的互动话题。短短一个月，@神奇珊瑚癣净微博粉丝突破25万大关！互动类话题的营造使得“神奇”品牌、珊瑚癣净等关键词在新浪微博上积淀了信息量，使得年轻一代知道了神奇的品牌和产品。

最后，在珊瑚癣净的新媒体营销中，神奇制药敏锐地感觉到了微游戏对于医药营销的潜在价值。先后开发了“真假珊瑚妹”“世界杯踢点球”等多款小游戏。实践证明，微游戏对微信的黏度、阅读量、活动参与度都有很好的提升效果，而且，游戏本身的娱乐性很好地淡化了商业壁垒，大大降低了目标消费者对“广告”的抵触心理。

五、效果

神奇珊瑚癣净的新媒体营销，不仅启动了消费者的认知和购买，也全面启动了渠道客户的信心，全国各重点销售区域订货会实现了平均每区现场订货量超过5000件的好业绩。

值得一提的是，在第五届中国医药十大营销案例颁奖典礼上，神奇制药凭借珊瑚癣净在新媒体领域的出色表现，不但让拥有近30年品牌历史的珊瑚癣净强势回归，更用与时俱进的互联网思维证明了老品牌嫁接新媒体营销手段可行可信，荣获“2014年十大医药营销案例”荣誉称号可谓实至名归。

资料来源：2014年十大医药营销案例［EB/OL］. http：//www. dzjkw. net/jk/8106. html. 2015－04－10

思考与讨论：

1. 分析神奇珊瑚癣净的营销成功带给我们什么启示？
2. 试讨论神奇珊瑚癣净新媒体营销的可复制性。

NOTE

第五篇　医药营销拓展

第十三章　医药国际市场营销

【学习要点】

通过本章学习，首先掌握医药国际市场营销的含义、特点；了解医药国际市场营销环境；熟悉企业进入医药国际市场的方式；重点掌握医药国际市场营销的策略。

【引导案例】

中医药国际化新契机

早在两晋南北朝时期，中医药就传入了朝鲜、日本，并逐步影响到东南亚各国；到隋唐五代、宋元时期，鉴真东渡日本，玄奘西行取经，进一步加强了中医药与周边国家的交流。据统计，目前，中医药已传播到世界183个国家和地区，海外中医医疗机构近10万家，中医药从业人员达30万人，中国与外国政府和有关国际组织签署中医药合作协议有83个。中医药行业正通过医、教、研、产等各种形式，不断扩大其在全球的普及和应用。

“一带一路”国家战略规划明确提出要与沿线国家扩大在传统医药领域的合作。国务院颁发的中医药服务发展2015～2020年发展规划，进一步提出中医药将参与“一带一路”建设，提升中医药健康服务的国际影响力。

很多“一带一路”沿线国家和地区都有使用中医和传统医药的历史，也很注重传统医学在医疗和保健方面的作用。一带一路成为中医药发展的新契机。2014年中国中医药产品出口“一带一路”沿线地区约19.4亿美元，占中国中医药产品出口总额的54%；“一带一路”沿线地区进口额6亿美元，占中医进口总额的57.5%，这两个数字比10年前分别增长了近4倍和近6倍。

同时，“一带一路”沿线也是海外侨胞的传统聚集地，丰富的侨务资源为中医药国际化奠定良好的基础。国侨办与国家中医药管理局签署了推进中医药海外战略协作协议，以海外侨胞为重要资源，正积极开展海外中医义诊、海外中医师培训等工作。

资料来源：中医药国际化论坛举行“一带一路”成中医药国际化新契机［EB/OL］. http：//world. huanqiu. com/hot/2015－11/8045163. html. 2015－11－25

当今世界，全球性的经济体系正在逐渐形成，一个医药企业不管其愿意与否，不可避免地将受到经济全球化的影响。形势所迫，医药企业应该掌握和研究医药国际市场营销的相关理论、方法和技巧，对国际市场营销有正确的认识。

第一节　医药国际市场营销概述

一、医药国际市场营销的含义

随着市场全球化的发展与深化，医药企业生产经营的国际化成为必然趋势。为此，医药企业必须充分掌握国际市场营销的知识与技巧，灵活运用国际市场营销策略，才能在国际竞争中占有一席之地。

医药国际市场营销是指医药企业的跨国市场营销，即医药企业将医药产品或服务销售给本国以外的消费者或用户，以满足国际消费者或用户的需求，并在国际市场上取得创汇效益的经营活动。

医药国际市场营销的决策过程包括五个步骤。第一，决定企业是否需要走向国际市场；第二，决定将要进入哪个或哪几个目标市场；第三，决定以何种方式进入目标市场；第四，制定相应的营销战略和营销策略；第五，组织实施、控制和评价。

由此可见，国际市场营销是一种国际性的经济活动，是企业国内市场营销活动在国际市场上的延伸。但是，国际市场营销既不是国际贸易的另一种形式，也不是国内营销的简单跨地区重复。

二、医药国际市场营销与国内市场营销的关系

医药国际市场营销与国内市场营销从本质上说，两者并无区别。医药国际市场营销具备市场营销的整体性、不确定性、差异性和复杂性的特点，同时，由于其国际性，还将面临众多壁垒与风险，包括语言、社会文化、法律、地理环境等壁垒和信用、汇兑、价格、运输、政治等风险。具体来说，两者既有联系，又有差异。

首先，两者本质相同，都是以需求为中心；都是以交换为核心；都是以分析市场营销环境为基础；都要经历大致相同的营销过程；其实质都是社会管理过程；其目的都是通过满足需求获取利润或利益。

其次，两者拥有的基本原理和方法相似，许多指导医药企业开展国内营销的原理和方法在医药国际市场营销中同样适用。

最后，相对于国内市场营销，医药国际市场营销所面临的营销环境更加复杂；面临的风险更大；营销手段多于国内市场，营销组合更加复杂；营销参与者多于国内市场，竞争更加激烈。

三、跨国公司在医药国际市场营销中的作用

作为参与当代国际市场营销活动的主体，跨国公司利用其遍布世界的生产资本和营销资本及庞大的销售体系，积极参与全球各主要经济领域的市场营销活动。

跨国公司（multinational firms）又称多国公司（multi－national enterprise），是一种跨越本国国界，在两个或多个国家和地区内从事生产和营销活动的企业。跨国公司在组织上和经济上

是一个统一的整体，通常由本国的总公司控制设在国外或地区外的子公司或者分公司。跨国公司设在海外的分支机构一般要经所在国家和地区政府批准注册，并具有独立的法人地位。

从医药国际市场经营看，医药跨国公司从全球战略规划出发实施经营活动，在世界范围内寻求市场和合理的生产布局，利用其雄厚的资本和技术力量，将经营、资金、技术、劳动力、管理能力等几个生产要素进行排列组合，参与国际市场竞争，以谋取最大的利润。例如，利用各国各地区的优势，开发新技术、新产品；就地销售产品，以绕开关税与非关税壁垒的限制；能利用当地资源，建立经营伙伴关系，减少经营风险等。

在国际市场营销过程中，跨国公司的资金、产品的全球性运转在相当程度上加速了全球经济的发展，带动不发达地区或其相关产业的迅速发展，并且有效地解决了劳动力过剩的问题。目前，跨国公司控制着全球生产总值的40%以上，国际贸易的60%左右，国际技术贸易的60%～70%，研究开发的80%～90%，以及国际投资的90%，对经济全球化起着重要的推动作用。

与此同时，这种经营活动对国际市场也存在一定的消极影响。在跨国企业经营管理的价值链中，资本增值幅度大的工作，如产品设计与研发，需要较高的科学技术及管理水平，通常被保留在公司能力最集中的总部或是处于发达国家的子公司。而诸如采购、制造、仓储及售后都是增值较小的环节则被安排甚至转让给处于人力物力资源密集的发展中国家。这导致发达国家处于利润的上游，而发展中国家处于利润下游，从而影响了国际市场经济的和谐同步发展，扩大了发达国家与发展中国家的经济地位差异。

第二节　医药国际市场营销环境

一、医药国际市场营销环境概述

世界上众多企业成功的实践已经证明，一个企业想要顺利进入并拓展国际市场，必须以国际市场营销的基本理论为指导，重视分析和研究企业所面临的、相较于国内市场更为复杂多变的国际营销环境，并以此为根据，制定切实可行的、科学的营销战略和策略。分析国际营销环境是医药国际市场营销活动的关键环节。医药国际市场营销环境主要分析宏观环境，其有多种分类，这里主要介绍两种。

按照构成内容分类，医药国际营销环境可以分为社会文化、人口经济、政治法律、技术和物质自然等环境。其中社会文化、人口经济、政治法律影响较大。

按照主体角度分类，医药国际营销环境可以分为本国出口环境、国际环境和目标市场国环境。其中目标市场国环境最为重要。

因此，下面主要从社会文化、人口经济、政治法律三方面分析目标市场国的营销环境。

二、医药国际市场营销环境构成

（一）国际社会文化环境

国际社会文化环境直接影响消费者的购买习惯、购买行为、需求、价值观念等。而由于国与国之间在历史、地理、人文、宗教信仰等方面存在极大的区别，因此，不同的国家或地区在社会文化环境方面存在着极大差异，进而影响企业的国际市场营销策略。

医药国际市场营销在国际社会文化环境方面需要调研的内容包括：

1. 语言文字 各国有着自己的语言文化。因此，文字差异使得消费者对事物的解释和理解也不尽相同。例如，仙鹤在中国和东南亚都很受欢迎，但在印度，仙鹤却是伪君子的象征。因此，在产品名称、商标、包装设计、广告宣传等方面都应充分考虑进口国的语言特点和含义。

2. 文化素质 主要体现在目标国家的教育普及程度和水平，以及消费者的文化知识水平。因此，文化素质常作为国际市场细分的标准之一，影响企业的国际营销决策。

3. 宗教信仰 不同的宗教信仰有着不同的伦理道德和价值准则，进而在产品的需求和购买行为上也会呈现出宗教特色。

4. 风俗习惯 由于各国的历史传统、地理环境、民族种族性格等方面存在差异，在医药消费的各方面形成了各自不同的风俗习惯。

5. 态度与价值观念 主要指不同国家的消费者对社会生活中的各种事物的态度、评价和看法。不同国家、民族和宗教信仰的人，在价值观念上有明显的差异，从而影响消费者对产品的需求。

6. 审美意识 不同国家对于美的概念不同，这将直接影响产品和广告等营销策略对于消费者的吸引力。

（二）国际人口经济环境

国际社会人口与经济环境决定着医药企业目标市场的规模、特点和效率。

1. 人口因素 人口是决定医药国际市场规模的重要因素之一。在对人口环境进行分析时，主要分析四个方面的内容：

（1）人口数量 人口数量在一定程度上直接决定医药国际市场的规模。在其他条件相近或相似的情况下，人口数量与市场潜力成正比。

（2）人口增长 从战略角度考虑医药国际市场规模的话，不仅要关心目标市场当前的人口总量，而且要了解该地区或国家的人口发展趋势，即人口增长状况。

（3）人口结构 人口结构主要通过对购买行为的影响，进而对医药国际市场规模产生影响，其主要包括性别结构、年龄结构、地区分布、家庭结构等。

（4）人口分布 人口密度虽然与一国的医药市场规模没有较大的直接联系，但它会影响到企业进入市场的难易。另外，人口流动会影响市场规模的空间变化。

2. 经济因素 国际经济环境一般由经济体制、收入、经济发展水平、国际收支状况、市场规模、基础设施、自然资源等因素构成。经济发展水平会影响人们的用药结构、用药习惯和消费观念。高收入国家的消费水平较高，其民众选择药物时，较多考虑疗效，容易接受新特药；而低收入国家的民众则用药水平较低，选用药时多考虑价格因素。发达国家人口有老龄化趋势，对老年病的药品需求量大，而一些发展中国家14岁以下人口的比重却在增长，因此对儿童用药的需求就大。

（三）国际政治法律环境

1. 国际政治环境 国际政治环境主要包括目标国家的国家主权、政治体制、政党体系、

民族主义、政治风险、政策稳定性、国际关系等。

2. 国际法律环境　国际法律环境主要包括国际公约、国际惯例、目标市场国的涉外法规、国际商业争端解决途径等。

第三节　进入医药国际市场的方式

医药企业在开展国际市场营销时，采用的进入方式将决定企业市场营销活动的效果。企业应根据目标市场的营销环境和竞争状况，结合企业自身的实力和条件选择适当的方式进入医药国际市场。

一、出口进入方式

（一）直接出口

直接出口是指不通过国内的中间商，企业自行承担出口业务，将产品直接出售给国外的顾客（中间商或最终用户）。直接出口要求医药企业有自营进出口资格证，有专门的机构管理出口工作。

直接出口的形式主要有五种：一是在国外建立企业驻外办事处；二是在国外建立销售子公司；三是在国内建立出口经营部，直接与外商签订药品销售合同，通过国外公司、机构驻我国的采购处、分公司和分支机构出口产品；四是直接将产品出售给最终用户；五是参与国际招投标活动，中标后按合同生产产品并销往国外。这种出口方式一般适用于大型医疗器械或医药产品专有技术的出口。

（二）间接出口

间接出口是指企业利用本国的中间商出口产品，这是医药企业开始走向国际市场的最常用方式。

间接出口的形式主要有三种：一是生产企业把产品出售给国内的外贸公司，后者在获得产品的所有权之后再将产品销往国际市场；二是生产企业不转移产品的所有权，只是委托外贸公司代理出口产品；三是生产企业委托本国其他企业在国外的销售机构代销自己的产品，合作开拓国际市场。

间接出口的最大特点是经营国际化与产品国际化的分离，医药企业的产品走出了国界，而医药企业的营销活动却几乎完全是在国内进行。从这一意义上说，医药企业只是间接参与出口产品的国际营销活动。

二、合同进入方式

（一）许可经营

许可经营是指某一外资企业向目标国企业授权生产或销售某种产品的契约行为。其中，受许可企业应支付使用费用，并承担保守商业机密等义务。许可经营是企业进入国际市场的一种较为简单的方式。

（二）特许经营

特许经营是指企业特许人将其工业产权（包括专利、专有技术、工艺、商号、商标等）的使用权及经营风格、管理方法等转让给国外企业持证人，持证人按特许人的经营风格、管理方法等从事经营业务活动。具体来说，特许经营属于许可经营的一种特殊形式。

三、投资进入方式

（一）合资经营

合资经营是指企业和外国投资者或两个不同国家和地区的投资者，按一定比例共同投资兴办企业，以达到共同生产、共同经营、共负盈亏的目的。例如，医药合资经营可采用合作生产医药原材料或产品、合作进行医药产品的科研、营销性合资等形式。

（二）独资经营

独资经营是指企业在国外单独投资建立企业，并拥有企业的全部股权，独立经营、自担风险、自负盈亏。企业选择独资经营时，可以通过创建企业和购并企业等形式来实现。

随着我国医药市场的进一步开放，越来越多的外国资本正逐步通过独资、合资、控股的方式向中国医药市场渗透。

四、加工进入方式

加工进入方式是指利用国外原材料，经过生产加工后，产品重新进入国际市场的方式。在加工进入方式中，最常见的就是来料加工。所谓来料加工，就是指国外委托方提供全部原材料、辅料、零部件、元器件、配套件和包装物料，必要时提供设备，由承接方加工单位按国外委托方的要求进行加工装配，成品由外商销售，承接方收取工缴费，国外委托方提供作价设备价款，承接方用工缴费偿还的业务。

五、以医带药进入方式

以医带药进入方式是我国中药产品进入国际市场的一种特殊方式。中医中药是我国最具有特色、知识产权和竞争力相对较大的产业，因此，要使中药产品走向世界就必须同时把中医推向世界，通过提高国际社会对中医的认知程度，进而扩大国际社会对中药产品的认可，以此扩大中医药在国际市场上的影响力，从而使中医药产业真正走向国际市场。

【营销视野】

以岭药业：借国际络病学会议搭建平台，扬帆出海

以岭药业的科技中药不仅得到国内主流医学的认可，更进一步推动了中药国际化进程。

国际络病学大会凝聚了国内外中医、西医、中西医结合、生物学等一大批多学科交叉的研究群体，已成为涉及心血管、脑血管、呼吸系统、内分泌系统、肿瘤等多个领域的中医药学术交流品牌盛会。

以岭药业充分利用国际络病学大会这个国际平台，采取“请进来，走出去”的策略，与美国哈佛医学院、德州大学医学院、贝勒医学院、耶鲁大学、杰克逊实验室及英国卡迪夫大学、荷兰莱登大学等开展学术交流与合作。

同时通过国际络病学大会的交流，以岭药业先后开展了10项循证医学研究，在已完成研

究的4个项目中，《美国心脏病学会杂志》刊登了“中药芪苈强心胶囊治疗慢性心衰循证医学研究”的成果，编辑部特发评论：“让衰竭的心脏更加强劲——中医药开启了心力衰竭协同作用的希望之门。”不仅如此，通过第五届国际络病学大会，越南卫生部官员了解了通心络胶囊，该药当年即在越南卫生部注册，并于2013年进入越南医保目录。第八届国际络病学大会介绍了络病理论指导下研发的抗肿瘤药养正消积胶囊，英国卡迪夫大学肿瘤研究所所长回国进行了试验，结果证实“养正消积胶囊可以有效抑制肿瘤细胞侵袭转移”，并在国际权威学术杂志《抗癌研究》刊发了这一研究报告，在世界肿瘤大会上发布了养正消积胶囊研究结果。

资料来源：夏娜．以岭药业中药国际化之路［EB/OL］．http：//health. sohu. com/20140225/n395605028. shtml. 2014－04－16

第四节　医药国际市场营销策略

一、医药国际市场产品策略

国际市场产品策略是企业制定国际市场定价、分销和促销策略的基础。另外，由于国际市场环境更加复杂，国际市场营销的产品策略主要解决的是产品的标准化和差异化的问题，下面围绕这个问题介绍三种产品策略。

（一）医药产品延伸策略

医药产品延伸策略就是对现有医药产品不做任何变动，直接将其延伸到目标市场国。这是一种最简单、投入也较少的国际市场产品策略。医药产品延伸策略可以获得规模效益，降低生产成本和经营成本；可以塑造企业形象，在国际市场上以相同的产品、包装和品牌形成巨大的综合效应。但是，此策略不能满足各目标市场国顾客对医药产品的剂型、用途、功能、商标、包装等方面的差异化需求。

（二）医药产品改良策略

由于世界各国在经济、政治、文化及法律等众多方面存在着巨大的差别，为此，许多企业采取产品改良策略。医药产品改良策略是指对在国内销售的医药产品进行适当改变，以适应国际市场不同需求的策略。这种策略的优点是企业不用增加很多投资就可以增强产品对国际市场的适应性，容易把握，有利于扩大销售，提高利润。其缺点是费用增加，产品成本提高。

医药产品改良通常包括剂型改变、功能改变、包装改变、品牌改变、服务改变、质量改变等。例如，我国的中药多为膏、丹、丸、散等传统剂型，很难为外国人特别是西方人所接受，即使在东南亚市场，其销售额也开始呈下降趋势，这就要求我国中药企业在开拓国际市场时注意剂型的改变。同仁堂针对藿香正气丸剂量大的问题，投资引入现代设备，生产浓缩软胶囊，每次仅服两粒，该产品在剂型得到改进后深受国际市场欢迎。

（三）医药产品创新策略

医药产品创新策略是一种致力于开发医药新产品，以适应特定国际目标市场的策略。产品创新策略是一种风险和回报都很高的策略，因此这种策略对医药企业的要求较高。在市场具有独特的巨大需求，企业规模大，技术强的情况下，可以采用这种策略。

一般而言，医药企业可以通过两种方式来获得新产品。一种是兼并收购方式，即通过购并某个企业或购买专利许可证，达到生产新产品的目的。另一种是依靠自己的力量研究开发新产品，这有利于提升企业的核心竞争力。

二、医药国际市场定价策略

（一）医药国际市场定价的主要影响因素

在国际市场中，价格是最常用同时也是最敏感的竞争手段之一。由于企业在国际市场中面临的营销环境更为复杂，国际市场定价比国内市场定价也更加复杂。一般而言，影响医药国际市场定价的主要因素包括：

1. 成本 成本是影响定价的主要因素。除生产成本之外，医药国际市场营销成本还包括关税和其他税收、国际中间商成本、运输费、保险费、国际营销业务费等。

2. 国内外法规 国际市场定价除受到国内法规的影响，还受到国外法规的影响。影响定价的主要国外法规包括关税和非关税壁垒、反倾销法、反托拉斯法、价格控制法等。

3. 汇率变动情况 汇率变动是国际市场营销经常面对的问题之一，应该考虑其风险成本。由于许多国家的货币都是采用浮动汇率制度，因此，货币之间的比价变动使得企业很难预测某种货币未来在某一时期的确切价值。因此，不少企业在订立合同时，强调以卖方国家的货币计价。

（二）医药国际市场定价策略的类型

国内市场营销的定价策略同样适用于国际市场营销，但由于国际市场行情变化快，在选择定价策略时必须注意灵活机动，参照国际上通用的方法原则，随行就市，同时还要考虑自己国家的实际情况。国际市场营销更多关注以下四种定价策略：

1. 统一定价策略 统一定价策略就是医药企业在国际市场上对同一产品采用同一价格的策略。此策略简单易行，但是很难适应国际市场差异化的需求和不断变化的竞争。

2. 多元化定价策略 多元化定价策略是指医药企业在国际市场上对同一产品采用不同价格的策略。这一策略使国外分支机构有较大的定价自主权，有利于根据市场情况灵活地参与市场竞争。但是，很容易引起企业内部同一产品盲目的价格竞争，影响企业的整体形象。

3. 控制定价策略 控制定价策略是指医药企业对同一产品采取适当控制价格的策略。这种策略融合了统一定价与多元定价的优点，对同一产品的定价实行适当控制，既不采用同一价格，也不完全放手由各子公司自主定价，而是在控制引起内部竞争因素的同时，允许子公司根据市场状况进行灵活定价。这一策略使定价既适应了市场变化，又避免了公司内部的盲目竞争，但会增大管理难度和成本。

4. 转移定价策略 转移定价策略是指医药企业通过在母公司与子公司、子公司与子公司之间转移产品，并且确定某种内部转移价格，以实现全球利益最大化的策略。企业在采用此策略时，在母公司与子公司、子公司与子公司之间转移产品，人为提高或降低内部结算价格，达到总公司内部此子公司的利润或亏损转移到彼子公司的目的，但从整体上看，总公司的利益达到最大化。转移定价策略有利于实现企业整体利益的最大化，但可能会损害某些国家的利益。

三、医药国际市场分销策略

医药国际市场分销渠道是指医药产品由一个国家的生产者流向国外最终消费者或用户所经

历的路径。国际市场分销渠道更加复杂，不但包括母国的销售渠道，还包括目标市场国的销售渠道，由制造商、中间商、国外最终消费者和用户构成。其中，中间商包括国内中间商和国际中间商。国内中间商包括出口商和出口代理商，国际中间商包括进口经销商和进口代理商。此外还有制造商自己在海外设立的分销机构。

每个企业可以结合上述因素选择适当的分销渠道，在这一点上可充分借鉴国外品牌进入中国市场的方式。例如，联邦公司以国有大医药公司为主渠道，主要利用中间商分销产品，定期利用刊物的封面向中间商介绍新产品的特性和企业情况，加强沟通。强生公司的新产品以医院为主渠道，不定期为专业医院和专科医药公司进行无偿的培训和新产品介绍；至于一些日用小医药产品，如创可贴，则直接走向零售药店，向消费者介绍产品，邀请他们试用产品。上海施贵宝公司以医院为主渠道，以医院医生为主要对象。

四、医药国际市场促销策略

在国际市场营销中，医药企业的市场覆盖范围广泛，服务对象构成复杂，既有经济收入的差距，又有不同社会文化背景带来的心理、观念和思想意识方面的不同，因而选择适宜的促销沟通方式非常重要。国际市场促销组合与国内市场促销组合一样，主要包括广告、营业推广、人员推销、公共关系四种要素，但是各种策略的侧重点会有所不同。

【营销视野】

营销战略联盟：中医药参与国际竞争的有益思考

由于我国中药企业国际化程度还较低，销售渠道仅限于药店、诊所和代理形式，以欧美国家和地区为例，主要表现为：欧洲的药店、诊所式营销渠道；海外代理式营销渠道。随着国际上战略联盟的逐渐兴起，也为我国中药产业带来了有益的启示，即中药企业主要可以与国外企业建立以下几种方式的营销联盟，以扩大产品的国际市场占有率：

（1）产品开发式营销联盟　我国中药企业可选择在与世界跨国制药企业建立新产品开发联盟的基础上，利用跨国公司完善的销售渠道和丰富的营销经验来拓展双方共同开发的产品。雀巢已经从含有中药饮品中初尝了甜头：“怡养”健康液态奶饮品，把山楂、红枣、芦荟变成了添加剂，使奶品的营养成分更加全面。

（2）品牌式国际营销联盟　中药企业可以依托国外跨国公司拥有的资源优势，即在国际植物药市场拥有相当数量的高忠诚度客户群，实行国际化品牌联盟。享誉海内外的老字号中药品牌——同仁堂，就发挥其品牌效应与联合利华集团实现品牌战略合作，共同研制联合利华旗下的夏士莲品牌产品。

（3）股权式营销联盟　现在我国中药企业80%以上为小企业，受资金、技术限制，难以参与国际竞争。历史上，合并与收购曾使日本制药企业纷纷摆脱了弱小的地位，所以，我国中药企业要想在国际市场上生存和发展必须首先在做大上下工夫。

资料来源：王志宏．中药出口营销渠道的困惑与思考［J］．当代经济，2015（29）

第五节　我国医药企业开展国际市场营销的问题与对策

一、我国医药企业开展国际市场营销存在的问题

（一）西药制剂企业存在的问题

国内西药制剂企业普遍存在低水平重复生产、产品层次低、同质性强、规模小、缺乏国际知名品牌、产品的技术含量和质量水平无法与发达国家进行竞争等问题。这些问题致使我国西药制剂企业的药物制剂相关产品对西方发达国家的出口较少，附加值低，仅占医药出口总金额的9%左右。这种局面既是由我国制药企业的整体研发能力低所导致的，也是由于长期以药养医、区域保护、非正常竞争所致。

【营销视野】

DC－CIK细胞生物治疗市场需求潜力巨大

据WHO统计，全球平均每年死于恶性肿瘤者达700万人以上，新发病1000万例，且逐年增加。到2020年，全球每年将新发2000万例肿瘤，其中1400万例在亚洲、非洲和拉丁美洲的发展中国家。我国近20年间，恶性肿瘤在死因中的构成比例已由12.6%升至17.9%，每年新发病人数约170万，130余万人死于癌症。因此，各国政府高度重视肿瘤研究，DC－CIK治疗技术的市场需求增长是必然的。国外在DC－CIK细胞生物治疗方面研究成果斐然，如美国Orisis Therapeutics公司获得FDA的专利技术认证。

与国际知名的生物科技企业相比，国内企业大多品牌意识缺乏，企业管理滞后，技术兼经营性人才匮乏，尤其缺乏具有国际视野又深谙市场经济和市场需求的复合型人才。如果能将市场需求转变成现实生产力，将革命性地推动生物科技产业化。

资料来源：丁洋，刘永军．肿瘤DC－CIK细胞生物治疗产业的国际市场现状及发展趋势探讨［J］．管理研究，2015（02）

（二）中药企业存在的问题

我国中药企业技术装备水平的落后，使中药产品的质量和稳定性无法保障，很多出口中药因无法控制农药残留、重金属含量或含违禁成分而遭拒售，中药成方、制剂的出口难以与日本、韩国抗衡。另外，由于中外文化的差异导致对药品的界定有所不同，中药在东道国是否属于药品变成了其进入该国的第一道“门槛”。例如，美国对药品的基本要求是：化学成分要明确，如果是复方制剂，其中每一种化学成分的药效、作用，乃至它们之间的相互作用对药效及毒性的影响都要清楚。

二、我国医药企业开拓国际市场的策略

（一）西药制剂企业加强研发，新兴市场潜力巨大

要解决在国际市场上存在的问题，西药制剂企业需要在加强研发的同时，树立国际认证意识。2013年，华海药业、深圳立健、安徽华安、石药、山东新华等通过欧盟认证的企业业绩增幅均在50%以上，而上海荣恒则以渠道取胜，业绩喜人。在稳步推进对发达国家市场药品

出口的过程中，不少企业将目光投向年均增长率高达13%～16%的新兴市场。2013年，我国对东盟、非洲、拉美等地区出口实现了快速增长，增幅分别达到29.7%、18.9%和9.8%，其中非洲的尼日利亚、肯尼亚、苏丹、民主刚果、几内亚、安哥拉是最重要的市场，年出口额均在2000万美元以上，且多数增幅在25%以上。

（二）中药企业完善质量标准，以中医带动中药走向世界

对于中药企业来说，中药以“药”的身份进入欧美市场还是相当困难。我国中药行业必须进一步完善质量标准和安全准入制度，而加大GAP建设，则是源头的重中之重。目前，正值国家发展的“十三五”，以“中药国家化研究”为主题的“多学科中药创新研究计划”已经启动。与此同时，中医药本为一体，让中药在海外单枪匹马地闯市场，风险不可控。古人云“药之害在医不在药”，离开中医的指导，乱用或滥用中药容易出问题，有必要以中医带动中药走向世界、造福人类，这也是从医者最本真的追求。

【本章小结】

国际市场营销是指超越本国国界的市场营销活动，是企业在一国以上从事的经营和销售活动，与国内市场营销没有本质上的不同。但是，由于所面对的环境要比国内市场营销复杂得多，医药国际市场营销与国内市场营销相比，更加复杂困难，风险也更大。医药国际市场营销一般要经历五个决策过程。

医药国际市场营销环境按照构成内容分类，可分为社会文化、人口经济、政治法律等环境；从主体角度分类，可分为本国出口环境、国际环境和目标市场国环境。医药企业在开展国际市场营销时必须了解国际市场营销环境的现状和趋势，做到有的放矢。

目前进入国际市场主要有五种方式，即出口进入、合同进入、投资进入、加工进入和以医带药进入方式。每一种进入方式都有其优缺点。医药企业可以根据自身的条件选择适合产品特性、企业实力和目标市场要求的方式进入国际市场。

营销策略在国际市场营销中非常重要。虽然营销策略还是4P组合，但是，因为面临的问题更加复杂，医药企业开展国际市场营销时制定的产品策略、定价策略、分销策略和促销策略更加复杂。

当前，我国医药企业开展国际市场营销还存在一些问题。西药制剂企业须加强研发；中药企业必须进一步完善质量标准和安全准入制度。

【重要概念】

国际市场营销；医药国际市场营销环境；国际市场营销策略。

【复习思考】

1. 试述医药国际市场营销和国内市场营销的关系。
2. 医药国际市场营销环境主要包括哪些方面？
3. 医药企业进入国际市场的方式有哪些？
4. 医药国际市场的产品策略解决的主要问题是什么？有哪些产品策略？
5. 我国中医药企业应该如何开拓国际市场？

【案例分析】

天士力：从传统走向现代，从中国走向世界

天士力制药集团股份有限公司是我国中药现代化的标志性企业，是当前国内最大的滴丸剂

型生产企业，天士力全面国际化始于2006年4月，用10年时间实现全面国际化发展的宏图。其国际化战略内容为：一是产品国际化，二是资本国际化，以国际产品市场和国际资本市场的紧密结合，带动研发、生产、经营和管理的整体提升。

其中，产品的国际化，实施“三步走”战略：一是利用直销的方法，在发展中国家采用全员性、广覆盖的直销形式，迅速覆盖市场；二是利用代理制分销，瞄准不具备直销发展条件的市场和欠发达地区的市场，寻找有营销能力、有区域影响力的公司，进行专业化的分销，迅速以点带面占领市场；三是以科技化和专业化的营销模式，走临床医学推广道路，通过发达国家的药政法规批准，进入发达国家的处方药主流市场。

资本的国际化，采用三种模式：一是利用品牌优势、科技创新和市场营销能力，广泛吸纳发达国家的战略合作伙伴进入天士力发展平台，多元化地进行合作；二是以资本投入为纽带，走出去，以适合我们发展的项目进行战略合作投资，建立国际发展平台；三是进行策划包装，以集团为核心，选择适合国际资本市场的机会，集团整体上市，进入国际资本市场，实现全面的资本国际化、资产证券化。

在此战略思想的指导下，天士力国际直销实现了东南亚和非洲两大区域市场的整合，非洲市场产品销售高速增长，网络人数达到22万人，覆盖20个国家，局部区域的品牌效应已经形成。海外合作渠道的不断拓展，为现代中药进军国际主流医药市场奠定了坚实基础。同时，天士力通过加强技术合作与国际知名企业开展战略合作、强强联合，不断加大市场开发力度，已在全球34个国家进行了商标注册，并以药品身份进入荷兰、南非、俄罗斯、韩国等16个国家和地区的主流医药市场。

资料来源：天士力控股集团，天士力全球［EB/OL］. http：//www. tasly. com/jtjj_ quanqiu. html. 2015 - 04 - 16

思考与讨论：“天士力的国际营销之路”对于其他中药企业实施中药现代化及建设国际品牌有何启示？

第十四章　医药市场营销的发展与延伸

【学习要点】

通过本章学习，了解医药市场营销发展与延伸的领域，重点掌握医药服务营销、医药网络营销、医药文化营销、医药体验营销和医药大数据营销的含义及其实施策略。

【引导案例】

医药健康企业需从提供产品转变为提供服务

首届中国老年健康产业博览会于2016年9月27日~29日在杭州举行。怀仁健康产业集团董事长林承雄在接受人民网视频采访时表示，健康产业正面临着难得的发展机遇，从提供产品到提供服务，是医药健康企业面临的转型要求。

在前不久召开的全国卫生与健康大会上，习总书记强调把人民健康放在优先发展的地位，坚持中西医并重，推动中医药和西医药相互补充协调发展，努力实现中医药健康养生文化的创造性转化、创新性发展。林承雄表示，这对医药健康产业来说是一个千载难逢的机遇。“原来是以干预治疗为主，现在突出保健预防，把整个健康产业链拉长了。以‘健康’作为出发点和落脚点，是发展医药健康产业的好机会。”

林承雄认为，人口老龄化带来健康需求的增加，对企业提出了更高要求。对健康产业来说，需要从原来单纯地提供产品转变为提供健康方案等服务。“这是从事健康产业的必然选择，也为我们带来思考。”

资料来源：王宇鹏．林承雄：医药健康企业需从提供产品转变为提供服务［EB/OL］. http：//health. people. com. cn/n1/2016/0929/c398004－28750740. html. 2016－09－29

第一节　医药服务营销

一、服务概述

（一）服务的含义

服务是一个具有争议的范畴，20世纪50~60年代，理论界开始研究服务的含义，目前对于服务概念的界定不下几十种，其中具有代表性的有如下几种：

1960年美国市场营销学会（AMA）将服务定义为：“用于出售或者是同产品连在一起进行出售的活动、利益或者满足感。”

1983年莱特南的定义是：“服务是某个中介人或机器设备相互作用并为用户提供满足的一种或一系列活动。”

1990年北欧学者格罗鲁斯认为："服务是指或多或少具有无形特征的一种或一系列活动，通常但并非一定发生在顾客同服务的提供者及其有形的资源、商品或系统相互作用的过程中，以便解决消费者的有关问题。"

著名营销学大师菲利普·科特勒认为："服务是指交换的一方向另外一方提供的任何活动或利益，而这些活动主要是不可感知的，且不涉及所有权的转移，它们的生产也许会与实物产品紧密地联系在一起。"

2005年森吉兹·哈克塞弗将服务定义为："服务就是提供时间、空间、方式或是心理效用的经济活动，服务的构成要素包括顾客、服务人员、服务传递系统和实体设施。"

不同学者分别从不同角度诠释了服务的概念，揭示了服务的一些共同特征，对服务内涵的认识做出了重要贡献，综合以上各种定义，国内大多数学者将服务定义为：服务是具有无形特征却可给人带来某种利益或满足感的可供有偿提供的一种或一系列活动。医药产品使消费者的健康需要得到满足或获得健康利益，不仅包括企业提供给消费者有形的药品实体，还包括无形的服务。服务是无形的，可以与有形产品相关联，也可以是纯粹的服务，其重要性不亚于物质产品。

（二）服务的特征

为了把服务与有形产品区分开来，研究者们对各种服务的共同特性进行了大量的探索和深入的研究，从而形成了服务具有五种特征的共识，即不可感知性、不可分离性、品质差异性、不可贮存性、所有权的不可转让性。其中不可感知性是服务最基本、最主要的特征，其他特征都是由它衍生而来。

1. 不可感知性 不可感知性（intangibility）又称无形性，包括两层含义。首先是服务与有形产品相比较，服务的特质及组成服务的元素，在许多情况下都是无形无质的，让人不能触摸或凭视觉感到其存在。医疗服务是提供者针对患者进行的诊断、检查、治疗等行为，虽然涉及有形的设备等，但接触更多的是服务。就很多服务的提供来说，有形物体是不可缺少的要素或条件，也就是说服务是无形的，但并不意味着服务提供过程中不存在有形的物体或要素。

其次，消费者在消费服务后所获得的利益很难被察觉，或是要经过一段时间后，消费服务的享用者才能感觉出利益的存在。在医药服务中，当患者去医院就诊，医生根据患者描述的情况和检查结果，为患者提供了医疗服务并开具了一些药品，当患者走出医院以后，对所患疾病是否能够治愈当时是难以察觉并做出判断的，要经过一段时间才能感受到结果。

服务的这一特征决定消费者购买服务前，不能以对待有形产品的办法如触摸、尝试、嗅觉、聆听等去判断服务的优劣，而只能以搜寻信息的办法，参考多方意见及自身的历史体验来做出判断，比购买有形产品承担更多的风险，服务人员应尽量增强顾客的信任。

2. 不可分离性 不可分离性（inseparability）是指服务的生产过程与消费过程同时进行，服务人员向顾客提供服务之时，也正是顾客消费、享用服务的过程，生产与消费服务在时间上不可分离。服务本身不是一种具体的物品，是一系列的活动或是过程，在服务过程中，消费者和生产者必须直接发生联系，生产过程也就是消费过程。医药服务中，患者必须向医生陈述病情，接受检查，医生才能做出正确诊断，对症下药。这种特征表明，顾客只有而且必须加入到服务的生产过程中，才能最终消费到服务，顾客不仅是服务的消费者，也是服务的协作生产者，也有可能影响服务交易的结果。

NOTE

3. 品质差异性　差异性，又称可变性，品质差异性（heterogeneity）是指服务的构成成分及其质量水平经常变化，难于统一认定的特性。服务的主体和对象均是人，人是服务的中心，而人又具有个性，人涉及服务方和接受服务的顾客两个方面。医药服务中没有两个完全一样的患者，不同医务人员的服务经验也不同，即使同一服务人员在为不同对象服务及在不同时间为同一对象服务时的心理情绪等也可能有很大差异，不同顾客享用某种服务的经验及对服务的期望不同，从而服务的提供过程、顾客对服务的评价等都可能由于时间、空间等因素的变化产生差异。

4. 不可贮存性　不可贮存性（perishability）是指服务产品既不能在时间上贮存下来，以备未来使用；也不能在空间上将服务转移带回家去安放下来，如不能及时消费，即会造成服务的损失。服务的不可贮存性是由其不可感知性和不可分离性决定的。当然，服务的不可贮存性也为加速服务产品的生产、扩大服务规模带来了难题。必要的场所、设备和人员可以事先准备好以提供服务，但这只代表服务能力，而不是服务本身，在某些服务需求的高发期，通常会出现排队等候的情况，但如果服务能力过剩，也会造成成本增加，产生浪费。

5. 所有权的不可转让性　所有权的不可转让性（absence ownership）是指服务的生产和消费过程中不涉及任何东西的所有权的转移。服务在交易完成之后便消失了，消费者所拥有的对服务消费的权利并未因服务交易的结束而产生像商品交换那样获得实有的东西，服务具有易逝性，这一特征也是导致服务风险的根源。

服务的特征对服务营销提出了巨大的挑战，服务提供者为降低顾客的感知风险，提高顾客满意度，通常会向顾客做出合理承诺、及时预见顾客的需要和愿望、重视服务的质量和过程、增强顾客体验，以促使顾客宣传并增强忠诚度。

二、医药服务营销与相关理论

服务营销是服务业和服务经济发展的产物，作为一种新型营销模式，它销售的不仅是产品本身，更为满足消费者现实和潜在的需求提供一系列无形附加服务，以提高顾客的满意度和忠诚度。面对愈演愈烈的竞争态势，医药企业不得不创新营销手段，在有形医药产品本身的销售基础上，认识到其无形附加服务的特性，至此，医药市场营销的新模式——医药服务营销适时出现。

医药服务营销是指医药企业在充分认识满足消费者需求的前提下，在销售医药产品本身的同时，重视医药产品的无形性服务特性，通过售前、售中和售后的服务沟通，提高消费者对该医药产品的满意度和忠诚度，进而实现营销业绩的增长和企业的长期发展。

（一）医药服务营销与关系营销

在彼得斯和沃特曼撰写的《追求卓越》一书中，探讨了经营业绩最为优秀的公司为“更加贴近客户”而做出的努力，引起了商界广泛的注意，对客户的关注迅速在西方各大公司中传播开来，在客户服务方面投入了相当多的精力，但公司在达到满足客户要求的目标时，明显缺乏全体上下在目标指向上的协同一致。市场营销涉及公司和客户之间的交流关系，服务和质量在两者之间的沟通中起着至关重要的作用，在这种情况下，“关系营销”作为新的聚合点，以市场为导向，把服务和质量有机结合起来，三个方面互相配合，和谐统一。

传统的观点认为，客户服务的主要作用在于把恰当的产品在合适的时间投放到适宜的地

点，基本上是从流通销售和后勤服务的角度出发来考虑的。而兴起的一种客户服务观念认为，将客户服务置于更广阔的背景中，作为一个多层次的问题，公司的各项活动领域影响着公司与特定目标群体的关系，也就是说，客户服务是指公司与客户及其他市场主体建立联系，从而确保长期互惠的关系得以巩固。客户服务是一种为客户提供时间便利和空间便利的过程，涉及与这一过程相关的交易前期准备、交易本身、交易之后的工作等很多方面，客户服务的决策必须在更广泛的关系营销战略背景下制定。

关系营销的概念是美国营销学者贝瑞1983年在一篇服务营销论文中首先提出的，认为"关系营销是指提供服务的企业获得、建立、吸引和保持与客户紧密的关系"。作为一种新兴的营销理论，其核心是建立与消费者之间的长期关系，同时要发展和完善与相关利益者方面的关系，其思想与服务业的固有特点相符，是服务业的一个可行的指导理论。

（二）医药服务营销与顾客满意理论

在服务营销中，消费者对于服务质量的判断可以运用顾客满意理论的可感知效果和期望值之间的关系来解释。企业在整个经营活动中要以顾客满意度为指针，从顾客的角度、用顾客的观点而不是企业自身的利益和观点来分析考虑顾客的需求，尽可能全面尊重和维护顾客的利益。顾客包括企业产品销售和服务的对象，也包括企业整个经营活动中不可缺少的合作伙伴。

产品或服务的具体特性、顾客对质量的感知、服务价格、服务品牌等因素会影响到顾客的满意度，同时，顾客的情感状态、价值偏向及家庭成员评价等情境因素也会影响到顾客的满意度。例如，当顾客处在一种恶劣的情绪当中，消沉的情感将影响顾客对服务的享受和评价，对一些小的失误反应过强或极度失望。企业为提高顾客满意度，要塑造以客户为中心的经营理念来引导服务决策，企业所有部门共同为顾客满意而努力，把顾客需求作为创新服务的源头，不断完善服务系统，用科学的方法和手段检测顾客对服务的满意程度，及时反馈到企业，以不断改进和提高服务质量，满足顾客的需要。

（三）医药服务营销与服务利润链

詹姆斯·赫斯科特等人1994年在《哈佛商业评论》上发表文章，从价值链的视角提出了服务利润链的概念，有效解释了员工满意度、忠诚度与顾客满意度、忠诚度及企业最终的利润影响之间潜在的逻辑关系。它们之间的逻辑关系表明，企业的利润和增长基本上是由顾客的忠诚带来的，顾客的忠诚是顾客满意的一种直接结果，而顾客的满意度在很大程度上受企业所能提供给顾客的价值的影响，企业所提供的价值是由有高度生产力的企业员工所创造的，员工的高度生产力则来源于员工的忠诚度，员工的忠诚度又来源于员工的满意度，而员工的满意度主要来源于企业内高质量的服务支持体系和使员工能向顾客提供有价值服务的公司政策。但也指出，这一模型并不意味着必然的因果关系，只能说明它们之间相互影响、相互依赖，例如顾客满意未必会形成忠诚，只是更可能带来顾客忠诚。

服务利润链是一种先进的管理框架，为企业提高营销管理水平、促进利润增长提供了很好的思路，建立了服务运营者、员工和顾客等三方的联系。这种链式关系表明员工在服务营销中的地位和作用，企业应该通过创造满足员工需要的工作来吸引、发展、激励和保持高质量的员工，将员工也视为企业的顾客，通过对员工的关心和培养，提供员工的认同感和归属感，体现在具体工作中时，员工就会从根本上提高产品和服务的质量，从而使外部顾客提高对企业的满意度，成为忠实顾客，最终提升企业的市场竞争力。

三、医药服务营销组合

在服务营销模式下，企业关心的不仅是产品的成功售出，更注重的是消费者在享受企业为自身产品所提供的配套服务的过程中的感受。服务营销理论，在传统的4P理论基础上，又增加了三个要素，形成7P营销理论，包括产品（product）、定价（price）、分销（place）、促销（promotion）、人员（people）、过程（process）、有形展示（physical evidence），而新增的三要素恰恰体现了其服务性。

（一）医药服务人员管理策略

“人员”在服务营销中是非常重要的一个组成要素，指参与服务过程的所有人员，不仅包括服务的直接提供者和服务的接受者，还包括企业员工及处于服务环境中的其他人员。在医药服务营销中，服务人员是服务的主体，在医药企业和消费者之间起着桥梁的作用，是不可或缺的核心要素，因此，在医药服务营销中，对人员的招聘、培训、激励和控制就显得非常重要。

1. 人员在医药服务传递过程中的关键作用　在医药服务接触过程中，服务员工的语言、动作、态度会影响顾客对企业的感知。在顾客的眼中，服务人员就代表着企业，服务人员的每一句话、每一个行动都会影响顾客对服务机构的感知，如果服务人员的表现不够专业或不友好，会影响顾客对其机构的好感，因此，只要服务人员出现在公众面前，就应该保持专业的职业素养与良好的工作态度。

在医药服务中，服务的安全性取决于员工的专业服务能力，医药服务关系到顾客的生命和健康，因此，服务人员的专业技能就显得尤为重要。医药服务机构的信誉与员工建立信任的能力密切相关；服务的反应性取决于服务人员的态度，要求服务人员随时准备为顾客提供快捷、有效的服务，这依赖于服务人员及时帮助顾客的意愿，服务人员的不同态度及行为必然会影响顾客对服务质量的不同评价。

2. 医药服务人员的招聘与培训　由于医药服务的特殊性，医药服务人员的招聘与培训就更为严格，通常医药服务人员要具有相关的专业背景，否则难以提供专业的医药服务给顾客。招聘的服务人员必须兼具服务能力和服务意愿，服务能力是指从事工作必需的知识和技能，服务意愿是他们对从事服务相关工作的兴趣，反映了他们对服务的态度及在某种岗位上对顾客或他人服务的观念。也就是说，医药服务人员除具备丰富的行业知识和熟练的专业技能外，还应具备人际交往、沟通等方面的经验和技巧，例如良好的形体语言表达能力、敏锐的观察力和情绪的自我调节能力，更应具备为他人服务的热情和意愿，因此，在招聘时，应全面关注员工的综合素质和个人能力。

为了提供优质的医药服务，员工需要接受必要的技能和知识的培训，包括操作和互动技能的学习和实践，并且要保持继续学习的能力，使服务人员的专业素质不断提高，才能更好地满足顾客的需求。服务人员也要掌握政府、公司的相关规定和政策等，为了整个服务系统能良好配合，除了一线服务人员要接受培训之外，其他部门的人员也要接受培训，才能实现共同的目标和形成强凝聚力的文化。

3. 医药服务人员的激励与控制　高效的评估机制和完善的奖惩制度可以调动员工的积极性，激发他们的工作热情和内在潜力，创造良好的工作氛围。根据服务利润链理论，要充分发挥一线服务人员的价值，激励他们更好地服务顾客，就要为他们提供良好的内部服务，企业可

以为服务人员提供支持性的技术和设施，这些必要的支持系统可以使员工更有效率的工作。在有关人力资源政策、项目和过程的设计和实施中，以员工投入和事实为基础，评估员工满意度等都可以对服务人员进行有效的激励。为使顾客接受到持续、优质的服务，应该通过设立服务标准使服务偏差控制在尽可能小的范围内，进而对服务人员的服务质量进行控制，从整体上控制和降低服务的不稳定性。

（二）医药服务过程管理策略

服务过程是指一件产品或一次服务交付给顾客的程序、任务、日程、结构、活动和日常工作，是服务营销组合中的一个主要因素。服务交付系统通常被顾客感知为服务本身的一个部分，因此顾客所获得的利益或满足，不仅来自服务本身，而且也来自服务的传递过程。医药服务过程中的要点包括：提供服务所经历的步骤、顺序和活动；从顾客的角度安排服务活动，目的是保证服务的每一步骤、每一环节都能增加顾客体验服务的价值。因此，提高医药服务过程的合理性，有效设计服务过程是提高服务质量、赢得顾客满意的关键环节，需要对服务过程进行有效设计和管理。

在医药服务过程中，如果目前的服务需求超过了现有的服务能力，顾客等待就会产生，排队现象在任何服务系统中都是不可避免的。为加快服务交付速度，减少等待时间，可以通过重新设计排队系统，重新设计服务过程及管理顾客的等候心理来实现。在医药服务过程的设计中，尤其要提高排队过程中的公平公正性。当顾客在排队中发现，比自己后来的人更早地接受了服务，这种不公平马上会转化成对排队的焦虑和对服务提供者的抱怨，影响顾客对服务质量的评价。在医药服务过程中，应该将明确的规范制度公布于众，并严格执行，尽量做到服务的一致性。

医药服务过程管理的目的包括成本控制、质量控制、顾客服务水平保障和内部协调，提高运行效率。为提高服务生产率，企业可以进行服务流程再造。服务流程再造是指服务企业或部门，从顾客需求出发，以服务流程为改造对象，为服务流程进行根本性的思考和分析，通过重新组合服务流程的构成要素，产生出更为有价值的结果，以实现服务流程的重新设计，从而使企业服务的各个流程给企业带来绩效的大幅提高。

（三）医药服务有形展示策略

服务的有形展示是指在服务营销管理的范畴内，一切可传达服务特色及优点的有形组成部分。医药服务的有形展示范围比较广泛，包括服务设施、服务设备、服务人员、信息资料等，对有形展示进行良好的管理和利用，有助于顾客感觉服务产品的特点及提高享用服务时所获得的利益，建立良好的服务形象。

医药服务有形展示的管理要从顾客的感官出发，例如，患者感受住院治疗服务质量的主要着眼点可以是明亮的窗户、整洁的床单，但对窗帘的图案、地板的质地却很少关注，也就是说在有形展示的管理中，要把传达的感受和信息放在顾客感兴趣的事物上；也要保证服务承诺的兑现，可以通过已经取得的服务成果、服务质量认证、顾客感受反馈等呈现出来，但不可过分夸大，应实事求是，否则，会造成顾客的满意度下降，影响到服务质量的评价；要有利于维持和发展与顾客的长期关系，顾客对服务人员专业技术的认可、对服务气氛的肯定、对服务设备精密准确的认同等可以为良好的顾客关系奠定基础，培养顾客忠诚度，在顾客与服务企业之间直接建立持久的联系。

服务营销组合是服务企业依据营销战略，对营销过程中的各个要素变量进行配置和系统化管理的活动。传统的营销组合 4P 侧重对产品的关注，是实物营销的基础，而 7P 侧重服务营销，注重营销过程中的一些细节，比 4P 更具体、更细致、更倾向于考虑顾客的需求。服务营销组合以顾客满意为导向，突出服务的特殊性，能够使企业的营销行为更好地满足顾客需求。

【营销实践】

圣火的慢病服务营销模式

昆明圣火药业（集团）有限公司（以下简称圣火）初建于 1995 年 10 月，一贯秉承“创一流名牌产品，为人类健康服务”的企业宗旨，现已形成药品、化妆品、保健品三大系列百余个产品的合理产品构建，拥有“理洫王”牌血塞通软胶囊等一批享誉全国的知名产品。

为促进“理洫王”牌血塞通软胶囊的销售，圣火确立专业创造价值的营销理念，将理洫王在 OTC 营销中定位为中风预防及恢复期治疗，针对中风早治防，提出圣火慢病服务营销模式，即两个积累，五个聚焦（积累铁杆顾客、积累铁杆药师；聚焦核心客户、聚焦陈列展示、聚焦店员培训、聚焦慢病教育、聚焦慢病检查）的营销策略，开展医药联合。

通过药师面对面，专业地与曾中风或中风高危人群进行链接，进行患者教育工作，实现产品价值。通过慢病服务千万工程精英训练营，与核心销售人员（药师、慢病专员）进行竞赛、培训、学习一体的活动，推动行业慢病服务的进程。对顾客与终端普及中风防治的专业知识，抢滩慢病市场，推动行业慢病服务的进程。圣火的慢病服务营销模式取得了巨大成功，获得 2016 年中国医药十大营销案例。

资料来源：“2016 中国医药十大营销案例”出炉［EB/OL］. www. y－lp. com. 2016－12－02

第二节　医药网络营销

一、医药网络营销概述

（一）医药网络营销的定义

科技是改变营销的一种重大力量，数字革命已经赋予顾客和企业一些新能力，在 20 世纪 90 年代产生了网络营销。随着网络技术的发展，网络营销已成为国内许多医药生产企业重要的营销方式之一。医药产品的网上招商和网上采购、网上药店的建立、医药组织的网站建立等都是网络营销在医药行业的具体应用。网络营销是企业整体营销战略的一个组成部分，是为实现企业总体经营目标所进行的，以互联网为基本手段营造网上经营环境的各种活动。

（二）医药网络营销的职能

1. 医药网络品牌　医药网络营销的重要任务是在互联网上建立并推广医药企业的品牌，以及让医药企业的线下品牌在线上得以延伸和拓展。医药网络营销为企业利用互联网建立品牌形象提供了有利的条件，以达到病患及公众对医药企业的认知和认可，以实现其网络品牌价值，并实现持久的顾客关系和经济收益。

2. 医药网站推广　医药企业获得必要的访问量是网络营销取得成效的基础，因此通过互联网手段进行网站推广的意义显得更为重要。对于医药企业，网站推广是非常必要的，事实上

许多医药企业虽然已有较高的知名度，但网站访问量也不高。因此，网站推广是网络营销最基本的职能之一，也是网络营销的基础工作。

3. 医药信息发布 网络营销的基本思想是通过各种互联网手段，将企业营销信息以高效的手段向目标用户、合作伙伴、公众等群体传递，因此信息发布就成为网络营销的基本职能。

4. 医药销售促进 市场营销的基本目的是为最终增加销售提供支持，对于医药网络营销也不例外，各种网络营销方法大都直接或间接具有促进销售的效果，同时还有许多针对性的线上线下促销手段。

5. 医药网上销售 网上销售是企业销售渠道在网上的延伸，一个具备网上交易功能的企业网站本身就是一个网上交易场所，包括建立在专业电子商务平台上的网上商店，以及与其他电子商务网站不同形式的合作等。

6. 医药顾客服务 互联网提供了更加方便的在线顾客服务手段，通过电子邮件、邮件列表，以及在线论坛和各种微信公众订阅号等提供即时信息服务，在线顾客服务具有成本低、效率高的优点。

7. 医药顾客关系 顾客关系对于开发顾客的长期价值具有至关重要的作用，以顾客关系为核心的营销方式成为企业创造和保持竞争优势的重要策略，医药网络营销为建立顾客关系、提高顾客满意和顾客忠诚提供了更为有效的手段，增进顾客关系成为医药网络营销取得长期效果的必要条件。

8. 医药网上调研 医药网上调研具有调查周期短、成本低的特点，网上调研是整个市场研究活动的辅助手段之一，网上调研的结果反过来又可以为其他职能更好地发挥提供支撑。

医药网络营销的各个职能之间相互促进，其最终效果是各项职能共同作用的结果。网络营销的职能是通过各种网络营销方法来实现的，同一个职能可能需要多种网络营销方法的共同作用，而同一种网络营销方法也可能适用于多个网络营销职能。网络营销的基本职能也说明，开展网络营销需要用全面的观点，充分协调和发挥各种职能的作用，让网络营销的整体效益最大化。

二、医药网络营销的特点

（一）及时互动、双向沟通

随着信息产业的高速发展，以 Internet 为传播媒介的医药网络营销成为当今最热门的营销推广方式之一。与传统推广方式相比，医药网络营销具有得天独厚的优势，是实施医药营销媒体战略的重要部分。随着上网人数的迅速增加，覆盖的受众面越来越全面，医药网络营销的影响力也越来越大。较强的交互性是互联网媒体的最大优势，它不同于传统媒体的信息单向传播，而是信息互动传播。通过链接，用户只需简单地点击鼠标，就可以从组织的相关站点中得到更多、更详尽的信息。

（二）传播范围广、不受时空限制

通过国际互联网络，医药网络营销可以将广告信息 24 小时不间断地传播到世界的每一个角落。只要具备上网条件，任何人在任何地点都可以阅读，这是传统媒体无法达到的。

（三）成本低、速度快

网络营销制作周期短，即使在较短的周期进行投放，也可以根据客户的需求很快完成制

作，而传统广告则制作成本高，且投放周期固定。另外，在传统媒体上做广告发布后很难更改，即使可以改动往往须付出较大的经济代价，而在互联网上做广告能够按照客户需要及时变更广告内容。网络营销使得经营决策的变化能得到及时实施和推广。

（四）医药网络营销的投放更具有针对性

通过提供众多的免费服务，网站一般都能建立完整的用户数据库，包括用户的地域分布、年龄、性别、收入、职业、婚姻状况、爱好等。这些资料可帮助广告主分析市场与受众，根据广告目标受众的特点，有针对性地投放广告，并根据用户特点做定点投放和跟踪分析，对广告效果做出客观准确的评价。另外，网络营销还可以提供有针对性的内容环境。不同的网站或者是同一网站不同的频道所提供的服务不同质且具有很大的差别，这就为密切迎合广告目标受众的兴趣提供了可能。

（五）医药网络营销缩短了媒体投放的进程

广告主在传统媒体上进行市场推广一般要经过三个阶段：市场开发期、市场巩固期和市场维持期。在这三个阶段中，厂商要首先获取注意力，创立品牌知名度；在消费者获得品牌的初步信息后，推广更为详细的产品信息；然后是建立和消费者之间较为牢固的联系，以建立品牌忠诚。而互联网将这三个阶段合并在一次广告投放中实现：消费者看到网络营销，点击后获得详细信息，并填写用户资料或直接参与广告主的市场活动甚至直接在网上实施购买行为。

综上所述，网络营销是极具生命力的一种新兴的营销方式，它所具有的优势是现今任何一种形式的营销所无法比拟的，网络营销给我们带来了互动营销、快捷营销和更多机会的营销。

三、医药网络营销的实施

网络营销已经伴随着互联网的普及迅速渗透到人们的生活中。近年来，不少先驱者借助这一低成本、高覆盖面的营销工具赚得盆满钵满，面对网络营销大潮，迎难而上的医药企业应展开这一新形势下的战略布局。事实上，网络营销的成功与否很多情况下取决于网络推广策略及实施情况，而如何更好地策划网络营销方案，形成真正可执行的网络营销方案，就成为医药企业网络营销之战能否成功的关键。

（一）深化对网络营销的认识

引导广大消费者改变过去眼见为实的传统购物方式与购物习惯，使其从心理上接受医药网络营销。广泛开展对医药网络营销的学术研究，不断开发适合我国国情的医药网络营销新方式与新策略；提高国民消费素养，造就大批医药网络营销人才。医药网络营销既需要有网络知识和营销技能的综合性人才，也需要较高素质的消费者。这两方面的工作不是哪一个企业或个人能够做到的，只有依靠国家的力量才能实现。国家应制定鼓励、扶持医药网络营销发展的优惠政策，为医药网络营销人才市场的发展提供一个良好的经济环境。

（二）加强网络基础设施建设

目前我国 Internet 的基础设施还比较落后，需要加强和改进的地方很多，因此需要政府发挥宏观调控的作用，加大网络基础设施的建设力度。鼓励国内企业大力开发具有自主知识产权的计算机网络软硬件产品，改善目前的网络环境。降低资费标准，采取灵活的收费方式，使网络消费与人们的收入水平相适应。这对我国互联网的建设和发展、消费者的网上购物与消费活动具有积极的推动作用。同时，政府应引入竞争机制，允许其他行业介入互联网的经营，促进互联网的普及，以加快医药网络营销的发展。

（三）改善网上银行建设

在线交易不能大规模和健康发展的一个重要因素是银行在线服务种类的单一和技术的滞后。健全的网上银行主要涉及电子收银机、电子钱包和支付网关这三个技术部件，客户只需打一个电话或在网上下载一个APP就能进行转账和存取资金。网络交易后的资金支付应能都在网上进行，因此它对银行账户管理的安全性提出了很高的要求，只有银行建立了值得信赖的网络支付系统，人们才敢利用网络进行资金支付，这样才能让网络交易完全在线进行，才能体现网络营销的方便性，才能使网络营销发挥其发展的潜力。

（四）主动实施医药网络营销

医药企业应有战略思想，积极尝试新的营销方式，走医药网络营销的可持续发展战略；企业也应当适应医药网络营销的要求，积极改革内部组织结构。信息技术和网络营销的发展使得知识交流大大加快，纵横交错的信息渠道造就了一种崭新的营销组织结构——扁平化组织结构。医药企业为适应医药网络营销的需要，就必须减少管理层次、压缩职能机构、裁减管理人员，建立起一种紧凑而富有弹性的新型团队组织，即扁平化的组织，从而降低医药企业管理协调成本，增强医药企业对市场的反应速度和满足用户的能力。

【营销实践】

好药师：医药电商O2O服务

好药师网上药店（北京好药师大药房连锁有限公司）是九州通医药集团的全资子公司，营销网络覆盖全国70个城市，是一家以西药、中药和医疗器械批发、物流配送、零售连锁及电子商务为核心业务的股份制企业。2009年，九州通获得B2C资质，开始布局好药师医药电商业务。背靠国内最大民营“药批”九州通医药集团，好药师在发展初期，强强联合京东逐鹿市场，是京东最大的医药电商单体店，经过4年合作，现开始进行多平台发展战略。

目前，好药师已入驻1号店、亚马逊、易讯网、当当网等国内主流电商平台，同时与京东、天猫建立了长期稳定的良好合作关系。现阶段B2C销售和O2O服务是其核心业务，企业分京东旗舰店、天猫旗舰店、官方网站和O2O四个业务模块。依靠九州通医药集团线下药店基础（自营+合作），好药师快速推进“线上线下联动式用药”的医药O2O服务，充分利用九州通全国物流体系及现有的药店客户资源，实现线上到线下的“药急送”服务。

业务发展：①平台布局以京东为主，多元化发展；②2014年发力官网建设；③移动端刚起步，与移动医疗风口企业合作，2014年与春雨合作药品植入，2015年联手平安好医生共建药房；④与赛柏蓝进行微商合作，好药师是药品提供方、配送方，赛柏蓝提供企业资源和用户资源。

资料来源：毕友．产业探索之医疗健康：医药电商领域典型案例分析［EB/OL］．http://sanwen.net/a/jfxgnbo.html. 2016-07-21

NOTE

第三节　医药文化营销

一、医药文化营销概述

（一）医药文化营销的形成

纵观古今中外商业竞争，不难发现每一类市场的营销竞争必然经历由产品营销到品牌营销再到文化营销的三个阶段。随着市场进入成熟阶段，企业所营销的品牌如果没有文化哲学的支撑，将难以保证能够参与多变的品牌创新竞争，因此只有通过高度抽象的文化哲学思维统领品牌以建立适合产业发展的行业竞争规则。所以，成熟期的市场必然是文化层面的竞争，不同的文化营销不仅决定了品牌的生存空间，而且决定了系列产品的品牌生存空间，更决定了不同的新产品的开发方向和产业运作模式。

从营销发展史来看，文化营销的概念由来经过了四个阶段：文化营销是营销中考虑文化因素；文化营销是跨文化营销；文化营销是营销企业文化；文化营销是营销文化及一种核心价值观。

最后阶段的文化营销是站在消费者的高度诠释文化对于消费者的影响机理，其研究重心是通过构建核心价值观并将其渗透给消费者，从而最终达到产品和服务营销的目标。

（二）医药文化营销的含义

医药文化营销强调医药企业的理念、宗旨、目标、价值观、职员行为规范、经营管理制度、企业环境、组织力量、品牌个性等文化元素，其核心是理解人、尊重人、以人为本，调动人的积极性与创造性，关注人的社会性。医药文化营销中企业以分析消费者的文化需求为出发点，以发掘和传播与之相适应的核心文化价值观念为手段，有效地满足这种文化和情感需求，以提升顾客价值和满意度，最终目的是提升企业的核心竞争力并形成长期的竞争优势。医药文化营销强调的是物质需要背后的文化内涵，是以医药文化手段将各种利益关系群体紧密维系在一起，发挥协同效应，目标在于建立医药企业的核心竞争力，以形成医药企业长期竞争优势的一种战略性营销，整个市场营销过程实际上就是医药文化价值传递的全过程。

二、医药文化营销误区

医药企业在文化营销方面存在很多的误区，正确认识和把握这些误区可以在文化营销实践中做到顺利规避，从而确保文化营销策略的正确性。

（一）照搬照抄

医药文化营销最忌讳照搬照抄，不同的企业在医药文化层面具有客观差异性，差异性是文化营销的灵魂，文化没有了差异将会导致文化营销很难取得成功。很多企业在文化营销方面过于功利，急于求成，因此在文化营销层面总是照搬照抄，并不注重本身医药文化特点的提炼分析，内容大同小异，很难给客户留下一个独特的文化印象，导致企业产品、品牌文化难以与竞争对手进行有效的区别，不利于客户忠诚度的提升。

（二）浮于表面

文化营销浮于表面是很多医药文化营销中存在的误区。一些企业在文化营销方面，往往因为对于这一营销模式内涵理解不够深入，因此很容易出现主次颠倒、本末倒置的情况，没有做到文化营销形式与内容之间的统一。不少企业文化营销中总是追求形式主义，却不注重产品品质的提升，总是注重广告宣传、品牌推广、包装设计等，却忽视企业理念、行为的规范，这种浮于表面的文化营销做法虽然短时间能够带来一定效果，但是长期来看，必然会导致客户的大量流失，对于企业而言得不偿失。

（三）忽视客户

不少企业在医药文化营销实践中，漠视客户文化的需求，“闭门造车”、过于自我的文化提炼，不可避免地导致了医药文化与客户文化需求之间的脱节，难以让客户在文化层面形成共鸣，自然就会影响到对企业的认可。

三、医药文化营销的实施

（一）树立社会责任的文化导向

从长远看医药企业进行社会责任信息披露不但有利于本企业树立良好形象，而且有利于企业的长远发展并创造企业价值。首先，建立以医药文化为平台的企业文化。企业文化是在企业的长远发展历程中形成的，并为全体企业成员所共同遵守的道德要求和职业准则。医药企业文化展现为一种企业的内在人格和人文精神，凸显企业在不断拓展发展空间过程中所体现出的价值追求和人生智慧。医药企业在构建企业文化时，应围绕医药文化，在医药文化这个平台上将制度、精神、价值取向进行有效的整合。

（二）深入调查文化营销的目标市场

文化营销中的文化是目标市场消费者与产品文化的契合，在实际的应用中，企业往往只关注企业的产品文化，而对消费者的文化关注不足。实施文化营销首先要调查目标市场的消费者文化，主要包括目标市场的风俗习惯、文化环境、人口特征等。关键是调研目标消费群的文化，也就是文化营销的核心消费者的文化价值观念。只有独树一帜才能引起消费者的兴趣；然后从企业的形象及企业产品的各个层次赋予企业产品消费者认同的文化价值，这样产品才能真正为消费者所接受。

（三）构建医药文化营销的制度环境

促进医药企业的道德文化建设，政府行业部门和协会的监管是必不可少的。政府要加大医药产品的监管力度，提高医药企业的门槛，提高对他们的技术要求，切实保证药品的质量。对于已经发现的问题要认真、尽快、严肃地进行处理，保证人们的用药安全和有效。行业协会也应该建立完善的行业道德规范，以此来约束医药企业的道德失范营销行为。

将医药企业文化营销道德行为化，制度和法律犹如一把宝剑，高悬在天，使守法者乐，违法者怯。但是我国关于医药企业的法律法规存在着落实不够全面之处，这就给违法乱纪者提供了违法失范的土壤。所以，严格执法，加大惩治力度是治理道德失范营销行为的有效手段。加强对消费者的宣传教育并强化监督，消费者要树立理性的消费观念。由于医患之间的信息不对称，患者在市场交易活动中处于劣势，再加上商家的虚假广告及不道德的促销诱惑，很容易受到道德失范营销行为的损害。

（四）评估文化营销绩效

做好文化营销的评估也是实施文化营销的重要环节。在营销的过程中要不断地进行调查评估，看文化营销中的文化是否被消费者所接受，是否促进了产品的销售。如果出现问题则要找到问题缘由，及时解决。

【营销实践】

宛西制药：借力仲景文化培养儿童对中医药的兴趣爱好

热情的六月留下了孩子们无尽的新鲜体验和欢乐。六一儿童节前后，仲景宛西制药迎来了两拨小客人，一拨小学生来到南阳张仲景医院学习鉴别常见中药材，体验中医儿科推拿，接受中医现场义诊。另一拨幼儿园的小朋友来到仲景宛西制药西峡总部，参观中药材标本展，走进仲景百草园认识中草药，参加仲景太子金健脾操互动活动等。孩子们在新鲜活跃的氛围中，通过参观、提问、感受来接触和了解中医药，丰富了节日的活动内容，在他们幼小的心灵中，也留下了对中医药美好的认识和记忆。

仲景宛西制药还邀请《南都晨报》的50名小记者来到南阳张仲景医院，感受中医中药的神奇魅力，并通过他们小记者的身份去传递对中医中药的认识和感受。宛西制药以仲景文化为桥梁，通过多种形式的活动，激发引导中小学生对中医药文化的兴趣爱好，为中医药事业人才培养打下文化认知基础。

仲景宛西制药经过多年的努力，目前已是国家中医药管理局授牌的全国青少年中医药文化宣传基地，还是国家农业部、共青团中央授予的“全国青少年农业科普示范基地”。仲景宛西制药正以实际行动推动着这项工作的进展，正实实在在为中医药人才的培养贡献力量。宛西制药对于仲景文化的这种推广形式已得到了社会、校园及企业的认可，相信在未来包括仲景文化在内的中医药文化会发展得更好，宛西制药也会走得更远。

资料来源：宛西制药借力仲景文化培养儿童对中医药的兴趣爱好［EB/OL］. http://nb.ifeng.com/a/20160614/4647975_0.shtml. 2016-06-14

第四节　医药体验营销

一、医药体验营销的内涵

体验经济的概念早已提出多时，但体验营销真正受到学术界的关注则是在Pine和Gilmore系统和专业地论述之后。在阿尔文·托夫勒的观点之上，Pine和Gilmore从经济学角度界定了体验经济的概念，并提出体验经济是在农业、工业和服务经济之后的第四代经济。之后，Schmitt从体验经济的讨论得到启发，提出体验营销的概念，将其界定为“从消费者的感官、情感、思考、行动、关联五个方面重新定义、设计营销理念”。

虽然Schmitt的定义得到了大家的认可，但是对体验营销概念的理解却由于个人理解的差别而产生了差异。郭国庆指出，体验营销是指“企业从感官、情感、思考、行动和关联诸方面设计营销理念，以产品或服务为道具，激发并满足顾客的体验需求，从而达到企业目标的营销模式”。

NOTE

在此之后，营销学术界对体验营销的认识也逐渐深化，一些研究常常将体验营销视为电子商务的组成部分，主要强调消费者对于网购体验的认知。囿于这种视角，将体验营销视为电子商务架构下发展而来的营销工具而已，其功能只是为了突破网络销售中的不利环节，因此这种运用较为初级。其他的营销学术探讨则开始意识到体验营销并不仅是作为提升满意度和忠诚度的手段，更多的是一种新型的营销模式，正如施智梁（2008）把“试吃、试驾、试用”比喻为体验营销初级应用，而更高版本则要将消费者体验融入主题，深入到企业营销行为之中。郑锐洪提出体验营销作为一种商业模式，企业通过免费或者收费的体验产品和体验情景吸引顾客加入互动，从而在消费者心中形成“歉疚感”或“愉悦感”，以达到企业经营目标。

21 世纪初，美国学者阿尔文・托夫勒提出“体验经济”的概念，指出商家将靠提供体验服务来取胜。随着体验式经济时代的到来，美国伯德・施密特博士在他所写的《体验式营销》(《Experiential Marketing》）一书中指出，体验营销是指站在消费者的感官、情感、思考、行动和关联五个方面，重新定义、设计营销的思维方式。思维方式打破了原来的“理性人”假设，将消费者定义为同时具有理性和感性的人。消费者在消费之前、购买之中和消费之后的体验在消费者行为研究和品牌营销中的分量越来越重。随着消费者对于健康的期望提高，保健的意识不断增强。当今中国，医药保健品市场越来越大。

医药体验营销之所以作为一种新兴营销模式被广泛应用于医药保健品，主要是因为体验营销非常有利于解决医药营销可信度难题。在中国医药保健品市场多年历程中，消费者对保健品广告越来越不相信，对营销手段的免疫力不断提高，而体验营销正是解决这一难题的法宝，用消费者实实在在的感知解决营销可信度问题，达到“小投入，大产出”的市场效果，成为医药保健品成功营销的有效模式之一。

二、医药体验营销的操作流程

（一）识别目标客户

体验营销作为一种营销模式，通过客户体验来实现产品的销售。目前在国内从事体验营销企业大多使用免费体验，一些产品可以免费定期体验，如保健食品和易耗品等；另一些免费体验是长期的，比如一个家庭医疗设备和其他耐用品。所以我们需要营销人员有效地识别和细分目标客户。

（二）理解目标客户

理解目标客户将是一个全面了解目标客户的特点和需求，并从客户角度理解客户担心及忧虑的过程。企业必须通过市场调查获得相关信息，营销人员应通过定期和他们沟通，了解他们的生活状况、家庭成员、专业背景、爱好等，这些老年客户缺乏家庭温暖，与社会接触不多，极端缺乏情感。

（三）从目标客户的角度出发设计体验

为目标客户提供体验，想明确客户的利益和关切点在哪里，根据客户的共性需求设计特殊的经历，让他们不再感到“孤独”，营销人员必须善于整合各种经验，使用改进的情绪体验来促进销售，更有组织地进行客户团队活动，以弥补其精神上的空虚，提供体验娱乐空间，让他们享受童年般的乐趣，可以点燃激情，让老年人的生命也燃起快乐的激情，自然可以达到销售目标。

（四）体验效果评估和控制

企业在实施体验营销时，还要对前期运作进行评估操作。如老年客户使用物理治疗床后效果如何，是否可以缓解关节疼痛、对慢性疾病是否有疗效等。

三、医药体验营销的策略

（一）感觉式营销策略

通过视觉、听觉、触觉和嗅觉的感官体验建立感觉上的体验。感觉式营销策略可以明显区分所营销的产品和企业品牌，引导产品销售业绩提升。

（二）情感式体验营销策略

情感式体验营销是一种人性化的营销策略，它从目标消费者的真实感受出发，通过卖方和买方之间的情感交流，得到消费者的认可和接受。例如“老伴体验中心”就是凭借情感营销策略，在体验营销中融入关心中老年人的健康，强调企业的孝心与爱心文化。

（三）思考式营销策略

思考式营销策略认为营销是启发人的智慧让消费者提高认知和解决问题的体验过程。在高科技产品宣传中，思考式体验营销是被广泛使用的一种营销策略。

（四）行动式营销策略

行动式营销是指通过偶像、角色例如影视歌星等来激发消费者，使其生活形态予以改变，从而实现销售。远红中脉健康产品选择明星代言，濮存昕和蒋雯丽的正能量形象符合消费者的审美观点，刺激消费者对保健品的兴趣和购买欲望。

（五）关联式营销策略

关联式营销包括感官、情感、思考和行动或整合营销。太太口服液以优秀产品的广告凸显女性消费者从内到外散发出优雅的知性，导致许多知识女性购买。

【营销视野】

体验营销实证研究方法与结论梳理

体验营销实证研究呈现出研究内容多元化、研究方法多样化（既包含传统的定量研究方法，也包括个人主观自省法等质化研究方法）的特点。

对体验营销相关概念之测量工具的开发方面，实务界有句名言，“如果不能测量，就无法进行管理”。在学术界，相关概念的形成与测量工具的开发则是一个研究领域成熟程度的重要标志。在体验营销领域，学者们相继构造出一系列相关概念，包括消费情感、体验价值、享乐性购物动机、旅游体验、品牌体验、基于体验产品的满意度等，并遵循严谨的量表开发程序，开发出相对稳定、具有较好信度与效度的量表，为进一步展开深入研究奠定了良好的基础。

消费体验研究是体验研究中最早、最成熟的一个研究领域。由于消费被视为一种主观的状态、一种个人化的独特事件，想象和怀旧情结在消费体验中扮演着重要而特殊的角色，因此，对怀旧情结、想象、沉浸等消费体验中特殊现象的探索就成为研究者们关注的重要内容。特别值得强调的是，由于消费体验的主观性，对这类主题的研究所采用的方法主要是质化研究方法，如现象学访谈法、个人主观自省法。

对体验营销的实证研究不可避免地会涉及体验营销变量与其他营销变量之间的关系。相关研究主题主要集中在体验营销变量对消费者的品牌信任度、满意度及忠诚度的影响方面，研究

NOTE

方法则基本上是传统的结构方程模型法。

资料来源：贺和平，刘雁妮，周志民. 体验营销研究前沿评介［J］. 外国经济与管理，2010（8）：42－50

第五节　医药大数据营销

一、大数据营销范式改变

大数据已经成为营销业界关注的焦点，大数据营销在企业实际的应用可以追溯到20世纪末的美国。目前，随着丰富的媒体形式和多样的信息技术，大数据营销也在发生着变化，在其发展过程中大数据营销的基本价值体现为以下两个方面的变化：

（一）从媒体导向到用户导向

在21世纪初大众媒体营销时代，企业为了使其营销活动可以接触到更多的消费者，就需要在受关注程度较高的网站、电视台或报纸上投放广告以达到提高营销效果的目的。但是，基于大众媒体的营销方式虽然到达率高、辐射面广，但难以掌握受众的动向并控制其后续影响。因此，企业从以媒体为导向向以用户为导向的营销模式转型迫在眉睫，将逐渐取代传统的统一化、一次性媒体投放，这种基于客户端的定制化及跟进式营销方式成为了大数据营销的基础和前身。

（二）从用户主观信息数据库到用户客观行为数据库

传统的营销是一种基于市场研究数据的人口统计数据和用户的主观信息（包括生活方式、价值取向等）来估计消费者的需求，从而帮助企业目标市场进一步建立和定位产品的营销模式。然而，由于消费者的主观判断限制，企业调查数据和信息可能会误导相关营销人员进行正确的营销决策。因此，用户的主观信息数据可以不再满足企业市场营销的需要。相反，医药企业需要基于信息挖掘技术，挖掘通过实际观察获得的全方位、多角度、精确地反映用户需求的大数据，才能提升市场营销效果，这正在成为一种重要的发展趋势。

二、大数据营销的界定与特点

（一）大数据营销的定义

目前大数据营销尚未形成统一的定义，早期认为大数据营销是指通过互联网采集大量的消费者行为数据，帮助企业找出目标受众，以此对广告投放内容、时间、形式进行预期和分配，并最终完成广告投入的营销过程。

大数据营销并非是一个停留在概念上的名词，而是一个通过大量运算基础上的技术实现过程。在此，我们提出一个可以接受的广义概念，大数据营销是在大数据分析的基础上，描绘、预测、分析、指引消费者行为，从而帮助企业制定有针对性的营销策略。

（二）大数据营销的特点

1. 多平台化数据采集　大数据的数据来源通常是一个多样性的数据源，数据收集平台可以让更多的互联网行为描述更加全面和准确。多平台采集包括来自互联网、移动互联网、智能电视和户外智能面板等的数据。

2. 强调及时性　在网络时代，网上消费行为和购买模式会在短时间内改变。在互联网用户需求最高时及时进行营销是非常必要的。世界领先的大型数据营销企业 ADTIME 提出营销策略可以通过技术手段充分了解互联网用户的需求，并及时响应每个互联网用户当前的需求，让个体消费者在决定购买的“黄金时间”内及时进行广告投放。

3. 个性化营销　在互联网时代，营销观念已经从“媒体指南”转向“引导观众”。以前的营销活动应遵循媒体导向，选择高能见度大型媒体。今天，广告商是完全基于受众为导向进行广告和营销，由于大数据的技术，甚至可以让他们知道目标受众消费者所在的空间位置和所关注产品广告的屏幕位置。大数据技术可以做到当不同用户在同一媒体相同界面时，广告内容可以是不同的，大数据市场营销在互联网用户中可以实现个性化营销。

4. 性价比高　与传统广告相比，“一半的广告是浪费”，大数据市场营销在最大的程度上，可以根据实时反馈的效果及时调整投入策略。

5. 相关性　大数据市场营销的一个重要特点是互联网用户关注广告和广告的关联性，由于大数据在采集的过程中可以快速了解到目标受众注意的内容，以及可知道消费者身在何方，这些有价值的大数据信息可让广告的投放过程中产生较大的有效购买行为。

三、大数据营销未来发展趋势

（一）数据库协同整合

随着信息技术的发展与变革，单一媒体造成的消费者分散和用户数据库碎片化已不再能满足企业对数据数量和多样性的需求。全媒体时代下，媒体的跨界融合可以使分散的用户得以集中，而通过大数据方式，通过信息技术整合不同媒体间的数据，并最终将其整合为消费者大数据。

虽然我们还停留在从数据碎片化到数据整合时代的探索阶段，但未来随着技术的发展，跨媒介、跨平台、跨终端的多渠道将全面打通，使信息得以多维度重组。而在多样化的媒体网络平台上，消费者客观数据与主观信息的有效结合形成完整用户大数据，这将成为未来大数据营销发展的必然趋势。

大数据营销将呈现更加精准有效的用户需求，而多样化信息的整合也使数据能更全方位地反映消费者的爱好、习惯、个性。手机、电视和互联网作为用户接收信息的渠道可以客观地记录用户的各项人口统计与行为数据，而网络社区、社交平台等共创性传播平台作为用户输出数据可以引导讨论，使用户真正成为内容的生产者和制造者，主动参与信息的反馈和实时的互动分享。这样通过多个媒体间的有效联动，实现消费者信息全方位、多角度反馈的合作与融合将是全媒体大数据营销的关键和基础。

（二）数据深度计算

目前的数据挖掘技术和可视化技术能实时地把交易过程、产品使用和人类行为进行数据化的存储、分析和有效展现。随着科学技术的发展，数据运算的速度已进一步提高，同时数据深度挖掘技术也日新月异。数据分析的强大不仅让消费者的“行踪”变得越来透明，而且用户行为可以更加精准地被挖掘和分析。消费者偏好的某一产品和服务，可以以大数据形式更加精细化、具体地把消费者行为心理层面上的特质以数字化的形式挖掘出来。

深度计算作为一项新技术不仅使消费者进入一个几乎透明化生存的大数据时代，且随之产

NOTE

生的新机会也让企业的大数据个性化营销向着更加精细化的方向发展。目前该项技术已使基于用户偏好、习惯的定制化的产品推荐变得更加精准，在未来提供完全符合消费者需求的定制化设计将会成为大数据营销界的主流。

【营销实践】

医药大数据中的智慧营销

随着互联网技术的发展、全媒体环境的全面形成，"大数据"已成为新时代的主题词。海量级的数据催生了海量的搜集、存储、管理、分析、挖掘与运用的全新技术体系，由此可以看出，未来医药营销趋势就是把握消费者的个性需求，进行精准营销；与消费者建立起良性有效互动，及时获得消费者反馈；依据客户需求制定战略和战术；整合传统媒体与新媒体宣传资源。而作为广东省内老牌医药连锁企业的博爱智谷，正在大数据的环境背景下体现自身的智慧营销，打造医药行业的销售创新模式。

博爱智谷以智能售药机、智慧药房和互联网为网络终端建立大数据库，以医药管理信息系统实现三网合一的"智慧医药"创新模式。同时，了解客户个体，通过数据分析和挖掘，制定不同的营销战略，真正做到对客户个性化、精准化的把握。博爱智谷研发并建立的智能售药机网络，推动医药健康服务的智能化，不仅体现了"健康中国"云服务的发展趋势，也体现了"健康中国"战略的具体实践。

博爱智谷将利用大数据思维把握消费者的个性需求，进行精准营销；与消费者建立起良性有效互动，及时获得消费者反馈；依据客户需求制定战略和战术；整合传统药店及创新型的智能售药机系统，利用互联网完成线上线下全新售药供应链系统，以此形成全新的企业核心竞争力，以"智慧医药"的全新定位开启企业新征程。

资料来源：博爱智谷：医药大数据中的智慧营销［EB/OL］. http：//news. youth. cn/jk/201602/t20160223_7665244. htm. 2016-02-23

【本章小结】

医药服务营销组合策略体现在产品、定价、分销、促销、人员、过程和有形展示等七个方面，其中新增的三要素，即人员、过程和有形展示充分体现了其服务性。人员在医药服务中具有至关重要的作用，因为服务人员的专业技能及服务态度直接影响顾客对于服务质量的感知、评价，进而影响其满意度和忠诚度；服务过程也是顾客体验服务质量的一部分，通过良好的设计和管理医药服务过程，可以提高服务的质量，减少顾客的抱怨；医药服务有形展示可以引导顾客的期望、塑造企业的形象，有助于维持和发展与顾客的长期关系。

在20世纪90年代产生了网络营销。网络营销是指企业利用互联网创造、宣传、传递顾客价值，并且对客户关系进行管理，目的是为企业及其相关利益者创造利益。它是传统营销方式在互联网上的延伸和扩展，在提高销售业绩、提升品牌知名度、积累客户资料、开发潜在客户群等方面发挥着日益重要的作用。

医药文化的感召力和凝聚力是医药企业文化的代表和象征，医药文化营销能促进医药企业发展壮大，增强企业的竞争力和综合实力。

医药体验营销之所以作为一种新兴营销模式被广泛应用于医药保健品，主要是因为体验营销非常有利于解决医药营销中的可信度的难题。目前，消费者对营销手段的免疫力不断提高，而体验营销正是解决这一难题的法宝，用消费者实实在在的感知解决了营销中的可信度问题，达到“小投入，大产出”的市场效果，成为医药保健品成功营销的有效模式之一。

大数据营销是在大数据分析的基础上，描绘、预测、分析、指引消费者行为，从而帮助企业制定有针对性的营销策略。随着数字生活空间的普及，全球的信息爆炸，大数据和云计算是广泛兴起的新概念和新模式，毫无疑问他们正引领新一轮的营销革命。

【重要概念】

医药服务营销；医药网络营销；医药文化营销；医药体验营销；医药大数据营销。

【复习思考】

1. 服务具有哪些特征？
2. 试举出典型医药服务营销案例，并运用相关知识加以分析说明。
3. 试分析在新媒体时代下，医药企业如何打好自己的网络营销战？
4. 试分析文化在医药营销中的重要性。
5. 医药企业应该如何综合运用服务营销、网络营销、文化营销、体验营销及大数据营销为企业做出合理的营销规划？

【案例分析】

李时珍医药集团：打造中医药文化体验式营销

李时珍医药集团将传统文化与培训和品牌活动相结合，与药店强强联手，以搭配组合等形式落地终端药店，对药店提供特色化品牌活动，同时，为店员提供专业化的培训，为消费者提供中医药特色服务，从而加强消费者对中医药文化和道地饮片的认识，传承发扬中医药博大精深的文化，推动医药零售行业的健康发展。

一、项目背景

2018 年是医药双圣李时珍诞辰 500 周年，“恭迎李时珍诞辰 500 周年”是一个非常庞大的主题，以此为核心开展系列活动。2015 年，“恭迎李时珍诞辰 500 周年”倒计时启动，中医药文化体验式营销模式也借助“恭迎李时珍诞辰 500 周年”系列活动平台闪耀全国。至今，“恭迎李时珍诞辰 500 周年”巡礼活动已在云南、福建、四川、河北、辽宁等多个省市举办。到 2018 年还将陆续在全国乃至全球范围内举办。

二、核心策划

医药行业进入持续弱增长期，什么样的营销最能打动消费者？什么样的形式最能帮助药店？什么样的活动最被百姓喜闻乐见？在 2018 年医药双圣李时珍诞辰 500 周年倒计时之机，李时珍医药集团将中国传统文化、中医药文化、“李时珍”文化相融合，以“祭奠先圣”为主题，开展“恭迎李时珍诞辰 500 周年”系列活动，重点打造李时珍中医药文化体验式营销模式，传承医药双圣李时珍的精神，戮力开拓“本草纲目”品牌新篇。通过在全国架设的 1000 多个服务处，为各地连锁药店提供最直接有效的服务。同时，充分利用传统文化资源，将传统文化与中医药营销相结合，通过培训、活动、自媒体宣传等方式落地药店，为药店寻求新的业绩增长点。

“本草纲目养生村”开创了一种全新的中医药文化体验式营销活动模式，一方面营造一个独立的全方位的中医药养生环境，另一方面以传统中医药文化融合现代生活实用技能，推动“本草纲目”牌道地饮片走入民间。同时，帮助药店塑造品牌特色，拓展消费者对道地饮片的需求市场，成为药店忠实用户。

NOTE

三、后期效果评估

李时珍“本草纲目”牌道地饮片已在全国20个省市陆续上市，“本草纲目养生村”模式陆续在全国开花。据不完全统计，各地连锁药店实现中药饮片类目销售平均提升约50%，拉动其他品类销售额提升约10%。李时珍中秋博状元微游戏，吸引来自约15万访客的167万次浏览。在未来3年里，李时珍中医药文化体验式营销模式将作为主要营销路线，不断升级发展。文化营销成功的关键是实现三者共赢，即让消费者赢，让药店赢，让整个中医药行业赢。在“三赢”当中，让消费者赢是基础，主要通过产品质量过硬、安全有效来确保。

资料来源：茂林之家．李时珍医药集团：打造中医药文化体验式营销［EB/OL］．http：//www.360doc.com/content/16/0307/23/16534268_540351266.shtml. 2016-03-07

思考与讨论：李时珍医药集团打造中医药文化体验式营销带给我们哪些启示？

主要参考书目

[1] 阿尔文·C·伯恩斯，罗纳德·F·布什．营销调研.6版．于洪彦，金钰，汪润茂，译．北京：中国人民大学出版社，2011.

[2] 陈阳．市场营销学.2版．北京：北京大学出版社，2012.

[3] Dimitri Maex，Paul B. Brown. 大数据营销：定位客户．北京：机械工业出版社，2014.

[4] 董国俊．药品市场营销学.2版．北京：中国人民卫生出版社，2013.

[5] 杜向荣．服务营销管理．北京：清华大学出版社；北京：北京交通大学出版社，2014.

[6] 冯国忠．医药市场营销学.3版．北京：中国医药科技出版社，2015.

[7] 菲利普·科特勒，加里·阿姆斯特朗．市场营销：原理与实践.16版．北京：中国人民大学出版社，2015.

[8] 菲利普·科特勒，加里·阿姆斯特朗，洪瑞云．市场营销学原理.3版．李季，赵占波，译．北京：机械工业出版社，2014.

[9] 菲利普·科特勒，凯文·莱恩·凯勒．营销管理.14版．北京：中国人民大学出版社，2012.

[10] 菲利普·科特勒，凯文·莱恩·凯勒，卢泰宏．营销管理.13版．上海：上海人民出版社，2009.

[11] 菲利普·科特勒，凯文·莱恩·凯勒．营销管理.15版．何佳讯，于洪彦，牛永革，译．上海：格致出版社；上海：上海人民出版社，2016.

[12] 傅书勇．医药营销管理．北京：清华大学出版社，2014.

[13] 甘碧群，曾伏娥．国际市场营销学.3版．北京：高等教育出版社，2015.

[14] 顾桥，梁东，刘泉宏．体验营销的理论与实践（电子书）．北京：中国地质大学出版社，2014.

[15] 官翠玲．医药市场营销学．北京：中国中医药出版社，2010.

[16] 官翠玲，李胜．医药市场营销学．北京：中国中医药出版社，2015.

[17] 郭国庆．市场营销学通论.6版．北京：中国人民大学出版社，2014.

[18] 韩德昌，李桂华．市场调查与预测教程．北京：清华大学出版社；北京：北京交通大学出版社，2013.

[19] 黄静．市场调查与预测．北京：清华大学出版社，2014.

[20] 侯胜田．医药市场营销学．北京：中国医药科技出版社，2009.

[21] 加里·阿姆斯特朗．市场营销学.12版．北京：机械工业出版社，2016.

[22] 加里·阿姆斯特朗，菲利普·科特勒．市场营销学.12版．王永贵，郑孝莹，译．

NOTE

北京：中国人民大学出版社，2017.

［23］金文辉，袁定明．市场营销学．北京：中国中医药出版社，2015.

［24］雷培莉，张英奎．市场调查与预测．北京：经济管理出版社，2014.

［25］李建平．价格学原理．北京：中国人民大学出版社，2015.

［26］李康化．文化市场营销学．北京：清华大学出版社，2015.

［27］李平，孔祥金．医药市场营销学．北京：科学出版社，2017.

［28］李平，邓谋优．市场调查与预测．长春：东北师范大学出版社，2014.

［29］刘徽．医药市场营销技术．西安：西安交通大学出版社，2016.

［30］马杰．市场调查与预测．2 版．郑州：郑州大学出版社，2014.

［31］Michael. Porter. Competitive Advantage. 北京：华夏出版社，2001.

［32］彭智海，汤少梁．医药市场营销学．北京：科学出版社，2004.

［33］舒建武，苗森．网络营销．杭州：浙江工商大学出版社，2017.

［34］苏朝晖．服务营销管理．北京：清华大学出版社，2016.

［35］孙丽英．市场营销调查与预测．北京：北京理工大学出版社，2012.

［36］汤姆·纳格，约瑟夫·查莱，陈兆丰．定价战略与战术：通向利润增长之路．5 版．龚强，译．北京：华夏出版社，2012.

［37］汤少梁．医药市场营销学．北京：科学出版社，2007.

［38］万后芬．市场营销教程．2 版．北京：高等教育出版社，2013.

［39］吴红雁．药品市场营销．上海：复旦大学出版社，2012.

［40］吴健安，钟育赣，胡其辉．市场营销学．5 版．北京：清华大学出版社，2013.

［41］吴健安，聂元坤．市场营销学．2 版．北京：高等教育出版社，2017.

［42］熊凯，刘泉宏．服务营销．北京：北京大学出版社，2013.

［43］许彦彬，伊利．医药市场营销学．济南：山东人民出版社，2010.

［44］杨珮．服务营销．天津：南开大学出版社，2015.

［45］袁连升，成颖．市场营销学：理论、案例与实训．北京：北京大学出版社，2012.

［46］张辉，余苏珍，王力．市场营销理论与实务．南昌：江西高校出版社，2013.

［47］章燕．文化视野下的营销传播．杭州：浙江大学出版社，2008.

［48］郑锐洪．服务营销．北京：机械工业出版社，2014.

NOTE